Zur Blütezeit des Osmanischen Reiches kommt im Topkapi-Palast ein außergewöhnliches Kind zur Welt: Der junge Pascha verfügt über einen absoluten Geschmackssinn. Als der Sultan all seine männlichen Verwandten ermorden lässt, überlebt der Junge mit Hilfe des Küchenchefs. Ihm gelingt die Flucht, und er beginnt seine Lehrjahre. Im Tempel der Genüsse, wo er sein Handwerk erlernt, verliebt er sich in die schöne Kamer, eine begnadete Tänzerin. Doch Kamer ist hinter Haremsmauern unerreichbar für ihn. Um zu vergessen, studiert er in Bagdad Sternen- und Naturheilkunde, auf der Inse Hormus unterweist ihn die Herrin der Aromen in Gewürzkunde, und den symbolischen Meisterschlag verleiht ihm ein Bibliothekar in Alexandria. Als Meisterkoch kehrt er zurück nach Istanbul, wo er alles daran setzt, Kamer wiederzufinden.

Saygın Ersin, geboren 1975 in Mansia/Westanatolien, studierte Soziologie und arbeitete anschließend als Journalist. Heute lebt er als Drehbuchautor und Schriftsteller in Izmir.

Johannes Neuner übersetzt türkische Literatur ins Deutsche. Er wurde mit dem Förderpreis Tarabya ausgezeichnet.

SAYGIN ERSIN

Der Meisterkoch

Roman

Aus dem Türkischen
von Johannes Neuner

Atlantik

Die Originalausgabe erschien 2016 unter dem Titel
Pir-i Lezzet bei April Yayıncılık, Istanbul.

*Atlantik Bücher erscheinen
im Hoffmann und Campe Verlag, Hamburg.*

1. Auflage 2021
Copyright © 2016 by Saygın Ersin
Für die deutschsprachige Ausgabe
Copyright © 2017 by Hoffmann und Campe Verlag, Hamburg
www.hoffmann-und-campe.de www.atlantik-verlag.de
Umschlaggestaltung: © Lübbeke Naumann Thoben, Köln
Umschlagabbildungen: © javarman, Seamartini Graphics,
peacock83 Graphics, flaya, oleg7799 und lynea/Fotolia.com;
© Corbis Photo disc
Satz: Dörlemann Satz, Lemförde
Gesetzt aus der Goudy Oldstyle
Druck und Bindung: GGP Media GmbH, Pößneck
Printed in Germany
ISBN 978-3-455-00554-7

Ein Unternehmen der
GANSKE VERLAGSGRUPPE

KAPITEL 1

Der Hausherr

An diesem Abend wurde im Hause des angesehenen Istanbuler Kaufmanns Hüsnü Bey Zümrützade ein Gast bewirtet, der nicht nur von seiner körperlichen Statur, sondern auch vom Rang her zu den wirklich Großen zählte. Siyavuş Agha, der Waffenmeister des Sultans höchstpersönlich, hatte die Güte besessen, Hüsnü Beys bescheidenes Heim mit seiner Gegenwart zu beehren.

Die Tafel hatte man im prunkvollen Selamlık des Hauses aufgebaut. Sie bestand aus drei großen runden Messingplatten auf Metallfüßen, die als Tische dienten und so auf ein senffarbenes, mit Silberfäden durchwirktes Tuch gestellt worden waren, dass sie sich zwar nicht berührten, aber auch nicht zu weit voneinander entfernt standen. Die Sitzkissen, die um die Tische lagen, waren aus blauem Samt, wie auch die Kissen der breiten Polsterbänke, die drei Wände des Raumes säumten. Das Kerzenlicht von einundzwanzig an der Wand befestigten dreiarmigen Silberleuchtern spielte auf den goldbestickten Seidengewändern der Gäste, brach sich an den Kristallgläsern und schimmerte auf den feinen blau-grünen Verzierungen des Porzellans.

Die Diener des Hauses, die schon vor Wochen mit den Vorbereitungen für diesen Abend begonnen hatten und seit Tagen nichts anderes mehr zu hören bekamen als die Ermahnungen ihres Herrn, erledigten ihre Aufgaben mit einer Eleganz und

Geschicklichkeit, wie sie dem Palast würdig gewesen wären. Unter dem wachsamen Blick des Haushofmeisters huschten sie auf leisen Sohlen über den Perserteppich, der den gesamten Fußboden bedeckte, und wenn sie die großen Porzellanschüsseln auf den Messingplatten abstellten, so erzeugten sie dabei keinerlei Geräusch. Jeder von ihnen erfüllte tadellos seine Pflicht. Einer von ihnen, ein junger Bursche mit graublauen Augen, füllte das Glas des Waffenmeisters sogar dermaßen kunstfertig und im richtigen Maße, dass außer dem melodischen Plätschern des Wassers ein anerkennendes »Maschallah« zu hören war, das der Waffenmeister leise von sich gab.

Zu seiner Linken saß mit Schatzmeister Halil Pascha, Mitglied des Diwans, ein weiterer hoher Gast. Man hätte erwarten können, dass ein solcher Mann noch mehr zur Festlichkeit der Tafel beitrug, aber der Pascha war körperlich wie geistig weit davon entfernt, eine solche Rolle zu erfüllen. Sein von der jahrelangen Sorge, den Janitscharen alle drei Monate pünktlich ihren Sold ausbezahlen zu müssen, schwer in Mitleidenschaft gezogenes Herz war inzwischen anfällig für die kleinste Krise. Und das Abendessen war für ihn eine mehr als unangenehme Pflicht. Er schwitzte unaufhörlich und atmete so kurz und flach, als könne er jeden Moment tot umfallen.

Für Halil Pascha war es eine unerträgliche Qual, an einem Festmahl zusammen mit Siyavuş Agha teilzunehmen, selbst wenn ihnen die Speisen des Paradieses serviert worden wären. Der Waffenmeister war ein einflussreicher Mann. Er war einer der vier Adeligen im Serail, die dem Sultan ihre Aufwartung machen durften, ohne jemanden um Erlaubnis zu fragen. Seine Fürsprache bedeutete Wohlergehen und eine glorreiche Zukunft, doch bislang hatte man weder gesehen noch gehört, dass er jemandem diese Gunst erwiesen hätte, solange er sich nicht selbst einen Vorteil davon versprach.

Schlimmer jedoch waren Siyavuş Aghas berüchtigter Jähzorn und seine Pedanterie. Das Serail hatte jahrhundertelang Sultane, Sultansmütter und Favoritinnen erlebt, die alle nicht leicht zufriedenzustellen gewesen waren, aber niemand von ihnen konnte es mit diesem Mann aufnehmen. Für den Agha musste alles perfekt sein. Das Tuch seines hohen Turbans musste, ob schmutzig oder nicht, jeden Abend abgewickelt, gewaschen und am Morgen durch ein frisches, nach Seife duftendes ersetzt werden. Sein Badewasser war stets genau auf die von ihm gewünschte Temperatur zu erwärmen. Wo er ging oder sich legte, durften anstelle einfacher Kerzen nur duftende Öllampen entzündet werden, sein Schnurrbart war mit Mandelöl zu wichsen, und für die Pflege seiner Haare und seiner Haut waren die besten Seifen und Olivenöle gerade gut genug. Er duldete keine Fehler und bestrafte sie über die Maßen hart. Zuletzt hatte er einen Janitscharenzögling bis zur Bewusstlosigkeit ausprügeln lassen, nur weil dieser seinen Kaftan falsch gefaltet hatte.

Was das Essen anbelangte, so trieb sein empfindlicher Gaumen jedermann zur Verzweiflung. Selbst an den erlesenen Speisen aus den Palastküchen, in denen die besten Köche des Osmanischen Reiches die Löffel schwangen, hatte er stets etwas auszusetzen. Dabei war der Agha alles andere als ein Feinschmecker. Aber weil Zufriedenheit oder Unzufriedenheit ausschließlich von seiner jeweiligen Tagesform abhingen, hatten die Köche es mittlerweile aufgegeben, sich besondere Mühe zu geben; sie bereiteten die Speisen nach eigenem Gutdünken zu und überließen den Rest Allah. Es konnte vorkommen, dass Siyavuş Agha ein völlig missratenes, innen noch rohes Taubenkebap in den Himmel lobte und dem Gesellen, der es zu verantworten hatte, ein Trinkgeld zukommen ließ, während er ein Hünkârbeğendi, gebratenes Lamm auf Auberginenpüree, nach dem sich selbst der Sultan die Finger geleckt hätte, vom Tisch fegte, ohne einen einzigen Bissen davon gekostet zu haben.

Eines jedoch war allgemein bekannt: Der Agha konnte

Lauch auf den Tod nicht ausstehen. Seine Abneigung gegen dieses Gemüse war so ausgeprägt, dass es hieß, selbst der Sultan bestelle keine Lauchgerichte mehr, auch wenn er mitunter großen Appetit darauf verspüre, um einem Konflikt mit dem Agha aus dem Weg zu gehen.

Angesichts dieser Umstände hätte Schatzmeister Halil Pascha sich lieber mit einem Bären ins Bett gelegt, als mit dem Waffenmeister an einem Tisch zu sitzen. Dem armen Mann wurde jedes Mal angst und bange, wenn eine Schüssel aufgetragen und ihr Deckel gelüftet wurde, und bei jedem Schatten, der über das Antlitz des Waffenmeisters hinwegzog, ging ihm durch den Kopf: »Was habt Ihr mir da eingebrockt, Zümrützade?« Schließlich befand er sich nur an dieser Tafel, weil der Hausherr Hüsnü Bey Zümrützade ausdrücklich darauf bestanden hatte. Yakup Efendi, einer der vier Gäste am Nebentisch, war Hüsnü Beys Schwager und im Weizenhandel tätig. Der Sommer war trocken gewesen, es hatte eine Missernte gegeben, und um die Preise stabil zu halten, hatte der Diwan die Ausfuhr mehrerer Güter, darunter auch Weizen, verboten. Yakup Efendi, dessen Getreidespeicher aus allen Nähten platzten, der aber ständig klagte, in seiner eigenen Küche sei ihm inzwischen das Mehl ausgegangen, erhoffte sich vom Sultan eine Sonderausfuhrgenehmigung. Der Waffenmeister Siyavuş Agha sollte als Vermittler dafür sorgen, dass der Sultan ein entsprechendes Dekret unterzeichnete, und im Gegenzug eine üppige Gewinnbeteiligung einstreichen.

Da Schatzmeister Halil Pascha als Einziger im Diwan sein Veto gegen die Erteilung der Ausfuhrgenehmigung einlegen konnte, hatte Hüsnü Bey ihn fast genötigt, an diesem Essen teilzunehmen. Seiner zurückhaltenden Natur zum Trotz war Halil Pascha ein fähiger und kompetenter Staatsmann. Besonders in finanziellen Angelegenheiten wusste er sich durchzusetzen. Jedoch war es eine Sache, bei den Sitzungen des Diwans das Wort zu führen, aber eine andere, sich Auge in Auge mit dem Waffenmeister gegen besagte Genehmigung auszusprechen. Deshalb hatte Hüsnü Bey den Pascha eingeladen. Er wusste, dass dieser nur ungern den Zorn des Waffenmeisters auf sich zöge, so begnadet er als Staatsmann auch sein mochte.

Halil Pascha, der ein gläubiger Mann war, hatte sich in sein Schicksal ergeben. Er bedauerte nur, aufgrund seiner inneren Anspannung die vorzüglichen Speisen nicht angemessen würdigen zu können.

Eigentlich legte er keinen Wert auf besonders gutes Essen. Aufgrund seiner gutmütigen Natur, seines Respekts vor den Gottesgaben und seiner einfachen Herkunft war er nicht wählerisch und aß alles, was man ihm vorsetzte, ohne zu murren. Dankbarkeit war das Erste, was er in seinem Leben, das als Pflegekind in einem Herrenhaus auf dem Lande begonnen hatte, gelernt hatte.

Doch heute war alles anders.

Die aufgetischten Speisen schmeckten so vortrefflich, dass der Pascha vielleicht zum ersten Mal die Freuden des Gaumens entdeckte und ihm klar wurde, dass Essen weit mehr vermochte, als bloß zu sättigen.

Der Reigen der Köstlichkeiten begann bereits mit den ersten aufgetragenen Schüsseln. Als auf ein Zeichen des Haushofmeisters hin alle Diener gleichzeitig die Deckel hoben, ließ der sich verbreitende Duft sämtliche Gespräche schlagartig verstummen. Dabei handelte es sich bloß um einen Pilaw mit Matiko-Pfeffer. Dessen Geruch aber war so intensiv und brannte so angenehm in der Nase, dass jeder Gast sich in eine andere Welt versetzt fühlte. Keiner hätte es gewagt, die Löffel mit ihren Griffen aus Ebenholz und Perlmutt in die Hand zu nehmen und sich von dem Essen zu bedienen, wenn der Hausherr nicht in diesem Moment allen einen guten Appetit gewünscht hätte.

Sobald die Gäste den Pilaw auf den Zungen spürten, wurde

ihr Genuss noch größer. Wo die Rachen vom Pfeffer brannten, wurden sie vom Reis, der in einem Bett aus Butter eine spielerische Verbindung mit den Gewürzen eingegangen war, sanft gestreichelt.

Nachdem der erste Gang bis auf das letzte Reiskorn verzehrt war, traten auf das Zeichen des Haushofmeisters die Diener an die Tafel und sammelten das Besteck und die leeren Schüsseln ein. Während sie sich rückwärts zur Tür zurückzogen, stellten drei andere Diener je eine heiße Terrine auf die runden Messingplatten, und ein vierter legte jedem Gast, beim Waffenmeister beginnend, einen tiefen Suppenlöffel aus Hirschhorn vor.

Der zweite Gang bestand aus einer Hühnersuppe, die schon beim ersten Bissen den Pilaw bei weitem übertraf.

Wer auch immer diese Suppe zubereitet hatte – seine Hände schienen nach Belieben über den Geschmack einer Speise gebieten zu können. So hatten sie den Eiern offenbar befohlen, ihren Geruch nicht an die Suppe weiterzugeben, sondern nur für Konsistenz und Sättigung zu sorgen, während sie die Zitrone hervorgehoben und damit den kräftigen Geschmack des Huhns neutralisiert hatten. Keiner der Gäste griff nach dem Salz- oder Pfefferstreuer. Es war, als ob sich die Suppe von selbst dem Geschmack jedes Gastes anzupassen wusste.

Obwohl das Mahl bereits mit solchen Hochgenüssen begonnen hatte, steigerte sich das Entzücken der Gäste mit jeder aufgetragenen Speise noch ein wenig mehr.

Beim dritten Gang, einem Grießhalwa, ertappte sich Schatzmeister Halil Pascha dabei, wie er Siyavuş Agha, der sich gerade den letzten Bissen der Süßspeise in den Mund schob, eifersüchtig anstarrte. Er erkannte sich selbst nicht wieder. Es schien ihm, als habe er während seines ganzen, obwohl von ständigen Rivalitäten geprägten Lebens noch niemanden so voller Hass und Missgunst betrachtet. Dabei war er, seit das Halwa auf den

Tisch gekommen war – und das erschien ihm sogar noch seltsamer –, eigenartig gelöster Stimmung gewesen. Immer wieder war ihm seine junge Gemahlin in den Sinn gekommen, die er vor sieben Monaten geheiratet hatte und die noch immer unberührt war, und erstmals seit Jahren regte sich wieder etwas in seinen Lenden. Der Waffenmeister hatte davon freilich nichts mitbekommen. Er hatte die Augen geschlossen und kaute seinen letzten Bissen so langsam, als bringe er es nicht übers Herz, ihn hinunterzuschlucken, als müsse er sich jedes Fitzelchen der in Butter gebratenen Süßspeise auf der Zunge zergehen lassen.

Auf das Grießhalwa folgte Rosenwasser, das mit karamellisiertem Zucker zähflüssig gemacht worden war und angenehm im Rachen prickelte. Alle Blicke richteten sich nun auf die neuen Schüsseln, die herangetragen wurden. Da der dritte Gang eine Süßspeise gewesen war, musste der Tradition gemäß als Nächstes entweder Börek oder ein Gemüsegericht folgen. »Was es wohl sein wird?«, überlegte Halil Pascha. Ein Börek mit Käse und Sahne? Eine Milchpastete, ein Quittendolma, gebratene Kürbisse oder Auberginen? Wobei die eigentliche Überraschung sicher für den letzten Gang geplant war. Dieser begnadete Koch hatte seine ganze Meisterschaft gewiss für ein Kebap oder ein anderes Fleischgericht aufgespart.

Als die Diener erschienen, schlossen alle Gäste die Augen in Erwartung des nächsten Duftes, der ihren Nasen schmeicheln würde. Kaum hörte der Schatzmeister das leise Klackern der Porzellandeckel, atmete er tief ein und bemühte sich gar nicht erst, das Lächeln zu verbergen, das sich unwillkürlich auf seine Lippen legte. Dieser Geruch beschwor alte Erinnerungen in ihm herauf und versetzte den fast Siebzigjährigen zurück in seine Kindheit. Er sah sich mit einer Kiepe auf dem Rücken, die fast so groß war wie er selbst, dem Haushofmeister des Herrenhauses, in dem er als Pflegekind lebte, zum Markt folgen. Der Weg war weit, die Last schwer und der Haushofmeister übel gelaunt, aber der kleine Halil war aufgeregt und guter Dinge. Er freute sich, der Enge des Hauses und seiner eintönigen Arbeit für ein paar Stunden entkommen zu sein, und gab sich, beim Markt angekommen, ganz dem bunten Treiben hin. Sie kamen an einem Stand mit büschelweise aufgehäuften Frühlingszwiebeln vorbei, weiter hinten verkaufte ein Mann das reinste Butterschmalz, Karotten und Radieschen erstrahlten in ihrer ganzen Pracht, und hin und wieder trug ein Windstoß den Geruch frischen Dills herbei, während der Haushofmeister die Kiepe auf Halils Rücken mit frischen Lauchstangen befüllen ließ, deren Preis er mühsam heruntergehandelt hatte.

Während der Pascha noch den intensiven Geruch der frischen grünen Blätter in sich aufsog, erwachte er plötzlich aus seinem Tagtraum. Er blinzelte und betete zu Gott, dass er sich den Geruch nur eingebildet hatte.

Mit pochendem Herzen schlug er die Augen weiter auf und blickte vor sich auf die Tafel. Seine schlimmsten Befürchtungen waren eingetreten. Die breite Kupferschale in der Mitte des Tisches war mit einem Lauchragout gefüllt. Weißgrüne Scheiben des Gemüses waren dekorativ um das in der Mitte der Schale aufgehäufte Fleisch drapiert.

»Jetzt hat unser letztes Stündlein geschlagen«, dachte Halil Pascha. »Wehe dir, Zümrützade! Du hast uns alle auf dem Gewissen. Deinen Schwager soll der Teufel holen und dich mit dazu!«

Sein linker Arm fühlte sich kraftlos an und seine Unterlippe schien eingeschlafen zu sein. Voller Bedauern betrachtete er den Lauch. Siyavuş Agha würde ihn als persönliche Beleidigung auffassen und alle, die sich an der Tafel versammelt hatten, dafür zur Rechenschaft ziehen. Dabei liebte der Schatzmeister Lauch über alles. Doch aus dieser Schale würde er keinen Löffel nehmen können. Aber so war es nun einmal, und er vermochte nichts daran zu ändern. Also machte er sich auf den Tobsuchtsanfall des Waffenmeisters gefasst, wie man sich auf den Weltuntergang gefasst macht. Doch der Orkan ließ auf sich warten, und an der Tafel herrschte Totenstille.

Als er es nicht länger aushielt und nach rechts schielte, traute er seinen Augen nicht. Der Waffenmeister griff langsam, eine Basmala nach der anderen rezitierend, nach seinem Löffel. Er schien etwas zu erblicken, was nicht von dieser Welt war. Alle Gäste beobachteten dieses Schauspiel entsetzt, aber am meisten zu bemitleiden war natürlich Hüsnü Bey, der Hausherr. Der arme Mann setzte dazu an, Siyavuş Agha zu warnen, wagte es dann aber doch nicht. Mit seinen hervortretenden Augen sah er aus wie eine frisch gefangene Meeräsche, die den Angelhaken noch im Maul hat.

Siyavuş Agha tauchte unter ungläubigen Blicken seinen Löffel in die Schale und schob ihn sich randvoll in den Mund. Nachdem er geschluckt hatte, trat ein kindliches Lächeln in sein Gesicht. Sein Verstand schien in eine Traumwelt entschwunden zu sein, und der Waffenmeister sah aus, als wäre er dort, wo er sich befand, sehr glücklich.

Wenn Hüsnü Bey in diesem Moment nicht seinen Mund geöffnet und »Wohl bekomm's« gesagt hätte, dann wäre der Agha vielleicht nie wieder aus seiner Traumwelt zurückgekehrt, der Hausherr hätte weiter ein Leben in ungetrübter Harmonie führen können, der Schatzmeister nicht in Rente zu gehen brauchen, und den anderen Gästen wäre dieses Mahl nicht als jenes Ereignis in Erinnerung geblieben, nach dem sich ihr Leben zum Schlechten gewendet hatte.

Aber Hüsnü Bey hatte diese Worte nun einmal ausgesprochen.

Siyavuş Aghas Lächeln löste sich in Luft auf, und Bosheit, Hass und Berechnung kehrten in seine Augen zurück. Langsam wandte er sich Hüsnü Bey zu und zischte: »Machst du dich etwa über mich lustig?«

Seine Stimme schien sich wie eine Schlinge um den Hals des Hausherrn zu legen. Und tatsächlich traten Hüsnü Beys Augen noch weiter aus ihren Höhlen als zuvor, ganz so, als würde ihm die Kehle zugedrückt. »Aber nein, Exzellenz«, wollte er sagen, doch aus seinem Mund kam nur ein leises Ächzen.

Siyavuş Agha sagte kein Wort, als er jeden an der Tafel eindringlich anschaute. Es brauchte nicht viel Verstand und Lebenserfahrung, um zu verstehen, was seine Blicke bedeuteten: Das, was sie gerade mit angesehen hatten, würde ein Geheimnis bleiben, das sie bis in alle Ewigkeit zu hüten hatten. Darüber waren sich alle im Klaren. Alle außer dem Schatzmeister.

Halil Paschas linker Arm, der schon seit einer Weile seltsam gekribbelt hatte, war inzwischen gänzlich gefühllos geworden, und seine Unterlippe hing schlaff zur Seite. Er konnte weder aufstehen, als Siyavuş Agha von der Tafel aufsprang und davonpolterte, noch als Hüsnü Bey und sein Schwager unter tausend Entschuldigungen hinter dem Agha hereilten, und auch nicht, als die anderen Gäste das Feld räumten. Seine komplette linke Körperhälfte war gelähmt. Er konnte sich nicht mehr bewegen und nicht mehr sprechen. Innerlich begann er zu fluchen. Zuerst belegte er Zümrützade und Siyavuş Agha, die für seinen Zustand verantwortlich waren, mit den schlimmsten Verwünschungen. Dann beschimpfte er alle staatlichen Würdenträger, mit denen er seit seiner Kindheit zu tun gehabt hatte. Zu fluchen, wenn auch lautlos, beruhigte ihn. »Kismet …«, ging es ihm durch den Kopf. Sein unerschütterliches Gottvertrauen, das ihm stets Halt gegeben und dafür gesorgt hatte, dass er sich mit jeder Lebenslage abfand, ließ ihn auch diesmal nicht im Stich. Langsam und unter Mühen streckte er den Arm aus und versenkte seinen Löffel in der mit Lauchragout gefüllten Schale. Dann stopfte er sich so viel von dem leckeren Essen in den halb geöffneten Mund, wie er nur konnte. Ohne sich um das von seinem Kinn tropfende Öl und Gemüse zu kümmern, lächelte er ein schiefes Lächeln und versuchte zu kauen. Der Genuss war unbeschreiblich. Es war, als wäre der Herbst mit all seinen Blättern, seinem Wind und seinem Regen zu einem Geschmack geworden. Schatzmeister Halil Pascha dachte an die Hände, die diese Speise zubereitet hatten, und seinen einzigen Segenswunsch an diesem Abend richtete er an deren Besitzer.

Hätte er gewusst, was es mit diesem Festmahl in Wirklichkeit auf sich hatte, wäre er wohl kaum so voreilig mit seinen guten Wünschen für den Koch gewesen.

Während der Pascha sich im oberen Stockwerk an dem Lauch gütlich tat, herrschte unten im Hof so tiefe Stille, dass das Flackern der Fackeln, welche die Diener und der Haushofmeister trugen, wie Lärm erschien.

All seiner Betteleien und schönen Worte zum Trotz hatte Hüsnü Bey es nicht geschafft, Siyavuş Agha zur Umkehr zu bewegen, und er hatte mitansehen müssen, wie der Waffenmeister wutschnaubend durch das Tor gestürmt und verschwunden war. Nach dem Agha hatten auch die übrigen Gäste das Anwesen schnell und lautlos verlassen.

Hüsnü Bey überlegte, auf welche Weise ihn der Waffenmeister nun wohl wegen der paar Lauchstangen in den Ruin treiben würde. Denn Siyavuş Agha war sich für keine Art der Rache zu schade, ob groß oder klein. Er kannte keine Gnade, und es war diese Gnadenlosigkeit, die ihn bis in die höchsten Ämter gebracht hatte.

Erstmals hatte sich der Waffenmeister in jener Nacht hervorgetan, in der der vorherige Sultan den Thron bestiegen hatte. Jeder wusste von den Morden, die er auf Befehl des neuen Herrschers mit einem Strang Nähseide verübt hatte. Er machte ja auch kein Geheimnis daraus. Nach ein paar Gläsern bei einem Festessen kam üblicherweise ein grausames Funkeln in seine Augen, und er begann zu erzählen. Dazu lachte er hämisch.

Seinen Tischgenossen, denen er in allen Einzelheiten schilderte, wie er Frauen und Kinder gemeuchelt hatte, grauste es, aber sie wagten nichts zu sagen, sondern fielen notgedrungen in sein Gelächter mit ein.

Hüsnü Zümrützade hatte daher allen Grund, sich Sorgen zu machen. Siyavuş Agha würde es als persönlichen Affront auffassen, dass man ihm ein Lauchragout vorgesetzt hatte, und sich unter allen Umständen dafür rächen. Hüsnü Bey beschloss, am nächsten Morgen einige mit Geschenken beladene Sklaven ins Serail zu schicken. Gold und Edelsteine hatten schon immer eine besänftigende Wirkung auf den Waffenmeister ausgeübt, und sie würden auch diesmal ihren Zweck nicht verfehlen. Danach würde er sich für einige Zeit ruhig verhalten und warten, bis Gras über die Sache gewachsen wäre. Am meisten befürchtete er, dass er bald geschäftlich mit Siyavuş Agha zu tun haben könnte, denn dann bekäme ihn der Waffenmeister in die Hände und würde ihn mit feinen Nadeln bearbeiten wie ein Graveur.

Er seufzte tief und wandte sich dem Haushofmeister zu, der auf ihn wartete und dabei zitterte wie die Flamme seiner Fackel. Hüsnü Beys gerade noch betrübt niedergeschlagene Augen funkelten jetzt zornig.

»Hol mir den Koch her!«, befahl er.

Der Haushofmeister legte sein Gesicht in Falten, als hätte er diesen Befehl kommen sehen, aber dennoch gehofft, er möge unausgesprochen bleiben. »Sehr wohl, Herr«, sagte er ergeben und verschwand schlurfenden Schrittes im Dunkel des Hofes.

Kurz darauf kam er zurück, in ein paar Schritten Abstand gefolgt von einer hochaufgeschossenen, schattenhaften Gestalt. Je näher der Schatten kam, desto deutlicher ließen das Licht der Fackeln seinen Körper und sein Gesicht erkennen. Zwei Schritte von Hüsnü Bey entfernt blieb er stehen und grüßte gelassen.

Hüsnü Bey konnte dem Mann, der da im rötlichen Schein der Fackeln stand, nur kurz ins Gesicht schauen. Selbst im Halbdunkel fühlte er sich von dessen stechenden grünen Augen durchdrungen. Die dunkelblonden Stirnlocken fielen dem jungen Mann unter seinem weißen Baumwollturban mit den gelben Seidenstickereien bis auf die Augenbrauen, während der gezwirbelte Schnurrbart seinem Antlitz anstelle von Härte eine vornehme Würde verlieh. Der junge Mann hatte ein schmales Gesicht und war von schlanker Statur. Er schien eher zu gleiten als zu gehen, sprach wenig und nüchtern und ließ sich niemals aus der Ruhe bringen, selbst wenn es bei der Arbeit hektisch wurde. Hüsnü Bey hatte im Laufe seines Lebens Dutzende von Adeligen kennengelernt. Die meisten hatten die künstliche Vornehmheit von Emporkömmlingen. Sie konnten tun und lassen, was sie wollten, sie wirkte an ihnen wie aufgesetzt. Der junge Mann hier war anders. Er trug die Eleganz nicht nur spazieren, sondern schien untrennbar mit ihr verwachsen.

»Habe ich es dir nicht hundert Mal eingeschärft?«, fuhr Hüsnü Bey ihn an. Die Strenge in seiner Stimme überzeugte nicht einmal ihn selbst, aber er durfte sich jetzt nichts anmerken lassen.

Der Küchenmeister lächelte dünn und warf ihm einen fragenden Blick zu.

Hüsnü Bey wurde laut: »Der Lauch, verdammt noch mal, der Lauch! Habe ich dir nicht gesagt, dass der Waffenmeister keinen Lauch mag?«

Der junge Koch überlegte ein wenig, und sein Lächeln wurde breiter. »Doch, das habt Ihr, Herr.«

Hüsnü Bey fuhr nun wirklich aus der Haut. »Wenn das so ist, warum kochst du dann welchen?«, schrie er so laut, dass der Lufthauch seiner Stimme fast die Fackeln ausgeblasen hätte.

Über den Hof senkte sich angespannte Stille. Der Küchenmeister hatte aufgehört zu lächeln, schaute Hüsnü Bey aber weiterhin unverwandt an. Als der Bey gerade mit seiner Zurechtweisung fortfahren wollte, nahm ihm die ruhige Stimme des Küchenmeisters den Wind aus den Segeln: »Hat er ihm denn nicht geschmeckt?«

Hüsnü Bey stand mit offenem Mund wie erstarrt da. »Hat er ihn nicht gegessen?«, fragte der Küchenmeister weiter. »Hatte er etwas daran auszusetzen?«

Der Bey war sprachlos. Das konnte er schlecht behaupten; es stand ihm ja jetzt noch bildlich vor Augen, wie der Waffenmeister den Löffel zum Mund geführt hatte. »Widersprich mir nicht!«, schrie er verzweifelt. »Ich hatte dir doch gesagt, dass der Agha Lauch geradezu verabscheut. Das weiß ganz Istanbul!«

»Dann hat sich ganz Istanbul eben geirrt. Einschließlich des Aghas selbst«, erwiderte der Küchenmeister.

Hüsnü Bey zitterte am ganzen Leib. Nicht so sehr vor Wut, sondern eher aus Ratlosigkeit. Er war ein angesehener und einflussreicher Mann. Wenn er gewollt hätte, hätte er seinen Koch auf der Stelle totschlagen können, und niemand hätte ihn dafür belangt. Er hätte ihn in die Verbannung schicken und dafür sorgen können, dass er sein Leben lang keinen Fuß mehr in diese Stadt setzte. Wenn er gewollt hätte. Aber gegenüber diesem Mann und seiner Kochkunst war er geradezu willenlos. Das war schon monatelang so, seit dem Tag, an dem dieses grünäugige Scheusal sein Anwesen betreten hatte. Hüsnü Bey hatte diese Machtlosigkeit ihm gegenüber die ganze Zeit verspürt, aber an diesem Abend gestand er sie sich zum ersten Mal ein. Deshalb zitterte er.

Er raffte sich zu einer letzten Demonstration seines Willens auf und zeigte auf das hinter ihm gelegene Tor, als wolle er sagen: »Verschwinde von meinem Grund und Boden!« Doch ein imaginärer Geschmack, der sich plötzlich in seinem Mundraum manifestierte, sorgte dafür, dass ihm die Worte im Halse stecken blieben. Lamm mit Auberginen ... Die auf niedrigem Feuer gegarten Eierfrüchte zergingen ihm auf der Zunge, der Duft des mundgerecht geschnittenen Fleisches stieg ihm in die Nase, und die feine Säure des Sumaks kitzelte seinen Gaumen. Er fuhr sich mit der Zungenspitze über die Lippen und schluckte. Noch immer quer über den Hof zum Tor zeigend, schaute er die Diener und den Haushofmeister mit ihren Fackeln an. In diesem Moment wurde ihm klar, welch folgenschwere Entscheidung er zu treffen im Begriffe stand. Denn in den Augen der Männer war nicht nur Anspannung zu lesen, sondern auch etwas Bedrohliches. Er fragte sich, nach welchem Gericht sie sich wohl verzehren mochten.

Eines aber stand fest: Seine Hand durfte nicht länger so in der Luft hängen; also riss er sich zusammen und verscheuchte, so schwer es ihm fiel, den imaginären Geschmack aus seinen Gedanken. Er deutete mit dem Finger auf seinen Koch und wies den Haushofmeister an: »Schafft ihn fort und gebt ihm vierzig auf die Fußsohlen!«

Zwei der Fackelträger nahmen den Küchenmeister in ihre Mitte und machten sich mit ihm auf den Weg zum Vorratsraum, der auf der dunklen Seite des Hofes gelegen war. Hüsnü Bey schaute dem jungen Mann hinterher, wie er, von zwei Flammen eingerahmt, in stolzer Haltung von dannen ging. Es hatte den Anschein, als würde er die beiden Diener abführen und nicht umgekehrt. Hüsnü Bey hob den Kopf und schaute hinauf zu seinem Harem. Hinter den vergitterten Fenstern huschten Schatten davon wie aufgescheuchte Küken. Anscheinend nahm auch die Damenwelt regen Anteil am Schicksal des Küchenmeisters.

»Gott, bewahre mir meinen Verstand«, murmelte Hüsnü Bey. Er hatte sich in eine so verzwickte Lage gebracht, dass jeder, dem er davon erzählt hätte, nur ungläubig den Kopf geschüttelt und ihn für verrückt erklärt hätte. Der Kern der Geschichte war, dass sein Koch vom Harem bis zur Dienerschaft alle um den Finger gewickelt hatte. Anfangs hatte Hüsnü Bey die Sache lachend abgetan und selbst dann nicht recht daran glauben wollen, als es ernst zu werden begann. Immer wieder hatte er sich vorgenommen, den Mann davonzujagen, es aber jedes Mal »bis zur nächsten Mahlzeit« hinausgezögert, und jede seiner felsenfesten Entscheidungen war entweder an einem Fleischgericht mit Lattich und frischer Zwiebel oder dem Geruch eines Dolma zerschellt. Alles wäre halb so schlimm gewesen, wenn er wenigstens dem Geheimnis seiner Kochkunst auf die Schliche gekommen wäre, aber auch das war ihm nicht gelungen. Der Küchenmeister ließ weder einen Lehrling noch einen Gesellen für sich arbeiten. Die Männer, die er zu ihm geschickt hatte, damit sie ihm ein wenig über die Schulter schauten, erzählten von nichts anderem als vom Duft der Speisen, als hätten sie alle den Verstand verloren. Auch die Vergangenheit des Kochs war ein einziges Rätsel. Hüsnü Bey hatte alle seine Quellen angezapft, aber er hatte nicht das Geringste über die Identität des jungen Mannes in Erfahrung bringen können. Es war zum Haareraufen. Er sog die kühle Nachtluft ein und seufzte leise. Der Haushofmeister, der meinte, er habe ihn angesprochen, sagte eilig: »Zu Diensten, Herr.« Er hatte wohl ebenfalls seinen Gedanken nachgehangen. Der Bey scheuchte ihn mit einer ärgerlichen Handbewegung davon.

Nachdem der Haushofmeister und die Diener gegangen waren, blieb Hüsnü Bey noch eine Weile allein im Hof. Die Dunkelheit und die Stille taten ihm gut; endlich konnte er wieder etwas klarere Gedanken fassen. Er musste einen Ausweg finden. Fest stand, dass er den Küchenmeister nicht einfach davonjagen konnte. Er wollte sich nicht noch einmal blamieren, indem er eine Entscheidung verkündete, nur um hinterher wieder davon abzurücken. »Das kann nur die Wissenschaft lösen«, ging es ihm durch den Kopf. Er beschloss, einen Gelehrten zu Rate zu ziehen, einen, der über Erfahrung in solchen Dingen verfügte. Wobei die fragliche Person natürlich verschwiegen sein musste. Unter gar keinen Umständen durfte ein Mitglied des Diwans, schon gar nicht der Mufti, Wind davon bekommen. Der Waffenmeister bereitete ihm schon Kopfzerbrechen genug, da wollte er sich nicht auch noch dem allgemeinen Gespött aussetzen.

Beruhigt, eine Lösung gefunden zu haben, ging er in Richtung Harem. Doch dann überlegte er es sich anders und drehte um. Er würde sich besser in den Selamlık zurückziehen, vor dem Schlafengehen noch einen halben Pfeifenkopf stopfen und beim Rauchen darüber nachdenken, welcher Gelehrte ihm am geeignetsten erschien. Bevor er ins Haus ging, blieb er stehen und horchte in Richtung Vorratsraum. Auf jeden Stockhieb, der dem Küchenmeister versetzt wurde, folgte schmerzhaftes Wimmern. Hüsnü Bey lächelte. »Ob vierzig nicht doch zu wenig waren?«, überlegte er. Da fiel ihm jedoch das Mittagessen des folgenden Tages ein. Wenn der Küchenmeister nicht mehr in der Lage wäre, auf seinen Füßen zu stehen, dann könnte er auch nicht mehr kochen. Da der Bey schon vom heutigen Essen kaum einen Bissen hinuntergebracht hatte, wollte er sich wenigstens morgen schadlos halten. In zufriedener Vorfreude stieg er die Treppen empor.

Aber die Dinge verliefen nicht immer so, wie der arme Hüsnü Bey sie sich ausmalte, und dieses Mal verliefen sie ganz und gar anders.

*

Während Hüsnü Bey Zümrützade im Selamlık seine Pfeife rauchte, hatte der junge Küchenmeister bereits die Asche im Herd angeblasen und einen mittelgroßen Topf daraufgestellt, und bereitete nun, gut gelaunt eine lustige Melodie trällernd, ein Grießhalwa zu. Nebenbei lauschte er den beiden Stimmen, die direkt von nebenan aus dem Vorratsraum kamen. Da knallte gerade wieder der Stock. »Nicht so fest, verdammt!«, wimmerte die eine Stimme. »Ich bin doch kein Ungläubiger!«

»Jetzt stell dich nicht so an«, erwiderte die andere Stimme. »Wir sind noch nicht mal bei der Hälfte angekommen.«

»Von wegen, das war Nummer elf.«

»Ich habe dir doch nicht auf den Kopf geschlagen, oder warum kannst du nicht mehr zählen? Es waren erst neun.«

»Mir sind schon die Fußsohlen aufgeplatzt. Hast du denn gar kein Mitleid?«

»Du hast mir zwanzig gegeben. Jetzt bin ich an der Reihe. Außerdem zählt der Meister nebenan mit.«

Womit er absolut recht hatte. Denn während der Küchenmeister rührte, zählte er. Die Stimmen gehörten den beiden Dienern, die ihm seine vierzig Hiebe hätten versetzen sollen. Sie hatten sich die Strafe aufgeteilt zu je zwanzig, und schlugen nun einander die Fußsohlen wund. Ihre Belohnung war das Grießhalwa.

Mit dem Knallen des letzten Stockhiebs zog er den Topf vom Feuer. Halwa in so kurzer Zeit und auf so großer Flamme zuzubereiten, ohne es anbrennen zu lassen, das schaffte nicht jeder Koch, aber für ihn war es ein Kinderspiel. Allein der süße Duft, der die Küche erfüllte, war Beweis genug für seine Perfektion.

Kurze Zeit später war von draußen das Geräusch zweier Paar humpelnder Füße zu hören, und bald darauf wurde an die Tür geklopft. »Herein!«, rief der Küchenmeister mit lauter Stimme. Durch den Türspalt schlüpften die Gestalten der beiden Diener. Der Küchenmeister prüfte mit einem schnellen Blick in den Hof, ob jemand sie womöglich gehört oder gesehen hatte.

Kaum war den beiden Dienern der Geruch des Halwas in die Nasen gestiegen, da hatten sie auch schon ihre schmerzenden Sohlen vergessen. Sie schauten auf den Topf, und in Erwartung ihrer Belohnung lief ihnen das Wasser im Munde zusammen.

»Wir sind so weit, Meister«, sagte der eine. »Genau vierzig Schläge.«

Und der andere fügte hinzu: »Nicht mehr und nicht weniger.«

Der Küchenmeister betrachtete die beiden mit einer Mischung aus Abscheu und Mitleid. Sie waren die elendsten Kreaturen dieses elenden Hauses. Dafür, dass sie sich für Hüsnü Bey die Finger schmutzig machten, sah er über ihre Schandtaten hinweg. Sie hatten eine so schlimme Vergangenheit, dass sie zwischen Lust und Schmerz kaum mehr zu unterscheiden wussten. Der Küchenmeister wusste nur zu gut, dass Menschen dieses Schlages eine Schwäche für üppige Süßspeisen hatten.

Der Küchenmeister würde die beiden Nichtsnutze mit ihrer Belohnung allein lassen. Er ging zu den geflochtenen Besteckkörben, die an der Wand hingen, suchte zwei große Löffel heraus, reichte sie ihnen und verließ die Küche. Er konnte nicht mit ansehen, wie sie das gute Halwa in sich hineinschlangen.

Wenn den Dienern, die zur Vorbereitung des Abendessens seit dem frühen Morgen geputzt und geschrubbt hatten, eines entgangen war, dann war es die Kleidung des Küchenmeisters. Auch der Haushofmeister, der für gewöhnlich auf die kleinsten Details achtete, oder der Hausherr selbst waren nicht auf den Gedanken gekommen, sich zu fragen, warum sich der Küchenmeister wohl so herausgeputzt hatte. Dabei war diese Einzelheit, wie so vieles, was man auf den ersten Blick übersieht, von großer Wichtigkeit.

In seiner Kammer neben der Küche hatte der Küchenmeister damit begonnen, sein Bündel zu schnüren. Viel zu packen hatte er nicht. Er trug den neueren seiner beiden Ausgehanzüge, den anderen hatte er ganz unten in seinem Bündel verstaut. Darüber lag seine Arbeitskleidung, die aus je einem Paar weinroter Hemden, Pumphosen und flachen Schuhen bestand. Seine Arbeitswerkzeuge, gerade einmal zwei Messer, ein kleines und ein großes, sowie ein großes Küchenbeil, wickelte er sorgsam in ein Lederetui, das er zu den Schuhen legte. Bevor er die rote Seidenschürze einpackte, die das Abzeichen seines Meistertitels war, stand er auf und zog zwei Bücher unter seiner Matratze hervor. Eines war schwarz, das andere grün eingebunden. Er legte das dickere, grün eingebundene Buch auf die Schürze, während er das schwarze zur Hand nahm. Nachdem er einige Seiten darin überflogen hatte, klappte er es zu, legte es auf das andere Buch, wickelte beide in die Schürze und packte alles in sein Bündel.

Er war so gut wie fertig. Er setzte sich im Schneidersitz auf die Matratze, und nachdem er lange in die Flamme der Öllampe geschaut hatte, die das Zimmer erhellte, schloss er die Augen und flüsterte ein unverständliches Wort in einer unbekannten, vergessenen, vielleicht niemals gesprochenen Sprache. Da erschien ihm im Geiste der Geruch von Apfel und Nelken. Er sog ihn begierig in sich auf.

In all den Nächten, die er in Einsamkeit und Sehnsucht zugebracht hatte, hatte er gelernt, dass ihm, wenn er diesen Geruch nur tief genug einatmete, so tief, dass sich auch alte Erinnerungen wieder einstellten, kurzzeitig eine in der Vergangenheit zurückgelassene, schöne Gestalt vor seinem geistigen Auge erschien. Dieser flüchtige Moment, dem keine längere Dauer beschieden war als dem kleinsten Funken, der von einem Feuerstein geschlagen wird, war für den Küchenmeister der Quell all seiner Lebensfreude, seines Überlebenswillens und seines Kampfgeistes.

So saß er da und wartete. Versuchte äußerlich wie innerlich zur Ruhe zu kommen. Er hatte sich auf den Weg gemacht. Ab morgen würde in seinem Leben, in diesem Haus und dort, wohin er ginge, nichts mehr so sein, wie es gewesen war.

*

Am folgenden Morgen erwachte Hüsnü Zümrützade spät.

Am Abend zuvor hatte er sich zu allem Übel auch noch mit dem Schatzmeister herumschlagen müssen. Die Diener, die den Ärmsten noch immer an der Tafel sitzend vorgefunden hatten, hatten nicht nur Hüsnü Bey, sondern auch den örtlichen Arzt benachrichtigt, der diagnostizierte, dass Halil Pascha in schlimmster Weise gelähmt war. Daraufhin hatten sie ihn hinten auf einen Wagen verfrachtet, ihn nach Hause kutschiert und seinen Ehefrauen überlassen. Und als Hüsnü Bey dann zurückgekehrt war und sein Entspannungspfeifchen rauchte, da hatte er Lust auf Kaffee bekommen, Kaffee und Tabak waren eins geworden und hatten ihm den Geist geklärt, woraufhin er sich noch einen weiteren Pfeifenkopf gestopft und dazu einen weiteren Kaffee getrunken hatte, sodass schließlich an Schlaf gar nicht mehr zu denken gewesen war und er im Harem vorbeigeschaut hatte. Nach Hamam und Waschung war es schließlich weit nach Mitternacht gewesen, als er endlich ins Bett hatte schlüpfen können.

Er holte rasch das versäumte Morgengebet nach und kleidete sich an. Seit er erwacht war, hatte er eine seltsame Geschäftigkeit im Hause bemerkt. Es wunderte ihn allerdings nicht, dass man ihn noch nicht von ihrer Ursache unterrichtet hatte, denn da er morgens meist übellaunig aus dem Bett stieg, wagte es niemand, an seine Tür zu klopfen, solange es nicht brannte und um keine Staatsaffäre ging.

Als Hüsnü Bey in den Hof trat, sah er von weitem die versammelte Hausgemeinschaft vor der Küche stehen, und hinter den vergitterten Fenstern des Harems huschten wieder die Schatten. Nachdem er seinen Frauen und Sklavinnen einen tadelnden Blick zugeworfen hatte, eilte er zum anderen Ende des Hofes. Alle schauten so gebannt auf die Küchentür und die kleine Kammer daneben, dass niemand sein Kommen bemerkte.

»Was ist denn hier los?«, brüllte Hüsnü Bey verärgert, woraufhin die Gemeinschaft zusammenschrak und sich ihm besorgte Blicke zuwendeten. Der Haushofmeister nickte wortlos in Richtung Küchenschlot. Es stieg kein Rauch daraus hervor.

»Sprich gefälligst mit mir!«, brüllte Hüsnü Bey weiter. Doch die Besorgnis in den Gesichtern der Menge hatte längst auch von ihm Besitz ergriffen.

Der Haushofmeister sagte zögernd: »Der Herd hätte längst angefeuert werden müssen. Es ist Stunden her, seit der Gebetsruf verklungen ist. Womöglich ist ihm etwas zugestoßen.«

Dieser Gedanke ließ einige Anwesende leise aufseufzen. »Habt ihr in seine Kammer geschaut?«, fragte Hüsnü Bey. Der Haushofmeister hob verneinend die Augenbrauen und schnalzte mit der Zunge.

Es war eigentlich völlig inakzeptabel, dass ein Angestellter mit seinem Herrn, noch dazu mit dem Oberhaupt des Hauses Zümrützade, auf diese Weise kommunizierte, aber daran verschwendete Hüsnü Bey in der gegebenen Situation keinen Gedanken. Die Geschmäcke und Gerüche aller Speisen, die der Küchenmeister bis zu jenem Tag gekocht hatte, gingen ihm durch den Kopf wie die Verse einer Abschiedsballade.

Einer der Diener, ein für seine Naivität bekannter Milchbart, murmelte: »Gestern Abend wart Ihr zu hart zu ihm. Ihr wolltet ihn ja sogar davonjagen. Das muss er sich wohl zu Herzen genommen haben.« Der Bey wurde zornig, und in Gedanken schlug er dem Jungen schon mit einem Stein den Schädel ein, aber das konnte er natürlich nicht tun. Denn wenn der Junge recht und der Küchenmeister tatsächlich eine solche Wahnsinnstat begangen hatte, dann fiele das definitiv auf ihn zurück. Und Hüsnü Bey wollte nicht als einer der wenigen Zümrützades in die Geschichte eingehen, die von ihrem eigenen Gesinde in Stücke gerissen worden waren.

Dennoch durfte er jetzt nicht einknicken. »Öffne die Tür«, wies er den Haushofmeister an.

Der Haushofmeister trat vor und klopfte, eine Basmala murmelnd, an die Tür. Die Stimmung auf dem Hof war zum Zerreißen gespannt. Der Haushofmeister klopfte ein weiteres Mal und wartete. Augenblicke später, die den Anwesenden wie eine Ewigkeit erschienen, hörte man erst einen Riegel quietschen, dann ging die Tür auf.

Als der Küchenmeister auf der Schwelle erschien, ging eine Woge der Erleichterung durch die Versammlung, angefangen bei Hüsnü Bey. Doch diese Empfindung war nicht von Dauer, denn alle hatten sofort das Bündel in der Hand des Küchenmeisters und seine Ausgehkleidung bemerkt.

Als der Diener mit den beschränkten geistigen Fähigkeiten leise zu weinen begann, riss dem Bey der Geduldsfaden. Er gab dem Jungen eine kräftige Ohrfeige und marschierte geradewegs auf den Küchenmeister zu. Die empörten Blicke, die sich auf ihn richteten, bemerkte er nicht. Einen Schritt vor dem jungen Mann blieb er stehen, und nachdem er ihn von Kopf bis Fuß gemustert hatte, fragte er mit leiser, aber eindringlicher Stimme: »Na?«

Der Küchenmeister antwortete nicht. Er schaute dem Hausherrn nur herausfordernd ins Gesicht. Der Bey erhob seine Stimme: »Wo willst du hin?«

Wieder antwortete der Küchenmeister nicht.

»Jetzt hör mir mal gut zu«, fuhr der Bey fort. »Du bindest dir sofort deine Schürze um, und dann ab an die Arbeit!«

Der Küchenmeister schwieg.

Hüsnü Bey trat noch näher an den jungen Koch heran und brüllte: »Das ist ja wohl die Höhe! Hast du vergessen, wer hier der Herr im Hause ist? Geh mir aus den Augen und zieh dich um! Ab in die Küche! Sofort!«

Diesmal musste der Küchenmeister nicht schweigen. Das Krachen des Haupttors unterbrach den Bey. Er wandte sich an den Haushofmeister: »Sieh nach, wer das ist.«

Der Haushofmeister gab einem der umstehenden Diener mit dem Kopf ein Zeichen. Der wollte den Ort des Geschehens jedoch auch nicht verlassen und leitete den Befehl weiter an einen jüngeren Diener. So ging es immer weiter, vom einen zum anderen, bis es die beiden kleinsten und schmächtigsten Jungen unter sich ausfechten mussten. Da wurde es Hüsnü Bey zu bunt. Er packte den Haushofmeister am Kragen und fuhr ihn an: »Verdammt, jetzt geh zum Tor!«

Der Haushofmeister war ein Mann fortgeschrittenen Alters, der allgemeinen Respekt genoss. Die Empörung der Hausgemeinschaft stieg. Der Bey brüllte weiter, der Küchenmeister stand weiter mit seinem Bündel in der Hand da. »Ich werde dich in der Gosse kriechen lassen!«, drohte Hüsnü Bey. »Du wirst im ganzen Land keine Arbeit, keine Unterkunft und keinen Bissen Brot mehr finden!« Weiter ging es mit der Galeere, dem Kerker und dem Henkerbeil, als der Haushofmeister wieder eintraf. Er war außer Atem. »Herr ...«, keuchte er.

Hüsnü Bey hatte ihn nicht gehört, und der Haushofmeister versuchte es noch einmal. »Was gibt's?« Hüsnü Bey drehte sich um. Sein Gesicht war puterrot angelaufen. Er schwitzte.

»Es ist jemand aus dem Serail«, sagte der Haushofmeister. »Man verlangt nach Euch ...«

Als der Bey die Worte »aus dem Serail« vernahm, wurde sein rotes Gesicht plötzlich aschfahl, und seine Unterlippe klappte herunter. »Gott schütze uns«, murmelte er. Und an den Küchenmeister gewandt fügte er hinzu: »Du bewegst dich nicht von der Stelle!«

Der Küchenmeister beobachtete, wie Hüsnü Bey in Begleitung des Haushofmeisters zum Eingangstor eilte. Nachdem er eine Weile gewartet hatte, setzte er sich mit langsamen Schritten ebenfalls in Bewegung. Die versammelte Hausgemeinschaft schloss sich ihm an.

Vor dem Tor stand ein Kammerjunker aus dem Enderun mit ehrerbietig gefalteten Händen und wartete, bis Hüsnü Bey das gerade entgegengenommene Schreiben gelesen hätte. An seiner mit Fäden aus purem Gold bestickten Kopfbedeckung und dem gleichfalls golddurchwirkten Kaftan war unschwer zu erkennen, dass er der Inneren Kammer angehörte. Einen Schritt hinter dem Junker standen zwei Gardesoldaten, die mit ihren imposanten Körpern das breite Tor fast völlig verdeckten.

Für einen gebildeten Mann brauchte Hüsnü Bey recht lange, bis er den Brief gelesen hatte. Denn während er einerseits versuchte, dem Zittern seiner Hände Einhalt zu gebieten, las er andererseits jeden Satz zweimal, um auch ja nichts falsch zu verstehen.

Das Schreiben kam von Waffenmeister Siyavuş Agha, und soweit Hüsnü Bey es verstand, besagte es Folgendes: Der Waffenmeister sei bereit, das Geschehen des gestrigen Abends zu vergessen. Außerdem werde er wegen der Genehmigung, um die Hüsnü Beys Schwager ersucht hatte, persönlich mit seiner Majestät dem Sultan Rücksprache halten.

Als Gegenleistung hatte er nur einen einzigen Wunsch: den Küchenmeister.

Hüsnü Bey las den letzten Satz, mit dem der Waffenmeister seine Forderung unmissverständlich vorzubringen wusste, ein weiteres Mal und warf dem Junker einen matten Blick zu. Hunderte von Geschmäcken und Gerüchen zogen an ihm vorüber, als wollten sie seiner Nase, seiner Zunge und seinem Gaumen Lebewohl sagen, und stürzten ihn damit in tiefe Trauer. Er appellierte an seine Vernunft, sagte sich: »Was ist schon ein Koch, wenn einem derartige Wohltaten zuteilwerden!«, doch wurde der Kloß in seinem Hals nur noch ein wenig dicker. Er wusste, worauf er sich gefasst machen musste, wenn er seine Zustimmung verweigerte. Schon das kleinste Zaudern, schon die Andeutung eines Feilschens – von einer Absage ganz zu schweigen – hätten gereicht, Siyavuş Aghas Zorn zu vertausendfachen. Hüsnü Bey dachte an seine Ehefrauen, dann dachte er an seine Kinder. Eine Träne rann ihm über die Wange, als er leise sagte: »In Ordnung. Ich schicke ihn gleich morgen früh.«

Denn zumindest ein letztes Abendessen wollte er sich noch kochen lassen. Aber der Agha war grausam, und sein Befehl war strikt. »Seine Exzellenz will ihn sofort!«, sagte der vor dem Tor stehende Kammerjunker.

Auch über Hüsnü Beys andere Wange rann eine Träne. Er nickte ergeben und schaute sich um. Der Küchenmeister, der bereits mitten auf dem Hof stand, ging wortlos, ohne einen Befehl oder eine Erlaubnis abzuwarten, auf das Tor zu und trat auf die Straße. Während er mit dem Kammerjunker und den Soldaten verschwand, mischte sich in die Totenstille auf dem Hof ein leises, hinter den Gittern des Harems hervordringendes Wispern.

Im Hause Zümrützade würde nichts mehr so sein wie früher.

KAPITEL 2

Die größte Küche der Welt

Als der Küchenmeister vor den Gardisten und hinter dem Kammerjunker in Richtung Hippodrom ging, umspielte noch immer ein sanftes Lächeln seine Lippen. Er freute sich, den ersten Schritt getan zu haben. Doch mit dem Wind, der ihm ins Gesicht blies, sobald sie den Platz betraten, verflog auch sein Lächeln. Obwohl es nicht kalt war, fröstelte es ihn.

Er hob den Kopf. Die Hagia Sophia sah überwältigend aus mit ihrer prächtigen Kuppel und ihren Minaretten, und gleich hinter ihr erhob sich der »Turm der Gerechtigkeit« in den Himmel, einer mächtigen weißen Lanze gleich. Der Küchenmeister hörte sein Herz schlagen. Nur wenigen Dingen maß er so viel Bedeutung bei, dass sie ihn aus der Ruhe zu bringen vermochten. Überhaupt konnte ihn nur ein einziges Gefühl wirklich in Erregung versetzen, aber dann klopfte sein Herz nicht, sondern schien im Gegenteil stehen zu bleiben.

Während sie auf die Hagia Sophia zugingen, versuchte er sein pochendes Herz zu beruhigen. Doch als er zu seiner Rechten das »Tor des Sultans« erblickte, begann es nur noch heftiger zu schlagen. Der Küchenmeister atmete tief ein und verlangsamte seinen Schritt, sodass die hinter ihm gehenden Gardesoldaten ebenfalls abbremsen mussten. Der Junker sah sich um und lächelte milde. Vermutlich dachte er, der Küchenmeister sei deshalb aufgeregt, weil er gleich das Serail betreten würde. Unrecht hatte er damit nicht. Doch wenn er geahnt hätte, was der tiefere Grund dafür war, wäre er wohl nicht so ruhig geblieben.

Der Küchenmeister sollte sich später nicht mehr daran erinnern, wie er die Strecke zwischen der Hagia Sophia und dem Tor des Sultans zurückgelegt hatte. Angst, Todesangst geradezu, bemächtigte sich seines Herzens, und sein Körper wurde lahm. Er spürte den Boden unter seinen Füßen nicht mehr. Als er die Janitscharen sah, die zu beiden Seiten des Tores Wache standen, brach ihm der Schweiß aus, und er rang nach Luft. Sein Bündel, so kam es ihm vor, war um Okkas schwerer geworden. Schließlich versagten seine Beine ihm den Dienst, und er blieb stehen. Er glaubte, laut schreien zu müssen, brachte aber keinen Ton hervor. Eine Hand auf die Brust gedrückt, die sich wie ein Blasebalg hob und senkte, stützte er sich mit der anderen auf seinem Knie ab. Einer der beiden Gardisten eilte zu ihm, um ihn aufzurichten. Der Junker gebot dem Soldaten mit einer Geste innezuhalten, beugte sich zum Küchenmeister hinunter und flüsterte: »Geht es Euch gut, Meister?«

Der Küchenmeister brachte nicht mehr als ein Röcheln hervor. Er versuchte, sich von den tausend Gedanken und Erinnerungen loszureißen, die ihm mit lautem Dröhnen durch den Kopf schwirrten, und sich des Wortes zu entsinnen, das er letzte Nacht geflüstert hatte. Der Geruch von Apfel und Nelken würde ihm neuen Mut geben. Doch es schien hoffnungslos. Das fürchterliche Dröhnen wurde von Sekunde zu Sekunde stärker und erfüllte bald seinen gesamten Geist.

Gerade als er die Besinnung zu verlieren drohte, erhaschte er einen unendlich schwachen Apfelgeruch, der sich in den hintersten Windungen seines Gehirns versteckt hatte, und klammerte sich daran fest. Da lichteten sich seine Gedanken. »Es geht mir gut«, sagte er mit klarer Stimme. Er richtete sich auf und schaute den Kammerjunker an, als wäre er nicht gerade noch fast in Ohnmacht gefallen. »Beeilen wir uns«, sagte der Junker. »Der Waffenmeister erwartet uns sicherlich schon.«

Sie setzten ihren Weg fort. Der Küchenmeister bemühte sich, den erhaschten Geruch nicht wieder loszulassen, und konnte so das Klopfen seines Herzens und das Zittern seiner Knie unter Kontrolle halten. Sie erreichten das Tor des Sultans. Bevor der Küchenmeister ins Innere des Tores trat, das einer großen Halle glich, holte er tief Luft und hielt den Atem an. Das Geräusch ihrer Schritte wurde von der hohen Kuppel zurückgeworfen und verschmolz mit dem Flüstern der Janitscharen, die unter ihren an der Wand hängenden Krummsäbeln Dienst schoben.

Der Torwächter stand in der Nähe des Eingangs zum Serail und wies zwei Jungen zurecht, doch als er die Schritte hörte, blickte er sich um und befahl den Jungen, gerade zu stehen. Der Kammerjunker salutierte, und sie gingen weiter.

Als sie wieder ins Sonnenlicht traten, atmete der Küchenmeister auf, und erleichtert bemerkte er, dass sein Herz schon viel ruhiger schlug. Er schaute sich um. Gut dreihundert Schritte vor ihnen erhob sich das zweite Tor: das von zwei Spitztürmen flankierte »Tor der Begrüßung«. Gerade tauchten ein halbes Dutzend Holzträger daraus auf, die auf dem Rücken riesige Kiepen trugen und in geordneter Reihe auf das Holzlager zuliefen.

Als der Küchenmeister und seine Begleiter beim Hospital ankamen, stieg ihnen der Duft frisch gebackenen Brots in die Nasen. Der Küchenmeister, der genau wusste, wie dieser Geruch sich auf die menschliche Seele auswirkt, sog ihn tief in sich auf. Anders als andere Gerüche ließ dieser einem nämlich nicht das Wasser im Mund zusammenlaufen, er löste keine Gefühle aus, die, wie Appetit oder Begierde, jeden Moment außer Kontrolle geraten konnten. Nicht umsonst sagten die Sufis über den Geruch von Brot, er gleiche dem Geruch des Propheten. Und das Brot machte der ihm zugeschriebenen Heiligkeit alle Ehre, indem es Selbstvertrauen und Ruhe einflößte und allein durch seinen Geruch das Gefühl von Sättigung vermittelte. Jetzt trug es den letzten Rest von Bedrückung hinweg, die der Küchenmeister noch empfunden hatte. Als sie beim Tor der Begrüßung anlangten, hielt sich der junge Koch so kerzengerade wie die zwei Türme, die das von Süleyman dem Prächtigen in Auftrag gegebene Bauwerk flankierten.

Einige Schritte vor dem Tor ließ der Kammerjunker die hinter ihm Gehenden anhalten, trat selbst vor und entbot dem wachhabenden Torwächter seinen Gruß.

»Salem Aleikum, Agha«, grüßte der Torwächter zurück. Dann nickte er in Richtung des Küchenmeisters. »Wer ist das?«

»Ein neuer Koch«, sagte der Kammerjunker. »Ich bringe ihn in die Palastküchen.«

»Wozu?«, feixte der Wächter. »Im Serail gibt es bald mehr Köche als Gardisten.«

Die Worte des Torwächters hatten ihr Ziel nicht verfehlt. Während er belustigt registrierte, wie die Gardesoldaten mit den Zähnen knirschten, ergriff der Kammerjunker rasch das Wort, um ja keine Auseinandersetzung aufkommen zu lassen: »So lautet mein Befehl.«

Offenbar war der Tag bisher ohne Zwischenfälle verlaufen, und der Torwächter langweilte sich. »Liegt eine Bescheinigung des Oberkellermeisters vor?«, fragte er.

Der Junker betete um Geduld. »Es wurde noch keine ausgestellt, Agha. Mir wurde aufgetragen, ihn unverzüglich herzubringen, daher ...«, wollte er fortsetzen, aber der Torwächter unterbrach ihn, indem er nach oben auf den goldgeschmückten Torbogen zeigte: »Was Ihr da seht, Agha, ist das Tor zum Serail. Ohne Bescheinigung kommt hier niemand hindurch.«

Er verstummte, als sei damit alles gesagt, und die Gardisten waren schon drauf und dran, ihre Krummsäbel zu zücken, als der Kammerjunker das Zauberwort sprach: »Es ist ein Befehl des Waffenmeisters.«

»Wie bitte?«, fragte der Torwächter verunsichert. »Es ist ein Befehl des Waffenmeisters«, wiederholte der Junker ruhig.

Im Kopf des Wächters begann es zu arbeiten, und er erkannte immerhin, wie außergewöhnlich die Situation war. Einen Koch ins Serail zu bringen, war in der Regel ein Auftrag für einen Herold. Wenn man jedoch einen Kammerjunker in Begleitung zweier Gardisten geschickt hatte, kam der Befehl vielleicht wirklich von weiter oben. Mit bleichem Gesicht rief er ins Tor hinein: »Heda! Lauft sofort los und holt mir den Obertorwächter herbei!«

Während sie auf das Eintreffen des Obertorwächters warteten, blickte der Küchenmeister zu dem majestätischen Bauwerk empor, das sich vor ihm erhob. Durch dieses Tor das Serail zu betreten, bedeutete meist Glück und Hoffnung, es zu verlassen hingegen Trauer und Verhängnis. Viele stolze und angesehene Menschen hatten schon prächtigen Einzug durch das Tor gehalten, während ihre enthaupteten Leiber meist still und leise wieder hinausgeschafft wurden.

Auch das Tor der Begrüßung erinnerte an eine Halle, war aber viel länger. Das Licht am anderen Ende war so weit entfernt, als wolle es dem Eintretenden sein Schicksal verdeutlichen. Im Serail zu leben, das war, vom kleinsten Pagen bis hin zum Sultan, wie ein Marsch durch das Tor der Begrüßung – ein Marsch von ungewissem Ausgang. Man sah zwar das Licht am Ende des Weges, doch solange man auch darauf zuging – man erreichte es nie. Das Leben verging auf diesem mit kleinen Steinen gepflasterten Weg – Augenblick für Augenblick, Stunde für Stunde und Tag für Tag – in der ständigen Angst, ins Dunkel zu stürzen, und verlor sich zuletzt durch natürlichen Tod oder die Hand des

Henkers entweder im Nichts oder verwandelte sich bestenfalls in ein paar Zeilen auf den staubigen Blättern der Geschichte. Das Licht am Ende dieses Tores war das trügerischste der Welt. Nichts als Illusion. Aber das machte dem Küchenmeister keine Angst. Denn das Licht, nach dem er strebte, wartete nicht hinter diesem, sondern hinter einem anderen Tor, an einem Ort, den er noch nicht sah und noch nicht kannte. Aber er würde ihn finden. Er würde ihn finden, was es auch kostete, und das Licht würde die tiefe Dunkelheit, die über seine Welt hereingebrochen war, vertreiben.

Der Küchenmeister schaute auf den hellen Ausschnitt am Ende des Tores. Von dort, wo er nun stand, konnte er die Mauern des »Tores der Glückseligkeit«, die den Harem und das Enderun vom Zweiten Hof trennten, nur teilweise sehen. Das, wonach er suchte, lag hinter diesen Mauern verborgen, aber leider durfte außer dem Sultan kein Mann, der nicht zum Enderun gehörte und seine Hoden noch sein Eigen nannte, dorthin vordringen. Doch gab es immer mehr als einen Weg, eine Mauer oder eine Tür zu überwinden ...

*

Kurz darauf – der Name des Waffenmeisters hatte ihm offenbar Beine gemacht – kam der Obertorwächter angerannt. Er war so gehetzt, dass er seinen Stab, den er sonst bei jedem Schritt auf den Boden prallen ließ, in die Hand genommen hatte und mit der anderen Hand seine Kappe festhielt, damit sie nicht davonflog. Er keuchte, als er bei ihnen eintraf. Der Kammerjunker verbeugte sich tief und wollte gerade sein Anliegen vorbringen, da kam der Obertorwächter ihm zuvor: »Ihr dürft passieren.« Er zeigte auf das Tor. Siyavuş Aghas Name war offenbar Erklärung genug.

Der Küchenmeister und der Kammerjunker verließen das

Tor der Begrüßung ohne die beiden Gardisten, die sich auf ihre Stube zurückgezogen hatten, um sich bis zur Wachablösung von dem Frondienst, der ihnen am frühen Morgen auferlegt worden war, zu erholen.

Sobald sie den Zweiten Hof betraten, brachte der Kammerjunker die Troddeln wieder zum Vorschein, die er außerhalb des Palasts, den Serailregeln entsprechend, in seiner golddurchwirkten Kopfbedeckung versteckt hatte. Der Küchenmeister wandte sich währenddessen intuitiv nach rechts. Wie ein Kind folgte er dem inneren Antrieb, dorthin zu gehen, wo er sich sicher fühlte. Er lief in Richtung Palastküchen, dorthin, wo sein Leben – sein zweites Leben, genauer gesagt – begonnen hatte und vermutlich auch sein Ende finden würde.

Obwohl der Kammerjunker die Aufregung des jungen Kochs durchaus verstehen konnte, ärgerte er sich, dass dieser einfach im Laufschritt davoneilte und ihn völlig ignorierte. Er bemühte sich, ebenfalls schneller zu gehen, aber sein enger Kaftan war dafür denkbar ungeeignet. Außerdem war es nicht gern gesehen, wenn die Troddeln, die von seinen Schläfen herabhingen, beim Laufen auf und ab hüpften.

Also blieb er stehen und rief ihm nach: »Meister!«

Der Küchenmeister hielt inne, wobei sein Blick aber noch immer geradeaus auf den Säulengang gerichtet war, der hinter hohen Bäumen halb versteckt lag. Jenseits des Säulengangs, der sich die ganze rechte Seite des riesigen Hofes entlangzog, befanden sich die Küchen. Sie nahmen mit über zwei Hektar nicht nur die größte Fläche innerhalb der Festungsmauern ein, ihre Beschäftigten bildeten auch die größte Berufsgruppe des Serails.

In den Palastküchen arbeiteten mehr als tausendfünfhundert Köche und Gesellen. Dazu kamen noch die etwa vierhundert Beschäftigten der Halwaküche, der Oberste Einkäufer mit seinen Knechten, der Verwalter des Vorratskellers und seine

Schreiber, außerdem Bäcker, Wasserträger, Anheizer, Käser, Heilkräutersammler, Eismacher, Metzger und Hühnerzüchter.

Die Palastküchen produzierten an einem gewöhnlichen Tag je zwei Mahlzeiten für fast viertausend Serailbewohner. Bei besonderen Anlässen wie der Soldzeremonie oder einem Staatsbankett mussten etwa zwanzigtausend Menschen bewirtet werden. Dafür wurden in einem Jahr vierzigtausend Schafe, achtzigtausend Hühner, eine Million Okka Reis und fast zwei Millionen Okka Zucker benötigt.

Deshalb bezeichnete man die Palastküchen auch als »die größte Küche der Welt«.

Als die Schritte des Kammerjunkers, der ihm nachgeeilt war, neben ihm zum Stehen kamen, drehte der Küchenmeister den Kopf und sagte: »Ja, bitte?« Der Kammerjunker, der es gewohnt war, sich gemessen und würdevoll zu bewegen, war außer Atem gekommen. »Es besteht kein Grund zur Eile, Meister«, sagte er. »Der Waffenmeister isst für gewöhnlich spät zu Abend. Es ist noch ausreichend Zeit.«

Der Küchenmeister nickte. »Aber die Küchen sind groß, und es geht dort hektisch zu. Ich muss mich erst zurechtfinden. In meinem Handwerk ist es wichtig, sich heimisch zu fühlen. Ich will mich nicht schon am ersten Tag vor seiner Exzellenz dem Agha blamieren.«

»Alle Achtung«, sagte der Kammerjunker. »So kurz nach der Ankunft, noch ehe Ihr das Messer zur Hand genommen habt, eine solche Arbeitseinstellung an den Tag zu legen – das lobe ich mir! Ihr habt recht, in den Küchen geht es hektisch zu, aber das soll Euch nicht weiter behelligen, Ihr dient allein dem Waffenmeister. Sonst habt Ihr keine weiteren Pflichten. Der Oberküchenmeister und der Küchenverwalter wurden davon in Kenntnis gesetzt. Niemand wird Euch zu irgendwelchen anderen Aufgaben heranziehen.«

Der Küchenmeister neigte leicht das Haupt, um seine Dankbarkeit zu zeigen. »Gott segne seine Exzellenz den Agha mit Gesundheit und Wohlergehen. Doch gestattet mir, da Ihr vom Oberküchenmeister spracht, die Frage: Wie ist sein Name?«

Der Kammerjunker verzog leicht das Gesicht. »Er heißt İsfendiyar und ist ein alter Mann. Ein Meister seines Fachs, aber auch bekannt für seine rüde Art. Ich rate Euch, ihm nach Möglichkeit aus dem Weg zu gehen.«

»Seid unbesorgt«, sagte der Küchenmeister lächelnd.

Sie gingen weiter und betraten die Küchen durch den mittleren, direkt zur Sultansküche führenden Eingang.

Die Palastküchen befanden sich in zwei langgestreckten rechteckigen Gebäuden, die parallel zueinander lagen. Im vorderen, schmaleren Teil waren die Schlafsäle der Knechte und Laufburschen sowie der Schlafsaal der Verzinner untergebracht. Im breiteren, hinteren Teil lagen die Küchen, und getrennt wurden die beiden Gebäude durch einen schmalen Gang, den man den »Küchenweg« nannte.

Der Küchentrakt besaß insgesamt sechs Türen. Ganz links war der Eingang zur Halwaküche. Die Halwaküche, in der sämtliche Süßspeisen und Sorbets des Serails hergestellt, Essiggemüse eingelegt und Arzneien angerührt wurden, war von den anderen Küchenabschnitten sowohl physisch als auch verwaltungstechnisch getrennt. Ihr Leiter, der Oberhalwameister, genoss mindestens ebenso viel Ansehen wie der Oberküchenmeister, auch wenn er in der Rangfolge niedriger stand, und niemand außer ihm selbst durfte seinen Untergebenen Anweisungen erteilen.

Die restlichen fünf Türen führten in den eigentlichen Bienenstock, in die sieben Küchen also, die das Herz der Palastküchen bildeten. Sie waren miteinander verbunden, auch wenn Mauern die einzelnen Abschnitte markierten und so verhinderten, dass sich die Gerüche miteinander vermischten.

Zur Rechten führte der Küchenweg durch eine kleine Bogentür zu einem weiteren Gebäude. Darin befanden sich eine kleine Moschee sowie ein Hamam für die Köche. Daneben lagen die Schlafsäle der Meister, der Vorratskeller, das Öllager und schließlich die Wohnung des Küchenverwalters.

Sie blieben auf dem Küchenweg stehen und schauten sich um. Alles lag so still und verlassen da, wie man es von einer Küche eigentlich nicht erwartet hätte. Ob es aus Furcht war, den Oberküchenmeister zu verärgern, oder aufgrund der höflichen Manieren, die er sich im Serail erworben hatte – jedenfalls wollte der Kammerjunker die Küchen nicht betreten, ehe er nicht jemanden gefunden hatte, der sie begleitete.

Nach langem Warten hörten sie endlich hinter der rechten Tür das Geräusch eines Gehstocks. Hinkende Schritte, die jedoch rasch näher kamen. Im Türrahmen erschien ein kleiner alter Mann. Um sein weißes Gewand war eine grüne Schürze gebunden, und in seinem Gürtel steckte ein großes Messer. Er lauschte mit säuerlicher Miene, schob seine lederne Kopfbedeckung zurecht und schrie dann in einer Lautstärke, die man einem Mann seiner Statur niemals zugetraut hätte: »Los, an die Arbeit! Gleich ist Mittag, und es steht noch kein einziger Kessel auf dem Herd! Los, los!«

Das konnte niemand anderes sein als İsfendiyar, der Oberküchenmeister.

Die Stimme des Alten wurde von den steinernen Wänden des Küchenwegs zurückgeworfen und verhallte. Einen Moment lang blieb alles still, als hätte niemand sein Rufen gehört. Dann aber waren aus dem Vorderbau die ersten hastigen Schritte zu vernehmen, gefolgt von anderen und wieder anderen. Das Getrappel wurde stetig lauter. Das Geräusch unzähliger Füße, die Treppen hinunterliefen und durch Korridore eilten, schwoll zu einem enormen Getöse an, und bald darauf ergoss sich ein Strom von Küchenarbeitern durch die Türen. Der schmale Gang war im Handumdrehen voller Menschen.

Köche mit grünen, orangenen und blauen Seidenschürzen, Gesellen in bedruckten Baumwollkitteln und weiß gewandete Lehrlinge hasteten aus den Schlafsälen an ihre Arbeitsplätze, und der Küchenmeister und der Kammerjunker mussten sich an die Mauer drücken, um nicht über den Haufen gerannt zu werden. Meister İsfendiyar war in der wogenden Flut von Menschen untergegangen. Nur ab und zu sah man seinen Stock sich erheben, begleitet von einem Befehl oder einem Rüffel.

Meister, Gesellen und Lehrlinge drängten sich in Trauben durch die fünf Küchentüren, und der schmale Gang war ebenso schnell wieder leer, wie er sich gefüllt hatte. Nur Meister İsfendiyar stand unverändert an seinem Platz. Er lauschte in die Küchen hinein, und als er sicher war, dass alle mit der Arbeit begonnen hatten, drehte er auf dem Absatz um und ging ebenfalls hinein. Für einen hinkenden Alten bewegte er sich erstaunlich schnell. Als der Küchenmeister und der Kammerjunker zu ihm aufschließen wollten, war er bereits in der Sultansküche verschwunden, vor deren Tür zwei Kolosse von Hellebardenträgern standen, die den Auftrag hatten, niemanden hineinzulassen, der dort nichts verloren hatte, denn hier wurden die Speisen für den Sultan, seine Mutter, seine Favoritinnen und die Kronprinzen zubereitet.

Dem Kammerjunker und dem Küchenmeister blieb nichts anderes übrig, als draußen auf Meister İsfendiyar zu warten. Der Küchenmeister lugte in die Sultansküche hinein. Sie war nicht nur größer als die anderen Küchen, sondern auch ruhiger und ordentlicher. Etwa ein Dutzend Köche gingen an den Tischen und Herden still ihrer Arbeit nach. Hinter einigen von ihnen standen junge Gesellen mit gefalteten Händen bereit, um jederzeit einen Befehl ausführen zu können. Einige Lehrlinge waren am Rand der Arbeitsflächen mit einfachen Tätigkeiten wie Zwiebelschneiden oder Karottenschälen beschäftigt. Zwar redeten alle miteinander, und von den Meistern hagelte es Befehle, jedoch sprach niemand lauter als nötig. Die Messer klapperten sehr dezent, und sogar die Lehrlinge setzten ihre Schritte so leise wie möglich. Auf den Regalen, die die gesamte Länge der gegenüberliegenden Wand einnahmen, war Porzellan aufgereiht. Teller mit chinesischen Motiven, golden verzierte Schüsseln, Terrinen sowie Schalen von unterschiedlicher Größe aus schneeweißem Porzellan glänzten im Widerschein der Herdfeuer. Überhaupt war alles in dieser Küche von höchster Qualität, und der Küchenmeister schaute begehrlich auf die grünen Blätter zweier Sellerieknollen, die auf dem Arbeitstisch darauf warteten, geputzt zu werden, und auf die frischen Karotten daneben. Wie rein das Öl war, ließ sich daran erkennen, wie es brutzelte, als es auf die heiße Pfanne traf. Und weil nur die erlesensten Gewürze verwendet wurden, blieb sogar der Duft einer Prise Kümmel sekundenlang in der Luft hängen.

Doch wie der Küchenmeister mitanhören konnte, war der Chefkoch der Sultansküche mit der Situation alles andere als zufrieden. Der Mann beklagte sich gerade bei Meister İsfendiyar, dem er an der Tür aufgelauert hatte, über Menge und Qualität der gelieferten Zutaten.

»Ich weiß nicht mehr ein noch aus, Meister İsfendiyar«, sagte der Chefkoch. »Der Sultan ist zum Glück anspruchslos und nörgelt nicht am Essen herum. Aber die Favoritin? Ihr wisst es selbst, Meister. Mit diesen Zutaten ist sie unmöglich zufriedenzustellen. Das Fleisch, das wir bekommen, ist kein Fleisch, das Öl kein Öl. Und neulich wurde uns doch tatsächlich ein Huhn geliefert, das bestimmt eines natürlichen Todes gestorben wäre, wenn man es nicht gerade noch geschlachtet hätte. Eigentlich wollte ich es stopfen, musste aber stattdessen ein Kebap daraus machen. Ich bin verzweifelt! Schließlich habe ich es ja nicht allein auszubaden: Die Favoritin richtet noch die gesamte Küche zugrunde.«

Meister İsfendiyar nickte. Obwohl er den Chefkoch nicht

direkt ansah, sondern seinen Blick auf die Arbeiter gerichtet hatte, gab er zu erkennen, dass er ihm zugehört hatte und ihn ernst nahm. »Ich werde mit dem Küchenverwalter sprechen«, sagte er und ging zum Arbeitstisch, um eine Lammkeule zu inspizieren, die einer der Gesellen gerade hereingetragen hatte.

Während der Küchenmeister die gerade gehörten Dinge gedanklich einzuordnen versuchte, ließ ihn lautes Geschrei in seinem Rücken zusammenschrecken. Er war so in seinen Überlegungen versunken gewesen, dass er dem sonstigen Geschehen in der Küche keine Beachtung mehr geschenkt hatte. Als er sich umdrehte, sah er zwei Köche an den Enden eines großen Ölschlauchs zerren. »Lass los!«, schrie der Größere. »Der gehört mir. Ich habe ihn schon vor einer Woche reserviert.«

Der Koch am anderen Ende des Schlauchs war zwar um einiges schmächtiger, aber deshalb noch lange nicht gewillt, klein beizugeben. »Er gibt es auch noch zu!«, rief er empört. »Dabei hast du den ganzen Vorratskeller schon geplündert! Hortest alles wie eine Elster. Als wäre es dein Privateigentum!«

Der Kampf setzte sich fort und wurde immer erbitterter geführt. Als die beiden schließlich auch vor den unflätigsten Beschimpfungen nicht mehr zurückschreckten, ließ ein älterer Koch, der sich das Ganze mit wachsender Ungeduld angeschaut hatte, sein Messer fallen, griff nach seinem Küchenbeil, das in einer Lammrippe gesteckt hatte, und baute sich vor ihnen auf. Nachdem er den Ölschlauch, ohne ein Wort zu sagen, mit einem gewaltigen Hieb in der Mitte entzweigehauen hatte, schaute er die beiden Streithähne zornig an. Diese waren, ebenso wie der Rest der Küche, mucksmäuschenstill geworden. Während sie mit je einer Schlauchhälfte an ihre Arbeitstische zurückkehrten, setzten die Küchengeräusche allmählich wieder ein.

»Der große ist der Koch des obersten weißen Eunuchen, der kleine der des Mädchen-Aghas«, erklärte der Kammerjunker dem Küchenmeister und lachte. »Die ganze Küche kennt ihre Zänkereien. Sie kommen einfach nicht miteinander aus.«

Der Küchenmeister lächelte und beobachtete weiter die Abläufe, um zu verstehen, welche Küche für welchen Teil des Serails zuständig war, sich die Gesichter einzuprägen und herauszufinden, wer wo arbeitete.

Nach der Sultansküche war eine der wichtigsten Palastküchen die Küche der Aghas. Als Koch des Waffenmeisters würde auch er bald dort arbeiten, was ein großer Segen war. Denn die Aghaköche standen in ständiger Verbindung zu den Vorzimmern der Macht. Mitunter erzählte ein gelangweilter Page, wenn er sich mit einem gleichaltrigen Gesellen austauschte, Dinge, die eigentlich strengster Geheimhaltung unterlagen. Oder aber ein übereifriger Neuling verplapperte sich. Daher schätzte der Küchenmeister sich glücklich, in der Aghaküche ständig auf dem Laufenden zu bleiben.

Diesmal war es die Stimme des Kammerjunkers, die ihn aus seinen Gedanken riss: »Er kommt.«

Als er sich umschaute, sah er Meister İsfendiyar auf den Ausgang der Sultansküche zusteuern. Der Kammerjunker ging einige Schritte auf die Küche zu, faltete dann die Hände vor seinem Körper und wartete. So stand er dem Oberküchenmeister, nachdem dieser die Hellebardenträger zur Seite gestoßen hatte, direkt gegenüber.

»Was gibt's?«, fragte Meister İsfendiyar ungehalten. Der Junker trat ein wenig zur Seite und wies mit einer Hand auf den Küchenmeister: »Das ist der neue Koch des Waffenmeisters. Ihr ...«

Meister İsfendiyar schnitt ihm das Wort ab: »Sehr gut! Folgt mir.«

Er war bereits losmarschiert und ließ dabei seinen Stock auf den Boden prallen. Er steuerte die Küche an, wo sich gerade noch der Koch mit seinem Küchenbeil als Streitschlichter bewährt hatte. Als die dortigen Köche und Gesellen Meister İsfendiyar kommen sahen, ließen sie alles stehen und liegen und wandten ihm ihre Blicke zu. Nur einer schien nichts bemerkt zu haben. Dieser Mann, der seine ganze Aufmerksamkeit einem Haufen kleingeschnittenen Fleisches zugewandt hatte, war von merkwürdigem Äußerem. Obwohl er geradezu hünenhaft gebaut war, hingen seine Schultern herab wie unter einer schweren Last, seinen Augen fehlte der Glanz, und sein Gesicht war blass. Er nahm jedes der kleinen Fleischstücke einzeln in die Hand und schnitt mit chirurgischer Präzision die kleinsten Verfärbungen oder Nervenstränge heraus. Am besten Auskunft über seine seelische Verfassung gab aber wohl das seltsame Zucken, von dem seine eine Gesichtshälfte betroffen war. Immer wieder zog sich sein linkes Auge unwillkürlich zusammen, und sein linker Mundwinkel bewegte sich auf und ab.

Meister İsfendiyar näherte sich dem Mann behutsam, als wolle er ihm keinen Schreck einjagen. Aber der Koch war so auf das Stück Fleisch in seiner Hand konzentriert, dass er den Meister noch immer nicht bemerkte.

»Meister Bekir?«, sprach Meister İsfendiyar ihn vorsichtig an. Doch er musste es erst mit etwas lauterer Stimme noch einmal versuchen, ehe der Mann zusammenfuhr und zu sich kam. »Ja, Meister?«, stotterte er. Gleichzeitig versuchte er, sein linkes Auge unter Kontrolle zu bekommen, das wie wild zu zucken begonnen hatte.

Meister İsfendiyar legte ihm seine Hand auf die Schulter und wies auf den etwas abseits stehenden Küchenmeister: »Weißt du, wer das ist?«

Meister Bekir drehte seinen Kopf, um den Küchenmeister anzusehen. Er warf einen Blick auf den Kammerjunker. »Wer ist es denn?«, fragte er schleppend.

Meister İsfendiyar lächelte und erwiderte: »Der neue Koch des Waffenmeisters.«

Es dauerte einige Zeit, bis Meister Bekir begriff. Sein Auge zuckte noch ein letztes Mal, dann erschien ein zaghaftes Lächeln auf seinem Gesicht. Er schaute den Küchenmeister an wie eine wundersame Erscheinung. »Was sagt Ihr da, Meister?«, fragte er mit zitternder Stimme. »Ich bin also ...«

»... deines Amtes enthoben!«, vervollständigte der Oberküchenmeister den Satz, den Meister Bekir nicht zu Ende gesprochen hatte. »Du bist die längste Zeit Koch des Waffenmeisters gewesen!«

Der ehemalige Koch des Waffenmeisters fing an zu zittern, doch nicht etwa aus Angst, sondern vor Freude. »Ist das wirklich wahr?«, fragte er. Meister İsfendiyar nickte lächelnd. Der Koch warf sein Messer auf den Arbeitstisch und riss die Arme in die Luft: »Dem Himmel sei Dank!« Die Farbe kehrte in sein Gesicht zurück, und sein Körper sprühte plötzlich vor Lebenskraft, ganz so, wie man es von einem Mann seiner Statur erwarten konnte.

Nachdem Meister Bekir sein Dankesgebet beendet hatte, eilte er auf den Küchenmeister zu, umarmte ihn und küsste ihn auf beide Wangen. Dieser war solche Zuneigungsbekundungen weder gewohnt, noch fand er daran sonderlich Gefallen. Er ließ es dennoch über sich ergehen. Dem Freudenausbruch dieses Mannes, der endlich von den ständigen Sonderwünschen und der chronischen Unzufriedenheit des Waffenmeisters befreit war, hätte er ohnehin wenig entgegenzusetzen gehabt.

»Mein Bruder«, sagte Meister Bekir und packte den Küchenmeister fest an beiden Schultern. »Allah schenke dir Kraft und segne dich mit Geduld. Alles Gute werde ich dir nicht wünschen, denn diese Arbeit hat nichts Gutes. Aber da du mich von dieser Qual befreit hast, hoffe ich, dass der Barmherzige auch dich in kurzer Zeit davon erlösen wird.«

Meister Bekir schloss auch noch die anderen Köche in die Arme, ehe er rasch seine Messer einsammelte. Dabei legte er eine solche Eile an den Tag, dass man hätte meinen können, er verlasse nicht nur diese Küche, sondern wandere gleich ganz aus, um ein neues Leben anzufangen.

Da fragte Meister İsfendiyar ihn: »Was hast du nun vor, Bekir?« Der Meister, der gerade ein kleines Messer in seiner Schürze verstaute, erstarrte, als wäre er bei etwas Verbotenem ertappt worden. »Ich weiß es nicht, Meister«, sagte er verschämt. »Solange ich nur hier rauskomme.«

Meister İsfendiyar lächelte. »Dein Platz in der Sultansküche ist bereit«, sagte er. »Du hast ihn dir durch harte Arbeit redlich verdient.«

Die Augen der anderen Köche weiteten sich vor Bewunderung und Neid, denn jeder hier träumte davon, in die Sultansküche befördert zu werden. Meister Bekir jedoch schaute Meister İsfendiyar gequält an und sagte: »Es ist mir eine große Ehre, Meister. Ich danke Euch, dass Ihr mich für würdig erachtet. Aber ich möchte nicht mehr für so hochstehende Persönlichkeiten kochen. Ich habe genug davon. Gebt mich in die Birun-Küche, wo ich Reis und Suppen für die Eunuchen zubereiten kann.«

Meister İsfendiyar schüttelte den Kopf: »Nichts da. Dein Talent darf nicht verschwendet werden. Geh in die Diwanküche. Dort ist nicht so viel zu tun, und du kannst dich erholen.«

Meister Bekir ließ den Kopf hängen. »Tut mir das nicht an, Meister. Der Agha hat mir schon den letzten Nerv geraubt. Ich kann mich nicht auch noch mit den Paschas herumschlagen. Dazu fehlt mir einfach die Kraft.«

Der Oberküchenmeister dachte eine Weile nach. »Dann eben die Konkubinenküche. Dank dir bekämen die armen Geschöpfe auch einmal etwas Vernünftiges zwischen die Zähne.«

Meister Bekirs Miene hellte sich auf. »Ja, damit bin ich einverstanden«, freute er sich. Wenn er für die unterste Schicht des Harems kochte, wäre er wohl kaum mit Unzufriedenheit oder Launenhaftigkeit konfrontiert. Dennoch mussten die Speisen dort ein gewisses Niveau haben.

Nachdem dem ehemaligen Koch des Waffenmeisters noch zwei Tage Urlaub gewährt worden waren, verließ er eilends die Küche. Natürlich würde er seine freie Zeit nicht im Serail verbringen. Er würde sich auf dem schnellsten Weg nach Galata begeben, die Nacht in einer Schenke verbringen und den lieben Gott einen guten Mann sein lassen.

Alle Blicke richteten sich jetzt auf den Neuankömmling. Man fragte sich natürlich, wer dieser junge Mann war, der so unversehens in der Aghaküche auftauchte, als wäre er vom Himmel gefallen, und nun einen so fähigen Koch wie Meister Bekir ersetzen sollte. Der Küchenmeister gab jedoch nicht viel über sich preis. Während der Kammerjunker ihn den anderen Köchen vorstellte, beschränkte er sich darauf, sie mit einem Nicken zu begrüßen. Gesprächsversuche blockte er mit einem höflichen Lächeln ab und versuchte stattdessen, etwas über die Hierarchie in der Küche zu erfahren. Denn hier waren die Köche der sechs mächtigsten Aghas im Enderun versammelt, und ihre Stellung hing nicht allein von Dienstzeit und Können ab, sondern auch vom Rang ihres Herrn.

Daher wunderte es den Küchenmeister nicht, als er erfuhr, dass der Meister, der gerade noch mit seinem Küchenbeil den Streit um den Ölschlauch beendet hatte, der Koch des Kammerherrn war. Sein Name war Asım, und er war sowohl der älteste als auch der ranghöchste Koch hier. Dass er für den Kammerherrn kochte, unterstrich seine Autorität und seine privilegierte Stellung noch zusätzlich.

Der Küchenmeister erkannte gleich, dass Meister Asım, der auf den ersten Blick vielleicht rabiat erschien, eigentlich ein umgänglicher Mensch war. Dennoch müsste er vorsichtig sein. Der Kammerherr war zwar offiziell der oberste Agha im Enderun, aber der unmittelbar auf ihn folgende Waffenmeister verfügte über ähnlich großen Einfluss. Der Küchenmeister hoffte, dass sich ihre offen ausgetragene Rivalität nicht auch noch auf die Küche ausdehnte. Er würde Meister Asım so schnell wie möglich zu verstehen geben, dass er keinen Ehrgeiz hatte, weiter aufzusteigen. Denn obgleich er neu in der Küche und auch wenig erfahren war, rückte er als Koch des Waffenmeisters doch gleich auf die zweite Position vor. Er durfte nicht zulassen, dass die anderen Köche hier – also die Köche des Steigbügelhalters, des Oberkleidungswarts, des Oberkellermeisters und des Schatzkämmerers – dies zum Anlass für unnötige Rivalitäten und Intrigen nahmen. Seine Arbeit würde ihn auch ohne solche kindischen Spielchen mehr als genug fordern.

Nachdem die Vorstellungsrunde beendet war, verabschiedete sich der Kammerjunker in aller gebotenen Höflichkeit. Er hatte seine Aufgabe erfüllt und den neuen Koch abgeliefert. Doch anstatt zu gehen, blickte er dem Küchenmeister erwartungsvoll in die Augen.

Dieser begriff endlich und erwiderte ebenso höflich: »Ich begleite Euch hinaus.«

»Bitte macht Euch keine Umstände«, sagte der Kammerjunker, so wie es Sitte war, aber der Küchenmeister ließ ihn dennoch nicht allein gehen. Gemeinsam traten sie hinaus auf den Küchenweg und steuerten auf den Ausgang zu, wobei sie den Lehrlingen auswichen, die sich mit Säcken, Töpfen und Kesseln beladen ihren Weg bahnten. »Heute nach Sonnenuntergang komme ich wieder«, raunte der Kammerjunker ihm leise zu. »Seine Exzellenz der Agha hat einen persönlichen Wunsch an Euch. Er fordert allerdings absolute Verschwiegenheit. Meister İsfendiyar ist davon unterrichtet. Lasst dennoch Vorsicht walten. Geht sicher, dass Ihr allein in der Küche seid.«

»Seid unbesorgt«, entgegnete der Küchenmeister mit einem leichten Lächeln. »Ich werde schweigen wie ein Grab.«

Am Ausgang nahmen sie Abschied von einander. Als er schon losgegangen war, drehte sich der Junker noch einmal um, warf dem Küchenmeister einen vieldeutigen Blick zu und sagte schnell: »Ich heiße übrigens Firuz.« Der Küchenmeister erkannte beschämt, dass er den Mann, der ihn seit dem frühen Morgen begleitet hatte, nicht einmal nach seinem Namen gefragt hatte. »Ich ... äh ... bin sehr erfreut, Euch kennenzulernen«, stotterte er. Kammerjunker Firuz lächelte, drehte sich um und entschwand.

Der Küchenmeister war jetzt allein. Für seine Taktlosigkeit würde er sich entschuldigen müssen. Schließlich war Firuz Agha einer der Menschen im Serail, die ihm noch von großem Nutzen sein könnten.

Er machte sich auf den Weg in Richtung Halwaküche. Je weiter er sich von seiner eigenen Küche entfernte, desto geschäftiger ging es zu, und aus Töpfen wurden große Kessel. Denn hier kochte man nicht nur für eine Person, so wie er es tat, sondern für Serailbewohner, deren Zahl in die Tausende ging, wie Pagen, Konkubinen und Gardisten.

In der Küche der weißen Eunuchen bereitete der Koch des Obereunuchen – einer der beiden Streithähne von vorhin – an einer kleinen Ecke des Arbeitstisches das Essen seines Herrn zu. Die übrigen Köche und Gesellen schufteten an großen Töpfen, um das Essen für dessen Untergebene zu kochen, die man im Serail »Weißaghas« nannte.

In der Küche der schwarzen Eunuchen nebenan sah es ähnlich aus. Die »Schwarzaghas« bedienten im Harem die Sultansfrauen und die Kronprinzen, waren für die Ausbildung der ungelernten Konkubinen zuständig und sorgten für Ordnung und Sicherheit. Da ihre Zahl jedoch geringer war als die der Weißaghas, ging es hier ruhiger zu. Der schwarze Obereunuch wurde auch als »Mädchen-Agha« bezeichnet, und sein persönlicher Koch war zugleich der Chefkoch dieser Küche. Die Chefköche dieser zwei Nachbarküchen, die ständig miteinander im Clinch lagen, hatten es wahrlich nicht leicht. Denn sie waren eben nicht nur einem einzigen Herrn gegenüber verantwortlich. Und Dutzende von Eunuchen, von denen einer mäkeliger war als der andere, gleich mit zwei Mahlzeiten täglich zufriedenzustellen, war zweifellos eine Herausforderung.

Der Küchenmeister blieb stehen und beobachtete, wie Meister Hayri, der Koch des Mädchen-Aghas, jeden Topf, der in den Harem gehen sollte, einzeln überprüfte. Man musste den Streit um den Ölschlauch nicht miterlebt haben, um zu begreifen, dass dieser schmale, mittelgroße Mann mit dem dünnen Schnurrbart und den gefurchten Brauen, der mit verkniffenem Blick wütende Befehle erteilte, ein unangenehmer Zeitgenosse war.

Der Küchenmeister hatte die Küche der schwarzen Eunuchen eigentlich schon vor Wochen näher ins Auge gefasst. Er hatte zunächst vorgehabt, seinen Weg, der ihn unmittelbar ins Herz des Harems führen sollte, hier zu beginnen. Doch was er über Meister Hayri in Erfahrung gebracht hatte, hatte ihn von dieser Idee bald wieder abrücken lassen. Dieser Mann konnte nur Unheil bedeuten.

Während er so zur Küche hinüberstarrte, Gedanken wälzend, die ihm schon seit längerer Zeit im Kopf herumschwirrten, bemerkte er plötzlich, dass er von einem der Lehrlinge beobachtet wurde. Es war ihm unangenehm, schon am ersten Tag für Aufmerksamkeit zu sorgen. Er schenkte dem Jungen, der ihn misstrauisch beäugte, ein Lächeln und wandte sich nach links, um seinen Erkundungsgang fortzusetzen. Doch offenbar war der Junge nicht der Einzige, der ihn beobachtet hatte, denn als er sich umdrehte, sah er sich Auge in Auge Oberküchenmeister İsfendiyar gegenüber.

»Alles in Ordnung?«, fragte dieser mit leiser, aber eindringlicher Stimme. »Was spazierst du hier herum?«

Dem Küchenmeister hatte es die Sprache verschlagen; statt einer Antwort kam nur ein Stottern heraus. »Wenn du nichts zu tun hast«, fuhr der Meister fort, »dann steh nicht im Weg herum. Geh in den Schlafsaal und ruh dich aus.«

»Jawohl, Meister«, sagte der Küchenmeister rasch und eilte davon. »Sag einem der Jungen, er soll dir deinen Schlafplatz zeigen!«, rief Meister İsfendiyar ihm hinterher.

Krampfhaft darum bemüht, ein breites Grinsen zu unterdrücken, betrat der Küchenmeister die Aghaküche. Er zog sein Bündel zwischen den Säcken hervor, hielt einen Lehrling an, der gerade die vollen Müllkübel wegbringen wollte, und fragte ihn nach dem Weg zum Schlafsaal.

»Ich führe Euch hin, Meister«, sagte der Junge. Er stellte die Kübel ab und lief voraus. Als sie ins Freie kamen, wandte er sich nach links, ging den Küchenweg entlang bis zu der kleinen Bogentür, trat hindurch und blieb in einem langgezogenen rechteckigen Hof stehen. »Dort ist es, Meister«, sagte er und zeigte auf die Tür des zweistöckigen Gebäudes, das direkt an die Küchen anschloss. »Geht hinein und steigt die Treppen hoch. Der Schlafsaal ist direkt über der Moschee. Der Aufseher wird Euch einen freien Platz zuweisen«, und ohne darauf zu warten, dass der Küchenmeister sich bedankte, lief er zu seiner Arbeit zurück.

Nachdem der Küchenmeister für eine Weile der Stille des Hofes gelauscht hatte, stieg er ins obere Stockwerk hinauf. Der Schlafsaal der Köche war ein großer Raum, in dem die Matratzen zusammengerollt an den Wänden lagen. Neben jeder Matratze stand eine kleine abschließbare Truhe, und in die Wände waren in etwa zwei Ellen Höhe über dem Boden Nischen eingelassen. Alles war still. Der Küchenmeister schaute sich um, aber es war niemand zu sehen.

»Salem Aleikum«, rief er laut. Während seine Stimme noch von den Wänden widerhallte, war aus einer dunklen Ecke ein Rascheln zu hören, und sein Gruß wurde erwidert.

Das musste der Aufseher sein. Dunkelheit und Stille hatten ihn wohl schläfrig gemacht, und er hatte sich ein Nickerchen gegönnt. Der Küchenmeister wartete. Kurz darauf hatte sich der Aufseher aus seinem Bett in der Finsternis erhoben und erschien im Licht der Sonnenstrahlen, die durch die hochgelegenen Fenster in den Raum fielen. Er war ein stämmiger junger Geselle und schien erleichtert, sich keinem der langgedienten Köche gegenüber zu sehen.

»Womit kann ich dienen?«, fragte er.

Der Küchenmeister nannte seinen Namen und brachte sein Anliegen vor. Der Junge wies auf eine Matratze in der Mitte des Schlafsaals, die direkt unter einem der Fenster lag. »Die ist frei. Da könnt Ihr Euch niederlassen.«

Der Küchenmeister verstaute sein Bündel in der Wandnische und machte sich gerade daran, die Matratze auszurollen, als der Aufseher ihn fragte: »In welcher Küche arbeitet Ihr, Meister?«

»In der Aghaküche«, antwortete der Küchenmeister.

Das Gesicht des Aufsehers wurde ernst. »Für welchen Agha?«, fragte er.

»Den Waffenmeister«, sagte der Küchenmeister, während er immer noch bemüht war, den Strick zu lösen, mit dem die Matratze zusammengehalten wurde.

»Dann wartet, Meister, wartet ...«, sagte der junge Aufseher, nahm das Bündel aus der Nische und lief in den hintersten Winkel des Saales. »Hier habt Ihr es bequemer«, sagte er, indem er auf einen Schlafplatz in der Ecke zeigte. »Dort ist es ruhig, und Ihr könnt besser schlafen.«

»Danke«, sagte der Küchenmeister und nahm rasch sein Bündel wieder an sich. Der junge Aufseher blieb vor ihm stehen. »Habt Ihr noch einen Wunsch?«, fragte er.

»Danke«, sagte der Küchenmeister ein weiteres Mal. Er rollte rasch seine Matratze aus, hockte sich im Schneidersitz darauf, öffnete die Truhe am Kopfende und nahm den darin liegenden Schlüssel heraus. Dann löste er den Knoten seines Bündels. Als Erstes holte er die Bücher hervor, die er in seine rote Schürze gewickelt hatte, legte das mit dem schwarzen Einband auf seinen Schoß und klappte es auf. Nachdem er mit nachdenklicher Miene einige Rezepte darin überflogen hatte, schlug er es wieder zu und verstaute es samt dem anderen auf dem Boden der Truhe. Seine übrigen Sachen legte er darüber. Er schloss die Truhe sorgfältig ab, steckte sich den Schlüssel in den Gürtel und streckte sich auf seiner Schlafstatt aus.

Mit geschlossenen Augen dachte der Küchenmeister nach. Er musste einen anderen Weg als durch die Küche der schwarzen Eunuchen finden und sich gleichzeitig vor den Menschen in seiner Umgebung in Acht nehmen. Als Koch des Waffenmeisters konnte er zwar auf Gunstbezeugungen hoffen, wie etwa durch den Schlafsaalaufseher. Aber es bestand auch die Möglichkeit, dass er sich Feinde machte, und das durfte auf keinen Fall passieren. Er musste vorsichtig sein und Rivalitäten aus dem Weg gehen. Denn was er wollte, war keine angesehene Stellung in der Küche, kein Amt im Serail und keine Gefälligkeit vonseiten des Paschas. Er wollte etwas anderes, und so prunkvoll die Palastküchen auch sein mochten, für ihn waren sie nur Mittel zum Zweck.

Während der Küchenmeister so dalag und über all dies nachdachte, wurden ihm die Lider schwer. Er hatte in der Nacht zuvor kein Auge zugetan und sank nun in einen tiefen Schlaf.

*

»Meister! Meister!« Die Worte schienen aus weiter Ferne zu kommen, und als er die Augen aufschlug, war es draußen längst dunkel geworden. »Da ist jemand aus der Inneren Kammer und fragt nach Euch«, sagte der junge Aufseher leise. Der Küchenmeister setzte sich in seinem Bett auf. Er sah den Aufseher an und fragte ihn mit gedämpfter Stimme nach seinem Namen.

»Mahir«, sagte der Junge. Dabei erschien ein naives Lächeln in seinem Gesicht. Er freute sich offenbar über die Frage.

Der Küchenmeister stand auf, brachte seine Kleider in Ordnung und schaute sich um. Inzwischen waren die meisten Matratzen ausgerollt, und viele Köche, die der Erschöpfung des Tages erlegen waren, schliefen bereits. Nur neben einigen Matratzen brannten noch Öllampen. Die Meister, die sich dort versammelt hatten, unterhielten sich leise und ließen große Weinkrüge von Hand zu Hand gehen.

Der Küchenmeister hielt sich so weit wie möglich im Schatten und erreichte unbemerkt den Ausgang. Er stieg die Treppen hinab. Der Hof war wie ausgestorben. Als er durch die kleine Tür zum Küchenweg trat, sah er nicht weit von sich entfernt einige flackernde Lichter. Den vordersten Fackelträger erkannte er an seiner Statur als Kammerjunker Firuz Agha. Die massigen Silhouetten hinter diesem entpuppten sich von Nahem als drei Gardesoldaten.

»Ich wünsche einen gesegneten Abend«, sagte Firuz Agha.

»Euch ebenfalls«, erwiderte der Küchenmeister. Mit einem Auge schaute er auf die Tüte, die der Junker in der Hand hielt, mit dem anderen in dessen angespanntes Gesicht. In diesem Moment kam ein vierter Gardist mit einem Holzhauer aus einer der Küchen. »Drinnen ist alles bereit, Agha«, sagte er.

»Nun, dann lasst uns hineingehen«, sagte der Kammerjunker und zeigte auf eine der drei Türen, die zu den Küchen führten. Drei der Gardisten blieben als Wachen zurück, während sich der vierte mit dem Holzhauer entfernte.

Sie gingen auf direktem Weg zur Aghaküche. Erstaunt sah der Küchenmeister, dass in den beiden Bodenherden Feuer brannten. Über den Arbeitstisch in der Mitte hatte man ein großes Tuch gebreitet, auf dem zwei kleine Töpfe und eine breite

Pfanne mit Deckel standen, die alle das Siegel der Besteckkammer trugen. Das Fleisch, das auf Metzgerpapier rechts neben den Töpfen lag, war bereits in schöne mundgerechte Stücke geschnitten, und daneben lagen eine große gelbe Quitte und einige Karotten, die wohl noch vom letzten Winter stammten. Vom Öl bis zum Salz war alles bereit. Wenn die Arbeit beendet wäre, würde man das große Tuch wieder abziehen und alle Utensilien in die Besteckkammer zurückbringen. Offensichtlich wollte der Waffenmeister nicht, dass von dem Essen, das er in einigen Stunden in aller Heimlichkeit verspeisen würde, auch nur der kleinste Krümel als Beweis zurückblieb.

Der Kammerjunker stellte eine Tüte, die er bis dahin in der Hand gehalten hatte, auf den Arbeitstisch und sagte: »Seine Exzellenz der Agha wünscht sich das gleiche Gericht, wie es im Hause von Zümrützade serviert wurde.«

Als der Küchenmeister lächelnd die Tüte öffnete, sprangen ihm das lebendige Grün und der frische Geruch mehrerer Stangen Lauch entgegen. Er strich mit den Fingern über die Blätter und sagte: »Wenn ich die Zutaten selbst ausgewählt hätte, könnte ich den Agha noch zufriedener machen.«

»Natürlich, Meister«, sagte der Kammerjunker und neigte das Haupt. »Ich werde mit dem Obersten Einkäufer sprechen.«

Der Küchenmeister nahm den Lauch aus der Tüte und machte sich an die Arbeit. Von dem geschnittenen Fleisch wählte er eine halbe Handvoll der größeren Stücke aus, warf sie in einen der Töpfe, goss ein Glas Wasser dazu und stellte den Topf aufs Feuer. Das restliche Fleisch tat er in den anderen Topf und ging an den zweiten Herd. Während in dem einen Topf die Fleischbrühe kochte und in dem anderen das Fleisch brutzelte, widmete sich der Küchenmeister dem Gemüse. Er wusch die Lauchstangen und schnitt sie in drei Finger breite Stücke. Er schälte die Quitte, würfelte sie, schabte die beiden Karotten und schnitt sie in Scheiben. Es ärgerte ihn ein wenig, dass er die Zutaten nicht selbst hatte aussuchen können. Immerhin: Der Lauch war noch annehmbar. Nicht zu alt und auf feuchtem Boden gewachsen. Kaum kam er mit dem Messer in Berührung, verströmte er einen frischen, leicht bitteren Geruch. Aber die Quitte hatte zu lange am Zweig gehangen. Sie hatte einen harten Winter hinter sich, in dem nicht oft die Sonne geschienen hatte. Es würde schwierig sein, ihren Geschmack richtig zur Geltung zu bringen. Wenigstens hatte der Junker keine Zwiebeln mitgebracht, sodass der Küchenmeister zumindest diese, denen oft wenig Bedeutung beigemessen wurde, die aber zu den wichtigsten Zutaten vieler Gerichte zählten, selbst aussuchen konnte. Er strich mit der rechten Hand über die Zwiebeln, wählte eine aus, ohne lange zu zögern, um den Kammerjunker nicht misstrauisch zu machen, und kehrte an den Arbeitstisch zurück. Auch wenn die Zwiebel nicht genügend Vollmondlicht abbekommen hatte, würde sie ihren Zweck erfüllen.

Während er die Zwiebel hackte, warf er dem Junker einen verstohlenen Blick zu. Dieser schien nicht gewillt, ihn auch nur für einen Moment aus den Augen zu lassen, geschweige denn aus der Küche zu gehen. Offenbar hatte er nicht nur den Auftrag erhalten, die Zutaten unbeobachtet in die Küche zu schaffen, sondern auch, das Geheimnis seiner Kochkunst zu lüften, aber da mühte er sich vergeblich.

Als sich köstlicher Bratenduft in der Küche zu verbreiten begann, trat der Küchenmeister mit den gehackten Zwiebeln an den Herd. Das Fleisch, dessen ganze Flüssigkeit eingekocht war, brutzelte am Boden des Topfes scharf vor sich hin. Der Küchenmeister gab die Zwiebeln und einen großen Löffel Butterschmalz dazu. Als das reine Öl auf das gebratene Fleisch traf, stieg eine Symphonie von Düften aus dem Topf auf – der Geruch von Gebratenem, Zwiebeln und Öl hatte sich miteinander vereint und etwas Neues hervorgebracht.

Der Küchenmeister flüsterte etwas, worauf Firuz Agha sogleich fragte: »Braucht Ihr etwas?«

»Nichts, danke«, entgegnete der Küchenmeister, warf die Quitten- und Karottenstücke in den Topf, rührte mehrmals schnell um und ließ alles dünsten, bis die Zwiebeln glasig waren. Nachdem er mehrmals den Geruch eingesogen hatte, nahm er den Topf mit einem erneuten Flüstern vom Feuer. Er schüttete seinen Inhalt in eine große Kupferschale und umgab das Fleisch und Gemüse mit einem Kranz aus Lauch. Das Ganze begoss er mit einem Becher Fleischbrühe und bestreute es mit Sumak, Salz und zerstoßenem Chili. Dann schloss er den Deckel und stellte die Kupferschale auf eine kleine Flamme, um das Gericht leicht köcheln zu lassen. Auch während dieses letzten Arbeitsschrittes sprach er leise geflüsterte Worte.

Alles in allem hatte er weniger als eine Stunde für die Zubereitung gebraucht. Er griff die Kupferschale mit dem Saum seiner Schürze, stellte sie auf die Arbeitsfläche und sagte zum Kammerjunker: »Fertig ...«

Firuz Agha machte ein eigentümliches Gesicht. Er fragte sich, wie er dieses Essen zur Inneren Kammer bringen sollte, ohne seinem Verlangen nachzugeben. Noch nie hatte er sich am Eigentum seiner Vorgesetzten vergriffen, aber die Aufgabe, diese Speise zu Siyavuş Agha zu bringen, ohne auch nur einen Bissen davon zu kosten, schien ihm fast übermenschlich.

Er nahm die Schale vom Arbeitstisch und bat Gott, ihm einen starken Willen zu schenken.

Der Küchenmeister begleitete den Junker und die Gardisten zum Ausgang. Nachdem er ihnen eine gute Nacht und Siyavuş Agha einen gesegneten Appetit gewünscht hatte, blieb er unter dem Säulengang stehen und sah ihnen hinterher, wie sie durch die Stille des Zweiten Hofes auf das Tor der Glückseligkeit zugingen. Das Licht ihrer Fackeln umfing sie im Dunkel der Nacht mit einem unheimlichen rötlichen Schein. Sie legten den kurzen Weg rasch zurück, betraten den steinernen Vorplatz und waren bald darauf verschwunden.

Wie leicht sie durch das Tor gekommen waren, während er selbst draußen bleiben musste! Doch wer durch dieses Tor gehen durfte, hatte in aller Regel einen hohen Preis dafür zu zahlen: ob Konkubinen, deren Schicksal jede Minute neu geschrieben wurde, Pagen, die ihr Leben Hof und Staat gewidmet hatten, Hofnarren, zungenlose Henker, Gardisten mit der Hand am Krummsäbel, Kronprinzen im goldenen Käfig und natürlich der Sultan, der sich des Throns nie zu sicher sein durfte …

Der Küchenmeister hatte nie mit seinem Schicksal gehadert, war stets dankbar gewesen, dass jemand bereit gewesen war, ein so großes Opfer zu bringen, um ihm das Leben zu retten, dankbar für jede Erinnerung, jede Stimme, jedes Wehklagen, jede Träne, jede ihm gereichte Hand, ja sogar für die entsetzliche Angst, die seinen Kopf zum Dröhnen brachte. Aber das Leben war eben ein Spieler. Immer wenn er an dieses Tor gedacht hatte, hatte er Angst und Zorn, aber eben auch Dankbarkeit für seine Rettung empfunden. Niemals jedoch hätte er sich träumen lassen, es noch einmal zu sehen, geschweige denn einen Fuß über seine Schwelle zu setzen. Heute aber stand er hier und schaute neidvoll dem Kammerjunker hinterher, der so mühelos hineingekommen war.

Als die Schritte verklungen waren, legte sich Stille über den Hof. Der Küchenmeister richtete seinen Blick auf den Turm der Gerechtigkeit, den Versammlungsort des Diwans, und lauschte. Auch wenn er den Harem weder sehen noch betreten konnte, wusste er doch, dass er sich direkt hinter diesem Turm befand, und er wartete auf eine Stimme. Eine Melodie. Einen Klang, der ihm zeigte, dass er auf dem richtigen Weg war, dass er das Richtige tat. Aber die Nacht blieb still.

Er wusste, dass es noch zu früh war. Er würde sich noch etwas anstrengen müssen, um jene Stimme zu hören. Dennoch lauschte er hartnäckig in die lautlose Nacht und verdrückte eine Träne, als er plötzlich hinter sich eine Stimme vernahm: »Was suchst du denn hier?«

Der Küchenmeister fuhr herum. Im Türrahmen stand wie ein Schattenriss Meister İsfendiyar.

Der Meister machte einen Schritt auf ihn zu: »Wohin schaust du?«

Und noch einen Schritt: »Wonach horchst du?«

Als Meister İsfendiyar hinkend bei ihm angekommen war, senkte der Küchenmeister den Kopf wie ein reumütiges Kind. Dann aber schaute er ihm direkt in die Augen und sagte: »Also gut, ich erzähle es Euch ...«

Meister İsfendiyar nickte. Sie sahen sich um, ob sie nicht beobachtet oder belauscht wurden.

Als sie sich einander wieder zuwandten, stand Meister İsfendiyar ein warmes Lächeln im Gesicht.

»Meister?«, fragte der Küchenmeister.

Anstelle einer Antwort breitete Meister İsfendiyar die Arme aus.

Sie umarmten einander.

Meister İsfendiyar erinnerte sich an eine zwanzig Jahre zurückliegende Nacht.

Auch der Küchenmeister erinnerte sich an jene Nacht. An die Nacht, in der er zum ersten Mal durch diese Tür getreten war ...

KAPITEL 3

Die Nacht war taub, die Dämmerung stumm

Meister İsfendiyar erinnerte sich ...

Er erinnerte sich an jene Nacht in jeder Einzelheit.

Er hatte in der Sultansküche gestanden, wo es stockdunkel gewesen war. Außer ihm selbst war weit und breit niemand zu sehen gewesen, nicht einmal die Hellebardenträger der Torwache. Er hatte sich zu so nachtschlafender Zeit hier eingefunden, um zu kochen. Der morgendliche Gebetsruf würde erst in Stunden erschallen. Wie jeden Tag bereitete Meister İsfendiyar das Frühstück der kleinen Prinzen und der Prinzenkinder zu, nur dass er heute früher als üblich damit angefangen hatte. Zwar wären die Speisen, wenn es für die Kinder Zeit zum Aufstehen wurde, längst kalt geworden, abgestanden oder vielleicht auch von einer Kruste überzogen, aber das hatte nun keine Bedeutung mehr. Schließlich wäre mit Anbruch des neuen Tages im Serail kein Junge mehr übrig, der diese Speisen noch würde kosten können.

Meister İsfendiyar fluchte während seiner Arbeit vor sich hin: »Verdammt sei der Tag, an dem du den Thron bestiegen hast! Deine Regierung sei von Unglück überschattet!«

Mit lauter Stimme fluchte der Meister, denn er musste die Geräusche übertönen, die von draußen hereindrangen: das

Wehgeschrei der Frauen, das Schluchzen der Kinder, das Klagen der Ammen, das Weinen der Mütter … Er musste diese Stimmen übertönen, die durch Kuppeln und Mauern des Harems bis in seine Küche drangen.

Dabei rannen ihm die Tränen über die Wangen. Sie fielen in die Töpfe und in die Speisen, die die Prinzen niemals würden kosten können. Dabei hatte er schon tags zuvor gewusst, was sich in dieser Nacht abspielen würde. Der neue Sultan hatte seinen Thron kurz nach dem Gebetsruf am Morgen bestiegen. Und der Ruf zum Abendgebet war noch kaum verklungen, da hatte er das Todesurteil über alle seine Brüder und deren Söhne bereits unterzeichnet.

Das Serail hallte von Klagelauten wider. Doch die Nacht war taub.

Meister İsfendiyar kannte jeden Prinzen und jedes Prinzenkind. Zwar hatte er die meisten nie gesehen, doch wusste er von jedem, was er gerne aß und was ihm bekam. Einer unter ihnen, mit grünen Augen und von zartem Körperbau, war anders als die anderen. Er war der Neffe des neuen Sultans. Zum Zeitpunkt seiner Geburt war sein Vater sechzehn, seine Mutter vierzehn Jahre alt gewesen. Man hielt ihn für einen dünkelhaften und verzogenen Knaben. Oft aß er nicht, was man ihm vorsetzte, sondern mäkelte am Essen herum. Ja, es war sogar schon vorgekommen, dass er in Tränen ausgebrochen war, als man den Deckel einer Speise gelüftet hatte.

Der Beschwerden überdrüssig, die Mutter und Kindermädchen des Knaben ständig an ihn herantrugen, hatte der frühere Koch um seine Entlassung ersucht, und Meister İsfendiyar hatte sich freiwillig für die Stelle gemeldet. Das absonderliche Verhalten des Kleinen hatte seine Neugierde erregt. Es war nämlich nicht etwa so, dass dieser besondere Vorlieben oder Abneigungen gehabt hätte. Seine Vorbehalte waren allgemeiner Art. Linsensuppe beispielsweise war ihm keineswegs als solche zuwider. Doch wo er sie am Tage zuvor noch genüsslich verzehrt hatte, spie er sie anderentags voll Abscheu aus.

Als der Meister dem Kern der Sache auf die Schliche kam, fiel er wie aus allen Wolken. Er konnte kaum glauben, was er da entdeckt hatte: Der Junge verweigerte das Essen nur dann, wenn während dessen Zubereitung auch nur der kleinste Fehler unterlaufen war, wenn etwa das Feuer zu stark geschürt, ein Gewürz zu großzügig dosiert oder das Öl nicht mehr ganz rein gewesen war. Offenbar verfügte er über so etwas wie den absoluten Geschmack. Um sich seiner Sache ganz sicher zu sein, begann der Meister, bei der Zubereitung der Speisen absichtlich Fehler zu machen. Das Ergebnis war stets dasselbe. Sobald der Kleine einen Defekt entlarvt hatte, den selbst der erfahrenste Koch und der versierteste Gourmet nicht hätten herausschmecken können, verweigerte er das Essen.

Als der Meister dies herausgefunden hatte, ließ er bei den Mahlzeiten des kleinen Prinzen besondere Sorgfalt walten. Er wählte nur die erlesensten Zutaten aus und bereitete jedes seiner Gerichte separat zu. So bekochte er den kleinen Feinschmecker ganze drei Jahre lang und bewahrte ihn damit vor manchem Weinkrampf und mancher Magenverstimmung. Je länger der Meister für ihn kochte, desto besser entwickelte sich der Knabe, die Blässe schwand aus seinem Gesicht, und das Grün seiner Augen funkelte.

Dieser Junge aber hatte in jener Nacht, die nunmehr zwanzig Jahre zurücklag, gerade seinen fünften Geburtstag gefeiert.

*

Auch der Küchenmeister erinnerte sich an jene Nacht ...

Zuallererst erinnerte er sich an die Stille. An jene bleierne Stille, die sich schon am frühen Morgen über den Harem gesenkt und sich dort eingenistet hatte.

Er erinnerte sich auch an seinen Vater. Daran, wie dieser ihn immer wieder umarmt und gebetet hatte.

Er erinnerte sich daran, wie seine Amme Güldeste, die schon seinen Vater gesäugt hatte, still weinend vom Morgen bis zum Abend den Koran rezitiert hatte.

Wie grausam es für einen Menschen war mit ansehen zu müssen, wie andere seinen Tod betrauerten.

Kurz nach dem abendlichen Gebetsruf hatte es an die Tür geklopft. Einer der schwarzen Eunuchen teilte seinem Vater mit, er werde zur Audienz gebeten. Sein Vater nahm den Befehl in unterwürfiger Haltung entgegen.

Als sein Vater ihn zum letzten Mal umarmte, saß er auf dem Schoß seiner Mutter. Sein Vater nahm seinen Kopf zwischen beide Hände und küsste ihn auf die Wangen. Nie würde er vergessen, wie der dünne Schnurrbart ihn dabei gekitzelt hatte.

Dann küsste sein Vater seine Mutter ein letztes Mal auf die Stirn. Er flüsterte ihr etwas ins Ohr. »Ich vergebe dir«, erwiderte seine Mutter, ebenfalls flüsternd. Er blickte in das starre Gesicht seiner Mutter und in ihre Augen, die ebenso grün wie die seinen waren. Seit jenem Tag war sie für ihn ein Musterbeispiel für Selbstbeherrschung.

Aufrecht und ohne sich noch einmal umzublicken, war sein Vater durch die Tür entschwunden. Sobald seine Schritte verklungen waren, hatte Güldeste nicht mehr an sich halten können. Laut schluchzend hatte sie gegen die Wand getrommelt. Da hatten sich nach und nach auch die Frauen in den benachbarten Räumen der Klage jener Amme angeschlossen, die den Jungen, den sie einst gesäugt hatte, zu seiner Hinrichtung gehen lassen musste.

Neunzehn Prinzen, neunzehn zum Tode verurteilte Brüder waren dem althergebrachten Gesetz gemäß und zur Aufrechterhaltung der weltlichen Ordnung vor ihre Henker getreten.

Der Küchenmeister erinnerte sich, wie er später im Schoß

seiner Mutter eingeschlafen war. Sein Kopf war noch unter der Decke verborgen, als Lärm und Geschrei ihn weckten. Türen flogen aus ihren Angeln, Möbel wurden umgestoßen. Die Schreie der Haremsdamen hallten wider: »Mein Kind!«, »Mein Mustafa!«, »Mein Mehmet!«, »Mein Bayezit!«, »Mein Murat!«, »Mein Korkut!«

Denn der Blutdurst des Sultans war noch nicht gestillt. Die Prinzen genügten ihm nicht, nein, er hatte auch über ihre Kinder und die schwangeren Frauen das Todesurteil gesprochen. Die Opfer waren so zahlreich, dass die Henker nicht ausreichten, und so hatte man auch die treuesten Schergen des neuen Sultans in den Harem losgelassen.

Der Rest war Finsternis. Er erinnerte sich, wie er sein Gesicht gegen die Brust seiner Mutter gedrückt hatte, an ihr taubengleich schlagendes Herz, an ihren Geruch, ihren Atem und eben an diese Stimmen.

»Folge mir«, hatte Güldeste seiner Mutter zugeflüstert. Alle Wehmut und alle Furcht waren aus ihrer Stimme verschwunden. Dann war das Geräusch einer stählernen Klinge zu hören gewesen, die schnell aus der Scheide gezogen wurde. Sie hatten gewartet. Es wurde laut, die Tür wurde aufgebrochen, und kurz darauf drang ersticktes Röcheln aus der Kehle eines Mannes. »Lauf!«, hatte die Amme geflüstert.

Er erinnerte sich daran, wie seine Mutter losgerannt war, ihn fest an sich gepresst. Das Herz seiner Mutter hatte mit jedem Schritt stärker gepocht. Ihr Atem ging schneller und von Zeit zu Zeit entrang sich ihrer Kehle ein ängstliches Wimmern.

Sie erreichten den steinernen Innenhof des Harems. Güldestes Schritte waren direkt hinter ihnen. Da blieb sie stehen und rief noch ein letztes Mal: »Renn, so schnell du kannst!«

Und seine Mutter rannte. Nur einmal blieb sie stehen, einen einzigen Schluchzer lang, als sie Güldestes Schmerzensschrei hinter sich hörte, dann lief sie weiter.

Der Küchenmeister erinnerte sich, wie sie durch enge Korridore gehastet war und Treppen erklommen hatte. Dann war ihm die Kälte der Nacht ins Gesicht geschlagen. Um die frische Luft in sich aufzusaugen, hatte er sich von der Brust seiner Mutter gelöst und um sich geblickt. Er sah Minarette und Kuppeln. Sie befanden sich auf einem Dach. Direkt vor ihnen reckte sich ein spitzer Turm in den Himmel. Seine Mutter rannte auf den Turm zu, doch dort endete ihr Weg an einer etwas mehr als mannshohen Mauer. Und hinter ihnen näherten sich im Laufschritt zwei schemenhafte Gestalten. Die eine hielt einen Dolch gepackt, während die andere einen Strick in der Hand hatte.

»Steig auf meine Schultern«, sagte seine Mutter. »Du musst klettern.«

Der Küchenmeister gehorchte seiner Mutter, wie er ihr immer gehorcht hatte. Dann sprang sie in die Höhe, ohne jedoch Halt zu finden. Sie versuchte es noch einmal, und diesmal bekam sie die Mauer zu fassen, aber ihre Finger rutschten ab und sie fiel hin. Die Schemen waren näher gekommen. Seine Mutter stand auf, sprang ein weiteres Mal, bekam wieder das Sims der Mauer zu fassen, doch es fehlte ihr an Kraft, ihre Arme zitterten, sie konnte sich nicht hochziehen. Der Küchenmeister fasste mit seinen Kinderhänden nach dem Arm der Mutter und zog, so fest er konnte.

Die Schemen hinter ihnen hatten sie erreicht. Sie packten seine Mutter an den Hüften und zerrten. Die Mutter ließ die Mauer, an der sie hing, nicht los, so wie der Küchenmeister ihren Arm nicht losließ. Aber die Schemen zogen, und sie waren stark. Als die Finger der Mutter abglitten, blickte sie ihrem Sohn ein letztes Mal ins Gesicht. Das Mondlicht spiegelte sich in ihren Augen wider, die unter Tränen lächelten. »Geh«, sagte sie sanft.

»Geh.«

Der Küchenmeister hatte seiner Mutter gehorcht. Er war losgerannt, zwischen zwei großen Kuppeln hindurch. Dann hatte er plötzlich den Boden unter den Füßen verloren. Er erinnerte sich, wie alles sich überschlagen hatte. Er war ins Leere gestürzt, hatte im Fallen einen leisen Schrei ausgestoßen und war schließlich auf den Boden geprallt. Der Geruch von frischem Gras war ihm in die Nase gestiegen, und ein jäher Schmerz hatte seinen Arm durchzuckt. Er hatte ihm keine Beachtung geschenkt, sich aufgerappelt und umgesehen. Doch es war so dunkel, dass er weder wusste, wo er sich befand, noch, wohin er gehen sollte. Da drang ein neuer, ganz schwacher, aber wohlbekannter Geruch an seine Nase. Es war der Geruch von gekochtem Hühnerfleisch, den er so liebte. Er sog ihn ein und folgte ihm. Je näher er kam, desto stärker mischte sich Pfeffer in den Geruch. Er schritt schneller aus. Nun roch er auch den Reis, der ihm, weich wie die Hand seiner Mutter, das Herz erwärmte und alle Furcht vergessen machte. Er begann zu rennen.

Meister İsfendiyar stand derweil vor seinem Kochtopf und dachte an jene stumme Dämmerung, die in einigen Stunden anbräche. Er wusste nicht, wie viele Särge dann durch das dritte Tor hinausgetragen würden. Er wusste nur, dass niemand jemals ein Wort verlieren würde über diese Nacht und über die Opfer, die sie gefordert hatte. Der Palast verurteilte die Überlebenden dazu, das Geschehene zu vergessen.

Als der Küchenmeister in jener Nacht erstmals die Sultansküche betrat, hatte Meister İsfendiyar den Suppentopf gerade vom Herd genommen.

Er war überrascht gewesen, als er den Jungen mit traurigen Augen in der Tür stehen sah. Schmerz und Furcht hatten die Lippen des Kindes verschlossen, aber seine tränenfeuchten grünen Augen flehten: »Rette mich!«

Meister İsfendiyars Verblüffung währte nur kurz, bevor sie umschlug in Angst – Todesangst. Von draußen waren Stimmen zu hören. Sie suchten das Kind, und der Meister wusste nur zu gut, was mit ihm geschähe, sollten sie es hier finden. Er war hin- und hergerissen. Während sein Gewissen zu einer Lösung drängte, riet ihm sein Verstand, sich des Jungen zu entledigen.

Er trat nach draußen. Noch immer wusste er nicht, was er tun sollte. Er verbarg sich in dem dunklen Eingang zur Halwaküche und spähte in den Hof. Da erblickte er die Fackeln. Nach und nach kamen immer mehr Gardisten, Pagen und Eunuchen durch das Tor der Glückseligkeit und schwärmten in alle Winkel des Hofes aus. Mit jeder Sekunde, die der Hof von Fackeln heller erleuchtet wurde, meinte der Meister deutlicher den kalten Stahl jener Axt zu spüren, die sein Schicksal besiegeln würde.

Mit zitternden Knien kehrte er in die Küche zurück. Vergessen waren all die Flüche, die er kurz zuvor noch ausgestoßen hatte. Zweifellos würde er von dieser Nacht an nicht mehr in den Spiegel schauen können, aber in diesem Moment zählte das nicht. Denn die Furcht war groß und hatte immer recht.

Als er jedoch in die Küche zurückkehrte, bot sich ihm ein Anblick, der sowohl das Leben des Kindes rettete, als auch Meister İsfendiyars gutes Gewissen.

Der Junge war auf den Arbeitstisch geklettert und versuchte nun mit einem Löffel, der fast so groß war wie er selbst, und unter ständigem Pusten die Suppe aus dem Topf zu schöpfen.

Das alles wäre noch nicht allzu verwunderlich gewesen; jeder Koch wusste schließlich, dass Angst ein wirksamer Appetitanreger ist. Das eigentlich Bemerkenswerte war vielmehr der Geruch, der aus dem Topf aufstieg. Die Suppe roch voller, würziger und anregender als zuvor, und Meister İsfendiyar war sich absolut sicher, dass nicht er selbst dafür verantwortlich war.

Als er sich dem Arbeitstisch näherte, war er so verblüfft, dass seine Todesangst wie weggeblasen war. Die Deckel der irdenen Gefäße auf der Arbeitsfläche standen offen, und an den kleinen Fingern des Kindes klebten Gewürze.

Sogleich stippte Meister İsfendiyar zwei Finger in die Suppe und führte sie zum Mund. Er brachte sie zunächst in Kontakt mit seinen Lippen, dann leckte er vorsichtig daran, und schließlich ertappte er sich dabei, wie er genüsslich an beiden Fingern saugte. Fast hätte er die Besinnung verloren. Er war schon so viele Jahre in seinem Fach und hatte es bis in die Küche des Sultans gebracht, aber er kannte weder ein solches Rezept, noch erinnerte er sich an einen derartigen Wohlgeschmack. Aus der Tiefe kam ein Nelkengeruch. Weißer Pfeffer und Kreuzkümmel ergänzten einander auf ganz unglaubliche Weise. In den offenen Gefäßen waren die Gewürze, die er jeden Tag benutzte. Doch konnte der Meister nicht mit Bestimmtheit sagen, in welcher Reihenfolge und in welcher Menge sich das Kind daraus bedient hatte.

Und er selbst wäre nie in der Lage, es ihm gleichzutun.

Als er die Schritte hörte, die sich nun der Küche näherten, kam er zu sich. Er packte den Knaben und setzte ihn kurzerhand in einen der großen Kessel, die unter dem Arbeitstisch darauf warteten, gespült zu werden. »Gib keinen Laut von dir«, schärfte er ihm noch ein, bevor er den Deckel schloss. Das Kind nickte gehorsam. Es hatte den viel zu großen Löffel noch in der Hand, und in seinen Mundwinkeln klebten Reiskörner.

Vor den beiden Gardesoldaten, die kurz darauf hereingepoltert kamen, rettete sie zum einen die Würde der Sultansküche, zum anderen die von dem Kleinen gewürzte Suppe. Niemand im Palast, der seine sieben Sinne noch beisammen hatte, hätte freiwillig auch nur einen Fuß in die Sultansküche gesetzt, geschweige denn darin herumgeschnüffelt. Denn jeder wusste, dass er dann für das geringste Anzeichen einer Vergiftung im Herrscherhaus, ja sogar für die leichtesten Magenschmerzen zur

Rechenschaft gezogen werden konnte. Und die Gardisten waren kluge Männer. Also traten sie nicht mehr als zwei Schritte in den Raum hinein und beschränkten sich darauf, dem Meister mit finsterer Miene einige Fragen zu stellen. Bald jedoch begannen sie verzückt zu schnuppern, und der Meister begriff, dass der von der Suppe ausgehende Geruch nicht nur ihn, sondern auch sie betört hatte, was ihn endgültig davon überzeugte, dass dieses Kind über eine außergewöhnliche Begabung verfügte. Die Soldaten nahmen die zwei Schalen Suppe, die er ihnen anbot, freudig entgegen, machten sich gar nicht erst die Mühe, sich eines Löffels zu bedienen, sondern tranken sie in einem Zug aus und sagten dann: »Allah möge es Euch vergelten.«

Nachdem er sich die Gardisten so vom Halse geschafft hatte, wartete Meister İsfendiyar bis zum Anbruch der Dämmerung, und mit dem ersten Licht des neuen Tages schaffte er das Kind, versteckt zwischen Küchenabfällen, aus dem Palast. Anschließend bat er den Oberküchenmeister, ihn für zwei Stunden von seinem Dienst freizustellen, befreite den Knaben aus den Abfällen und stand bald darauf vor der Tür eines alten Freundes aus Lehrlingszeiten. Ihm vertraute er den Jungen mit der Bitte an, ihn zu Meister Âdem zu bringen, bei dem sie beide gelernt hatten. Als sein Freund diesen Namen hörte, bezwang er seine Neugier und stellte nicht eine einzige Frage.

Zuletzt schrieb der Meister ein Wort auf einen Fetzen Papier und drückte ihn dem Jungen in die Hand. Beim Schreiben zitterten ihm die Finger, denn dieses Wort hätte, einmal ausgesprochen, nicht nur ihn, sondern auch Meister Âdem und jeden anderen weitsichtigen Koch in Ehrfurcht erstarren lassen:

»Geschmacksbeherrscher.«

*

In der Dunkelheit des Säulenganges vor der Küche unterhielten sich Meister İsfendiyar und der Küchenmeister leise.

Der Küchenmeister hatte seinen Retter von einst ins Vertrauen gezogen und ihm alles über den Grund seiner Rückkehr und seine Absichten erzählt. Nur darüber, wie er vorzugehen gedachte, hatte er sich ausgeschwiegen.

In Meister İsfendiyars Gesichtszügen war Sorge zu lesen.

»Hör mal«, sagte er, »wenn etwas schiefgeht, kann ich dich aber nicht mehr in einem Kessel verstecken, dazu bist du inzwischen ein wenig zu groß …«

Der Küchenmeister lachte. »Das wird auch hoffentlich nicht nötig sein.« Dann wurde er ernst. »Sollte irgendetwas schiefgehen, Meister, dann habt Ihr mich niemals gekannt. Gebt mir Euer Wort darauf.«

Meister İsfendiyar schüttelte den Kopf. Aber der Küchenmeister blieb hartnäckig. »Ihr habt schon einmal Euer Leben für mich riskiert.«

Meister İsfendiyar erwiderte nichts. Er richtete seinen Blick auf den Turm der Gerechtigkeit und murmelte: »Du erwartest hoffentlich nicht, dass ich dich in die Sultansküche einschleuse. So groß ist meine Macht nicht.«

»Das ist ohnehin nicht mein Ziel«, sagte der Küchenmeister.

Meister İsfendiyar blickte noch immer zu dem Turm hinüber. »Ich könnte mich umhören, wenn du willst. Ich habe Beziehungen jenseits des Tores. Ich könnte herausfinden, wo sie jetzt ist und wie es ihr geht …«

Der Küchenmeister unterbrach ihn mit einem scharfen Flüstern: »Untersteht Euch! Ihr Name darf unter keinen Umständen fallen. Nicht in ein einziges Ohr soll man ihn flüstern.«

»Verstehe mich bitte nicht falsch«, sagte der Meister. »Ich sage es um deinetwillen. Aber bist du dir sicher, dass sie es wert ist? Wir sind hier im Palast, mein Junge, niemand kommt hier so wieder heraus, wie er hineingegangen ist. Ich will dich vor einer Enttäuschung bewahren.«

Der Küchenmeister lachte bitter. »Darum geht es nicht, Meister. Ich brauche nicht zu wissen, wie es ihr geht oder was sie sagen würde. Ich muss es einfach tun. Ich muss es tun, weil ich sonst nicht weiterleben kann.«

Meister İsfendiyar sah den entschlossenen Blick des Küchenmeisters und seufzte. »Nun gut. Kann ich denn irgendetwas anderes für dich tun? Oder hast du überhaupt keinen Wunsch?«

»Aber natürlich habe ich einen Wunsch, Meister«, erwiderte der Küchenmeister. »Gib mir Mahir als Gesellen.«

»Den Schlafsaalaufseher?«, wunderte sich der Meister.

»Genau den.«

»Lass dich von seinem Namen nicht täuschen, Junge. Auch wenn sein Name ›der Geschickte‹ bedeutet, hat der Bursche zwei linke Hände.«

»Ich weiß. Weshalb hättet ihr ihn sonst in den Schlafsaal verbannt?«

»Unzuverlässig ist er noch dazu.«

»Auch dessen bin ich mir bewusst, Meister.«

Meister İsfendiyar sah dem Küchenmeister in die Augen. Er begriff, dass er keine weiteren Fragen mehr stellen sollte. »In Ordnung. Mahir ist dein Geselle. Doch setz nicht zu viel Hoffnung in ihn.«

»Seid unbesorgt, Meister«, sagte der Küchenmeister. »Allerdings habe ich noch einen Wunsch.«

»Sprich.«

»Ich muss morgen in der Konkubinenküche ein wenig allein sein. Könnt Ihr das bewerkstelligen?«

Meister İsfendiyar überlegte kurz. »Ich werde einen Weg finden.«

Der Küchenmeister umarmte Meister İsfendiyar. »Ich danke Euch.«

»Ich danke dir, mein Junge«, sagte der Meister. »Geh jetzt zu Bett. Ich erwarte, dass du morgen so früh wie alle anderen auf den Beinen bist. Glaub nicht, du könntest dir etwas herausnehmen, nur weil du der Koch des Aghas bist!«

Der Küchenmeister faltete die Hände und verabschiedete sich von Meister İsfendiyar mit einer leichten Verbeugung.

»Gute Nacht.« Meister İsfendiyars Stimme klang immer noch hart. Ohne seinen Blick vom Boden zu heben, machte sich der Küchenmeister auf den Weg in den Schlafsaal.

Dort schliefen alle tief und fest. Der Küchenmeister schlich auf Zehenspitzen und schlüpfte schattengleich in sein Bett. Er richtete seinen Blick an die dunkle Decke und ging im Geiste noch ein letztes Mal durch, was er sich vorgenommen hatte. Dann schloss er die Augen, leerte seinen Geist und fiel in einen traumlosen Schlaf.

Als er mit dem Gebetsruf die Augen wieder öffnete, war es draußen noch dunkel. Mahir rannte hektisch zwischen den Betten umher und zündete die Öllampen an. Er war wie immer zu spät dran. Einer der älteren Köche warf einen Pantoffel nach ihm:

»Du Nichtsnutz! Werde doch endlich einmal deinem Namen gerecht!«

Der Küchenmeister lachte in sich hinein. Er hatte sich genau den richtigen Gesellen ausgesucht. Nachdem er sich ein wenig in seinem Bett gerekelt hatte, stand er auf und schloss sich dem übrigen Küchenpersonal an, das nun geschlossen in Richtung Hamam eilte.

Nachdem sie im Hamam ihrer Rangfolge gemäß die rituelle Waschung vorgenommen hatten, verrichteten sie gemeinsam das Morgengebet. Als sie in die Küche kamen, hatten die Heizer bereits die Herdfeuer entzündet und die Wasserträger Krüge und Schläuche gefüllt. Langsam erhoben sich die gewohnten

Geräusche. Das Pusten der Blasebalge, die ständig in Betrieb waren, um die Feuer zu schüren, das dumpfe Hallen der auf den Herd gesetzten Kessel, das Sirren Dutzender an die Schleifsteine gehaltener Messer, das Poltern und Krachen von Äxten, das Rieseln von Reis, der in Schalen geschüttet wurde, vermischten sich zu einem eng verwobenen Klangteppich.

Mit dem Geruch angebrannten Fettes aus einer weit entfernten Küche drang auch das Grollen eines verärgerten Meisters herüber: »Verdammt, ich habe dir doch schon hundertmal gesagt, in eine Miyane gehört gleich viel Öl wie Mehl!«

»Daran habe ich mich ja gehalten, Meister«, erwiderte die bebende Stimme seines jungen Gesellen. »Auf jeden Löffel Öl habe ich einen Löffel ...«

Eine schallende Ohrfeige schnitt ihm das Wort ab: »Ja, meinst du denn etwa, ein Löffel Öl und ein Löffel Mehl wären dasselbe? Wozu gibt es Maßeinheiten wie Okka und Dirhem?«

Aus noch weiterer Entfernung hörte man jemanden rufen: »Nun bring mir doch endlich einer Wasser her!« Und eine andere Stimme befahl: »Facht das Feuer an!«

Während ein Geselle den anderen anfuhr: »He, willst du einen Gaul tränken? Gieß nicht so viel auf einmal hinein!«, drohte ein Meister seinem Lehrling: »Lass ja nicht den Herd aus den Augen! Und wehe, die Zwiebeln brennen dir an!«

Der Küchenmeister stand in einer Ecke und horchte lächelnd in die Küche hinein. Doch zur Muße blieb ihm keine Zeit, denn wie erwartet erschien schon wenig später Kammerjunker Firuz Agha in der Tür.

Er hatte sich heute schlichter und bequemer gekleidet, wohl, weil er keine Außentermine wahrzunehmen hatte. Über einer dunkelgelben Pluderhose trug er ein elfenbeinfarbenes, mit Tulpenmotiven verziertes langes Entari. Den nach unten hin weiter werdenden Rock des Gewandes hatte er vorne zusammengerafft und hinter einen ebenfalls gelben Gürtel geklemmt.

Firuz Aghas Kleidung war sauber und gepflegt, aber in seinem Gesicht spiegelte sich kaum verhohlener Ärger.

»Stimmt etwas nicht?«, fragte der Küchenmeister.

Der Junker rang sich ein Lächeln ab. »Seine Exzellenz der Agha scheint heute mit dem falschen Fuß aufgestanden zu sein. Er war unzufrieden mit der Sauberkeit im Schlafsaal und hat uns alle zum Appell antreten lassen.«

»Verstehe«, sagte der Küchenmeister. »Es war hoffentlich nicht allzu schlimm?«

»Aber nein. Wir sind daran gewöhnt …«

»Ihr habt wahrlich keinen leichten Stand. Möglicherweise stimmt ein gutes Essen seine Exzellenz milder, dann wäre wenigstens der Rest des Tages gerettet. Bitte sagt mir doch, wonach ihm heute der Sinn steht.«

»Was täten wir nur ohne Euch?« Der Leibwächter hatte die Hände vor der Brust gefaltet. Seine Stimme klang vertraulich und dankbar. »Seine Exzellenz wünscht heute zum Mittagessen Eier nach Art des Enderuns und für den Abend kaltes Lamm.«

Der Küchenmeister versuchte, sich seine Überraschung nicht anmerken zu lassen. Nach welchen Speisen es den Agha verlangte, war bemerkenswert. Kaltes Lamm war ein äußerst gewöhnliches Essen, wie es die Pagen, die neu ins Enderun aufgenommen wurden, fast täglich vorgesetzt bekamen. Eier nach Art des Enderuns dagegen waren unter den schon etwas länger gedienten Pagen als »heimliche Zwischenmahlzeit« wohlbekannt. Wann immer sie nämlich die Gelegenheit dazu fanden, brieten sie in ihrer kleinen Küche Eier und verzehrten sie ungesehen in einem stillen Winkel.

Es wollte einiges heißen, dass Siyavuş Agha sich ausgerechnet für zwei Gerichte entschieden hatte, die noch aus seiner Novizenzeit stammten. Offenbar hing er der Vergangenheit nach. Alte Wunden waren aufgerissen und eine Seite seines Sündenregisters, die er vergeblich zu tilgen versucht hatte, lag wieder offen zutage. Das hatte der Küchenmeister erwartet. Allerdings wunderte es ihn, wie schnell es gegangen war. Entweder war das Lauchragout, in das er seine Worte hineingeflüstert hatte, ein wirksameres Gericht als angenommen, oder Siyavuş Aghas seelische Wunden waren sehr viel tiefer, als er vermutet hatte. So oder so, er war sich sicher, dass der Agha die Ursache seiner Seelenqualen nicht kannte. Doch obwohl dem Agha nicht bewusst war, dass sein Leiden aus seiner Vergangenheit herrührte, suchte er gerade dort nach Abhilfe: in den Gerichten seiner oft beschwerlichen und dennoch glücklichen Jugend. Siyavuş Agha hoffte auf Genesung, indem er seine Vergangenheit aß. Doch diese Hoffnung war trügerisch. Auf der ganzen Welt gab es keine Heilung für sein gebrochenes Herz. Die tiefe Unzufriedenheit, die sich in ihm festgesetzt hatte und seinen Zorn immer heftiger aufwallen ließ, würde mit jedem Tag stärker an ihm zehren. Denn die verkommene Seele Siyavuş Aghas lag nunmehr in den Händen des Küchenmeisters.

»Sehr wohl«, erwiderte der Küchenmeister.

Firuz Agha bedankte sich und eilte dann schnellen Schrittes in Richtung Enderun davon. Der Küchenmeister machte sich mit einer Schultertasche auf den Weg zum Vorratskeller. Noch immer herrschte morgendliche Geschäftigkeit. Lehrlinge rannten mit Schläuchen und Taschen umher, um ihren Meistern die gewünschten Zutaten zu bringen, Wasserträger balancierten mit Stangen auf den Schultern ohne Unterlass frisches Wasser in die Küchen. Der Küchenmeister war gerade zurückgewichen, um einem Lehrling Platz zu machen, der sich einen fast mannsgroßen Sack auf den Rücken geladen hatte, als er jemanden schreien hörte: »Achtung, heiß und fettig!« Es waren zwei Heizer, die ein riesiges Becken voll glühender Kohlen an seinen Knäufen gepackt hielten und es von Küche zu Küche trugen, um die Herdfeuer zu nähren. Die Hitze des

Beckens war so gewaltig, dass der Küchenmeister sein Gesicht abwenden musste.

Als er dem Gedränge in dem engen Korridor entkommen und auf den Hof getreten war, holte er tief Luft. Er dachte über die anderen Speisen nach, die er für Siyavuş Agha zubereiten würde. Seine Exzellenz hatte für jede Mahlzeit nur einen Wunsch kundgetan und den Rest seinem Koch zur freien Wahl überlassen. Das war die Gelegenheit. »Wenn der Agha eine Reise in seine Vergangenheit unternehmen will, bin ich ihm gerne dabei behilflich«, dachte der Küchenmeister. Die Entscheidung war rasch gefällt. Als er seinen Fuß durch das mächtige Tor in den Vorratskeller setzte, wusste er bereits, was er für den Agha kochen würde.

Im Inneren des Vorratskellers herrschte reges Stimmengewirr. Nicht weit von ihm, bei den Säcken mit Getreide und Hülsenfrüchten, hatte sich eine Meute aus Lehrlingen, Gesellen und Meistern zusammengefunden, die aufgeregt durcheinander schrien.

Der Küchenmeister ging am Oberkellerverwalter und seinen Schreibern vorbei, die gleich hinter dem Eingang an einem langen Pult saßen, und näherte sich dem Schauplatz des Geschehens. Der Kellerdiener, der hinter den Säcken stand, hielt eine aus Dattelblättern geflochtene Kiepe hoch über seinen Kopf und rief: »Aghas und Paschas! Ich sage euch, es gibt kein einziges Körnchen Damiette-Reis mehr. Alles, was da war, wurde in die Sultansküche geliefert. Wir haben nur noch Plowdiw-Reis. Euer Geschrei ist umsonst!«

Der versammelten Menge blieb nichts anderes übrig, als sich damit abzufinden. Ihr Murren war begründet, denn das in den Palastküchen am häufigsten gekochte Gericht war zweifelsohne Pilaw. Für Palastbewohner jeglichen Standes, vom unerfahrensten Holzhauer bis zu den angesehensten Aghas, wurden jeden Tag viele Kessel davon zubereitet, ob mit Gemüse oder mit

Obst. Und natürlich wollte jeder Koch nur den edelsten Reis für seinen Pilaw.

Ohne sich weiter mit der aufgebrachten Menge abzugeben, wandte sich der Küchenmeister nach rechts zu den Metzgern. Wenigstens an Fleisch bestand im Vorratskeller kein Mangel. Zwei Kellerdiener, an deren Gürteln kleine Beile und lange Messer hingen, standen unter an Haken hängenden Hammelkeulen und -brüsten, ausgenommenen Hühnern, Gänsen und Enten, und lauschten dem Gezeter, das zu ihnen herüberdrang.

Der Küchenmeister ließ sich eine besonders fette und gut abgehangene Keule abschneiden und den Knochen entfernen. Als er sich den Dienern als Koch des Waffenmeisters vorgestellt hatte, bekam er sofort das Gewünschte. Er steckte das Fleisch in seine Tasche, bog abermals rechts ab und ging zur Feinkostabteilung. Dort wählte er erst sechs Eier aus, dann ließ er sich ein Viertel Okka Schafskäse und fünfzig Dirhem Dörrfleisch abwiegen. Nachdem er zuletzt ein wenig Blätterteig mitgenommen hatte, besorgte er an den Obst- und Gemüseständen Karotten, Spinat, Dill und Petersilie. Ehe er weiterging, packte er noch einige Stangen frischen Staudensellerie in seine Tasche. Nun konnte er zurück zum Getreide. Die vor den Säcken wartende Menge hatte sich beruhigt. Der Küchenmeister stellte sich an und ließ sich, als er an die Reihe kam, ein Viertel Okka Linsen, Reis und Zucker, fünfzig Dirhem Suppennudeln und zehn Dirhem Stärkemehl geben. Damit hatte er alles, was er brauchte. Um der stickigen Luft des Vorratskellers so schnell wie möglich zu entkommen, strebte er raschen Schrittes auf das Tor zu. Da fiel ihm plötzlich ein, dass er die Zutaten für das Dessert vergessen hatte. Weil das Trockenobst ausgerechnet in der hintersten Ecke des Vorratskellers aufbewahrt wurde, spielte er für einen Augenblick mit dem Gedanken, die Nachspeisen bei der Halwaküche in Auftrag zu geben. Das Recht dazu hatte er, und trotzdem war es keine gute Idee. Die Meister der Halwaküche verstanden zwar ihr Handwerk und würden Siyavuş Agha sicher zufriedenstellen, doch es war notwendig, dass er alle Speisen eigenhändig zubereitete. Also steuerte er auf die Säcke mit dem Dörrobst zu. Nachdem er sich je zehn Dirhem getrocknete Feigen und Sultaninen sowie zwanzig Dirhem Trockenpflaumen hatte geben lassen, kehrte er rasch um und trat an das lange Pult, an dem der Oberkellerverwalter und seine Schreiber saßen. Er grüßte die Schreiber, die den lieben langen Tag auf unbequemen Kissen sitzen und mit Schreibfedern die abgehenden Waren registrieren mussten, sodass ihre Augen ganz trüb geworden waren, und sah zu, wie sie das Mitgenommene verzeichneten. Denn dies war eines der ältesten und striktesten Gebote der Palastküchen. Nicht eine einzige Knoblauchzehe durfte den Vorratskeller des Sultans verlassen, ehe sie nicht registriert worden war. So konnte niemand auch nur auf die Idee kommen, etwa Küchenreste zu sammeln und zu verkaufen. Denn das wäre bei der ersten Buchprüfung gleich aufgeflogen, und den Übeltäter hätte man des Diebstahls von »Privateigentum des Sultans« bezichtigt und hart bestraft.

Nachdem der Küchenmeister alle Besorgungen hatte notieren lassen, schulterte er seine Tasche und kehrte auf schnellstem Wege zur Küche zurück. Er würde sich unverzüglich an die Arbeit machen müssen. Seine Zeit war knapp bemessen, er war allein, und es mussten acht verschiedene Speisen zubereitet werden – vier für das Mittag- und vier für das Abendessen. Als er jedoch die Küche betrat, erwartete ihn eine Überraschung: Meister İsfendiyar war gekommen, und an seiner Seite stand Mahir.

»Du kannst das alles nicht allein schaffen, Küchenmeister«, sagte İsfendiyar. »Sonst fällst du uns, Gott möge es verhüten, noch in den Kochtopf, und was sollen wir dann dem Waffenmeister sagen?«

Das Grinsen der anderen Köche verwandelte sich in leises

Gelächter. Der Meister gab Mahir einen kräftigen Klaps auf den Rücken: »Hier habe ich dir einen tüchtigen Gesellen mitgebracht. Er gehört dir. Er wird alles tun, was du ihm sagst.«

Dann wandte sich İsfendiyar an Mahir und sagte mit gerunzelter Stirn: »Nun erweise ihm schon deinen Respekt.« Mahir rannte, nein, vor lauter Glück flog er dem Küchenmeister entgegen, ergriff dessen Hand und küsste sie dreimal. Dann richtete er sich auf und fragte mit strahlenden Augen: »Was befehlt Ihr mir?«

Dem Küchenmeister wurde klar, wie sehr sich der Junge im Schlafsaal gelangweilt haben musste. Er würde alles daran setzen, sein Können unter Beweis zu stellen. Und nichts kam dem Küchenmeister gelegener als das ... Als er Mahir zum ersten Mal gesehen hatte, war ihm der Geruch von Ehrgeiz und Habgier in die Nase gestiegen. Noch beherrschte zwar der Küchenmeister die Sprache der Empfindungen, die sich in seinem Geist manifestiert hatten, nicht sonderlich gut, aber er hatte beschlossen, es zu versuchen. Er hoffte inständig, dass Mahir ihn nicht enttäuschte.

Er schaute den Jungen, der immer noch mit strahlenden Augen auf eine Anweisung wartete, scharf an und reichte ihm die Tasche. »Wie wäre es, wenn du mir die hier mal abnimmst?«

In der Küche wurde wieder gekichert. Dass ein Geselle seinen mit einer Last auf den Schultern dastehenden Meister nach dessen Befehlen fragte, als hätte er keine Augen im Kopf, das war schon ein Zeichen für ausgemachte Dummheit, und offensichtlich hatte Mahir das Küchenpersonal bereits des öfteren mit solchen Darbietungen erheitert. Das Gelächter wurde von einem ohrenbetäubenden Scheppern jäh zum Schweigen gebracht.

Es stammte von einem großen Topfdeckel, der noch immer zu Füßen von Meister Asım, dem Koch des Kammerherrn, kreiselte. Der Meister schaute die, die gelacht hatten, wutentbrannt an, ehe er seinem Gesellen befahl: »Aufheben!« Sofort kehrten alle an ihre Arbeit zurück.

Zufrieden, dass die Ruhe in der Agha-Küche auf so angemessene Weise wiederhergestellt worden war, wandte sich Meister İsfendiyar dem Ausgang zu. Ehe er verschwand, warf er dem Küchenmeister noch einen verstohlenen Blick zu.

Mahir stand nach wie vor mit der Tasche in der Hand da, und der Küchenmeister begriff, dass sein Geselle, der vor lauter Aufregung wie gelähmt schien, ohne eindeutige Anweisungen zu keiner Arbeit in der Lage wäre.

»Pack die Sachen aus«, sagte er, indem er auf die Tasche zeigte. Mahir fasste die Tasche am Boden und wollte sie schon auf dem Arbeitstisch ausschütten, als der Küchenmeister im letzten Augenblick rief: »Vorsicht! Da sind Eier drin!«

Die anderen Köche bissen sich auf die Lippen, um ihr Lachen zu unterdrücken. Mahir jedoch leistete sich keinen weiteren Fehlgriff und begann, die Zutaten so rasch wie möglich auf dem Arbeitstisch auszubreiten.

Während die Eier kochten, probierte der Küchenmeister das Pökelfleisch, das er verwenden wollte; er schnupperte an seinem Finger, ob es auch gut gewürzt sei. Als er bemerkte, dass Mahir mit seiner Arbeit fertig war, wies er ihn an: »Geh und hol eine Handvoll Zwiebeln«, und fügte gleich darauf hinzu: »Und tu die Linsen ins Wasser und stell sie auf den Herd, dass sie kochen.«

»Jawohl, Meister«, sagte Mahir, dachte kurz nach und beschloss, sich erst um die Linsen zu kümmern. Er nahm einen Topf, füllte ihn mit Wasser, schüttete die Linsen hinein, stellte ihn auf den Herd und eilte dann direkt zu den Säcken mit Zwiebeln. Der Küchenmeister beobachtete seinen Gesellen aus dem Augenwinkel. Immerhin war Mahir gut zu Fuß.

Im Handumdrehen waren die Zwiebeln da, und der Küchenmeister begann sie zu betasten. Er war gerade dabei, die Natur einer besonders kleinen Zwiebel zu ergründen, als ihn die Stimme seines Gesellen unterbrach.

»Was hat sich der Waffenmeister gewünscht?«, fragte Mahir.

Der Küchenmeister warf ihm einen unwirschen Blick zu. »Zum Mittagessen Eier nach Art des Enderuns, zum Abendessen kaltes Lammfleisch.«

Mahir schaute verwirrt die Zutaten auf dem Arbeitstisch an. »Und für wen sind dann die anderen Gerichte?«, fragte er nach einer Weile.

Der Küchenmeister traute seinen Ohren nicht. Es war kaum zu glauben, dass ein Geselle aus den Palastküchen nicht wusste, dass einer so hochgestellten Persönlichkeit wie dem Waffenmeister zu jeder Mahlzeit natürlich nicht nur eine Speise vorgesetzt wurde. Wer im Serail wie viele verschiedene Speisen erhielt, war streng geregelt. Die Angehörigen der untersten Schicht, also die Sklavinnen, Eunuchen und ungelernten Pagen, bekamen zwei, die Aghas vier, die Paschas sechs, die Konkubinen acht, die Favoritinnen sechzehn, die Mutter des Sultans sowie die Kronprinzen achtzehn und der Sultan zwischen vierundzwanzig und zweiunddreißig. Das wusste normalerweise sogar der unerfahrenste Lehrling.

»Mahir, wann hast du in der Küche angefangen?«, fragte der Küchenmeister zurück.

Mahir dachte kurz nach. »Vor etwas mehr als zwei Jahren, Meister.«

»Und seit wann bist du im Schlafsaal?«

Ganz ohne nachzudenken erwiderte Mahir: »Ohne Euch wären es nächste Woche genau achtzehn Monate, Meister.«

Der Küchenmeister nickte nachdenklich. Allmählich begann er, sich ernsthaft für die Geschichte dieses Jungen zu interessieren, aber jetzt dränge die Zeit. »Dem Agha werden wir zum Mittagessen Linsensuppe, Tassenbörek, Pflaumenkompott und die Eier schicken, nach denen er verlangt hat«, erklärte er geduldig. »Zum Abendessen bekommt er grünen Pilaw, Nudelsuppe, Obstgelee und kaltes Lamm. Wir werden jeden Tag zu jeder Mahlzeit vier verschiedene Speisen zubereiten. Hast du verstanden?«

Mahir nickte. Der Küchenmeister warf ihm die ausgewählten Zwiebeln und ein paar Karotten hin: »Na, dann fang mal an zu schälen ...«

Mahir begann mit dem Messer zu werkeln, sodass der Küchenmeister endlich die Ruhe hatte, die er brauchte, um klar denken zu können. Er würde mit dem Pflaumenkompott anfangen. Das brauchte Zeit, um kalt zu werden. Danach würde er die Gewürze für die Eier und die Grundsubstanz für die Suppe vorbereiten und sich anschließend um das Börek kümmern.

Er machte sich an die Arbeit. Rasch löste er einen Teil des Zuckers im Wasser auf, gab die Pflaumen hinzu und stellte den kleinen Topf auf eine große Flamme. Inzwischen hatte Mahir die Zwiebeln geschält und machte sich nun daran, die Karotten zu schaben.

»Vier oder fünf Zwiebeln hackst du mir bitte«, sagte der Küchenmeister. »Eine zerteilst du und wirfst sie zu den Linsen. Die Karotten schneidest du in Stücke; sie sollen mit den Linsen kochen. Wenn du fertig bist, wiegst du den Dill und die Petersilie.«

Mahir machte wieder ein dummes Gesicht. Der Küchenmeister glaubte, er sei vielleicht durcheinander, weil er zu viele Dinge auf einmal verlangt hatte, aber der wahre Grund stellte sich heraus, als der Junge ihn fragte: »Was soll ich mit dem Dill und der Petersilie machen, Meister?« Mahir kannte nicht einmal die einfachsten Schnittarten, die sich jeder Geselle einzuprägen hatte wie seinen eigenen Namen. »Zerteilen« bedeutete, etwas grob zu halbieren, höchstens zu vierteln. Feiner wurde es, wenn man Gemüse in »Stücke«, »Streifen« oder gar »Juliennes« schnitt. Fleisch konnte »mundgerecht« geschnitten oder »geschnetzelt« werden, Kräuter wurden »gehackt« oder noch feiner »gewiegt«. Mit einer Reibe »raspelte« und in einem Mörser »zerstieß« man.

Der Küchenmeister hatte jedoch weder Zeit noch Muße, das alles seinem Gesellen zu erklären. Er nahm sich eine größere Zwiebel, zerteilte sie und warf sie in den Topf mit den Linsen, die inzwischen zu sieden begonnen hatten. Dann griff er nach dem Dill. Bei den Stielen beginnend, ließ er sein Messer mit wippenden Bewegungen über das grüne Kraut wandern, bis alles ganz klein geschnitten war.

»Genauso machst du es mit der Petersilie«, sagte er zu Mahir. Der Junge nickte. Er schaute gebannt auf das Messer, das sich in der Hand des Meisters rasend schnell auf und ab bewegte.

Kurze Zeit später hatte Mahir den Bund Petersilie auf sein Brett gelegt und ihn vorsichtig zu schneiden begonnen. Der Küchenmeister ließ sein Messer währenddessen noch schneller klappern, weil er nicht in Zeitnot kommen wollte, und verwandelte vier Zwiebeln im Handumdrehen in einen Haufen dünner Ringe. Er gab reichlich Butterschmalz in eine breite Pfanne, warf die Zwiebeln hinein und stellte sie auf den Herd. Dann nahm er eine kleinere Pfanne, bedeckte ihren Boden mit Wasser, und während er die Dörrfleischscheiben hineinlegte, bemerkte er, dass die Pfanne mit den Zwiebeln etwas zu laut brutzelte.

»Mach das Feuer kleiner«, rief er Mahir zu.

Mahir ging vor dem Herd in die Hocke und streute Asche auf die Glut, bis sein Meister sagte: »Das reicht.«

Die Zwiebeln brutzelten jetzt leiser, und Mahir kehrte an seine Arbeit zurück. Er mühte sich noch immer damit ab, die Petersilie zu »wiegen«. Der Küchenmeister schaute traurig auf den matschigen grünen Haufen, der vor dem Jungen lag. Beim Hacken von Kräutern oder Fleisch kam es vor allem darauf an, seine Kraft richtig zu dosieren. Es ging darum, möglichst wenig Saft austreten zu lassen. Mahir hatte mit zu viel Druck die Petersilie zerquetscht, sodass sich ihr Saft, der ihr den Geschmack gab, von den Blättern getrennt hatte. Das Tassenbörek würde ein wenig fade schmecken, aber daran war nun nichts mehr zu ändern.

In diesem Augenblick sah der Küchenmeister aus dem Topf mit den Linsen starken Dampf aufsteigen. Er wurde ärgerlich. »Lass die Petersilie«, wies er Mahir leise, aber rüde zurecht. »Wirf schnell die Karotten dazu. Sonst ist das Wasser verkocht, und sie werden nicht mehr gar.«

Mahir machte sich hastig daran, die Karotten zu schaben, die vom langen Herumliegen schon dunkel geworden waren. Der Küchenmeister wandte sich wieder dem Dörrfleisch zu. Er stellte die Pfanne auf das niedrige Feuer, ehe er die Zwiebeln auf dem Nebenherd umrührte. Kurz darauf war das Fleisch schön weich geworden, seine Gewürze hatten sich im Sud gelöst, und die Zwiebeln waren glasig. Der Küchenmeister leerte die Pfanne mit dem Dörrfleisch über die Zwiebeln. Er blies das Feuer ein wenig an. Nachdem er alles rasch umgerührt hatte, goss er Essig dazu und streute eine Prise Zucker darüber. Als das Dörrfleisch mit dem Essig in Berührung kam, sank es in sich zusammen. Je länger er rührte, desto cremiger wurde die Masse. Der Küchenmeister rührte schneller und schwenkte die Pfanne. Fünf Minuten später hatte er ein Püree von hellroter Farbe zustande gebracht, das nach Bockshornklee duftete. Die Zwiebeln hatten eine harzige Konsistenz angenommen und sich mit dem in seine Fasern zerfallenen Fleisch vereint. Die Garnitur war damit fertig. Sie müsste nur noch ein wenig durchziehen, ehe er die Eier darüber zerschlagen würde. Bevor der Küchenmeister den Pfannendeckel schloss, flüsterte er noch ein geheimnisvolles Wort hinein.

Danach nahm er das Pflaumenkompott vom Feuer, und während es erkaltete, würzte er es mit ein paar Nelken und einem kleinen Stück Mastix. Dann begann er den Schafskäse, den er zerdrückt und in einer Schale mit Petersilie und Dill vermengt hatte, auf dem Blätterteig zu verstreichen. Als er den Käse vollständig aufgebraucht hatte, stanzte er mit dem oberen Rand der kleinsten Tasse, die er hatte finden können, runde Scheiben aus dem Teig. Um sie heiß servieren zu können, würde er diese Scheiben, nachdem alles andere erledigt wäre, in Olivenöl braten.

Mahir hatte inzwischen die Linsen vom Herd genommen und war damit beschäftigt, sie durch ein Sieb zu pressen. Hier machte sich rohe Gewalt bezahlt: Linsen, Zwiebeln und Karottenstückchen glitten schnell und widerstandslos durch die feinen Löcher des Siebs. Mit der Fingerspitze nahm der Küchenmeister ein wenig von dem Püree, das am Rand des Siebs hängen geblieben war, und kostete. Wie er vermutet hatte, waren die Karotten nicht mehr ganz gar geworden. Es war deutlich zu schmecken. Er flüsterte etwas, dann probierte er das Püree noch einmal. Wenn die Karotten auch immer noch roh sein mochten, war ihr Geschmack doch deutlich in den Hintergrund getreten. Nun konnte er ruhigen Gewissens das Öl für die Suppe erhitzen.

Der Küchenmeister hatte es geschafft, alle Speisen eine Viertelstunde vor der Zeit fertigzustellen. Er warf sogar schon das Fleisch für das kalte Lamm, das er zum Abendessen machen wollte, zusammen mit zwei Zwiebeln, einem halben Bund Petersilie und einer Knoblauchzehe in einen Topf mit Wasser und brachte das Ganze leicht zum Köcheln. Das Pflaumenkompott war inzwischen abgekühlt, und die Suppe hatte er in eine Porzellanterrine umgefüllt. Die Eier nach Art des Enderuns und das Tassenbörek standen in geschlossenen Kupferschalen auf mit Asche bedeckter Glut warm.

Jetzt hieß es warten. Bald wäre die durchdringende Stimme von Meister İsfendiyar zu hören, der »Übergabe!« riefe, und danach ginge es in der Küche wieder hoch her: Diener kämen aus allen Teilen des Serails herbeigeströmt und nähmen die Speisen entgegen.

Der Küchenmeister nutzte die Gelegenheit, die anderen Köche bei der Arbeit zu beobachten. Er hatte sie zwar gerade erst kennengelernt, aber sofort begriffen, dass sie alle gestandene Meister waren. Das war allein schon daran zu erkennen, wie sie die Messer hielten.

Meister Asım, der Koch des Kammerherrn, beeindruckte ihn besonders. Er arbeitete still und diszipliniert; zwar hatte er keine besonders schnellen Hände, aber weil er sich die Zeit gut einteilte, geriet er niemals in Hektik. Der Küchenmeister bemerkte, dass er fast alle Arbeiten mit seinem großen Küchenbeil erledigte. Dieses scheinbar grobschlächtige Werkzeug, mit dem sich eine große Keule mit nur einem Schlag entzweihauen ließ, verwandelte sich in seinen Händen bei Bedarf in ein filigranes Messer, mit dem er winzige Perlzwiebeln in hauchdünne Scheiben schnitt.

Auch der Koch des Steigbügelhalters, der am anderen Ende desselben Tisches wie er arbeitete, war dem Küchenmeister besonders ins Auge gefallen. Ihm war anzumerken, dass er ein sorgfältiger Mann war; sicher hatte er seine Ausbildung in der Küche eines reichen Herrenhauses absolviert. Er arbeitete mit Messern verschiedenster Größe, die er akkurat vor sich aufgereiht hatte, und verzierte die Teller auf eine Art und Weise, dass nicht nur der Gaumen, sondern auch das Auge angesprochen wurde. So hatte er ein mit Frauenschenkelköfte gefülltes Tablett mit kleinen Rosen geschmückt, die er aus Radieschen geschnitzt hatte.

Da bemerkte der Küchenmeister plötzlich, dass er sich gar nicht an den Namen dieses Kochs erinnern konnte, mit dem er doch immerhin einen Arbeitstisch teilte. Er wusste nur, dass er für den Steigbügelhalter arbeitete. Ihm fiel auf, dass er sich unter all den Köchen überhaupt nur an den Namen von Meister Asım erinnerte; bei allen anderen waren ihm seltsamerweise nur Dienstherren und Titel im Gedächtnis geblieben. Vielleicht konzentrierte sich sein Geist eben lediglich auf die Dinge, von denen er wusste, dass sie ihm von Nutzen waren.

Während er noch zu erschnuppern versuchte, was für Speisen die beiden Meister am Tisch hinter ihm – die Köche des Oberkleidungswarts und des Schatzkämmerers – zubereiteten, hallte Meister İsfendiyars Stimme von den Mauern der Palastküchen wider. Doch entgegen aller Erwartung rief er nicht wie sonst: »Übergabe!«, sondern verkündete stattdessen: »Alle Meister in die Kanzlei! Konferenz des Küchenrats! Die Übergabe wird von den Gesellen übernommen!«

Die Köche schauten einander besorgt an. Der Küchenrat wurde nur in wirklich wichtigen Fällen einberufen. Dazu versammelten sich der Oberküchenmeister, alle Köche, Halwameister und Vorratskellerangestellten sowie der Oberbäckermeister und der Oberste Einkäufer in der Kanzlei des Küchenverwalters, um Lösungen für besondere Probleme zu finden.

Dass die Gesellen die Übergabe übernehmen sollten, machte vor allem Mahir nervös. Offensichtlich hatte er bisher noch nie allein mit einem der Offiziellen des Serails gesprochen. Scheu und neugierig zugleich blickte er seinen Meister an.

»Sei am besten so zurückhaltend wie möglich«, sagte der Küchenmeister. »Begrüße sie und erkläre ihnen, welche Speise welche ist. Nur falls Firuz Agha etwas zu sagen hat, dann sperre die Ohren auf und höre gut zu.«

»Jawohl, Meister«, sagte Mahir. »Soll ich sonst noch etwas tun?«

Der Küchenmeister dachte kurz nach. »Geh nach der Übergabe der Speisen in den Vorratskeller«, sagte er und kratzte sich das Kinn. »Ich habe dort Muskatäpfel gesehen. Von denen kannst du zwei Okka holen. Und bring auch eine Handvoll Nelken mit.«

»Jawohl, Meister«, wiederholte Mahir.

Die anderen Köche hatten ihre Gesellen bereits instruiert und zogen sich nun nach und nach, allein oder zu zweit, aus der Küche zurück. Der Küchenmeister trichterte Mahir noch ein, den Arbeitstisch aufzuräumen und den Abwasch nicht zu vergessen. Dann lief er den anderen hinterher in die Kanzlei, ein an den Vorratskeller angrenzendes Gebäude, dessen großer Saal im Erdgeschoss jetzt voller Menschen war.

Die Köche und Halwameister hatten sich ihrem Rang gemäß auf der linken Seite des Saales aufgestellt. Ganz vorne waren der Oberhalwameister und der Oberbäckermeister. Meister Asım und die anderen ranghohen Köche standen direkt dahinter. Auf der rechten Seite indessen hatten sich die für die Verwaltung der Küche und des Vorratskellers verantwortlichen Männer gruppiert, zuvorderst der Oberste Einkäufer und der Verwalter des Vorratskellers.

Der Küchenmeister suchte sich einen Platz ganz hinten in der Gruppe. Kurz darauf traten Meister İsfendiyar und Küchenverwalter Şakir Efendi ein. Das Gemurmel erstarb augenblicklich, und die ganze Küchenbelegschaft senkte die Köpfe zum Gruße.

Der Küchenverwalter ergriff das Wort. »Aghas, Efendis, Meister«, begann er. »Wie Ihr wisst, ist unser Vorratskeller zurzeit schlecht bestückt. Es handelt sich zwar nur um einen vorübergehenden Zustand, doch solange er andauert, heißt es für uns alle, Maß zu halten …«

»Wie lange soll das denn noch so weitergehen, Efendi?«, fiel ihm der Oberhalwameister, der in der Riege der Köche ganz vorne stand, ungehalten ins Wort. »Wir müssen uns von Tag zu Tag mehr einschränken.«

»Nicht allzu lange, Meister, nicht allzu lange«, entgegnete der Küchenverwalter. »Wie Ihr wisst, ist Schatzmeister Halil Pascha erkrankt und wurde in den Ruhestand versetzt. Da sein Amt momentan vakant ist, können fällige Zahlungen nicht ausgeführt werden. Es besteht jedoch kein Anlass zur Sorge. In drei Tagen wird der Diwan zusammentreten, um einen neuen Schatzmeister zu ernennen, dann können wieder Zahlungen getätigt werden.«

Der Oberhalwameister nickte, aber man konnte an seiner gerunzelten Stirn ablesen, dass er keineswegs beruhigt war. Şakir Efendis Erklärung hatte ihn nicht etwa erleichtert, sondern im Gegenteil noch skeptischer gestimmt. Halil Pascha war schließlich erst am Vortag in den Ruhestand versetzt worden, der Engpass im Vorratskeller dauerte jedoch schon seit Wochen an. Wenn der Küchenverwalter den Schatzmeister als Vorwand heranzog, dann bedeutete das, dass die Lage noch viel ernster war als befürchtet.

Şakir Efendi wollte seine Ansprache fortsetzen, wurde aber erneut unterbrochen, als der Oberbäckermeister sich aufgeregt zu Wort meldete. »Bitte, Efendi«, sagte er. »Wir müssen schleunigst eine Lösung finden, sonst sehe ich schwarz für uns. In meinem Lager reicht das Mehl höchstens noch für eine Woche.«

Die Miene des Küchenverwalters verdüsterte sich. »Was?«, rief er. »Das kann doch gar nicht sein!«

Der Oberbäckermeister trat einen Schritt vor. »So ist es aber, Efendi. Seit Wochen schon kommt kein Mehl mehr in den Vorratskeller. Es sind nur noch die Reste dessen übrig, was wir zu Winteranfang bekommen haben.«

Şakir Efendi warf dem Obersten Einkäufer einen zornigen Blick zu. »Ömer Efendi, was geht da vor?«

Ömer Efendi, der aufgrund jahrelangen Feilschens mit Händlern aller Art mittlerweile ein eingefrorenes Dauerlächeln zur Schau trug, wirkte so gelassen wie immer. »Nun, es gibt kein Geld«, sagte er mit glasklarer Stimme. »Und niemand lässt noch anschreiben. Wer es doch tut, verlangt hohe Zinsen ...«

Der Küchenverwalter sprang wütend auf. »Das ist doch nicht die Möglichkeit!«, wetterte er. »Was für eine Unverschämtheit! Sind wir nicht genauso Gewerbetreibende wie das einfache Volk? Wir kaufen Waren für die Palastbäckerei. Wo gäbe es bessere Schuldner als uns?«

»So ist nun einmal die Lage, Efendi«, sagte Ömer Efendi, noch immer völlig gelassen. »Seit der Missernte gibt einem niemand auch nur ein Weizenkorn oder ein Dirhem Mehl, ohne sich umgehend dafür bezahlen zu lassen.«

Mit der Stille, die sich über den Saal legte, neigte auch Ömer Efendi sein Haupt. Er wusste selbst am besten, dass die Missernte nicht der einzige Grund für die Mehlknappheit war. Das eigentliche Problem war der Mangel an Liquidität, den die Schatzkammer seit Monaten zu verzeichnen hatte. Auch dass die Händler nicht mehr anschreiben ließen und stattdessen Schuldverschreibungen verlangten, war ein schlechtes Zeichen. Händler und Bankiers ahnten eine Finanzkrise stets als Erste voraus und verhielten sich dementsprechend. Ömer Efendi, der seit Jahren am Markt tätig war, hatte längst begriffen, dass die Händler den Zahlungsversprechen des Palastes nicht mehr vertrauten.

Şakir Efendi seufzte. »Löst dieses Problem, Ömer Efendi. Wenn es sein muss, beschafft die Waren bei den Händlern, aber löst es. Der Tag, an dem kein Brot mehr aus den Öfen kommt, ist der Tag, an dem wir alle erledigt sind.«

»Jawohl, Herr Verwalter«, antwortete der Oberste Einkäufer, aber bei sich dachte er: Das ist doch ein Tropfen auf den heißen Stein. Die Waren bei den Händlern beschaffen, so so …

Der Küchenverwalter fuhr fort: »Nun ja, meine Herren, mit Gottes Hilfe werden unsere Herdfeuer schon weiterbrennen und unser Süpplein weiterkochen. Allerdings sind wir gezwungen, gewisse Maßnahmen zu ergreifen, um diese knappen Zeiten durchzustehen. Von nun an wird jeder Koch nur noch das zubereiten, was die Bestände des Vorratskellers zulassen.«

Eine Woge der Empörung schwappte durch die Menge, und

es wurde aufgeregt geflüstert. Meister Asım, der weit vorne in der Riege der Köche stand, trat vor und sprach aus, was alle dachten: »Şakir Efendi, wie soll das gehen?«

»Ruhe, meine Herren, ich bitte um Ruhe!«, sagte der Küchenverwalter in strengem Ton. »Die Bestände des Vorratskellers werden erfasst und katalogisiert, und jeder wird im Rahmen des Verfügbaren kochen. Ganz einfach.«

Der Chefkoch der Sultansküche, der direkt neben Meister Asım gestanden hatte, trat nun vor. »Von wegen einfach, Şakir Efendi«, widersprach er ärgerlich. »Nehmen wir an, unseren Sultan gelüstete es außerhalb der Jahreszeit nach frischen Saubohnen. Im Vorratskeller sind aber keine zu haben. Was soll ich ihm dann sagen? Soll ich ihm etwa nahelegen, stattdessen mit grünen Schnittbohnen vorliebzunehmen? Das wäre sogar im Hause eines Neureichen ein skandalöses Benehmen, vom Serail ganz zu schweigen!«

Womit er natürlich vollkommen recht hatte, sodass Şakir Efendi abwiegelte: »Schon gut, schon gut. Für die Sultansküche wird natürlich eine Ausnahme gemacht.«

Dieses Zugeständnis des Küchenverwalters führte zu noch viel lauterem Protest unter den Köchen. Der Koch des Oberkleidungswarts schrie: »Das Leben der Köche in der Sultansküche ist also mehr wert als das unsere? Kennt Ihr nicht den Zorn der Aghas?«

Der Koch des Schatzkämmerers sprang seinem Küchengenossen bei: »Recht hat er! Auch unser Leben hängt am seidenen Faden.«

Şakir Efendi wusste nicht, was er noch sagen sollte. Wenn er jetzt auch noch für die Aghaküche eine Ausnahme machte, würden die anderen Küchen ebenfalls aufbegehren. Da kam ihm Meister İsfendiyar zu Hilfe. »Schluss jetzt!«, donnerte er. »Ist das hier der Küchenrat oder der Harem?«

Das ärgerliche Gemurmel verstummte. Der Oberküchenmeister stützte sich auf seinen Stock und erhob sich. »Ihr seid doch Köche! Macht Gebrauch von Eurem Verstand und Eurem Können. Was ein rechter Koch ist, der macht aus wenigem viel, aus vielem wenig, und selbst aus nichts bringt er noch etwas zustande. Muss ich Euch etwa Euren Beruf noch einmal lehren?«

Die Meister waren verstummt. »Tatsache ist«, fuhr Meister İsfendiyar fort, »dass es einen Engpass gibt. Und einem nackten Mann kann man nun einmal nicht in die Tasche greifen. Wir müssen in dieser schweren Zeit alle zusammenhalten. Gibt es daran irgendetwas nicht zu verstehen?«

Als niemand sich rührte, setzte sich der Meister wieder, und der Küchenverwalter fuhr fort zu sprechen. Etwa eine Viertelstunde später hatte man beschlossen, im Vorratskeller eine genaue Inventur durchzuführen, eine Kommission aus erfahrenen Köchen zu bilden, die wöchentlich die von jeder Küche zu produzierenden Speisen festlegen sollte, und es »sensiblen« Küchen wie der Sultansküche, der Aghaküche und der Diwanküche zu ermöglichen, einen Kredit bei der Kochkasse aufzunehmen, falls dies wegen dringender Bedürfnisse notwendig wäre.

Nachdem die Versammlung beendet war, ging der Küchenmeister langsam mit den anderen Köchen zusammen in den Hof und beobachtete dabei Meister İsfendiyar, der drinnen noch etwas mit Şakir Efendi beredete. Während der Versammlung hatten sich einmal ihre Blicke gekreuzt, und es schien ihm, als wolle der Meister ihn sprechen.

Er blieb in einer Ecke des Hofes stehen, lehnte sich an eine Wand und wartete. Einige andere Köche schlenderten noch durch den Hof und unterhielten sich. Der Küchenmeister schnappte das Gespräch zweier Meister auf, die dicht an ihm vorübergingen. »Was ist denn mit Halil Pascha geschehen?«, fragte der Jüngere.

»Er ist gelähmt«, erwiderte der Ältere. »Gott vergebe mir,

aber dafür hat er sich wahrlich den richtigen Zeitpunkt ausgesucht ...«

»Und wer wird sein Nachfolger?«

»Entweder sein Schreiber Sadık Agha oder Lütfi Pascha, der Stellvertreter des Großwesirs.«

»Aber keiner von ihnen kann Halil Pascha ersetzen!«

»Wohl wahr. Wer könnte schon einen Schatzmeister ersetzen, der so viele Jahre im Amt war. Er war ein großer Mann, Gott schenke ihm Genesung ...«

»Amen«, sagte der Jüngere. Damit entfernten sie sich in Richtung der Küchen. Der Küchenmeister sah ihnen nach. Sie hatten recht; niemand würde Halil Pascha ersetzen können und in diesen Krisenzeiten würde es auch keiner wollen. Es war schon etwas länger her, dass der Küchenmeister erstmals Lobreden auf den Pascha gehört hatte. Hinter der gutmütigen Fassade steckte ein kluger und umsichtiger Staatsmann, der seine Arbeit über alles liebte. Sein Wort hatte Gewicht, und das nicht nur in Istanbul, sondern im ganzen Reich. Während seiner Amtszeit hatte das Land viele Krisen unbeschadet überstanden, denn Halil Pascha wusste sehr gut, wo er wie viele Schulden aufnehmen und wann er sie zurückzahlen musste. Zudem war er mutig. Wenn es um Politik oder Finanzen ging, verwandelte sich der scheinbar zaghafte Alte in einen furchtlosen Mann, der kein Blatt vor den Mund nahm. Noch immer erzählte man sich, wie er vor der Hochzeit der Sultansschwester um eine Audienz gebeten und dem Sultan klipp und klar ins Gesicht gesagt hatte, dass man die Kosten für Feier und Aussteuer reduzieren müsse.

Ein solcher Mann war Halil Pascha. Der Küchenmeister wusste sehr gut, dass sich die Krise durch seine Abwesenheit nur vertiefen konnte.

Endlich sah er Meister İsfendiyar aus der Kanzlei kommen. Bei ihm waren der Küchenverwalter, der Oberhalwameister, der

Koch des Kammerherrn und einige weitere erfahrene Köche. Einer davon war Meister Bekir, sein Vorgänger als Koch des Waffenmeisters.

Während sie so gingen, blickte Meister İsfendiyar um sich, als suche er jemanden. Der Küchenmeister stieß sich von der Wand ab und schlenderte langsam in Richtung der Küchen. Er hatte noch keine zwei Schritte getan, als er Meister İsfendiyars laute Stimme nach ihm rufen hörte.

Er unterdrückte ein Lächeln, bemühte sich um einen erstaunten Gesichtsausdruck und ging mit gefalteten Händen auf den Oberküchenmeister zu. Er verneigte sich vor ihm. »Ich stehe zu Euren Diensten, Meister.«

»Meister Bekir ist eine Aufgabe in unserer Kommission zugeteilt worden, die ihn den ganzen Tag beschäftigen wird. Die Konkubinenküche wirst du leiten«, wies Meister İsfendiyar ihn an.

»Aber Meister ...«, wollte der Küchenmeister in gespielter Überraschung einwenden.

Doch der Oberküchenmeister gab sich unnachgiebig: »Keine Widerrede! Du hast ohnehin nicht viel zu tun und liegst die meiste Zeit auf der faulen Haut. Müßiggang ist aller Laster Anfang!«

Der Küchenmeister machte ein sauertöpfisches Gesicht und neigte das Haupt. »Wie Ihr befehlt, Meister«, sagte er unterwürfig. Er sah so bekümmert aus, dass Meister Bekir Mitleid bekam. »Meine Gesellen sind überaus selbstständig«, sagte er aufmunternd. »Die halten den Betrieb schon am Laufen. Ihr müsst nur ab und zu nach dem Rechten sehen.«

Ohne den Kopf zu heben, murmelte der Küchenmeister: »Ich danke Euch, Meister«, doch da schaltete sich Meister İsfendiyar wieder ein. »Aber nicht doch, Meister Bekir«, sagte er. »Ein echter Koch überlässt die Arbeit nicht den Gesellen. Soll er ruhig einmal sehen, was richtige Arbeit bedeutet!«

Meister Bekir gab nicht nach; anscheinend hatte er den Küchenmeister ins Herz geschlossen, weil dieser ihn aus den Fängen des Waffenmeisters befreit hatte. »Sagt das nicht, Meister«, sprach er mit tremolierender Stimme. »Er hat schwerer zu tragen als wir alle. Was er zu erdulden hat, kann nur ermessen, wer es selbst durchmachen musste. Setzt dem Jungen nicht so zu.«

Doch Meister İsfendiyar schenkte auch diesen salbungsvollen Worten kein Gehör. »Ab an die Arbeit«, sagte er, indem er mit dem Stock zur Küche wies. Dann wandte er sich seinen Begleitern zu: »Das gilt auch für uns!«

Während der Oberküchenmeister mit seinem Gefolge auf den Vorratskeller zusteuerte, verweilte der Küchenmeister noch einen Moment mit gesenktem Haupt und ehrerbietig gefalteten Händen an seinem Platz. Dann eilte er in die Küche, wo Mahir ihn am Arbeitstisch erwartete. Er hatte Äpfel und Nelken besorgt, Ordnung geschaffen und sogar schon die nötigen Zutaten für das Abendessen vorbereitet.

»Gut gemacht, Mahir«, lobte ihn der Küchenmeister. »Jetzt fülle Wasser in einen großen Topf. Zerstoße die Nelken ein wenig und wirf sie hinein. Bringe das Wasser zum Kochen, bis es sprudelt. Zerteile die Äpfel und gib sie zu den Nelken, sobald diese ihren Geruch entfalten. Zähle bis hundert, dann hole sie wieder heraus und lege sie zum Erkalten auf einen Teller. Die Speise ist für die Konkubinenküche.«

Mahir schaute seinen Meister verständnislos an. »Für die Konkubinenküche?«

»Ja, Mahir!«, erwiderte der Küchenmeister schroff, der es nicht mochte, zu viele Fragen gestellt zu bekommen. »Für die Konkubinenküche. Jetzt tu, was ich dir gesagt habe. Du musst bis hundert zählen und sie dann herausholen. Nicht bis neunundneunzig, nicht bis einhunderteins, verstanden?«

»Verstanden, Meister«, sagte Mahir.

Dann schaute er ihn mit zaghaftem Blick an, als wolle er noch etwas sagen.

»Sprich, Mahir«, sagte der Küchenmeister.

Mahirs Stimme war ebenso zaghaft wie sein Blick: »Soll ich den Pilaw machen?«

Dem Küchenmeister lag das »Nein« schon auf der Zunge, doch stattdessen fragte er: »Bist du dir sicher, dass du das kannst?«

Mahir nickte. »Sehr gut sogar, Meister.«

Der Küchenmeister betrachtete seinen Gesellen. Er machte zwar einen selbstbewussten Eindruck, aber wie wenig er von seinem Fach verstand, lag auch auf der Hand. Er wird ihn schon nicht so sehr verhunzen, dass ich ihn nicht retten könnte, ging dem Küchenmeister durch den Kopf, und er sagte: »Gut, mach ihn.«

Mahir war überglücklich. »Danke, Meister«, lachte er. Doch da war der Küchenmeister schon unterwegs in Richtung Konkubinenküche.

Dort waren Meister Bekirs Gesellen fleißig am Werk. Zwei große Kessel standen sprudelnd auf dem Herd. In sechs großen Töpfen auf dem Arbeitstisch wurde Reis eingeweicht. Der Dampf, der die Küche einhüllte, verriet dem Küchenmeister, dass in den Kesseln grüne Linsen brodelten.

Einer der Gesellen hatte ihn kommen sehen, trat vor und sagte: »Herzlich willkommen, Meister. Meister Bekir hat uns bereits Bescheid gesagt. Wir haben schon einmal angefangen, und bis jetzt läuft alles wie am Schnürchen.«

Der Küchenmeister nickte. Er hob den Deckel von einem der Kessel. »Das sind keine guten Linsen. Passt auf, dass sie nicht verkochen, und schreckt sie mit viel kaltem Wasser ab, sobald ihr sie vom Feuer genommen habt, damit sich die Schalen lösen.«

»Jawohl, Meister«, sagte der Geselle.

Der Küchenmeister schloss den Deckel und wandte sich dem Reis zu. »Wann habt ihr ihn ins Wasser getan?«

»Bevor zum Morgengebet gerufen wurde, Meister«, antwortete ein blutjunger Lehrling, der bei den Töpfen stand.

Der Küchenmeister nickte zufrieden, denn er hatte nicht die Absicht, selbst Hand an die Speisen zu legen. Er hatte Wichtigeres zu tun. »Macht weiter so«, sagte er zu den Gesellen. »Aber gebt mir auf jeden Fall Bescheid, wenn der Pilaw fertig ist.«

Den restlichen Tag verbrachte der Küchenmeister damit, zwischen den beiden Küchen zu pendeln.

Während in der Konkubinenküche die Dinge ganz reibungslos vonstattengingen, hatte Mahir nicht nur die Äpfel vorschriftsgemäß abgebrüht, sondern am Pilawtopf geradezu Wunder vollbracht. Der Pilaw, grün eingefärbt mit einem Sud aus Spinatblättern, die er in wenig Wasser gegart, dann durch ein Sieb und schließlich durch ein Tuch gepresst hatte, war nahezu makellos.

Als der Küchenmeister ihn fragte, wo er gelernt habe, einen so meisterhaften Pilaw zuzubereiten, sagte Mahir seufzend: »Das hat mich mein Vater gelehrt, Gott hab ihn selig.« Der Küchenmeister wurde neugierig, aber er verschob es auf später, Mahir nach seiner Geschichte zu fragen.

Nun, da der Pilaw fertig war, hatte der Küchenmeister nicht mehr viel zu tun. Das Lammfleisch war bereits gegart, die Nudelsuppe ohnehin ein Kinderspiel. Nur das Obstgelee erforderte ein wenig Anstrengung. Damit es die gewünschte Konsistenz bekam, durfte er es nicht aus den Augen lassen. Nachdem er es zum Erkalten gestellt hatte, seihte er von dem gekochten Lammfleisch die Brühe ab und schob es in den heißen Ofen, bis die Oberfläche schön krustig war. Dann schnitt er das Fleisch in hauchdünne Scheiben, drapierte es auf einem Porzellanteller und zog Kreise aus schwarzem Pfeffer, Thymian und Kreuzkümmel darum.

Als das Abendessen für den Waffenmeister fertig zubereitet war, begann der Küchenmeister, Krapfen in Honigsirup zu machen. Mahir erdreistete sich zu fragen, für wen diese Süßigkeit gedacht sei, bekam aber einen solchen Rüffel zu hören, dass er bereute, überhaupt den Mund aufgemacht zu haben. Dennoch blieb er am Arbeitstisch stehen; es war einfach ein zu großes Vergnügen, seinen Meister zu beobachten. Wie er den zu Pulver zerstoßenen Zwieback mit dem geschlagenen Eiweiß vermengte! Wie er aus dem klebrigen Teig kleine, genau gleich große Ballen formte, sie in Sesamöl briet, bis sie exakt die richtige Konsistenz und Farbe hatten, und gleichzeitig immer wieder schnell die fertigen Krapfen nahm und kurz in Honigsirup tauchte! Sein Meister war so kunstfertig und bewegte seine Hände so harmonisch, dass er ihn nur bewundern konnte. Doch in seinem Herzen regte sich ein seltsam unheimliches Gefühl, denn sogar er konnte spüren, dass der Küchenmeister über ein Geschick verfügte, das weit über Arbeit, Talent und Erfahrung hinausging. Gerade holte der Küchenmeister mit dem Schaumlöffel die letzten drei Krapfen aus dem Öl, als ein Geselle der Konkubinenküche in der Tür erschien. »Der Pilaw ist fertig, Meister«, sagte er. »Ihr hattet uns gebeten, Euch Bescheid zu geben.«

»Ich komme sofort«, antwortete der Küchenmeister. Er musste erst abwarten, bis die Krapfen den Sirup aufgesogen hätten. Mit Blick auf die Speisen für den Waffenmeister sagte er zu Mahir: »Falls das Essen abgeholt wird, bevor ich wieder da bin, sag ihnen, dass sie auf mich warten sollen.«

Mahir nickte. Der Küchenmeister holte die letzten Krapfen aus dem Sirup, legte sie in die Kupferschale und deckte sie zu. Dann nahm er die Äpfel mit, die Mahir mit den Nelken gekocht hatte, und ging hinüber in die Konkubinenküche.

Die Linsen und der Pilaw waren fertig.

Der Küchenmeister kostete von beiden Gerichten. Er hätte

Dutzende von Mängeln aufzählen können, aber stattdessen lobte er die Gesellen: »Hervorragend, gut gemacht!« Alle beäugten neugierig den Teller mit den Äpfeln. Der Küchenmeister winkte einen Gesellen und einen Lehrling zu sich, die anderen wies er an, die Linsen aus dem großen Kessel in kleinere Töpfe umzufüllen.

Währenddessen kümmerte er sich um den Pilaw. Er legte einen halben Apfel auf den Boden einer der großen Kupferschüsseln, die auf dem Arbeitstisch standen, dann forderte er den mit einem riesigen Schöpflöffel bereitstehenden Gesellen auf, den Apfel mit Pilaw zu bedecken.

Sowohl der Geselle als auch der Lehrling, der den Kessel hielt, starben fast vor Neugierde, aber sie wagten es nicht, diesem Meister, dessen Ruf sich schon am ersten Tag in allen Küchen verbreitet hatte, irgendeine Frage zu stellen.

Während der Geselle die erste Schüssel mit Pilaw auffüllte, ging der Küchenmeister zur nächsten, legte auf deren Boden ebenfalls einen halben Apfel, und so machte er weiter, bis der ganze Pilaw verteilt und von den Äpfeln nichts mehr zu sehen war. Nicht lange darauf kamen acht Träger in Begleitung eines schwarzen Eunuchen herein. Der Eunuch stellte sich an die Wand neben die Herdfeuer und sah seinen Männern mit ausdruckslosem Gesicht bei der Arbeit zu. Nach einer Weile fiel sein Blick plötzlich auf den Küchenmeister. Der hatte ihn aber in genau diesem Moment recht unverhohlen angestarrt. Nicht nur, weil der Eunuch der größte Mensch war, den er je gesehen hatte, sondern vor allem, weil er im Harem tätig war. Einen Versuch ist es wert, dachte der Küchenmeister und grüßte den Eunuchen mit einem Nicken.

Nachdem die Träger die Töpfe auf große Tabletts gestellt hatten, die sie mit bewundernswertem Geschick auf ihren Köpfen balancierten, rief der Eunuch: »Vielen Dank und auf Wiedersehen!«, und verließ im Gefolge seiner Männer die Küche.

Damit war die Übergabe abgeschlossen. Der Küchenmeister lobte die Gesellen und Lehrlinge und eilte in seine eigene Küche zurück.

Dort wurde er bereits vom Kammerjunker und zwei Pagen erwartet. An ihren Gesichtern war abzulesen, dass sie schon vor einer Weile gekommen waren.

»Verzeiht, dass ich Euch warten ließ«, sagte der Küchenmeister so höflich wie möglich.

»Keine Ursache«, winkte der Junker ab, obwohl er weiterhin ein mürrisches Gesicht machte. »Ich hoffe, Ihr hattet keine Unannehmlichkeiten«, fügte er hinzu.

»Aber nein.« Der Küchenmeister lächelte. »Das Essen für seine Exzellenz den Agha ist fertig. Ihr könnt es mitnehmen.«

Der Kammerjunker gab seinen Begleitern ein Zeichen. Während diese die Porzellanschüsseln auf das mitgebrachte Tablett stellten, nahm der Küchenmeister die Kupferschale mit den Krapfen vom Herd. »Hier ist der eigentliche Grund, weshalb ich Euch habe warten lassen«, sagte er, indem er die Schale anhob. »Eine kleine Aufmerksamkeit für meine Freunde aus der Inneren Kammer. Ich hoffe, es ist nach Eurem Geschmack ...«

Der Kammerjunker hob erstaunt den Deckel der Kupferschale. Als er die goldbraunen Krapfen sah, auf denen Honigtropfen funkelten, weiteten sich seine Augen. Allein der Geruch ließ ihm schon das Wasser im Munde zusammenlaufen. Er schluckte und sagte: »Wie liebenswürdig, dass Ihr Euch unseretwegen solche Umstände macht!«

Der Küchenmeister wandte bescheiden den Blick ab: »Ach, das ist doch nicht der Rede wert. Wenn man bedenkt, wie schwer Ihr es im Enderun habt ... Ich schätze mich glücklich, wenn ich Euch ein wenig den Tag versüßen kann.«

Der Kammerjunker suchte vergeblich nach einer angemessenen Formulierung, sagte dann aber nur von ganzem Herzen: »Ich danke Euch!«

»Lasst es Euch schmecken«, erwiderte der Küchenmeister und fügte mit gedämpfter Stimme hinzu: »Seiner Exzellenz dem Agha sollte aber besser nichts davon zu Ohren kommen. Ihr wisst ja ...«

Der Junker schloss sogleich den Deckel der Schale und machte ein ernstes Gesicht. »Seid unbesorgt«, sagte er. »Ich gelobe im Namen all meiner Kollegen, dass wir dieses Geheimnis zu wahren wissen.« Er verbeugte sich und verließ mit den Pagen im Schlepptau die Küche.

Jetzt gab es für den Küchenmeister nichts weiter zu tun, als zu warten. Was die Speisen anging, die er ins Enderun geschickt hatte, so war er sich des Effekts, den sie erzielen würden, absolut sicher und sorgte sich nicht weiter darum. Doch die Gerichte für den Harem ... Je länger er darüber nachdachte, desto stärker kribbelte es in seinem Magen und desto enger wurde ihm die Brust. Würde er etwas erreichen? Eine Spur finden? Er machte sich auf das Schlimmste gefasst, beschloss aber, diesmal nicht aufzugeben, was auch immer geschähe.

Nachdem er in der kleinen Moschee der Köche sein Nachmittagsgebet verrichtet hatte, ging er in einem unbeobachteten Moment hinaus in den Zweiten Hof, verbarg sich in einem stillen Winkel des Säulengangs und lauschte nach dem Harem hinüber. Die Sonne war untergegangen, und mit der hereinbrechenden Dunkelheit erstarben langsam die Geräusche des Serails. Der Küchenmeister wartete. Er wartete und lauschte.

Es wurde immer dunkler, die Sonne hatte einem schimmernden Halbmond Platz gemacht. Der Küchenmeister schaute zum Mond empor, damit dieser ihn in seiner Hoffnung vielleicht bestärke, doch schon als das Licht sein Auge berührte, bohrte sich die Trauer wie eine Lanze in sein Herz. »Nein«, murmelte er. Diesmal würde er sich nicht entmutigen lassen. Diesmal würde er nicht zulassen, dass sich Schmerz in Zorn und Sehnsucht in Hass verwandelte. Doch die Nacht blieb still. »Morgen versuche ich es wieder«, sagte er sich. »Ich werde einen Weg finden.«

Als er gerade den ersten Schritt in Richtung Küche machte, drang eine leise, kaum hörbare Stimme an sein Ohr. Er blieb stehen. Sein Herz schien ebenfalls stehen geblieben zu sein. Er lauschte. Die Stimme war nur ganz schwach zu vernehmen. »Ob sie es ist?«, fragte sein Verstand. Doch sein Herz konnte nicht irren. Nur eine einzige Stimme auf der Welt konnte sein Herz dermaßen schwächen, so weit entfernt sie auch sein mochte.

Der Küchenmeister trat aus dem Säulengang hinaus und schlich auf Zehenspitzen vorwärts. Die Stimme war so leise, dass ihm sogar das unter seinen Füßen raschelnde Gras ohrenbetäubend laut erschien. Unter dem nächsten Baum blieb er stehen und horchte. Die Stimme schien verstummt zu sein, dann aber war sie plötzlich wieder zu hören, und diesmal stärker als zuvor. Sie sang ein Lied, und jetzt konnte der Küchenmeister auch die Worte verstehen:

Was wissen denn die Astrologen schon von der längsten Nacht.
Frag besser den Liebeskranken, wie viele Stunden sie hat ...

Dem Küchenmeister rollten die Tränen über die Wangen, und er sank auf die Knie. »Gott sei Dank«, schluchzte er. »Gott sei Dank ...«

Sie war es. Nie zuvor war er sich einer Sache so sicher gewesen.

Dann unterbrach eine ärgerliche Stimme das Lied, und der Gesang brach ab. Da versiegten auch die Tränen des Küchenmeisters. Zorn blitzte in seinen Augen auf. Mit zusammengebissenen Zähnen und geballten Fäusten blickte er zu den Kuppeln des Harems hinüber, die sich jenseits des Turms der Gerechtigkeit wölbten. »Harre aus ...«, wisperte er.

Auf dem Rückweg zum Schlafsaal war sein Inneres von widerstreitenden Gefühlen beherrscht. Doch mit jedem seiner Schritte wuchs seine Freude und vertrieb Zorn und Schmerz. Als er durch die kleine Bogentür in den Hof vor dem Schlafsaal trat, lächelte der Küchenmeister bereits über das ganze Gesicht.

Er wollte gerade hineingehen, da hörte er hinter sich eine Stimme: »Wo warst du denn? Ich habe dich überall gesucht!«

Der Küchenmeister schaute sich um. Es war Meister Bekir, der mit ausgebreiteten Armen auf ihn zukam. »Was bist du für ein Tausendsassa!«, sagte er und drückte ihn an sein Herz. »Wie bist du auf die Idee gekommen, Äpfel auf den Boden des Pilaws zu legen?«

Der Küchenmeister lächelte beschämt: »Hat es ihnen geschmeckt?«

Meister Bekir lachte laut auf. »Was heißt hier geschmeckt, sie waren begeistert! Der ganze Harem war völlig aus dem Häuschen. Angeblich wollte sogar die Favoritin etwas vom Pilaw der Konkubinen haben. Wo hast du das gelernt?«

Der Küchenmeister lächelte. »Das ist eine lange Geschichte, Meister«, sagte er. »Eine Geschichte aus Kindertagen. Ich erzähle sie Euch ein anderes Mal.«

KAPITEL 4

Der Tempel der Genüsse

Als sich Meister Âdem an jenem Tag seinem ehemaligen Gesellen gegenübersah, der einen schlafenden Jungen von etwa fünf Jahren in den Armen hielt, war er zunächst einmal sehr überrascht. Als er jedoch erfuhr, dass İsfendiyar, ebenfalls ein alter Geselle von ihm, den Jungen schickte, verwandelte sich seine Überraschung in Neugierde.

Er legte das schlafende Kind, das noch immer entsetzlich nach Unrat stank, auf die Mehlsäcke in der Ecke, servierte seinem Besucher nach den Strapazen der Reise ein auf die Schnelle zubereitetes Cacık und das Mussaka vom Vorabend, und während sein ehemaliger Geselle aß, fühlte er ihm ein wenig auf den Zahn.

Doch vergebens. İsfendiyar hatte keinerlei Erklärung abgegeben, sondern nur darum gebeten, dass Meister Âdem sich des Jungen annehme. Also nahm er ihn in seine Obhut, ohne lange darüber nachzudenken, denn İsfendiyar war einer der wenigen Männer auf dieser Welt, deren Urteilsvermögen er bedingungslos vertraute.

Nachdem Meister Âdem seinen Besucher zum Haupttor begleitet und verabschiedet hatte und in die Küche zurückkehrte, fand er das Kind erwacht und mit einem altbackenen Stück Fladenbrot in der Hand. Als es den unbekannten Mann erblickte, erschrak das Kind und erstarrte.

»Du hast wohl Hunger, was?«, fragte der Meister und lächelte. Da lächelte der Kleine zurück und knabberte weiter an seinem Brot. »Selman!«, rief Meister Âdem seinem Gesellen in der Großen Küche zu: »Ist die Suppe schon fertig?«

»Ist sie, Meister«, ließ sich die Stimme seines Gesellen vernehmen, der das Abendessen zubereitete. »Ich habe sie gerade abgeschmeckt.«

»Gut. Bring mir eine Schale.«

Einige Minuten später betrat Selman mit einer dampfenden Schale in der Hand die Kleine Küche. Als er den Jungen sah, stutzte er kurz, sagte aber nichts, sondern stellte nur die Suppe auf den Tisch und kehrte an seine Arbeit zurück.

»Komm her!«, sagte Meister Âdem zu dem Jungen und zeigte auf die Suppe. Der Kleine schaute von Ferne auf die Schale, schnupperte ein paarmal in die Luft, dann kletterte er von den Säcken herunter und näherte sich zögerlich dem Tisch. Der Meister drückte ihm den kleinsten Löffel in die Hand, den er finden konnte, und sagte: »Hier, lass es dir schmecken.« Der Junge roch an der Suppe, schaute den Meister an, dann tauchte er fast widerwillig seinen Löffel ein und führte ihn zum Mund. Er hatte den Löffel noch zwischen den Lippen, da verzog er schon das Gesicht. Dann spie er alles zurück in die Schale und schaute Meister Âdem vorwurfsvoll an.

»Du kleines Ferkel!«, ärgerte sich der Meister. »Magst du etwa keine Kutteln?«

Der Junge schüttelte den Kopf. Den Blick auf Meister Âdem gerichtet, griff er mit den Fingern in die Schale, bekam ein geronnenes Stück Ei zu fassen und hielt es dem Meister hin.

Der hängende weiße Schnurrbart des Meisters begann vor Verblüffung zu zittern. »Ach was«, sagte er sich. »Was versteht so ein Dreikäsehoch denn schon davon.«

Er erhob sich wütend von seinem Platz, eilte in die Große Küche und brüllte seinen Gesellen an: »Verdammt, Selman, du hast die Eier schon wieder gerinnen lassen! Hast du denn überhaupt kein Fingerspitzengefühl?«

Dann wies er Selman an, den ganzen Suppenkessel auszuschütten und die Kutteln zu säubern. Als er jedoch in die Kleine Küche zurückkehrte, bot sich ihm ein Anblick, der nicht nur seinen Ärger hinwegfegte, sondern ihn geradezu sprachlos machte: Das Kind stand mitten in der Küche und reichte ihm mit ernster Miene einen Bund Knoblauch.

Nachdem Meister Âdem den Jungen lange angeschaut hatte, ließ er sich vor ihm auf die Knie nieder, strich ihm übers Gesicht und fragte: »Wer bist du eigentlich?« Das Kind antwortete nicht, so als hätte man ihm eingeschärft, mit niemandem zu sprechen, sondern streckte dem Meister nur die zur Faust geballte andere Hand entgegen. Da erst bemerkte Meister Âdem das Stück Papier, das der Junge in der Hand hielt. Er entfaltete es, las und erstarrte. Auf dem Papier stand: »Geschmacksbeherrscher«.

»İsfendiyar, İsfendiyar«, sagte er zu sich selbst. Nun begriff er, weshalb sein ehemaliger Geselle kein Wort darüber verloren hatte, wer der Junge war: Weil er es mit einem Genie zu tun hatte. Mit einem Talent, wie es höchstens einmal in tausend Jahren auf die Erde kam. Mit einer Legende, von der jeder Koch schon gehört, die er aber nie in Fleisch und Blut gesehen hatte. Ein Geschmacksbeherrscher verfügte über den absoluten Gaumen, konnte jeden Geschmack bis ins kleinste Detail von allen anderen unterscheiden, war ein Heiliger der Küche und Beherrscher der Geschmäcke der Welt.

Und jetzt stand Meister Âdem einem solchen Wunderkind gegenüber.

Seine Existenz war nicht nur für ihn selbst, sondern für alle Köche auf Erden von Bedeutung. Man glaubte nämlich, dass sich die von einem Geschmacksbeherrscher ausgehende Kraft positiv auf das Können und die Speisen aller anderen Köche auswirke. In alten Büchern stand geschrieben, dass zu Lebzeiten früherer Geschmacksbeherrscher die Kochkunst eine Blüte erlebt habe. Man erzählte sich, dass Obst, Gemüse und Kräuter, ja sogar Fleischsorten aromatischer gewesen seien und besonders ertragreiche Ernten eingefahren wurden. Das Licht, das von einem solchen Genie ausgehe, erleuchte Felder und Gärten, Bauernhöfe, Viehherden und Käfige, strahle auf Küchen, Köche und Gaumen aus, und es beginne eine Zeit des Überflusses, der Fruchtbarkeit, der Lust und der Gesundheit, kurz: ein goldenes Zeitalter des Geschmacks.

Der Junge musste ausgebildet werden.

Und Meister Âdem wusste auch schon, wie er vorgehen würde. Er hatte es von seinem Meister gelernt und der von seinem Meister. Er gehörte einer Tradition an, die seit Generationen darauf wartete, einen Geschmacksbeherrscher ausbilden zu dürfen. Diese heilige Pflicht wurde ihm nun zuteil.

Meister Âdem interessierte sich nicht für die Herkunft des Kindes und stellte auch İsfendiyar bei seinen seltenen Besuchen keinerlei Fragen. Er gab dem Jungen einen Namen und stellte ihn jedem als seinen Neffen vor.

Der Meister ließ dem Jungen Zeit, sich an ihn und an sein neues Zuhause zu gewöhnen. Er wusste zwar nichts über dessen Vergangenheit und darüber, was er erlebt hatte, aber offensichtlich litt er unter Ängsten. So fürchtete er sich etwa vor dem Einschlafen. Immer wenn er einzunicken drohte, fuhr er zusammen, riss die Augen auf und blickte, nach Luft schnappend, um sich. Und wenn er doch einmal eingeschlafen war, rief er im Schlaf nach seiner Mutter und erwachte weinend und schweißgebadet. Meister Âdem jedoch war bei jedem Albtraum zur Stelle, beruhigte den Jungen und sorgte dafür, dass er bald wieder einschlief.

Mit der Zeit wurden die Albträume seltener und die Nächte ruhiger. Der Junge gewöhnte sich schon bald an seine neue Umgebung und seine Umgebung an ihn. Er war ruhig und wohlerzogen. Und wenn er sich, was selten genug geschah, doch einmal danebenbenommen hatte, dann brachte er den Meister und seine Gesellen mit einem freundlichen Lächeln schnell dazu, ihm zu vergeben. Seine grünen Augen, die sich so gut in sein schönes Gesicht einfügten, seine zurückhaltende und freundliche Art ließen ihn schnell zum Liebling des ganzen Tempels der Genüsse werden.

Meister Âdem war Chefkoch im Tempel der Genüsse, der aus fünf Häusern, einem Hamam und diversen Nebengebäuden bestand, in einem ausgedehnten Waldstück lag und von hohen Mauern umgeben war.

An diesem Ort konnte man sich, wie es der Name vermuten ließ, allen auf Erden nur erdenklichen Genüssen hingeben. Der Tempel der Genüsse war nicht einfach nur Bordell, Schenke, Spielsalon oder Opiumhöhle. In fünf von paradiesischen Gärten umgebenen Häusern ließen sich die Gäste in Privatgemächern bewirten, rauchten je nach Belieben das reinste Opium oder tranken den köstlichsten Wein, setzten sich an reichgedeckte Tafeln, wurden von den schönsten Frauen Istanbuls unterhalten, gaben sich der Liebe hin und schäkerten mit Bauchtänzerinnen, oder sie plauderten mit anderen Bonvivants, lauschten Gedichten und Kassiden und spielten Würfelspiele. Sie kräftigten ihre vom Müßiggang geschwächten Körper, indem sie ritten, zum Zweikampf antraten oder sich zwischen Bäumen und Blumen ergingen und besuchten das Hamam, wo sie sich von Badedienern die Körper mit Rosenwasser und Moschus einreiben ließen oder an Orgien teilnahmen, bei denen es so heiß herging, dass selbst der Massagestein eine Abkühlung bedeutete.

Ja, so war es im Tempel der Genüsse. Für jeden ließ sich dort ein passendes Vergnügen finden, solange er mit klingender Münze dafür bezahlte.

Der Tempel, der von einer Frau namens Sirrah betrieben wurde, lag, vor neugierigen Blicken verborgen, auf der asiatischen Seite des Bosporus, zwei Stundenritte von Üsküdar entfernt hinter einem Hügel. Von außen war, abgesehen von hohen Steinmauern und einem zweiflügeligen Eisentor, das meist fest verschlossen war, nichts zu erkennen.

Sirrah war selbst einst Tänzerin gewesen und vom Schicksal häufig geprüft worden. Sie wusste sehr gut, wie wichtig Diskretion in ihrem Metier war, und garantierte ihren Kunden, dass alles, was sie hinter diesen Mauern erlebten, ein Geheimnis bliebe. Deshalb durfte auch nicht jeder das Anwesen betreten. Bevor Sirrah jemanden hereinließ, verlangte sie die Bürgschaft eines Stammkunden, der seine Verlässlichkeit bewiesen hatte. All ihre Kunden waren vermögende und angesehene Leute. Brächte man auch nur einen von ihnen mit dem Tempel in Verbindung, würde in Istanbul die Erde erbeben, würden Paläste einstürzen und Köpfe rollen.

Sirrah pflegte jeden Kunden, der durch das Tor trat, in Begleitung von vier bildschönen Knaben persönlich zu empfangen. Nachdem sie ihrem Kunden in Worten geschmeichelt hatte, die wie ein guter Wein mit der Zeit immer mehr herangereift waren, fragte sie ihn, wie viele Tage er zu bleiben gedenke, und nahm die Bezahlung in bar entgegen. Dann zogen ihn die Knaben vom Scheitel bis zur Sohle aus und legten ihm ein mit Gold besticktes Entari aus reiner Seide an. Alles, was er bei sich trug, schlossen sie in eine Truhe ein, deren goldenen Schlüssel sie ihm an einer Seidenschnur um den Hals hängten. Danach ließen sie ihn in einer Sänfte mit Vorhängen aus Atlas und Kissen aus Gänsedaunen Platz nehmen, die von vier bulligen schwarzen Sklaven zum Hamam getragen wurde. Nachdem der Kunde dort gründlich gereinigt worden war, wurde er dem Vorsteher des Hauses übergeben, in dem er übernachten würde. Der Rest war ganz seinen persönlichen Präferenzen überlassen.

Solange nichts Außergewöhnliches vorfiel, sah der Kunde Sirrah erst am Ende seines Aufenthalts wieder. Sirrah, die über alle Vorgänge im Haus genau unterrichtet war, fand sich, wenn dieser Tag gekommen war, mit all den Dingen, von denen sie wusste, dass ihr Kunde sie mochte – ob Frauen, Wein oder Opium – zum Abschiedsbesuch bei ihm ein und ließ ihn »auf Kosten des Hauses« ein letztes Mal darin schwelgen. Dann umgarnte sie ihn abermals, indem sie sagte: »Einen wie Euch hat man hier noch nicht gesehen«, oder: »Ihr seid uns ans Herz gewachsen, Sängerin XY verzehrt sich in brennendem Verlangen nach Euch«, und schließlich: »Wollt Ihr nicht noch ein paar Tage bleiben?«

Stammkunden fielen darauf natürlich nicht herein, doch so mancher Neuling zog den goldenen Schlüssel hervor und entnahm seinem in Verwahrung genommenen Geldbeutel noch einmal Gold für weitere drei oder vier Tage.

Es waren diese Abschiedsbesuche, die Stammkunden, welche durch ihre Bürgschaft einen Verwandten oder Freund in den Tempel eingeführt hatten, besonders fürchteten. Daher ließen sie sich vorher Bescheid geben, wie lange ihr Schützling bleiben wolle, und versuchten ihn, wenn er nach Ablauf dieser Zeit nicht wieder aufgetaucht war, aus Sirrahs Fängen zu befreien.

Bisweilen geschah auch genau das Gegenteil. Manch ein Händler oder Politiker ermutigte einen Kontrahenten geradezu, den Tempel der Genüsse aufzusuchen, und bezahlte Sirrah sogar einen Bonus dafür. Der Mann konnte als erledigt gelten, bevor er den Tempel auch nur betreten hatte.

Mit diesem Ort, an dem alle Sünden dieser Welt versammelt waren, war nicht zu spaßen. Im Tempel der Genüsse waren Leben erloschen, Familien zerbrochen und Vermögen dahingeschmolzen. Unzählige Menschen hatten ihren guten Ruf, ihren Besitz, ja sogar sich selbst hier verloren, und Meister Âdem war einer von ihnen.

*

Die früheste Erinnerung, die der Küchenmeister mit dem Tempel der Genüsse verband, war seine erste Kochstunde bei Meister Âdem.

Die Küchen befanden sich im Erdgeschoss des dreistöckigen Hauptgebäudes, das direkt am Eingang des Tempels lag und Großes Haus genannt wurde. Die sogenannte »Kleine Küche« war ein Anbau ans Hauptgebäude von etwa acht bis zehn Ellen Länge. Sie war durch einen schmalen, vier bis fünf Ellen langen Gang mit der »Großen Küche« verbunden, die fast drei Viertel des Erdgeschosses einnahm, und ein weiterer Gang hinter dieser Küche führte zu den Schlafräumen der Köche und Knechte.

Der Küchenmeister wusste nicht genau, wie lange er schon dort war, aber es kam ihm vor, als wären es nicht mehr als ein paar Wochen. Er spielte in der Kleinen Küche mit weißen Bohnen ein Spiel. Der Meister stand vor dem Arbeitstisch unter dem Fenster. »Komm einmal her«, rief er ihn zu sich, dann hob er ihn hoch und stellte ihn auf einen Hocker. Auf dem Tisch befanden sich ein Schälchen Salz, ein Napf mit Honig, eine halbe Zitrone und eine kleine rote Pfefferschote. Der Meister forderte ihn auf, von allem ein wenig zu probieren. Und der Küchenmeister probierte. Das Salz war salzig, die Zitrone sauer, der Honig süß und die Peperoni scharf.

»Das sind die Geschmacksrichtungen, die es auf der Welt gibt«, erklärte der Meister. Danach nahm er eine kleine Karotte, schälte sie rasch, presste etwas Zitronensaft darüber aus und bestreute sie mit Salz. »Iss«, sagte er und reichte sie dem Küchenmeister. Während der die Karotte knabberte, schnitt der Meister zwei dünne Scheiben Käse ab. Auf die eine träufelte er Honig, auf die andere legte er die der Länge nach zerteilte Pfefferschote. »Jetzt iss das«, sagte er.

Nachdem der Küchenmeister den letzten Bissen hinuntergeschluckt hatte, fuhr Meister Âdem fort: »Und das nennt man

Geschmack. Es gibt nur vier Geschmacksrichtungen, aber die Geschmäcke sind unendlich.«

Diese erste Unterrichtsstunde sollte der Küchenmeister nie wieder vergessen. Dass derselbe Käse, mit Süße vereint, einen ganz anderen Geschmack annahm als den, der in Kombination mit Schärfe entstand, das erschien seinem kindlichen Verstand wie Magie, wie ein Wunder geradezu. In diesem Moment verliebte er sich ins Kochen.

Während der folgenden zwei Jahre taten Meister Âdem und er nichts anderes, als zu spielen. Alles in dieser großen Küche – die Töpfe und Schüsseln, das Gemüse, das Obst, der Käse und die Säcke voller Getreide – war zu ihrem Spielzeug geworden.

Sein Lieblingsspiel nannten sie: »Was ist zu wenig, was zu viel?« Dabei fügte Meister Âdem einer Speise etwas zu viel oder zu wenig von einer bestimmten Zutat hinzu oder ließ sie bisweilen ganz weg, und der Junge musste sie erraten. Er hatte großes Talent und bemerkte Mängel sofort. Aber für einen angehenden Koch reichte das noch nicht; er musste herausfinden können, worin genau der Mangel bestand, was in welchem Maße zu wenig oder zu viel zugesetzt worden war, und dafür musste er sich handfestes Wissen und Erfahrung aneignen.

Gleichzeitig lernte der Küchenmeister seinen Gaumen kennen. Sorgfältig versuchte er zu unterscheiden, welcher Geschmack sich wo in seinem Mund entfaltete, ob auf der Zungenspitze oder weiter hinten, ob am Gaumen oder im Rachen.

Er probierte, irrte, entdeckte und kostete von allem, vergaß jedoch niemals die ersten Ratschläge seines Meisters: »Ein guter Koch ist nicht wählerisch, was das Essen angeht. Er kennt keinen Ekel. Eigentlich gibt es auf dieser Erde nur zwei Sorten von Speisen: gelungene und nicht gelungene. Einem Koch mag eine Speise nicht schmecken. Aber er probiert sie auf jeden Fall.«

Und das tat er. Er süßte Essiggemüse mit Honig, steckte sich ein Stückchen Sardelle roh in den Mund, streute Pfeffer und Kreuzkümmel auf Grießbrei. Meistens verdarb er damit die Speisen. Aber er entdeckte auch viele »Geschmackszwillinge«, also etwa Sumak und Zwiebel, Petersilie und Granatapfel, Blumenkohl und grüne Oliven, Tahinhalwa und Zitrone, und lernte so spielerisch, dass die Zwiebel eigentlich süß ist, und Knoblauch, wenn man ihn auf glimmende Asche legt, einen ganz anderen Geschmack annimmt, als wenn er in Öl gebraten wird.

Zum siebten Geburtstag schenkte ihm Meister Âdem ein kleines Messer und gab ihm einen weiteren Ratschlag: »Einem geschickten Koch reicht ein einziges Messer. Mit der Spitze höhlst du aus, mit der Klinge schneidest oder schälst du ...«

Mit dem darauffolgenden Klaps in den Nacken begann offiziell die Lehre des kleinen Küchenmeisters. Dass nun das Spiel vorbei war, stimmte ihn natürlich ein wenig traurig, doch als Kochlehrling, der seinen Beruf längst liebte, gewöhnte er sich in kurzer Zeit an seine neuen Pflichten. Während seiner Arbeit in der Küche lauschte er aufmerksam den Erklärungen seines Meisters: »Jeder Geschmack besteht gewissermaßen aus sechs Ebenen. Ganz oben haben wir die vier Geschmacksrichtungen süß, salzig, scharf und sauer. Diese bilden einzeln oder im Zusammenspiel den Grundtakt eines Geschmacks, seinen Nukleus, seinen Kern. Dann kommt die Haptik. Jeder Geschmack fühlt sich im Mund anders an. Mancher Geschmack ist vollmundig, mancher bleibt schwach. Während einer die Zähne stumpf macht, lässt ein anderer das Wasser im Munde zusammenlaufen, und wieder andere wärmen oder erfrischen. An dritter Stelle kommt die Textur. Die Textur ist sozusagen die um die Geräusche erweiterte Form der Haptik. Es gibt einen knackigen Geschmack und einen knusprigen. Manche Geschmäcke sind weich, andere rau. Nachdem die Zunge die Geschmacksrichtung ermittelt und der Mund sich mit der Textur vertraut gemacht hat, sind die Aromen an der Reihe. Die Aromen sind deshalb so wichtig, weil ein Geschmack nur in Verbindung mit seinem Geruch zu einem Ganzen wird, ja, ohne Geruch kann es überhaupt keinen Geschmack geben. Die fünfte Ebene des Geschmacks ist die Optik, also das Aussehen. Es ist die Form eines Geschmacks, die ins Auge fällt, an der man sich im wahrsten Sinne des Wortes sattsehen kann. Jeder Geschmack ist untrennbar mit seiner Optik verbunden. Was das Auge nicht sieht, das erkennen auch Zunge, Gaumen und Nase nicht. Schließlich gibt es auf der letzten Ebene, ganz tief unten also, die Emotion. Auch wenn die meisten Menschen es gar nicht bemerken, ist doch jeder Geschmack unweigerlich mit einer Erinnerung oder einem in die Vergangenheit reichenden Gefühl verbunden. Ein Geschmack ist die Übersetzung der Geschichte eines Menschen und seiner Gefühle in eine andere Sprache.«

Meister Âdem hielt inne, sah dem Küchenmeister tief in die einigermaßen verwirrten Augen und stellte ihm die Frage: »Hast du je darüber nachgedacht, weshalb ein Mensch eine Speise mag oder nicht?«

Der Küchenmeister schüttelte den Kopf.

»Weil er mit ihr eine Erinnerung verbindet«, erklärte der Meister. »Jedes Mal, wenn er einen Geschmack auf der Zunge hat, erwacht mit der Erinnerung auch das Gefühl wieder, das mit ihr verbunden war. Vergiss nicht: Der Geschmack beginnt im Mund, doch er endet im Geist. Dein Talent ist stark genug, um alle geheimen Gefühle, die von einem Geschmack hervorgerufen werden, zu beherrschen. Das ist es, mein Junge, was du eigentlich lernen musst. Deine Aufgabe ist es nicht, Fleisch halb durchzubraten oder einer Suppe die richtige Konsistenz zu geben. Du musst lernen, über Gefühle zu gebieten.«

Der Küchenmeister erinnerte sich, wie in ihm neben großer Erregung auch Angst emporgekrochen war. »Aber wie? Wie soll ich das machen und wie soll ich es lernen?«, fragte er.

Meister Âdem lächelte und streichelte ihm mit dem Handrücken die Wange. »Du wirst es lernen, aber nicht von mir«, antwortete er ruhig. »Das sind Dinge, die meine Fähigkeiten weit übersteigen. Doch ich weiß, wer es dir beibringen kann. Erst musst du allerdings ein fähiger Koch werden und dich dann auf eine lange Reise begeben.«

»Eine lange Reise?«

Die Worte des Meisters hallten in seinem Kopf wider, und während der folgenden Jahre waren sie wie ein Traum, den er jedes Mal träumen sollte, wenn er den Kopf auf sein Kissen bettete – ein Albtraum vielmehr, der ihn bedrückte.

Genau wie Meister Âdem es vorausgesehen hatte, lernte er schnell und entwickelte sich rasch. Wobei man das, was er da tat, eigentlich gar nicht lernen nennen konnte. Er verhielt sich eher, als habe er schon immer gekocht. Er dachte nicht einmal darüber nach, wie ein Essen gemacht wurde, vom Auswendiglernen der Rezepte ganz zu schweigen. Er nahm einfach nur Messer oder Löffel in die Hand, trat an den Arbeitstisch und schnitt und rührte mit unfehlbarer Intuition.

Als er neun Jahre alt war, hätte der Küchenmeister eigenständig eine Küche leiten können. Doch Meister Âdem überließ ihn trotzdem nicht sich selbst, erlaubte ihm nicht, den ganzen Betrieb allein zu übernehmen und legte bei jeder Speise noch selbst Hand an. Bisweilen fühlte sich der Küchenmeister deshalb beleidigt, aber der Meister hatte natürlich seine Gründe: Denn je älter der Junge wurde und je größere Fähigkeiten er erwarb, desto stärker wuchs auch seine Macht. Doch er war zu unerfahren und noch nicht in der Lage, sein außerordentliches Talent kontrolliert einzusetzen. Von ihm allein zubereitete Speisen hätten bei den Kunden unerwartete Effekte erzielen können. Und genau das passierte auch eines Tages …

Es war ein hektischer Morgen in der Großen Küche. Der Küchenmeister hatte sich gerade mit großer Sorgfalt darangemacht, Gülabiye zuzubereiten. Er goss Mandelmilch in Honig, den er in reichlich Butterschmalz aufgelöst hatte, fügte Stärke hinzu und wartete, bis die richtige Konsistenz erreicht war. Er war aufgeregt, denn gleich würde er zum ersten Mal bei einer Süßspeise Moschus verwenden. Er wollte gerade den Korken aus der kleinen Kristallflasche mit der kostbaren Zutat ziehen, als Meister Âdem vorbeikam und sie ihm aus der Hand riss.

Der Küchenmeister war gekränkt und nahm in die Kleine Küche Reißaus. Während er so darüber nachdachte, wie oder woran er seinen Ärger auslassen könnte, fielen ihm das Kirschsirup und ein großer Eimer voll Schnee ins Auge, die Geselle Selman für ein Sorbet bereitgestellt hatte. In seinem Zorn begann der Küchenmeister, ein Schneehalwa anzurühren. Als er das Halwa, das ihm gut gelungen war, gerade mit frischen schwarzen Maulbeeren bestreute, rief ihn Meister Âdem einer anderen Aufgabe wegen in die Große Küche, worauf er das Halwa auf dem Arbeitstisch stehen ließ und ging. Da jedoch betrat ein Diener die Küche, brachte das Halwa in der Annahme, es handele sich um eine der Kaltspeisen, ins Grüne Haus, und so nahm die Katastrophe ihren Lauf. Keine Viertelstunde später begann der Tempel der Genüsse von Schreien und Flüchen widerzuhallen, die sich aus dem Grünen Haus erhoben.

Der Diener hatte das Schneehalwa vier Kunden vorgesetzt, die in einem der unteren Gemächer des Hauses Lautenmusik hörten und ein Würfelspiel spielten. Die Männer, die von Opium und Wein ohnehin benebelt waren und trüben Gedanken nachhingen, verzehrten das Halwa, wie es ihnen serviert worden war, und bald darauf warfen sie einander die ersten bösen Blicke zu.

So groß die Wut des Küchenmeisters gewesen war, als er das Halwa angerührt hatte, so offen traten jetzt die Aggressionen zutage, welche die Männer bis dahin unter dem Mantel der Höflichkeit verborgen hatten, jedes Wort und jede Geste wurde zur Stichelei, die höflichen Plaudereien verwandelten sich innerhalb von Minuten in derbe Flüche, und als schließlich einer von ihnen dem Nebenmann seine silberne Halwaschale über den Kopf zog, brach der Tumult los.

Als die Diener herbeirannten, wussten sie nicht, ob sie über die Szene, die sich ihnen bot, lachen oder weinen sollten.

Die verängstigten Musiker hatten sich in eine Ecke geduckt und beobachteten das Geschehen mit einer Mischung aus Entsetzen und Erstaunen.

Der jüngste der vier Gäste, der einzige Sohn eines namhaften Bankiers aus Galata, hatte sich, als der Streit ausbrach, der Trommel des Orchesters bemächtigt und seinen Widersacher zu jagen begonnen, während der arme Musiker traurig und verzweifelt mit ansehen musste, wie sein Instrument, ein Erbstück seines Vaters, auf dem Kopf eines Edelmannes zertrümmert wurde.

Ein anderer Lebemann, der mehrere Juweliergeschäfte im Großen Basar betrieb, hatte einen für sein vornehm ausgesprochenes langes »a« bekannten Lederhändler unter sich begraben, und während er ihm die Gurgel zudrückte, schrie er: »Weißt du, was du bist? Du bist ein Aaaarschloch!«

Als die Diener sich angesichts der feinen Herren, die sich durch das Schneehalwa in wahre Furien verwandelt hatten, nicht mehr zu helfen wussten, riefen sie Sirrahs Sklaven herbei. Etwa ein halbes Dutzend dieser hünenhaften Männer kamen vom Großen Haus herübergerannt und versuchten die Gäste zunächst zur Räson zu bringen, sahen sich jedoch schließlich gezwungen, sie kurzerhand bewusstlos zu schlagen.

Niemand konnte hinterher erklären, woran sich der Streit eigentlich entzündet hatte, Sirrah schüttete beutelweise Gold aus, um die Sache unter den Teppich zu kehren, und so blieb der Vorfall ein Geheimnis, das Meister Âdem und der Küchenmeister miteinander teilten und über das sie mitunter gemeinsam schmunzeln mussten.

So vergingen die Tage des Küchenmeisters im Tempel der Genüsse meist vielbeschäftigt und fröhlich.

Er war jetzt elf Jahre alt. Und eines Tages, als er gerade in der Kleinen Küche war, geschah etwas, das er nie wieder vergessen würde.

Es war gegen Mittag eines ruhigen Tages, und Meister Âdem, der gerade gefüllte Äpfel machte, hatte ihm die Schale eines säuerlich riechenden Apfels zum Knabbern gegeben.

In den zwei großzügigen Stockwerken über den Küchen, wo die Fenster mit Eisengittern versehen waren, wurden keine Gäste empfangen. Das Große Haus diente vielmehr als Sirrahs Privatwohnung, als ihr Harem und ihre Ausbildungsstätte. Hier bewahrte sie ihren Schatz auf, hier stillte sie ihre eigene Lust, hier hielt sie die Sklaven und Sklavinnen, die sie im Kindesalter gekauft hatte, und bildete sie je nach Fähigkeit oder Neigung zu Sängern, Musikern, Tänzern, Dienern oder Leibwächtern aus. Dieses Haus stand unter der persönlichen Kontrolle Sirrahs, die Gefühle wie Mitleid oder Zärtlichkeit längst abgelegt und vergessen hatte, und konnte innerhalb des Tempels als ein Ort der Kasteiung gelten.

Auf einmal wurde die Ruhe der Küche durch Sirrahs laute Stimme gestört. Wenig später erschien sie selbst an der Tür. Sie war wütend, und ihre Augen sprühten Feuer. Neben ihr jedoch stand das lieblichste Wesen, das der Küchenmeister in seinem kurzen Leben je gesehen hatte: ein Mädchen in seinem Alter, mit wallenden, bis zur Taille reichenden pechschwarzen Haaren und großen schwarzen mandelförmigen Augen.

Sie war so dünn, dass ihr Entari schlaff an ihr herabhing, und ihre nackten Fußknöchel wirkten über die Maßen zerbrechlich. Sie hatte eingefallene Wangen und ein spitzes Kinn, und ihre kleine Nase stach aus ihrem Gesicht hervor. Aus ihren schwarzen Augen aber sprühte ein Eigensinn, den selbst Sirrahs Gewalt nicht zu unterdrücken vermochte, und eine intelligente

Beharrlichkeit, die keine noch so harte Strafe jemals würde auslöschen können.

Der Küchenmeister stand einfach nur da, die Apfelschale im Mund. Geruch und Geschmack der säuerlichen Frucht waren so eins geworden mit dem Zauber jenes Augenblicks, dass er das Mädchen noch Jahre später zärtlich als »mein Apfelduft« bezeichnen würde.

»Ach, Meister Âdem«, sagte Sirrah mit vor Ärger bebender Stimme. »Sie wird mich noch umbringen ...«

Und tatsächlich sah Sirrah so aus, als könnte sie, wenn nicht tot umfallen, so doch jeden Moment die Besinnung verlieren. Meister Âdem blickte von seinen Äpfeln auf und fragte: »So schlimm?«

Da packte Sirrah das Mädchen am Arm und stieß es in die Küche hinein. »Wenn das nicht schlimm ist, was dann, Meister Âdem? Siehst du nicht? Sie sieht aus wie eine Krähe! Sie verweigert jegliche Nahrung und wird vor Schwäche bald zusammenbrechen. Wie soll ich sie denn so meinen Kunden präsentieren?«

Meister Âdems Schnurrbart zitterte vor Entrüstung. »Welchen Kunden denn, Sirrah?«, fragte er leise. »Wie alt ist sie denn überhaupt?«

»Willst du dich etwa in meine Angelegenheiten einmischen, Âdem?«, schrie Sirrah. »Als ich in ihrem Alter war, versetzte ich die Massen in Entzückung. Sie soll ja nur tanzen, weiter nichts!«

Meister Âdem, der Sirrah schon vor Jahren die Zügel überlassen hatte, entgegnete nichts mehr. »Eine Schande, so was ...«, murmelte er, nahm einen Teller von den Bohnen, die er für sich selbst gekocht hatte, und stellte ihn nebst einem Löffel auf den Tisch.

»Komm her«, sagte er freundlich.

Das Mädchen zuckte nicht einmal mit der Wimper. Sie

schaute so unbekümmert über den Tisch hinweg in der Gegend herum, als wäre sie allein im Raum. Das brachte Sirrah erst recht in Rage. Sie hob das Mädchen hoch, setzte es vor den Teller Bohnen und befahl schroff: »Iss!«

Doch die Kleine dachte nicht daran. Sie hatte ihren Blick ins Leere gerichtet und blieb aufreizend ruhig. Sie schien sogar ein wenig zu lächeln. Nur wer genau hinschaute, konnte Zornesfunken in ihren Augen aufblitzen sehen.

Sirrah griff nach dem Löffel, tauchte ihn in die Bohnen, und indem sie dem Mädchen wie mit einem Schraubstock die Wangen zusammenpresste, zwängte sie ihr das Essen in den Mund. Der Löffel war viel zu groß. Er stieß mit hartem Klacken gegen die Zähne des Mädchens. Dem Küchenmeister krampfte sich das Herz zusammen, als die Ärmste vor Schmerz die Augen zudrückte. Gleich fängt sie an zu weinen, dachte er, doch da hatte er sich geirrt. Das Mädchen drehte den Kopf, sodass sie ihrer Herrin direkt ins Gesicht schaute, und begann zu kauen. Sirrah lächelte triumphierend. »Siehst du?«, sagte sie, an Meister Âdem gewandt. »Man muss nur ihre Sprache beherrschen.«

Sirrah beherrschte sicherlich die Sprache vieler Menschen, doch ahnte sie nicht, dass sie über das Kind, das da vor ihr saß, noch einiges zu lernen hätte. Während sie noch redete, spie ihr das Mädchen plötzlich den gesamten Inhalt ihres Mundes ins Gesicht. Dann warf sie dem Küchenmeister einen verstohlenen Blick zu, stieß einen kleinen Lacher aus und wartete ab, was passieren würde.

Der Küchenmeister erinnerte sich, dass auch er gelacht, ja dass er sogar einen kleinen Jauchzer ausgestoßen hatte. Aber seine Freude währte nicht lange. Denn Sirrahs Rache ließ nicht auf sich warten und war so grausam, dass es dem Küchenmeister beim Gedanken daran bis an sein Lebensende das Herz zerriss.

Sirrah stieß das Mädchen zu Boden, versetzte ihr zwei Tritte, riss sie am Schopfe hoch, gab ihr eine Ohrfeige, zerrte sie an den Haaren in den Gang zwischen den beiden Küchen und schubste sie in einen kleinen, fensterlosen Raum, der als Abstellkammer diente. Das Mädchen hatte keinen Laut des Schmerzes oder der Furcht von sich gegeben, sondern nur für einen Moment, einen sehr kurzen Moment, dem Küchenmeister in die Augen geschaut.

Nachdem Sirrah schwer atmend angeordnet hatte: »Ihr gebt ihr nichts, verstanden! Kein Stück Brot und keinen Schluck Wasser!«, war sie hinausgestürmt und hatte sie in der Küche in betretenem Schweigen zurückgelassen. Meister Âdem machte sich gesenkten Hauptes daran, die Äpfel weiter mit ihrer Füllung zu versehen. Er biss wütend die Zähne aufeinander, doch in seinem Gesicht spiegelte sich Resignation.

Er hatte es wahrlich nicht leicht. Er kochte anspruchsvolle Speisen für anspruchsvolle Gäste. Er war einmal tief gefallen und nie wieder hochgekommen, aber ein solches Unrecht schweigend mit ansehen zu müssen, war qualvoller als alles andere.

Der Küchenmeister hatte derweil begonnen, den von Meister Âdem gefüllten Äpfeln die Deckel aufzusetzen und sie auf einem Tablett aufzureihen. Mit den Händen war er bei der Arbeit, in Gedanken jedoch stand er vor der Tür jener dunklen Kammer. Der letzte Blick des Mädchens ging ihm nicht mehr aus dem Sinn. Jedes Mal, wenn er an der Tür vorbeikam, verlangsamte er seine Schritte und spitzte die Ohren, doch er hörte kein Geräusch und keinen Atemzug, ja nicht einmal das leiseste Rascheln.

Endlich brach die Nacht herein, alle zogen sich zurück, und der Tempel der Genüsse war fröhlichem Gelächter und lustvollem Stöhnen überlassen. Der Küchenmeister aber war in Gedanken bei dem Mädchen. Wann immer er daran dachte, wie kalt und dunkel es in jener Kammer war, fröstelte er und fühlte Mitleid mit ihr. Da kam ihm die zündende Idee. Um niemanden zu wecken, verließ er barfuß und auf Zehenspitzen sein Zimmer und steuerte auf die Große Küche zu. Nachdem er im Mondlicht, das durch die hohen Fenster schien, zwischen den Säcken mit Hülsenfrüchten einen ertastet hatte, der nur noch ein paar wenige Kichererbsen enthielt, ihn in eine Ecke ausgeleert und gewartet hatte, bis die Erbsen aufhörten zu prasseln, schlich er zu jener dunklen Tür.

Mit dem Sack in der Hand lauschte er. Da er keinerlei Geräusch vernahm, presste er sein Ohr gegen die Tür, hörte jedoch noch immer nicht das Geringste. Er bekam Angst. Zwar hatte er bereits früher große Angst gehabt, doch was er nun empfand, war ein besonderes Frösteln. »Was, wenn ihr etwas zugestoßen ist?«, flüsterte ihm eine zitternde innere Stimme zu. Er wollte an die Tür klopfen, fürchtete aber, zu viel Lärm zu machen. In seiner Ratlosigkeit begann er, den Sack unter der Tür hindurchzuschieben. Es war so still, dass ihm selbst das hässliche Kratzen des grobgewebten Leinens auf dem Holzboden ohrenbetäubend laut erschien.

Da ertönte hinter der Tür plötzlich ein erschrockener Schrei, gefolgt von leisem Gepolter. Der Küchenmeister wusste nicht, wie er reagieren sollte. Er wollte den Sack schon wieder zurückziehen, bückte sich dann aber stattdessen hastig zum Türspalt hinunter und flüsterte: »Hab keine Angst, ich bin es doch.«

Stille. Der Küchenmeister presste seine Wange gegen den hölzernen Fußboden und versuchte, durch den Spalt zu lugen. Anfangs sah er nur stockdunkle Finsternis, doch dann erkannte er einen Schatten, der sich bewegte, und ein Flüstern drang an sein Ohr: »Wer bist du?«

Der Küchenmeister musste unwillkürlich lächeln. »Na, ich«, erwiderte er und schob seine Lippen noch ein wenig näher an den Spalt heran. »Heute in der Küche ...«

Das Mädchen antwortete nicht, also fuhr der Küchenmeister

fort: »Nimm den Sack und leg ihn dir um die Schultern. Es ist bestimmt kalt da drin.«

Sie antwortete noch immer nicht, und er bemerkte ein lautes Pochen in seinem unerfahrenen Herzen. Da setzte sich der Sack langsam in Bewegung. Er wurde unter der Tür hindurch nach innen gezogen.

Der Küchenmeister blieb vor der Tür hocken. Er war zwar ein wenig enttäuscht, dass das Mädchen so still war, doch als unglücklich konnte man ihn nicht bezeichnen. Obwohl ihn hier jeden Moment jemand überraschen konnte, wollte er noch nicht gehen. Da fiel ihm ein Vorwand ein, um noch etwas bleiben zu können, und er flüsterte: »Hast du Hunger?« Nachdem er vergeblich auf eine Antwort gewartet hatte, wiederholte er die Frage ein wenig lauter.

Erst nach geraumer Zeit erwiderte die Stimme hinter der Tür trotzig: »Nein, habe ich nicht!« Der Küchenmeister lächelte unwillkürlich, stand leise auf, damit sie seine Abwesenheit nicht bemerkte, und schlich in die Küche. Er hatte keine rechte Idee, was er eigentlich tun sollte. Er wusste, dass er kein Licht anmachen durfte, und selbst wenn, konnte er unmöglich etwas kochen, ohne Lärm zu machen. Während er so hin und her überlegte, stieg ihm plötzlich ein Apfelgeruch in die Nase. Auf dem Arbeitstisch ertastete er zwei kleine Äpfel, die Meister Âdem hatte liegen lassen.

Er suchte sich ein Messer, schnitt die Äpfel lautlos in feine Schnitze, ohne sie zu schälen, und überlegte, wie er sie dem Mädchen geben könne. Die Teller waren alle zu groß und hätten nicht unter der Tür hindurchgepasst. »Wenn ich bloß ein Taschentuch oder eine Serviette hätte ...«, flüsterte er vor sich hin. Da kam ihm ein Einfall. Er nahm das Messer, schnitt ein Stück vom Saum seines Nachtgewands ab und legte die Äpfel sorgfältig darauf.

Er wollte schon zur Tür zurückkehren, als er innehielt. Er spürte, dass etwas fehlte. Sein Instinkt, der ihn beim Kochen stets unfehlbar leitete, sagte ihm in seiner seltsamen Sprache, dass die Äpfel allein nicht ausreichten. Um auszudrücken, was er fühlte, mussten sie noch um einen zusätzlichen Geschmack, um einen zusätzlichen Geruch bereichert werden. Um etwas, das scharf war und im Rachen brannte, gleichzeitig aber wie ein Frühlingstag nach Ruhe und Zufriedenheit duftete.

Im Geiste ging er alle ihm bekannten Gerüche durch. Wie schwierig es war, seine Gefühle in deren Sprache zu übersetzen! Keiner von ihnen stimmte, jeder war entweder zu schwach oder zu stark. Doch schließlich fand er den richtigen Geruch.

Ohne besonders leise zu sein, griff er nach den Gewürzbehältern auf den Regalen, legte einige Nelken auf den Stofffetzen und zerdrückte sie mit dem Griff seines Messers. Nachdem er die zerstoßenen Nelken auf die Äpfel gestreut hatte, schnupperte er daran: der süß-säuerliche Apfel und die brennenden, zugleich erfrischenden Nelken ergänzten sich perfekt.

Er machte rasch kehrt, schob das kleine Stoffbündel unter der Tür hindurch und wartete ab. Erst regte sich nichts. Als er kurze Zeit später ein leises Schmatzen von drinnen zu hören glaubte, legte er sich flach auf den Boden, um zu lauschen. Er hatte sich nicht geirrt: Da kaute jemand, und das Kauen wurde immer schneller.

»Wie heißt du?«, flüsterte er glücklich.

Das Kauen hörte auf. »Was geht dich das an?«, erwiderte das Mädchen.

Diese leise gesprochenen Worte drangen unter der Tür durch und trafen den Küchenmeister wie eine schallende Ohrfeige. Er blieb vor der Tür liegen, als hätte er sich dort zum Gebet niedergeworfen. Da suchte sich ein weiteres geflüstertes Wort seinen Weg unter der Tür hindurch, und dieses Mal klang es schon etwas freundlicher. Die Stimme berührte ihn wie ein Streicheln: »Ich heiße Kamer.«

Erst ein weiteres Flüstern brachte ihn wieder zu sich. Dieses klang ein wenig ungehalten, denn offensichtlich musste sie schon zum zweiten Mal fragen: »Und du?«

Der Küchenmeister zögerte. Er wusste nicht, welchen Namen er nennen sollte. Meister Âdem hatte ihm ja einen neuen gegeben und gesagt, er solle den Namen, den er von seiner Mutter erhalten hatte, vergessen. Leichter gesagt als getan! Obgleich inzwischen Jahre vergangen waren, hatte er sich noch immer nicht an seinen neuen Namen gewöhnt.

Dabei sollte ein Name doch etwas sein, worauf die Seele noch vor den Ohren hörte. Zwar gab es auf der Erde Zehntausende, vielleicht Hunderttausende Menschen, die denselben Namen trugen, doch auch wenn dieser sich aus identischen Lauten zusammensetzte, war jeder Name anders, war jeder Name einzigartig und mit einer bestimmten Person verbunden, und wenn man seinen Namen verlor, dann verlor man seine Seele.

Der Küchenmeister flüsterte seinen Namen unter der Tür hindurch. Den neuen Namen, unter dem ihn jeder hier kannte. Sie wiederholte seinen Namen, und er hörte ihn. Seit so vielen Jahren hörte er seinen neuen Namen vielleicht zum ersten Mal wirklich. Als er über ihre Lippen gegangen war, da erst hatte er seine wahre Bedeutung erlangt.

Denn manchmal geschieht es, dass ein Mensch den Namen eines anderen so ausspricht, dass beide, der Sprecher und der Hörer, innerlich erbeben. Das Sprechen geht dann nicht von der Zunge, sondern vom Herzen aus, und dort, nicht etwa im Ohr, kommt es auch an. Es macht sich frei von der Zunge und erklingt in zwei Herzen zugleich, ohne noch zwischen Sender und Empfänger zu unterscheiden. Wenn ein Name zu seiner wahren Bedeutung findet, dann wird auch die Seele eines Menschen befreit, sie ist dann kein ruheloser Geist mehr, sondern siedelt sich ohne Scheu im Körper an, der ihr Tempel ist, und beginnt in seinen Augen, die ihr Spiegel sind, zu leuchten. Wem das passiert, der lebt ein wenig mehr, und wer darauf verzichten muss, der stirbt ein wenig mehr.

Damals war sich der Küchenmeister all dessen noch nicht bewusst. Wie so viele Menschen sollte auch er erst erfahren, was er gefunden hatte, als er es wieder verlor. Eines aber war gewiss: Seit jenem Tag empfand er seinen neuen Namen nicht mehr als fremd.

Jene zauberhafte Nacht hatte indessen nicht nur den Küchenmeister verändert. Auch Kamer blühte auf. Sie fing wieder an zu lachen und mit Appetit zu essen. Sie wusste zwar noch immer, dass Sirrah sie nur desto rascher ausbilden und vor ihren Kunden auftreten lassen würde, je eher sie zu einer Schönheit herangewachsen wäre. Aber das schreckte sie nun weniger als früher. Tief in ihr war es von nun an ganz warm. So einsam und verzweifelt sie auch sein mochte – ein Teil von ihr fühlte sich immer in Sicherheit. Sie begann zu träumen und wusste noch nicht, dass man diese grundlose Freude, die sich sogar in den düstersten und verzweifeltsten Augenblicken in ihr regte, Hoffnung nannte.

Meister Âdem kochte auf Sirrahs Anweisung hin jeden Tag eine Mahlzeit eigens für sie. Kamer wiederum hatte mit ihrem jungen, doch scharfen Verstand begriffen, welchen Wert sie in den Augen ihrer Eigentümerin besaß, und dieses Wissen zu nutzen begonnen. Jeden Morgen teilte sie der Küche die Speisen mit, nach denen es sie verlangte, und der Meister erfüllte die Wünsche des Fräuleins in kleinen separaten Töpfen. Dies bedeutete zwar zusätzliche Arbeit in einer Küche, in der es ohnehin schon hektisch zuging, aber darüber hätte Meister Âdem sich niemals beklagt. Und der Küchenmeister war mit Feuereifer dabei.

Zwar hatte Meister Âdem, der ihn stets im Auge behielt, ihm verboten, auf eigene Faust zu kochen, und wenn es auch nur für das kleine Mädchen war. Allerdings hatte er nichts dagegen, dass der Küchenmeister die fertigen Speisen anrichtete, was Gelegenheit genug war.

Jedes Mal wenn der Küchenmeister die Speisen aus den Töpfen in Schüsseln umfüllte, hinterließ er auf dem Boden ein kleines Geschenk für Kamer. Das konnten einige heimlich in Zuckerwasser gegarte Walnüsse sein oder zwei Hackfleischbällchen, die er schnell geknetet und gebraten hatte, ohne dass es jemand merkte, oder auch nur, wenn es in der Küche besonders hektisch zuging, ein zerbröseltes Lorbeerblatt. Aber irgendetwas legte er immer und unter allen Umständen auf den Boden der Schüsseln.

Im Gegenzug sang Kamer nach jeder Mahlzeit ein Lied am Fenster ihres zellenähnlichen Zimmers im obersten Stockwerk.

Seit der Nacht, in der sie einander ihre Namen zugeflüstert hatten, waren etwa zehn Tage vergangen, da wackelten eines Nachmittags oben wieder die Wände, und Sirrahs Geschrei hallte durchs Haus. Augenblicke später erschien sie mit hochrotem Gesicht in der Küche, Kamer fest am Arm gepackt. Niemand wagte zu fragen, was sich das Mädchen diesmal hatte zuschulden kommen lassen.

Während der Küchenmeister wieder hilflos und leidvoll mit ansehen musste, wie Sirrah das Mädchen schlug, merkte er, dass Kamer ihn verstohlen anblickte und lächelte. Ihre Mundwinkel waren kaum merklich, doch voller Spott nach oben gezogen. Und ihre schwarzen Augen wisperten ihm zu: »Ich habe dich vermisst!«

Dem Küchenmeister stieg ein säuerlicher Apfelgeruch in die Nase, während er innerlich von widerstreitenden Gefühlen zerrissen war: einerseits Freude, andererseits Zorn, und dazu das schlechte Gewissen, das ihre Selbstaufopferung ihm bereitete.

Er wartete ungeduldig auf den Abend. Nach dem Nachtgebet, als alle sich zurückgezogen hatten, schlich er wieder zu dem kleinen Verschlag, legte sich flach auf den Boden und flüsterte unter der Tür hindurch Kamers Namen. Sie sprachen bis zum Morgen miteinander, oder besser gesagt: Kamer sprach, und der Küchenmeister hörte zu. Sie erzählte ihm von ihrem Geburtsort, von dem Haus, in dem sie aufgewachsen war, davon, wie sie an Sklavenhändler verkauft worden und in den Tempel der Genüsse gekommen war, von Sirrah und von vielem mehr.

Doch der Küchenmeister bekam nur wenig von alledem mit. Denn Kamers Stimme war für ihn eher eine Melodie, ein Lied ohne Worte, als dass sie Inhalte und Bedeutungen transportierte. Solange er ihre Stimme hörte, war das, was sie erzählte, für ihn nicht von Belang. Natürlich war er noch zu jung, um zu bemerken, dass dies nicht nur ein zauberhaftes Vergnügen, sondern vor allem ein heimtückischer Fluch war. Allerdings sollte er sich auch später nicht davon befreien können, bis ihm Jahre darauf von einer Frau der Kopf zurechtgerückt wurde und er verstand, woran es ihm gebrach: Er konnte nicht zuhören. So edel und erhaben seine Entschuldigung auch sein mochte, er hörte einfach nicht zu. Dabei hätte er begreifen können, wenn er sich auch nur für einen Moment dem Zauber entzogen und Kamer zugehört hätte, dass er ihr mehr bedeutete als alles andere auf der Welt. Er sollte erst viel zu spät erkennen, was für eine seltene Empfindung das, was man »vermissen« nannte, für ein Mädchen war, das sein Leben lang nichts und niemanden besessen hatte, den es hätte vermissen können, ja, das fast keine Kindheit gehabt hatte.

Nachdem Kamer stundenlang geredet hatte, hielt sie inne und fragte:

»Und was ist mit dir?«

Mit einem Schlag fand sich der Küchenmeister, der sich von ihrer Stimme hatte forttragen lassen, mitten im wirklichen Leben wieder. Peinlich berührt, stammelte er irgendetwas Zusammenhangloses, so wie ein Kind, das gerade aus einem Traum erwacht ist. Von seiner Vergangenheit durfte er nicht erzählen. Das hätte er selbst dann nicht gedurft, wenn Meister Âdem es ihm nicht immer wieder eingeschärft hätte. Nicht aus Angst vor dem, was geschehen könnte, sondern aus Angst vor dem Erzählten selbst. Von der Nacht im Harem hatte er weder zu jemand anderem noch zu sich selbst je gesprochen. Allein der Gedanke an das, was seinem Vater, besonders aber seiner Mutter passiert war, erfüllte sein Herz mit tiefer Furcht. Doch lügen konnte er auch nicht. Eine innere Stimme rief ihm angsterfüllt zu, er solle sich einfach eine Vergangenheit ausdenken, aber das brachte er nicht über sich, fürchtete er doch, dass die Wahrheit eines Tages ans Licht kommen könnte. Und tief in seinem Herzen spürte er, auch wenn sein kindlicher Verstand es noch nicht begreifen konnte, dass selbst die schrecklichste Wahrheit eher zu verzeihen wäre als eine Lüge.

»Später«, antwortete er.

Kamer klang ungehalten, als sie fragte: »Was soll das heißen: später?«

»Ich erzähle es dir später«, sagte er. Sie hüllte sich in ärgerliches Schweigen. Er fügte hinzu: »Aber du darfst es niemandem sagen.«

Kamer rückte näher an den Spalt heran: »Was soll ich niemandem sagen? Du hast doch gar nichts erzählt!«

»Nicht einmal das darfst du sagen«, erwiderte der Küchenmeister ernst. »Du darfst niemandem sagen, dass ich es dir später erzähle.«

Kamer verstummte und stellte keine Fragen mehr, bis ihr der Küchenmeister Jahre darauf seine Geschichte erzählte.

In jener Nacht harrte er bis zum nächsten Morgen vor der Tür aus. Er spürte weder die Kälte noch seinen Körper, der vom stundenlangen Knien auf dem harten Boden steif geworden war. Der Abschied fiel ihm schwer, und die Sehnsucht machte sich schon beim ersten Schritt in Richtung seines Zimmers bemerkbar. Doch in seinem Bauch kribbelte es vor Glück. Denn er wusste, dass er schon bald wieder mit ihr würde sprechen können.

Und genau so kam es auch.

Noch ehe eine Woche vergangen war, fand Kamer einen Weg, Sirrah erneut zur Weißglut zu treiben, und musste wieder in dem Verschlag ihre süße Strafe verbüßen. So ging es auch in den folgenden Wochen weiter.

Jede Strafe, die Kamer erhielt, bedeutete eine glückliche Nacht, jedoch ging es nie ohne Grausamkeiten und Verletzungen ab. Irgendwann konnte der Küchenmeister nicht länger mit ansehen, wie sie gestoßen und geschlagen wurde. Sein schlechtes Gewissen plagte ihn. Zu wissen, dass die Ohrfeigen, die Kamer von Sirrah bekam, auf ihrer Wange noch immer schmerzten, tat ihm in der Seele weh, und ihre Unterhaltungen mit diesem Wissen fortzuführen, verletzte seinen Stolz.

Nächtelang dachte er über eine Lösung nach. Er begriff, dass es mit Nachdenken allein nicht getan war, und begann aufzustehen, durch die Gegend zu streifen und seine Umgebung genauer zu inspizieren. Die Lösung fand er, wie es so oft der Fall ist, fast direkt vor seiner Nase: auf dem Küchendach.

Die Kleine Küche war in Form eines Anbaus von acht bis zehn Ellen Länge mit der Rückseite des Großen Hauses verbunden. Damit der Rauch aus den vier großen Schornsteinen auf ihrem Dach nicht ins Innere des Gebäudes drang, waren in dessen Fassade keine Fenster eingelassen. Kurzum, das Dach war ein blinder Fleck. Und Kamer konnte von ihrem Zimmer aus, das im obersten Stockwerk lag, bequem auf die Dachterrasse des Großen Hauses gelangen.

Aus Eichenholz, das regelmäßig in die Küche kam, baute der

Küchenmeister zwei schiefe, aber sehr stabile Leitern. Eine für sich selbst, um auf das Küchendach zu steigen, die andere für Kamer, damit sie von der Terrasse aufs Dach hinabklettern konnte.

Als sie wieder in den dunklen Verschlag gesperrt wurde, erzählte er ihr von seiner Idee und spürte dabei, wie ihre Herzen im selben Rhythmus immer schneller pochten.

Und als er sie fragte, ob sie es schaffen werde, auf das Dach hinunterzuklettern, stieß sie zur Antwort nur ein leises und vielsagendes Lachen aus.

In der verabredeten Nacht stieg der Küchenmeister zuerst über seine eigene Leiter auf das Dach, dann zog er Kamers Leiter mit einem Strick zu sich hoch und lehnte sie gegen die nackte Hauswand. Der April ging seinem Ende zu. Am Himmel stand ein riesiger Vollmond, und der Küchenmeister wartete gespannt, seine Augen sehnsüchtig auf die Leiter geheftet. Die Sekunden erschienen ihm quälend langsam, und er betete, dass nichts dazwischengekommen sei.

Endlich erschien Kamer am Rand der Terrasse. Sie oben und er unten, schauten sie einander lange an: keine Sirrah, kein Meister Âdem, keine Eile, aber dafür alle Zeit der Welt … Sie stieg die Leiter hinunter. Sie trug ein blaues Entari, das er noch nie an ihr gesehen hatte, und eine leichte Brise ließ das Kleid und ihre Haare flattern.

In seiner Erinnerung war Kamer wie ein Engel vom Sternenhimmel auf die vom Mondlicht überflutete Erde herabgeschwebt. Dann rannte sie auf ihn zu und blieb zwei Schritte vor ihm stehen. Der Aprilwind blies noch einmal und brachte einige dünne Strähnen ihres sorgfältig gekämmten Haares durcheinander. Es war, als habe der Mond in dieser Nacht seine ganze Strahlkraft nur für seine Stellvertreterin auf Erden aufgeboten. Ihre mandelförmigen Augen glitzerten, elfenbeinfarbenes Licht schuf eine magische Aura um ihre weiße Haut und spielte auf ihren geröteten Wangen, ihrem aufgeregten Lachen, dem Perlmutt ihrer Haarspange und den silbernen Stickereien ihres Kleides.

Sie schwiegen. Sie fanden keine Worte, die dem Augenblick angemessen gewesen wären, und so standen sie sich etwas verlegen, doch völlig unbeschwert gegenüber und betrachteten einander. Plötzlich spürte der Küchenmeister an seinen Fingerspitzen eine warme, weiche Berührung, und sein Herz schien stehen zu bleiben. In seiner Nase hatte er den Geruch säuerlicher Äpfel und an den Fingerspitzen empfand er eine intensive, über alle Maßen starke, doch nicht schmerzhafte Hitze.

Nur sein Herz schlug eben nicht – aber was machte das schon?

Er erinnerte sich später nicht mehr, ob er etwas gesagt hatte oder nicht. Er wusste nur noch, dass sie sich hingesetzt hatten, die Rücken an den hintersten der vier Schornsteine gelehnt. Ohne ein Wort zu sprechen, versanken sie in die Betrachtung des Himmels. Manchmal ertappten sie sich dabei, wie sie einander anschauten, und die Begegnung ihrer Blicke feierten sie mit schamhaftem Gelächter. In jener Nacht schien ihnen die Welt zu gehören. Der Mond war nur aufgegangen, damit sie ihn anschauen konnten, die Sterne waren ausgestreut worden, um den Himmel zu verzieren, der Tempel der Genüsse und dieses Dach waren dafür gemacht, dass sie sich treffen konnten. Sirrah hatte Kamer dem Sklavenhändler für diese eine Nacht abgekauft, und die Mutter des Küchenmeisters war in den Tod gegangen, um ihren Sohn mit Kamer zusammenzuführen. Alle Freuden und Leiden, die sie bis zu jenem Tag erlebt hatten, alles, aber auch wirklich alles, was sie getan und nicht getan hatten, schien nur für diese Nacht und nur für sie zu sein.

So begann die Geschichte der mit Nelken gewürzten Äpfel.

*

Je länger er in den Palastküchen arbeitete, desto schneller verging die Zeit.

Der Küchenmeister hatte seine vierte Woche im Serail bald hinter sich, und der Engpass im Vorratskeller dauerte an. Auch die wöchentliche Festsetzung der Speisen hatte nicht viel bewirkt, außer dass die unteren Schichten des Serails darunter zu leiden hatten. Während die Konkubinen, Palastwachen, Pagen und Diener an mindestens drei Tagen pro Woche die gleichen Gerichte essen mussten, rückten die Höhergestellten nicht von ihren Gewohnheiten ab und ließen ihren Privatköchen Wünsche übermitteln, ohne sich darüber Gedanken zu machen, was es gab und was nicht. Um die nötigen Zutaten beschaffen zu können, nahmen die Palastküchen daher immer höhere Kredite bei der Kochkasse auf.

Die Krise vertiefte sich zusätzlich, weil sich kein neuer Schatzmeister finden ließ. Sadık Agha, der Schreiber des pensionierten Halil Pascha, der das Amt zunächst übernommen hatte, war nach nur zwei Tagen wieder ausgeschieden, denn als ihm klar wurde, wie chaotisch die Finanzen geworden waren, hatte er geradezu darum gebettelt, von seinen Aufgaben entbunden zu werden, und dafür eine Degradierung oder sogar die Verbannung billigend in Kauf genommen. Ersetzt worden war er durch Lütfi Pascha, den Stellvertreter des Großwesirs, von dem allgemein bekannt war, dass er in Geldangelegenheiten kaum eine Ahnung hatte. Meister İsfendiyar brachte die Situation treffend auf den Punkt, indem er sagte: »Hätte er auch nur einen Funken Verständnis von der Materie, hätte er sich angesichts der Umstände nie um das Amt beworben.« Lütfi Paschas wichtigste Eigenschaft bestand darin, dass er einer der treuesten Untergebenen des Großwesirs war. Wenigstens war so sichergestellt, dass er nicht einfach davonlaufen oder um seine Entlassung ersuchen würde.

Während die Karawane des Staates und der Welt draußen

weiterzog, ging auch innerhalb der Mauern der Palastküchen alles seinen gewohnten eintönigen Gang.

Jeden Morgen wurden gleich nach dem Gebetsruf die Herde befeuert, danach verließ das Küchenpersonal die Schlafsäle, um an die Arbeit zu gehen, bis zum Vormittag wurden die Messer geschwungen, und die Kessel brodelten, gegen Mittag fand die erste Übergabe statt, und während die Lehrlinge das Geschirr spülten, begannen die Meister mit den Vorbereitungen für das Abendessen.

Der Küchenmeister brachte indessen Mahir alles noch einmal von Anfang an bei, als wäre er kein Geselle, sondern ein Lehrling, der nie zuvor eine Küche betreten hatte. Der Junge gab sich redlich Mühe, doch war er, von seinem geheimnisvollen Talent für Pilaw abgesehen, für die Küche ein hoffnungsloser Fall.

*

Eines Nachmittags war der Küchenmeister wieder in der Konkubinenküche und half bei der Zubereitung der Speisen, die in den Harem gehen sollten. Die Überraschungen, die er auf dem Boden der Schüsseln platzierte, wurden für die Konkubinen, die ein langweiliges und monotones Leben führten, zu einem Quell der Freude.

Allerdings war dem Küchenmeister daran gelegen, dass sich sein guter Ruf nicht noch weiter herumsprach. Ihm war es bereits gelungen, sich mit dem schwarzen Eunuchen anzufreunden, der jeden Tag kam, um die Speisen abzuholen – mehr hatte er gar nicht gewollt.

Besagter Eunuch war ein kastrierter Sklave namens Neyyir, der ursprünglich aus Abessinien stammte. Er maß mehr als drei Ellen, und man erzählte sich, dass er auf gut einhundertzehn

Okka käme, wenn sich denn eine Waage fände, die stabil genug wäre, ihn zu tragen.

Weil Neyyir Agha schon als kleiner Junge kastriert worden war, hatten sich sein Gesicht und seine Stimme ihre kindliche Weichheit bewahrt, was ihm in Kombination mit seiner imposanten Statur ein furchterregendes Äußeres verlieh. Die Art, sich auszudrücken und sich zu bewegen, die allen im Serail Ausgebildeten zur Gewohnheit geworden waren, wirkten an ihm unnatürlich, und selbst wenn er sich um besondere Höflichkeit bemühte, kam man nicht umhin sich vorzustellen, was wohl geschähe, wenn seine Hand, die er mit schwanenhafter Eleganz zu schwenken versuchte, zu einer kräftigen Ohrfeige ausholen würde.

Kurz nachdem wie jeden Tag die Speisen umgefüllt und die Deckel aufgesetzt worden waren, betrat Neyyir Agha die Küche, gefolgt von einer Kolonne von Trägern. Nachdem er eine Weile ernst deren Arbeit beobachtet und sich vergewissert hatte, dass alles seinen gewohnten und ordnungsgemäßen Gang ging, tat er zwei riesige Schritte und kam neben dem Küchenmeister zu stehen. »Nun, was ist denn heute am Boden der Schüsseln zu finden?«, fragte er mit einem angedeuteten Lächeln.

Der Küchenmeister musste den Kopf tief in den Nacken legen, um ihm ins Gesicht zu blicken. »Ja, das wüsstet Ihr wohl gerne ...«, erwiderte er mit einem ähnlichen Lächeln.

Nachdem Neyyir Agha den Küchenmeister eine Zeit lang gemustert hatte, richtete er seine Augen erneut auf die Träger. Sein Lächeln war verschwunden, doch er wich dem Küchenmeister nicht von der Seite. Offenbar hatte er noch nicht alles gesagt.

Als die Träger das letzte Tablett abgedeckt und verschnürt hatten, stellten sie sich in einer Reihe auf und schauten den Eunuchen erwartungsvoll an. Neyyir Agha gab ihnen mit einem leichten Kopfnicken zu verstehen, dass sie sich die Tabletts aufladen sollten, und sagte: »Wartet vor dem Tor der Glückseligkeit auf mich.«

Nachdem der letzte Träger die Küche verlassen hatte, sprach Neyyir Agha noch einen Abschiedsgruß und eilte seinen Leuten hinterher. Alles war also wie immer, nur dass er im Vorübergehen den Küchenmeister leicht streifte. Meister Bekir befahl den Gesellen aufzuräumen und den Lehrlingen sauber zu machen. Er selbst nahm den Schleifstein und setzte sich auf einen niedrigen Hocker. Er würde noch seine Messer wetzen, wie jeden Abend.

Der Küchenmeister wartete ab, bis alle in ihre Arbeit vertieft waren, dann ging er hinaus in den Hof. Wie vermutet, stand Neyyir Agha in einer Ecke des überdachten Säulengangs und beobachtete die Scharen von Trägern, die aus den Palastküchen kamen und sich in die verschiedenen Teile des Serails verteilten. Der Küchenmeister zog sich ebenfalls in einen Winkel zurück und ließ den Blick schweifen. Er entdeckte Kammerjunker Firuz Agha und sein Gefolge, die im Gänsemarsch auf das Tor der Glückseligkeit zuschritten. Der Junge hinter dem Junker trug das Abendessen des Waffenmeisters. Die Tasche des Mannes, der als Letzter in der Reihe ging, sah aus, als enthielte sie ausschließlich Brot. Doch der Küchenmeister wusste natürlich, dass sich ganz unten eine Schüssel aus chinesischem Porzellan mit frisch gebackenen Käsekrapfen befand. Ein kleiner Leckerbissen für die Pagen der Inneren Kammer.

Als der Hof sich endlich geleert hatte, ging der Küchenmeister zu Neyyir Agha hinüber. Ohne seine Augen von den Trägern abzuwenden, die am Tor der Glückseligkeit auf ihn warteten, sagte der Eunuch: »Gute Arbeit, Meister. Und wieder habt Ihr einen Tag überstanden ...«

»Ich danke Euch«, erwiderte der Küchenmeister. »Doch noch kann ich nicht behaupten, ihn überstanden zu haben. Ich werde mich erst dann entspannen, wenn ein jeder mit Appetit gegessen hat und keine Klagen an mein Ohr gedrungen sind.«

Der Eunuch musterte den Küchenmeister. »Darum braucht Ihr Euch wahrlich keine Sorgen zu machen«, sagte er. »Ihr dient dem anspruchsvollsten Manne im Serail. Jeder weiß, dass seine Exzellenz der Waffenmeister mit Euren Speisen über die Maßen zufrieden ist. Wer hätte das Recht, sich zu beklagen, solange er sich nicht beschwert?«

»Jedoch sind wir in den Palastküchen wie die Organe eines einzigen Körpers«, entgegnete der Küchenmeister. »Wird an eine Küche eine Beschwerde gerichtet, so betrifft sie uns alle zugleich.«

»Ich verstehe«, sagte Neyyir Agha. »Was ich allerdings nicht verstehe, Meister: Weshalb seid Ihr gleichzeitig noch in der Konkubinenküche tätig, wo Ihr doch ohnehin eine so aufreibende Arbeit habt? Wozu halst Ihr Euch zusätzliche Probleme auf?«

Hätte der Eunuch dem Küchenmeister in diesem Moment nicht in die Augen, sondern auf die Brust geschaut, so hätte er durch dessen Hemd hindurch sein Herz schlagen sehen. Doch im Gesicht des jungen Kochs regte sich nichts. Er rückte ein wenig näher an Neyyir Agha heran. »Wenn Ihr Eurer Arbeit in Liebe verbunden seid, dann ist sie Euer Leben. Rang und Würden dessen, dem wir dienen, sind für uns nicht von Belang. Ein Koch ist umso glücklicher, je mehr Gaumen er zufriedenstellt. Außerdem ist es nicht jedem vergönnt, mit einem so begnadeten Koch wie Meister Bekir zu arbeiten und von ihm zu lernen. Ich halse mir also keine Probleme auf, sondern nutze Gelegenheiten.«

Neyyir Agha entgegnete nichts, sondern schaute den Küchenmeister nur an, als versuche er dessen Gedanken zu lesen. Dieser sah aus dem Augenwinkel, wie die Pranke des Aghas in seinen Umhang glitt. Er widerstand dem Impuls zurückzuweichen und blickte dem Agha weiterhin fest in die Augen. »Dann erlaubt mir, Euch dies hier zu schenken, Meister«, sagte Neyyir Agha. »Als Anerkennung für die Liebe zu Eurer Kunst.«

Der Küchenmeister schaute den großen Weinschlauch an, den der Agha unter seinem Umhang verborgen hielt. »Reinster Heraklion-Wein«, erklärte er. »Direkt aus dem Privatkeller der Favoritin und nur für Euch. Ein kleines Dankeschön der Konkubinen.«

Der Küchenmeister stotterte überrascht: »Ich ... äh, ich danke Euch ...« Gleichzeitig schoss ihm ein Gedanke durch den Kopf. War es möglich, dass Kamer sich unter den Konkubinen befand, die ihm dieses Geschenk hatten zukommen lassen? Nein, das passte nicht zu ihr, außerdem wäre sie nie so unvorsichtig gewesen, ein solches Risiko einzugehen.

Nachdem Neyyir Agha ihm den Weinschlauch ausgehändigt und einen guten Durst gewünscht hatte, wollte er sich schon zum Tor der Glückseligkeit aufmachen, da hielt ihn der Küchenmeister zurück. »Verzeiht«, sagte er. »Vergebt mir meine Indiskretion, aber ich würde Euch gerne etwas fragen ...«

Eine Frage von diesem jungen Meister, der im Gegensatz zu seinen Kollegen fast nie sprach? Der Eunuch wurde neugierig. »Ja?«, sagte er und drehte sich um.

Der Küchenmeister wusste wohl, dass ihn diese Frage in Gefahr bringen konnte. Doch er konnte seine Wissbegierde und seine Sehnsucht nicht länger bezähmen.

»Ich gehe oft nach dem Nachtgebet noch einmal hinaus auf den Hof, um etwas frische Luft zu schnappen«, fing er an. »Manchmal dringt mir da aus dem Harem eine Melodie ans Ohr. Verzeiht, aber die Stimme dieser Sängerin ist so schön, dass ich mich fragte, wer sie wohl sei?«

Neyyir Agha lächelte und antwortete ohne zu zögern: »Nun, wer wird das schon sein? Unser aller Plagegeist. Ihr Name ist

Nur-i Leyl, Licht der Nacht. Ja, Ihr habt recht, sie hat eine sehr schöne Stimme, doch was haben wir davon? Obgleich ich seit Jahren im Harem bin, ist mir niemals eine so bockige, widerspenstige und streitsüchtige Frau begegnet wie diese. Sie wurde dem Harem geschenkt, damit sie die Favoritin unterhält, sie mit ihrem Gesang und ihrem Tanz erfreut, doch nichts läge ihr ferner ... Wenn sie bei einem Festmahl singen soll, macht sie den Mund nicht auf. Erst bei der Bastonade beginnt sie zu trällern. Sagt man ihr, sie solle tanzen, steht sie da wie ein Ölgötze und rührt sich nicht, wirft man sie aber in den Kerker, so fängt sie dort damit an. Im Harem des Sultans wurden schon viele hochmütige Frauen zur Vernunft gebracht – aber sie ist ein hoffnungsloser Fall. Ich weiß einfach nicht, wie wir dieses Übel in den Griff bekommen sollen. Die Favoritin zürnt uns, weil wir nicht mit ihr fertigwerden. Ja, am Ende bleibt alles an uns hängen, Gott sei's geklagt ...«

Neyyir Agha schnappte nach Luft, sein Gesicht war rot angelaufen. Der Küchenmeister verkniff sich ein Lachen. »Ich verstehe«, sagte er, mühsam an sich haltend. »Mein herzliches Beileid.«

Nachdem sie sich verabschiedet hatten, eilte der Eunuch mit schnellen Schritten auf die Träger zu, die ihn noch immer geduldig in Reih und Glied erwarteten, während der Küchenmeister zurück in die Küche ging.

Er war aufgewühlt. Er schwankte zwischen Zorn und Ungeduld, Sehnsucht und Beharrlichkeit. Jahrelang hatte Kamer wie ein Phantom in seinen Gedanken gelebt, nun hatte sie wieder fleischliche Gestalt angenommen. Schon bald würde er nicht mehr seine Phantasie bemühen und alte Erinnerungen ausgraben müssen, sondern könnte sie sehen!

Stille und Mattigkeit hatten sich mit dem Ende der täglichen Hektik über die Aghaküche gesenkt. Die Meister waren alle gegangen. Einige wenige Gesellen schlurften durch die Gegend und räumten Küchenutensilien, Messer und Kochlöffel fort. Nur Mahir schien noch voller Tatendrang. Er saß neben dem Herd und trocknete das Brett ab, das sie zum Schneiden von Fleisch verwendeten. Der Küchenmeister trat lautlos an ihn heran und sagte: »Gute Arbeit, Mahir ...«

Mahir fuhr herum. »Danke, Meister«, sagte er und sprang auf. Der Küchenmeister schaute seinen Gesellen prüfend an. Er wirkte aufgeregt, und seine Hände zitterten. »Was ist mit dir?«, fragte er.

»Meister, Ihr hättet das Essen nicht mir überlassen sollen«, sagte Mahir mit kläglicher Stimme. »Mir ist ein Fehler bei der Dosierung unterlaufen ...«

Der Küchenmeister lächelte. Heute hatte er, unter den erstaunten Blicken Mahirs und der restlichen Küchenbelegschaft, eine der Abendmahlzeiten des Waffenmeisters – Dünstfleisch mit Sellerie – vollständig seinem Gesellen überlassen. Mahir hatte zuerst geglaubt, er erlaube sich einen Spaß mit ihm, und als er den Befehl wiederholt hatte, protestierte er. Obwohl sein Selbstvertrauen in den letzten Wochen etwas gewachsen zu sein schien, war er vernünftig genug, es nicht zu wagen, allein für den Waffenmeister zu kochen.

Als der Küchenmeister seine Anweisung jedoch ein drittes Mal und diesmal mit erhobener Stimme erteilte, ging Mahir hilflos an den Arbeitstisch und begann mit weinerlichem Gesicht, die Fäden vom Sellerie abzuziehen.

Der Küchenmeister wusste, dass Dünstfleisch kein einfaches Gericht war. Noch dazu stand der Frühling bald bevor, und das Wintergemüse war schon ziemlich welk. Aber er wusste auch noch zwei andere Dinge. Erstens, dass dieser Aufschneider namens Siyavuş Agha längst nicht über einen so empfindlichen Gaumen verfügte, wie er jedermann glauben machen wollte. Und zweitens, dass ein einziges Flüstern seinerseits mächtig genug war, tausend Mängel einer Speise zu übertünchen.

Schließlich hatte sich Mahir also an die Arbeit begeben und machte seinen ersten Fehler schon ganz zu Anfang, indem er das Fleisch zu lange briet. Da es später im Schmortopf mit dem Sellerie noch einmal garen sollte, würde es am Ende in seine Fasern zerfallen und nicht nur den Geschmack, sondern auch das Aussehen des Gerichts verderben.

Die Soße aus Ei und Zitrone indessen war eine einzige Katastrophe. Weil Mahir nicht richtig zu dosieren verstand, hatte er zuerst eine zu geringe Menge davon hergestellt, und als er sich daranmachte, sie zu verlängern, verbreitete sich plötzlich ein intensiver Eiergeruch in der Küche. Nur an dieser Stelle hatte der Küchenmeister eingegriffen. Mit ein paar geflüsterten Worten hatte er den Geruch vertrieben und so dafür gesorgt, dass das Essen einigermaßen genießbar war.

Der Küchenmeister schaute seinen Gesellen an, der schwitzte, als hätte ihm der Henker seine Schlinge um den Hals gezogen, und fragte: »Mahir, hast du das Essen denn gar nicht abgeschmeckt?«

»Doch, habe ich, Meister ...«, stotterte Mahir.

»War irgendetwas zu viel oder zu wenig? Geschmack, Salz, Gewürze, war alles in Ordnung?«

»Meiner Meinung nach war alles in Ordnung, Meister«, sagte Mahir, und während der Küchenmeister innerlich die Hände über dem Kopf zusammenschlug, fuhr Mahir fort: »Aber es geht ja hier um den Gaumen des Waffenmeisters. Ob dem schmeckt, was mir schmeckt?«

Der Küchenmeister seufzte tief. »Misstraust du deinen Händen oder deiner Zunge? Aber gut, sagen wir, du verstündest weder etwas vom Kochen noch vom Abschmecken. Doch habe ich nicht auch noch probiert?«

»Das habt Ihr, Meister ...«, antwortete Mahir verlegen.

»Und habe ich gesagt, es sei gut?«

»Das habt Ihr.«

»Nun denn, vertraust du meinem Geschmackssinn oder dem des Aghas?«

Mahir senkte den Blick. Er schämte sich. »Eurem natürlich, Meister, das ist doch keine Frage.«

»Dann ist ja alles in Ordnung«, meinte der Küchenmeister. »Zum letzten Mal: Das Essen, das du gekocht hast, ist gut!«

Für eine Weile hielt Mahir den Mund, doch lange ertrug er es nicht. »Aber Meister ... Es ist doch der Waffenmeister. Und wenn es ihm nun trotzdem nicht schmeckt? Dann schmeißt er uns ohne viel Federlesens hinaus.«

Der Küchenmeister schaute seinen Gesellen mitleidig an. Es musste hart sein, keinerlei Talent zu haben, dafür aber ehrgeizig und feige zu sein. »Sei unbesorgt, Mahir«, sagte er ruhig. »Davon geht die Welt nicht unter. Dann eröffnen wir eben in Galata eine Suppenküche.«

Der Küchenmeister wandte sich zum Gehen, da fiel ihm noch etwas ein. »Hat der Kammerjunker etwas gesagt?«

Nach kurzem Zögern antwortete Mahir: »Er hat sich für die Käsekrapfen bedankt, Meister.«

»Und sonst?« Der Küchenmeister schaute seinem Gesellen direkt in die Augen.

Mahir blickte auf die umherlaufenden Lehrlinge, dann trat er näher an seinen Meister heran und sagte mit gedämpfter Stimme: »Er hat schlecht über den Waffenmeister gesprochen. Jeden Tag lässt er sich mittlerweile über ihn aus. Neulich hat er ihn mit den unflätigsten Worten bedacht, aber ich tat so, als hätte ich nichts gehört. Inzwischen wird mir ein wenig mulmig dabei, Meister. Ich sage Euch, die Wände haben hier Ohren ...«

Der Küchenmeister beschränkte sich auf ein Nicken. Die Befürchtungen seines Gesellen waren diesmal keineswegs unbegründet. Wenn Siyavuş Agha zu Ohren kam, was der Kammerjunker über ihn sagte, würde er nicht nur ihn, sondern auch jeden, der es gehört hatte, vor ein Kanonenrohr binden lassen. Doch dieses Risiko musste der Küchenmeister eingehen, und ohnehin würde er allem ein Ende setzen, sobald die Zeit gekommen wäre.

Der Küchenmeister ließ seinen Gesellen mit seinen Ängsten allein und zog sich in den Schlafsaal zurück. Er wollte Körper und Geist bis zum Nachtgebet noch ein wenig zur Ruhe kommen lassen. Danach würde er, wie am Abend jedes Tages, an dem er auf dem Boden der Schüsseln etwas versteckt hatte, auf den Hof gehen, um Kamer singen zu hören.

Halb schlafend, halb wachend verbrachte er einige Stunden in seinem Bett und dachte an Kamer. Danach ging er vor allen anderen in die Moschee, wo er rasch sein Gebet verrichtete. Er lief durch den Küchenweg, um sich auf dem Hof im Schatten der Platane zu verstecken und nach dem Harem zu lauschen. Dann aber sah er an der Mauer der Halwaküche eine Leiter lehnen. Er blickte sich rasch um, dann machte er kehrt, stieg hoch in den Schlafsaal, holte den Weinschlauch aus seiner Truhe und ging wieder hinaus. Das Glück war ihm gewogen, und keiner hatte ihn bemerkt. Schnell eilte er durch den dunklen Küchenweg und kletterte über die Leiter lautlos aufs Dach. Kaum war er oben angekommen, fühlte er eine Last von sich abfallen. Er bemerkte, wie sehr er es vermisst hatte, allein zu sein. Seit Wochen hauste er mit anderen Menschen unter einem Dach und verbrachte jede Minute in Gesellschaft. Er atmete tief die kühle Abendluft ein. Er setzte sich mit dem Rücken an einen der Schornsteine, genau wie sie es vor Jahren im Tempel der Genüsse auf dem Dach der Kleinen Küche gemacht hatten. Bald wäre Kamer wieder bei ihm.

Er zog den Korken aus dem Schlauch, schnupperte daran, dann nahm er den ersten kleinen Schluck. Der Wein war heiter und verspielt, dem Keller der Favoritin absolut würdig.

Der Küchenmeister dachte über all das nach, was er heute

gehört hatte. »Licht der Nacht« hatte Neyyir Agha Kamer genannt. War ihnen denn kein besserer Name für sie eingefallen?

Als er den nächsten Schluck nahm, fiel ihm auf: Auch Kamer hatte ihren Namen verloren! Niemand auf der Welt konnte besser nachempfinden als er, wie sehr sie darunter leiden musste. Er schwor sich, dass er Kamer ihren Namen zurückgeben würde.

Wie um den Schwur zu bezeugen, den er gerade getan hatte, stieg in diesem Moment von den Kuppeln des Harems eine leise Melodie in den Himmel. Die Worte, die Kamer sang, waren traurig, doch ihre Stimme klang heute weniger kummervoll als an den vorherigen Tagen. Sie wirkte lebendiger, glücklicher. Das lag an dem Zwieback, den er, mit feinem Schafskäse und Knoblauch bestrichen, auf dem Boden einer Schüssel versteckt hatte. Der Käse war so sanft wie die Milch, aus der er bestand. Er erinnerte an häusliche Wärme, an Mutterliebe, an Kindheit. Daher passte er so gut zu dem Backwerk. Der warme Charakter des Knoblauchs dagegen verlieh Lebenskraft.

Kamer sang lange.

Niemand brennt für mich, außer dem Feuer meines Herzens
Niemand öffnet meine Türe, außer dem Morgenwind ...

Der Küchenmeister lauschte ihr mit geschlossenen Augen und holte kaum Atem. Er wollte nichts anderes mehr hören, sehen oder spüren als nur ihre Stimme. Wieder kam es ihm vor, als wäre sein Herz stehengeblieben. Ihm war, als ob Kamer neben ihm säße. Als ob auch sie den Rücken an den Schornstein gelehnt hätte und mit ihrem Knie an seines stieß. Als ob er nur die Hand auszustrecken bräuchte, um sie zu berühren ...

Da brach die Melodie ab, und die Magie des Augenblicks zerstob. Der Küchenmeister war wieder allein mit der Nacht, seiner Sehnsucht und seinem Kummer.

An den Rest der Nacht, daran, wie er die Leiter hinuntergeklettert und in den Schlafsaal zurückgekehrt war, erinnerte er sich am nächsten Tag nur noch verschwommen. Als er am Morgen mit schwerem Kopf erwachte, nahm er zunächst seinen Körper unter die Lupe. Gott sei Dank hatte er den Weg in sein Bett gefunden, ohne sich eine Verletzung zuzuziehen!

*

Der Tag hatte angefangen wie immer. Als der Küchenmeister die Küche betrat, fand er wie gewöhnlich den Kammerjunker vor, der ihn bereits erwartete. Und dennoch war diesmal etwas anders, denn Meister İsfendiyar und der Chefkoch der Sultansküche waren auch mit dabei.

Er näherte sich ihnen mit bedächtigen Schritten, grüßte sie und wünschte einen guten Morgen. Die drei blickten ihn schweigend an. Endlich ergriff Meister İsfendiyar das Wort, indem er sich dem Junker zuwandte: »Sagt Ihr es ihm ...«

Firuz Aghas Miene war angespannt. »Meister«, begann er, »Euer Ruf ist unserer Majestät dem Sultan zu Ohren gekommen. Er wünscht, dass Ihr für ihn kocht!«

Der Küchenmeister versuchte, sich seine Aufregung nicht anmerken zu lassen. Nicht etwa, weil er bescheiden wirken wollte. Aber er musste Ruhe bewahren und seinen Geist wach halten, denn seit dem Tag, an dem er in die Palastküchen gekommen war, hatte er nur auf diesen Moment gewartet, nur darauf hingearbeitet.

Doch ein Teil von ihm verfluchte auch sein Glück. Aufgrund einer Verzögerung, die er nicht hatte beeinflussen können, waren noch nicht alle Vorbereitungen abgeschlossen. »Der Wunsch des Erhabenen ist mir Befehl«, sagte er ruhig. »Ich werde versuchen, mich der Ehre, die er mir zuteilwerden lässt, würdig zu erweisen.«

»Daran zweifle ich nicht«, erwiderte der Junker. Seine

Stimme war aufrichtig, als er dem Küchenmeister seine Gratulation aussprach, aber er machte ein angespanntes Gesicht. »Der Sultan«, fuhr er fort, »wird in zwei Tagen mit seiner Exzellenz dem Waffenmeister zu Abend essen. Ihr werdet ein Gericht für diese Tafel kochen.«

Der Küchenmeister vollführte eine bodentiefe Verbeugung zu Ehren des Sultans. »Sehr wohl! Gibt es etwas, wonach unserem Herrscher der Sinn steht?«

»Die Auswahl bleibt Euch überlassen.«

In diesem Moment schaltete sich der Chefkoch der Sultansküche ein, bedachte den Küchenmeister mit einem überheblichen Blick und sagte: »Das Essen werdet Ihr in der Sultansküche zubereiten. Ihr braucht uns nur die gewünschten Zutaten zu nennen, und wir werden alles beschaffen. Übrigens beglückwünsche ich Euch. Ihr werdet der jüngste Koch in der Geschichte der Palastküchen sein, der je seinen Fuß in die Sultansküche gesetzt hat. Habe ich recht, Meister İsfendiyar?«

Der Meister nickte langsam und antwortete: »Ja, das ist richtig.« Gleichzeitig sah er den Küchenmeister mit sorgenvollen Augen an. »Er ist tatsächlich noch sehr jung ...«

Der Küchenmeister verstand sehr gut, weshalb Meister İsfendiyar sich Sorgen machte. Zum Chefkoch der Sultansküche sagte er: »Ich bin mir der Bedeutung Eurer Küche bewusst. Ich werde alles tun, mich ihrer würdig zu erweisen.«

»So Gott will«, antworteten alle drei Männer gleichzeitig. Meister İsfendiyar warf ihm noch einen letzten Blick zu, ehe er sich in Begleitung des Chefkochs entfernte. Der Küchenmeister war nun allein mit Firuz Agha. Er senkte die Stimme und fragte: »Wie kann das sein? Wisst Ihr Näheres?«

»Natürlich«, sagte der Kammerjunker. »Der Waffenmeister führt Euren Namen so häufig im Munde, dass der Sultan irgendwann hellhörig wurde.«

Der Küchenmeister nickte. Ihm war der Zorn nicht entgangen, der sich im Gesicht des Junkers spiegelte, als er den Waffenmeister erwähnte. »Was macht Euch zu schaffen?«, fragte er, um ihm ein wenig auf den Zahn zu fühlen. »Ihr seht nicht gut aus. Gibt es ein Problem im Enderun?«

Der Kammerjunker biss die Zähne so fest zusammen, dass er sich den Kiefer auszurenken drohte. »Wann hätte es im Enderun jemals kein Problem gegeben?«, sagte er mit vor Wut zitternder Stimme. »Das Problem sitzt an der Spitze!«

Der Küchenmeister tat, als habe er nicht verstanden: »Wie meint Ihr das?«

Da platzte es aus dem Junker heraus: »Siyavuş Agha hat den Bogen weit überspannt. Kaum steht er morgens auf, fängt er an, uns zu triezen. Es gibt niemanden mehr im Enderun, den er noch nicht der Bastonade unterzogen hätte, mich eingeschlossen. Und unter welchen Vorwänden! Ich käme nicht darauf, wenn ich hundert Jahre darüber nachdächte. Wenn er sich den Magen vollgeschlagen hat, beruhigt er sich für eine Weile, aber bald darauf fängt er wieder mit seinen Grausamkeiten an. Bei Allah, wir sehnen die Mahlzeiten geradezu herbei, weil wir dann wenigstens kurz unsere Ruhe haben. Manchmal hätte ich Lust ...«

Der Kammerjunker hielt inne und biss wieder die Zähne zusammen. Er war selbst erschrocken über das, was ihm da beinahe über die Lippen gekommen wäre.

»Kann denn der Sultan nichts machen? Könntet Ihr ihm nicht einen Wink geben?«, fragte der Küchenmeister, obwohl er sich die Antwort schon denken konnte. Der Junker wollte die Frage denn auch mit einem Lachen abtun, aber die Höflichkeit gebot, dass er etwas erwiderte. »Ihr kennt das Enderun nicht, Meister. Siyavuş Agha ist einer der engsten Vertrauten unseres Herrschers. Es ist unmöglich, sich dem Sultan zu nähern, ohne dass er davon unterrichtet ist. Er scharwenzelt ständig um ihn herum und lässt ihn nicht für einen Moment aus den Augen. Doch selbst wenn wir einen Weg fänden, es ihm zuzuflüstern ...«

Der Kammerjunker hielt inne und dämpfte seine Stimme: »Sogar der Sultan ängstigt sich vor Siyavuş Aghas Verschlagenheit. Denkt doch nur, wie viele Lobreden er schon über Euch gehört hat, und doch hat er Euch noch nicht in die Sultansküche geholt. Weshalb? Weil Ihr der Koch des Waffenmeisters seid. Er wagt es nicht, Euch ihm wegzunehmen.«

»Ach ja?« Der Küchenmeister bemühte sich um einen verblüfften Gesichtsausdruck. »Das kann ich mir gar nicht vorstellen. Unser Herrscher ist sicher so zufrieden mit seinen Köchen, dass er bisher einfach nicht das Bedürfnis verspürte, sich zu mir herabzulassen. Der Herr über den Erdkreis ängstigt sich doch nicht vor einem Agha! Eure Nerven müssen zerrüttet sein.«

Der Junker lächelte bitter. »Ihr habt recht, meine Nerven sind mehr als zerrüttet, und dennoch entspricht das, was ich gesagt habe, den Tatsachen ... Nun ja, Gott möge uns allen ein gutes Ende bescheren ...«

»Amen«, sagte der Küchenmeister. »Was möchte seine Exzellenz der Agha heute essen?«

Der Kammerjunker wollte schon zum nächsten Fluch ansetzen, dann aber besann er sich und sagte: »Zum Mittagessen Davud-Pascha-Köfte und Mandelhalwa, zum Abendessen Milchkebap.«

»Sehr wohl«, sagte der Küchenmeister. Mit einer Verbeugung verabschiedete er sich von Firuz Agha. Dieser stellte noch eine letzte Frage: »Und was gedenkt Ihr für den Sultan zu kochen?«

Darüber musste der Küchenmeister tatsächlich nachdenken. »Ich schwanke noch«, antwortete er ausweichend.

Während der Junker die Küche verließ, grummelte der Küchenmeister in Gedanken vor sich hin: »Wo bleibt dieser Kerl bloß? Seit wie vielen Wochen warte ich jetzt schon auf ihn?«

Nachdem er eine Weile gegrübelt hatte, fand er wieder zurück in die Gegenwart und rief nach Mahir. Sein Geselle war schon die ganze Zeit um ihn herumgeschlichen und hatte nur darauf gewartet, endlich gerufen zu werden. Er verneigte sich bis zum Boden und sagte: »Stets zu Diensten, Meister!«

»Sehr gut, Mahir«, erwiderte der Küchenmeister. »Du musst jetzt sofort ...«

Doch Mahir hatte keine Ohren für das, was sein Meister ihm mitzuteilen hatte. »Nehmt Ihr mich mit, Meister?«, fragte er aufgeregt.

Der Küchenmeister verstand die Frage nicht auf Anhieb. Verwirrt schaute er seinen Gesellen an: »Wohin, Mahir?«

»Na, in die Sultansküche, Meister ...«

»Bist du denn nicht mein Geselle? Wo ich hingehe, gehst du auch hin.«

Mahir grinste, so breit er konnte: »Danke, Meister!«

Der Küchenmeister lächelte. »Reden wir nicht über ungelegte Eier«, sagte er. »Wir haben heute einiges zu tun.«

Mahir fragte: »Was wünscht der Waffenmeister?«

Als der Küchenmeister rasch die Bestellungen aus dem Enderun aufzählte, bekam Mahir große Augen. Was Siyavuş Agha verlangte, waren besonders delikate Gerichte, die einem Koch alles abverlangten. Mahir konnte natürlich nicht wissen, dass dem Küchenmeister dies viel über den Seelenzustand des Aghas verriet.

»Kümmere du dich um die Mandeln, Mahir«, erteilte der Küchenmeister seinen ersten Befehl. »Leg sie in Wasser ein, zieh die Schalen ab, zerstoße zwei Handvoll im Mörser, den Rest drehst du durch die Mühle. Dann lass sie in der Pfanne trocknen. Aber gib acht, dass du sie nicht röstest.«

Als Mahir ging, um die Mandeln zu suchen, begann der Küchenmeister das Fleisch zu schnetzeln, das er für die Köfte verwenden wollte.

Kurz darauf kam Mahir mit einem kleinen Sack in der Hand zu seinem Meister. »Sind das genug Mandeln?«, wollte er wissen. Der Küchenmeister schaute kurz in den Sack und nickte. »Fang sofort an.«

Mahir füllte Wasser in einen großen Topf und warf die Mandeln hinein. Der Küchenmeister dachte, während er das Fleisch bearbeitete, an Siyavuş Agha.

Der Waffenmeister wünschte sich immer ausgefallenere Speisen. Seine seelischen Wunden wurden offenbar immer schmerzhafter. Doch all seine Macht reichte weder dazu aus, seine Schmerzen zu lindern noch sein Gefühl innerer Leere zu kompensieren. Zur Beruhigung klammerte er sich verzweifelt an die Methoden, die er seit jeher angewandt hatte: Hochmut und Grausamkeit.

Dabei ahnte er nicht, dass diese Methoden, auf die er von Tag zu Tag mehr angewiesen war, seine Wunden nur noch vertieften. Denn schließlich aß er regelmäßig die Speisen, die der Küchenmeister ihm zugedacht hatte.

*

Nachdem der Küchenmeister das Fleisch haschiert, mit Salz, Pfeffer, Kreuzkümmel und Paprikapulver vermengt und zu kleinen Bällchen geformt hatte, sah er nach seinem Gesellen. Mahir war es tatsächlich gelungen, die Mandeln zu trocknen, ohne sie zu rösten. Während der Küchenmeister mit den Fingern über das Mandelmehl strich, befahl er seinem Gesellen: »Jetzt bringe mir Honig und Wasser.«

Als Mahir mit einem kleinen Honigkrug und einer Kanne Wasser zurückkehrte, hatte der Küchenmeister das Mandelmehl in einen tiefen Topf geschüttet und bei niedriger Flamme auf den Herd gestellt.

»Hör mir genau zu«, sagte er. »Während ich die Mandeln

wende, gießt du den Honig hinzu. Und zwar so, dass das Rinnsal höchstens die Dicke eines Bindfadens hat. Und wenn ich ›Wasser‹ sage, gibst du nach und nach Wasser in die Pfanne. Hast du verstanden?«

Mahir nickte. Der Küchenmeister krempelte die Ärmel hoch, und bevor er sich an die Arbeit machte, schärfte er ihm noch einmal ein: »Bloß nicht zu viel auf einmal!«

Als er sich sicher war, dass Mahir verstanden hatte, begann er umzurühren. Die Masse wurde umso zäher, je mehr Honig zu den Mandeln kam, und umso lockerer, je mehr Wasser hinzugefügt wurde. Der Küchenmeister rührte die Grundsubstanz für das Mandelhalwa mit immer schnelleren Schlägen an und dachte gleichzeitig über das Milchkebap nach, das er zum Abendessen machen sollte. Er musste gutes Fleisch und frische Milch auftreiben. Er würde das in Würfel geschnittene Fleisch zunächst zweimal in Milch aufkochen, dann würde er es auf niedriger Flamme wenden und immer wieder Milch nachgießen, wenn es zu trocken zu werden drohte. Das war nicht schwierig, aber es war eine zeitaufwendige Arbeit, die ständige Aufmerksamkeit erforderte. Deshalb konnte er sie nicht Mahir überlassen.

*

Der Küchenmeister rührte in der Hitze der Küche das Mandelhalwa an, bis ihm der Schweiß von der Stirn troff, aber schließlich hatte er die gewünschte Konsistenz erreicht. Er stippte die Spitze seines kleinen Fingers in die bernsteinfarbene Masse im Topf, die fest wirkte und doch fließend war, und kostete davon. Perfekt. Es war nicht nötig, ein Wort daraufzuflüstern. Das hob er sich für die Davud-Pascha-Köfte auf.

»Soll ich den Pilaw machen?«, fragte Mahir. Der Küchenmeister überlegte kurz. »Nein«, antwortete er. »Um den Pilaw kümmere ich mich. Du läufst jetzt in die Kanzlei und bringst mir Feder und Papier.«

Mahir begriff zwar nicht, wozu das gut sein sollte, sagte aber: »Jawohl.«

Während er in Richtung Vorratskeller verschwand, begann der Küchenmeister eine große Zwiebel zu hacken. Bis Mahir wieder da wäre, hätte er die Zwiebel in Öl angebraten, die Köfte hinzugefügt und sie ebenfalls zu braten begonnen. Er hatte gerade die gestoßenen Mandeln hinzugefügt, als sein Geselle zurückkam. Feder, Papier und ein kleines Tintenglas hatte er in der Hand. Er stellte sich neben den Herd und wartete.

Als die Köfte gebraten waren und die Mandeln wie Perlmutt schimmerten, stellte der Küchenmeister den Topf auf eine niedrigere Flamme und goss reichlich Zitronensaft hinzu.

»So, dann gib mal her«, sagte er zu Mahir, als er den Deckel geschlossen hatte. Er nahm seinem Gesellen die Feder ab, tauchte sie in das Tintenfass und kritzelte rasch einige Zeilen auf das Papier. Dann reichte er es Mahir: »Geh zum Großen Basar und suche nach dem Laden des Krämers Naim Efendi. Grüße ihn von mir und bring mir das hier mit.«

Mahir warf einen Blick auf das Papier. Es war eine Liste von Gewürzen: chinesischer Zimt, Isot, Mohnsamen, Anis, indische Minze ...

»Das gibt es bestimmt auch alles im Vorratskeller, Meister«, sagte er. »Soll ich nicht erst einmal dort nachsehen?«

Der Küchenmeister warf seinem Gesellen einen ungehaltenen Blick zu. »Wir werden für den Sultan kochen. Wer weiß, wie lange das Zeug im Vorratskeller dort schon herumliegt.«

»Gewiss, Meister«, sagte Mahir. Er schaute noch einmal auf die Liste. »Ich gehe sofort.«

Als Mahir gerade davoneilen wollte, hielt ihn der Küchenmeister am Arm fest. »Warte. Falls Naim Efendi dir sagt, er habe etwas nicht, dann sagst du ihm, dein Meister wolle bis spätestens morgen Abend alles, was er auftreiben könne. So wenig es auch sei. Hast du verstanden?«

»Ja, Meister.«

Der Küchenmeister verstärkte seinen Griff um Mahirs Arm. »Bis spätestens morgen Abend! Alles, was er auftreiben kann. Verstanden?«

Mahir schaute auf die Hand seines Meisters, die sich um seinen Arm krallte. »Verstanden«, sagte er verstört und machte sich so schnell wie möglich auf den Weg zum Großen Basar. Der Küchenmeister ging derweil zu den Regalen, um Reis für den Safranpilaw auszusuchen, den er machen wollte. Er überlegte. In der kommenden Nacht musste er das Serail verlassen. Sich bei Meister İsfendiyar den Abend freizunehmen, wäre kein Problem, aber er wusste nicht, wie lange sein Vorhaben dauern würde und wie lange er warten müsste. Womöglich könnte er erst am Morgen ins Serail zurückkehren. Er musste einen anderen Vorwand, eine bessere Lösung finden. Wenn es gar nicht anders ginge, würde er sich nach dem Nachtgebet heimlich davonstehlen und vor dem Morgengrauen wieder zurückkommen müssen. Doch das wollte er nicht, weil er auf keinen Fall Aufmerksamkeit erregen durfte.

Da kam ihm eine Idee, und er lächelte unwillkürlich. Wieso sich heimlich davonstehlen, wenn er auch einfach durchs Tor spazieren konnte? Und wer weiß, vielleicht würde er ja in jener Nacht gleich zwei Fliegen mit einer Klappe schlagen ...

*

Bald würde der Muezzin zum Nachmittagsgebet rufen. Der Küchenmeister hatte alle seine Arbeiten beendet, aber Mahir war noch nicht wieder da. Wie jeder Geselle, der losgeschickt wurde, um außerhalb des Palasts etwas zu erledigen, würde auch er sich natürlich so viel Zeit lassen wie möglich. Dem Küchenmeister war es im Grunde genommen ganz recht. Ich hätte ihm bis zum Abend freigeben sollen, dachte er, dann müsste ich mir später nicht seine Lügen und Ausflüchte anhören. Da betraten Kammerjunker Firuz Agha und sein Gefolge die Küche, um das Abendessen abzuholen.

Der Küchenmeister übergab ihnen die Speisen für den Agha und entschuldigte sich, diesmal keinen zusätzlichen Leckerbissen vorbereitet zu haben: »Verzeiht, aber ich habe meinen Gesellen in den Basar geschickt. Ich war die ganze Zeit allein.«

»Aber ich bitte Euch. Ihr müsst das doch nicht jeden Tag machen«, erwiderte Firuz Agha, aber die Enttäuschung war ihm deutlich anzusehen.

Mahirs Abwesenheit war natürlich nur eine Ausrede gewesen. Dem Küchenmeister hatte das Verhalten des Junkers am Morgen gar nicht gefallen, weshalb er beschlossen hatte, die Dosis etwas zurückzufahren. Denn wenn Firuz Agha, einer der respektvollsten, höflichsten und loyalsten Männer im Enderun, so zornig war, wie mochte es dann erst um die anderen bestellt sein? Er wollte unter keinen Umständen, dass es frühzeitig zum Eklat kam und alles verdorben wäre.

Nachdem Firuz Agha mit dem Essen abgezogen war, machte sich der Küchenmeister auf den Weg zur Konkubinenküche. Er war kaum durch die Tür, als er Neyyir Agha mit Riesenschritten auf sich zukommen sah. Seinem Rang und den Regeln des Hofzeremoniells gehorchend, trat er einen Schritt zur Seite, wartete und grüßte den Agha, als dieser nahe genug herangekommen war.

»Ich bin hier, um Euch zu sehen«, sagte Neyyir Agha, nachdem er seinen Gruß erwidert hatte.

Der Küchenmeister lächelte. »Das bin ich auch ...«

»Ich habe die Nachricht erhalten«, sagte der Agha. »Ihr werdet also für den Sultan kochen. Ich beglückwünsche Euch.«

Der Küchenmeister bedankte sich.

Nachdem der gegenseitige Austausch von Höflichkeiten beendet war, fragte der Agha neugierig: »Weshalb wolltet Ihr mich sehen?«

»Um mich für den Wein zu bedanken«, sagte der Küchenmeister leise. »Er war vortrefflich.«

»Es freut mich, dass er Euch geschmeckt hat«, erwiderte der Eunuch und blickte den Küchenmeister abwartend an. Nach all den Jahren, die er als Agha im Harem gedient hatte, erkannte er auf einen Blick, ob jemand noch etwas zu sagen hatte oder nicht. Der Küchenmeister kam ohne Umschweife zur Sache: »Soweit ich es beurteilen kann, habt auch Ihr einen feinen Gaumen. Bekanntlich ist es auf die Dauer langweilig, immer vom selben Koch bekocht zu werden. Auch wenn es sich um die Palastküchen handelt, braucht man ab und zu etwas Abwechslung. Ich kenne da einen hervorragenden Koch. Sein Lokal ist einzig in seiner Art und übertrifft alles Vergleichbare. Es steht mir zwar nicht zu, aber ich würde mich äußerst glücklich schätzen, Euch zum Abendessen dorthin einladen zu dürfen.«

Der schwarze Eunuch lächelte verlegen. »Ich danke Euch. Aber für unsereinen ist es äußerst schwierig, den Abend außerhalb des Harems zu verbringen.«

»Oh«, sagte der Küchenmeister und machte ein enttäuschtes Gesicht. »Ich meinte das Lokal von Meister Bayram, dem Fischer.«

»Der verrückte Bayram?«, fragte Neyyir Agha.

»Ja, ist er Euch bekannt?«

»Wer kennt ihn nicht? Man sagt, die wohlschmeckendsten Geschöpfe des Meeres wetteiferten darum, ihm ins Netz zu gehen. Doch soviel ich weiß, hat er sein Lokal vor Jahren aufgegeben ...«

Der Küchenmeister nickte. »Da habt Ihr recht. Aber er hat ein neues eröffnet. Er hat bisher nur guten Bekannten davon verraten. Nun ja, wir sind seit langem befreundet.«

»Ist Levon noch bei ihm?«, erkundigte sich der Agha.

»Levon ist wie ein Sohn für Meister Bayram«, sagte der Küchenmeister. »Er würde sich niemals von ihm trennen.«

Neyyir Agha war ins Grübeln gekommen. Da spielte der Küchenmeister seinen letzten Trumpf aus und sagte: »Er hat auch einige gute Tropfen im Keller.«

Der Agha dachte kurz nach, dann fragte er: »Wann können wir gehen?«

»Ich hätte morgen Abend Zeit. Wenn Ihr Euch freinehmen könnt?«

»Ich werde mit dem Mädchen-Agha sprechen.«

»Ich wäre überglücklich, wenn Ihr es einrichten könntet. Zumal die Fischsaison kurz vor dem Ende steht. Das sollte man nicht verpassen.«

»So Gott will …«, murmelte Neyyir Agha. Seine Gedanken kreisten bereits um Meister Bayrams Fische und Levons Meze …

*

Der »verrückte Bayram« war als größter Fischer nicht nur der Hauptstadt, sondern des gesamten Marmarameeres, des Mittelmeeres und des Schwarzen Meeres, manchen zufolge sogar sämtlicher Weltmeere bekannt. Doch sein Ruhm beschränkte sich nicht allein darauf, die besten Fische und Meeresfrüchte zu fangen, er verstand es auch bestens, diese zu äußerst schmackhaften Gerichten zu verarbeiten. Ob gebraten, gegrillt, gedämpft, als Salat, geräuchert, in Salzbrühe eingelegt, getrocknet oder gepökelt … jede seiner Zubereitungsarten war legendär. Und wie sein Spitzname schon sagte, waren Zweifel an seiner geistigen Gesundheit durchaus berechtigt.

Vor vielen Jahren hatte Meister Bayram einmal in Balat am Goldenen Horn eine kleine Schenke besessen. Obwohl Schenke eigentlich schon zu viel gesagt ist. Der Meister hatte diese windschiefe Hütte, die aus nur zwei Räumen bestand, für sich und seinen Adoptivsohn Levon selbst zusammengezimmert. Es war ihm nicht darauf angekommen, mit seinem Lokal Geld zu verdienen. Es konnte ihm auch nicht darauf ankommen, denn er war ein eigenbrötlerischer Mensch.

Gleichzeitig aber war er ein Wohltäter. Er richtete Bankette aus für die Armen und Bedürftigen und hatte große Freude daran, die Fische, die er fing, mit Menschen zu teilen, denen er gewogen war. Als sein Adoptivsohn Levon noch ein kleiner Junge gewesen war, hatte sich die Welt auch ohne Geld gedreht. Zu dieser Zeit war er nur dann auf den Fischmarkt gegangen, wenn er sich nicht mehr anders zu helfen wusste. Er hatte lediglich die Fische, die er seinen Freunden ohnehin nicht zumuten wollte, für eine Handvoll Asper verkauft, und es sich danach wieder gut gehen lassen.

Aber Meister Bayrams Ruhm verbreitete sich umso schneller, je mehr er die Menschen mied. Seine Fische, seine Meze und seine Bankette waren bald in aller Munde. Und Levon wuchs allmählich heran. Auch er musste sich sein tägliches Brot verdienen können, brauchte also ein kleines Boot, einen Satz Netze ...

Irgendwann hatte Meister Bayram einen Raum seiner Hütte ein wenig erweitert, eine Handvoll Tische hineingestellt und seine Schenke eröffnet.

Meister Bayram, der es gewohnt war, nach eigener Lust und Laune zu leben, führte sein Lokal dementsprechend. So gewährte er längst nicht jedem Gast Einlass. Besonders Höflinge und all die feinen Pinkel mit ihren prallen Geldbeuteln waren ihm zuwider, und wenn einer in seinem Lokal prahlte oder über die Maßen dem Alkohol zusprach, dann erteilte er ihm Hausverbot und hob es nicht wieder auf, selbst wenn ihm einer die Welt dafür zu Füßen gelegt hätte.

Essen und Trinken in Meister Bayrams Schenke hatten keine

festen Preise. Sie richteten sich ganz nach der Stimmung des Meisters und nach den jeweiligen Bedürfnissen des nächsten Tages, sodass der Stöcker, für den er heute nur zehn Kurusch verlangt hatte, morgen schon drei Asper kosten konnte.

Doch auch wenn sich der Meister nicht groß darum scherte, gab es Gesetze, Regeln und eine gewisse Ordnung im Lande. Damit nicht jeder Händler und Gewerbetreibende nach eigenem Gutdünken verfuhr und den Markt in Unruhe und die Preise zum Schwanken brachte, hatten die staatlichen Behörden in ihrer Weisheit berechnet, für wie viele Asper eine jede Ware und Dienstleistung höchstens verkauft werden durfte, und dies »amtlich festgesetzter Höchstpreis« genannt. Und über diese Regelung sollte Meister Bayram stolpern.

Meister Bayram war zwar pingelig in der Auswahl seiner Gäste, bisweilen irrte er aber und ließ auch fragwürdige Persönlichkeiten ein. So etwa zu einer Zeit, als er knapp bei Kasse war und sich die Preise in der Schenke seit einigen Tagen auf hohem Niveau bewegten.

An einem dieser Abende wollte ein unzufriedener Kunde seine Zeche nicht begleichen. Meister Bayram verpasste ihm zunächst eine tüchtige Abreibung, dann warf er ihn hinaus und rief ihm hinterher: »Ja, du Stänkerer, als du letzte Woche umsonst hier essen durftest, war alles gut! Da hat es dir geschmeckt!« Nie hätte er damit gerechnet, dass daraus eine so große Angelegenheit werden würde, als der Mann, der die öffentliche Demütigung nicht auf sich sitzen lassen wollte, gleich zum Richter rannte und ihn beschuldigte, mehr als den amtlich festgesetzten Höchstpreis berechnet zu haben.

Am folgenden Tag kam der Richter mit seinen Amtsleuten in Meister Bayrams Schenke, um sich den Vorfall aus dessen Sicht schildern zu lassen. Hätte er da alles abgestritten, dann hätte weder irgendjemand zu seinen Ungunsten ausgesagt, noch hätte der Richter die Sache weiterverfolgt, aber er war eben nicht ganz richtig im Kopf: Meister Bayram kannte keine Lüge.

»Habt Ihr mehr als den amtlich festgesetzten Höchstpreis verlangt?«, fragte der Richter.

»Ich weiß nichts von einem Höchstpreis«, sagte der Meister. »Ich habe dem Kerl gesagt, was er zu zahlen hat, und das war's.«

»Nun, Ihr sollt ihn aber auch geschlagen haben, stimmt das?«, fragte der Richter.

»Na, und ob!«, antwortete der Meister.

Der Richter verfügte, dass die Schenke für eine Woche geschlossen bleiben müsse. Eigentlich stand auf Missachtung des Höchstpreises auch die Bastonade, aber der Meister genoss einen derartig guten Ruf, dass der Richter eine solche Strafe nicht einmal in Erwägung zog.

Nachdem der Richter seiner Pflicht Genüge getan hatte und wieder gegangen war, verkündete Meister Bayram sämtlichen Freunden, Bekannten und Verwandten, ob er sie nun mochte oder nicht: »Heute Abend gibt es ein Festessen, zu dem ich euch alle erwarte ...«, und er fuhr aus zum Fischen. Als er gegen Abend heimkehrte, fand er vor der Schenke eine beträchtliche Menschenmenge versammelt. Er lud sämtliches Meeresgetier, das ihm ins Netz gegangen war, vor seinen Gästen ab und steckte unter den verblüfften Blicken aller seine Hütte, die sein Zuhause und seine Schenke gewesen war, in Brand. »Hier habt ihr einen Grill«, sagte er. »Also dann, lasst es euch schmecken ...« Darauf stieg er in sein Boot und ruderte mit Adoptivsohn Levon in Richtung Marmarameer davon, und während die Sonne rot glühend unterging, verschwand er am Horizont.

Auf diese Weise also hatte Meister Bayram seinem Spitznamen alle Ehre gemacht, und wie man sich erzählte, ward er von da an nie mehr in Istanbul gesehen. Die Gerüchte irrten jedoch. Vor etwa einem Jahr war der Meister mitsamt seinem

Adoptivsohn, seinen schmackhaften Fischen und seinen kunstfertigen Händen in die Stadt zurückgekehrt und hatte in einer Seitengasse auf dem Hügel von Karaköy ein neues kleines Lokal eröffnet. Seine Rückkehr hatte er geheim gehalten. Nur einige Freunde, die ihm besonders lieb und teuer waren, hatte er ins Vertrauen gezogen und ihnen eingeschärft, niemandem den Standort des neuen Lokals zu verraten.

An jenem Abend nun machten sich der Küchenmeister, sein Geselle Mahir und der Eunuch Neyyir Agha direkt nach Sonnenuntergang auf den Weg zu Meister Bayrams neuem Lokal.

Der Küchenmeister hatte sich mit Neyyir Agha, der es mit tausendundeiner Lüge geschafft hatte, beim Mädchen-Agha für einen Abend freizubekommen, vor dem Tor der Begrüßung getroffen und war in seiner Begleitung durch die Tore nach draußen gekommen. Mahir erwartete sie in einem Ruderboot, in dem sie über das Goldene Horn fuhren, und nachdem sie eine Weile am Ufer von Karaköy entlanggelaufen waren, bogen sie kurz vor Tophane links ab und stiegen den Hügel hinauf nach Galata.

Weil auch der Küchenmeister nicht genau wusste, wo sich das Lokal befand, irrten sie ein bisschen durch die engen Gassen, mussten einige Male nach dem Weg fragen und gelangten schließlich am Ende einer finsteren Sackgasse, in die sich selbst der Teufel nicht ohne Begleitung hineingewagt hätte, vor eine schwarze, mit Eisen beschlagene Tür.

Der Küchenmeister betätigte dreimal zögernd den Klopfer. Er war sich nicht sicher, ob das zweistöckige Haus auch tatsächlich der richtige Ort war. Jetzt, nach Einbruch der Dunkelheit, konnte es schlimme Konsequenzen haben, in dieser Gegend an die falsche Tür zu klopfen.

Nachdem sie geraume Zeit gewartet hatten, bewegte sich quietschend der rostige Knauf, und die schwarze Tür öffnete sich um wenige Zentimeter. In dem Spalt erschien ein großes

Augenpaar, das schaute, als wollte es sagen: »Verschwindet!«, und ließ seinen Blick über ihre Gesichter schweifen. Als es zum zweiten Mal beim Küchenmeister angekommen war, drang eine gedämpfte Stimme nach draußen, die »Na sieh mal einer an, wenn das nicht …« sagte, und die Tür schwang auf.

Im Licht der Öllampen, die das Innere spärlich beleuchteten, erkannte der Küchenmeister Meister Bayram. Er war älter geworden. Sein schmales Gesicht war von tiefen Furchen durchzogen und sein schlaksiger Körper leicht gebückt. Aber sein Benehmen und sein Gesichtsausdruck zeugten davon, dass er nichts von seiner Verrücktheit eingebüßt hatte. »Nur herein in die gute Stube«, sagte Meister Bayram, klopfte dem Küchenmeister derbe auf die Schulter und ließ seinen Blick über dessen Begleiter wandern. Dem Agha in seinem mit Perlmuttplättchen bestickten roten Umhang war mehr als anzusehen, dass er vom Hofe kam, und der Meister konnte Höflinge bekanntlich nicht ausstehen. Aber als Begleiter seines alten Freundes war auch er ihm willkommen.

Der Küchenmeister schaute sich unauffällig um. Meister Bayram hatte sich wieder ein Refugium geschaffen, wie er zu ihm passte: schlicht und nüchtern, aber dennoch unvergleichlich.

Den Herd und den Arbeitstisch hatte er auf der linken Seite des kleinen Lokals aufgebaut. Die verbliebene Fläche wurde von sechs Tischen eingenommen, die jeweils aus Metallfuß und Kupferplatte bestanden und von vier bis fünf Hockern umgeben waren, und in der Mitte des Raumes befand sich eine offene Feuerstelle, über der ein großer Kessel hing. Auf jedem Tisch stand ein bauchiger Tonkrug.

Aufgrund der frühen Stunde waren alle Tische unbesetzt. Der Küchenmeister, der die Sitten des Lokals von früher her kannte, ging, ohne dass Meister Bayram etwas hätte sagen müssen, zielstrebig auf das Feuer zu. Kaum hatte er den Deckel von dem Kessel gehoben, stieg Dampf empor und der Duft einer frischen

Fischsuppe breitete sich im ganzen Raum aus. Der Küchenmeister sog den Geruch tief in sich ein, ehe er sich wieder verflüchtigen konnte. Dann füllte er eine der irdenen Schalen, die direkt daneben auf einem Tisch standen, mit einer großen Kelle und reichte sie Neyyir Agha. Der Geruch hatte auch den Agha betört, aber er schaute zögernd auf die Schale. Selbst wenn die Suppe so mitten im Raum vor sich hin kochte, erschien es ihm doch ungehörig, sich einfach davon zu nehmen. »Das ist hier so üblich«, beruhigte ihn der Küchenmeister. »Jeder, der kommt, nimmt sich zuerst seine Suppe und geht damit zu seinem Tisch.«

Also nahm Neyyir Agha die Schale entgegen und setzte sich an einen Tisch in der Ecke. Während der Küchenmeister seine eigene Schale füllte, hatte der Agha bereits zu löffeln begonnen, ohne sich daran zu stören, wie heiß die Suppe noch war.

Nachdem der Küchenmeister die Kelle Mahir übergeben hatte, gesellte er sich zum Agha. Er rührte die Suppe um, sog noch einmal ihren Duft ein und genoss das schwache Gefühl von Eifersucht, das in ihm aufstieg. Nur wenigen Köchen war es bisher gelungen, überhaupt ein solches Gefühl in ihm zu erwecken. Der Küchenmeister sah seine Kollegen ohnehin nicht als Rivalen. Aber mit Meister Bayram in einen Wettstreit zu treten, wenn es um ein Fischgericht ging – davor schreckte sogar er zurück.

Fischsuppe, die von allen Suppen weltweit als eine der zwei Königinnen und als Gipfel der Fischkochkunst bekannt ist, hatte absolut perfekt zu sein. Bei ihr gab es kein »so lala«, »es geht« oder »nicht schlecht«. War sie gelungen, sagte man Suppe dazu, war sie es nicht, goss man sie in den Ausguss. Sie war eine der absonderlichsten Speisen der Welt. Aus je mehr Zutaten sie bestand, desto beliebter war sie. Ihr Geschmack war, von ihrer Grundsubstanz Fisch abgesehen, nicht eindeutig definiert. Er veränderte sich vielmehr kontinuierlich. Staudensellerie und Karotten, die den Fisch beim ersten Löffel begleiteten, machten beim zweiten Löffel Zwiebel und frischem Thymian Platz, während beim dritten Löffel ein klarer Fischgeschmack vorherrschte, der von schwarzem Pfeffer angeheizt wurde. Dieser Reigen setzte sich fort, bis die Suppe ausgelöffelt war. Niemals ließ sich vorausahnen, welcher Geschmack einem als Nächstes in den Mund käme, und so war jeder Löffel eine Überraschung, bis man den Boden der Schale erreichte.

Nachdem der Küchenmeister den letzten Rest ausgeschlürft hatte, seufzte er tief und lehnte sich zurück. Sein empfindlicher Gaumen hatte gerade eine sehr angenehme Prüfung absolviert, doch die Suppe hatte gewonnen. Ab einem gewissen Punkt hatte er es aufgegeben, herauszufinden zu wollen, woraus sich der Geschmack in seinem Mund zusammensetzte, und er hatte sich ganz dem puren Genuss überlassen. Er wusste, dass eine Fischsuppe aus mindestens zweiundzwanzig verschiedenen Zutaten bestehen musste, aber er hätte schwören können, dass in diesem Kessel sehr viel mehr enthalten waren.

Als sie ihre Suppen verzehrt hatten, trat Meister Bayram an den Tisch. Er stellte drei Schälchen mit grünen Mandeln, Haselnüssen und Walnüssen auf das runde Kupfertablett, räumte die leeren Schalen ab und sagte, fast schon vorwurfsvoll auf den Tonkrug deutend: »Na los doch, oder wartet ihr auf eine Einladung?« Der Küchenmeister begann, Wein in ihre irdenen Becher zu gießen. Meister Bayram wartete, bis alle drei Becher gefüllt waren und sagte dann, an den Küchenmeister gewandt: »Ich habe lange auf deinen Besuch warten müssen.«

»Das Schicksal hat sich den heutigen Abend ausgesucht«, antwortete der Küchenmeister.

Meister Bayram nickte, ohne seine Augen von ihm abzuwenden: »Bleibt ihr über Nacht?«

»Ja, heute sind wir deine Gäste«, sagte der Küchenmeister. »Natürlich nur, sofern du nichts dagegen hast ...«

»Levon!«, brüllte Meister Bayram. Noch bevor seine Stimme verhallt war, erschien sein Adoptivsohn. »Richte oben drei Zimmer her«, wies er ihn an.

Nachdem Levon die Gäste mit einem Kopfnicken willkommen geheißen hatte, verschwand er so still, wie er gekommen war.

Der Küchenmeister, sein Geselle und der Agha blieben allein mit dem Wein zurück, der sich durchaus mit den Weinen aus dem Keller der Favoritin hätte messen können. Und dabei war es nur der Tischwein! Es war allgemein bekannt, dass Meister Bayram besonders geschätzten Gästen nur die edelsten Tropfen servierte. Neyyir Agha hoffte inständig, dass der Küchenmeister einer dieser Gäste war.

Der Krug auf ihrem Tisch war kaum geleert, da eilte Levon schon herbei und stellte einen neuen hin. Und als sie ihre Becher zur Hälfte ausgetrunken hatten, näherte sich Meister Bayram dem Tisch, die Hände und Arme voller Teller. Der größte, den er in die Mitte stellte, war halb mit Stöckern, halb mit Streifenbarben gefüllt. Die in Mehl gewendeten und in Öl gebratenen Fische brutzelten noch leise vor sich hin. Dazu gab es eine riesige Schüssel grünen Salat, der von Zitronensaft und Olivenöl glänzte. Dann kam ein Zwiebelsalat mit reichlich Sumak und Petersilie auf den Tisch und ein mit einem Tuch abgedeckter Korb mit warmem Mais- und Kichererbsenbrot. Das Festmahl konnte beginnen.

Neyyir Agha fiel über die Fische her, als hätte er seine im Harem genossene Erziehung komplett über Bord geworfen. Mahir war ohnehin aus sich herausgetreten und schlemmte, als wäre es das letzte Mahl seines Lebens. Als nur noch eine Handvoll Fische übrig waren, stellte Levon schon den nächsten brutzelnden Teller vor sie hin. Diesmal lagen Sardellen und Wittlinge darauf. Wo auch immer Meister Bayram sein Netz ausgeworfen haben mochte, er hatte die letzten Sardellen der Saison gefangen. Die dünnen Wittlinge waren ein zusätzliches Geschenk des Meeres.

Als sie auch den zweiten Teller zur Hälfte geleert hatten, rief der Küchenmeister Mahir, der sich immer gleich drei Sardellen auf einmal in den Mund steckte, zur Mäßigung auf. Und damit sich sein Geselle, der mit dem Bissen im Mund erstarrt war, nicht gekränkt fühlte, fügte er rasch hinzu: »Es kommt noch mehr. Iss dich nicht satt, sonst bereust du es nachher.«

Diese Worte brachten auch Neyyir Agha wieder zu sich. Er steckte sich den Wittling, den er mit seinen breiten Fingern zu entgräten versucht hatte, kurzerhand mitsamt Kopf und Schwanz in den Mund und stürzte den im Becher verbliebenen Wein in einem Zug hinunter. Er strahlte zufrieden über das ganze Gesicht. »Was soll denn da noch kommen«, sagte er fröhlich wie ein Kind. »Schon das würde völlig reichen. Wenn es sein müsste, könnte ich nach diesem Mahl für den Rest meines Lebens auf Fisch verzichten.«

Der Küchenmeister lachte höflich. »Solange es unter der Meeresoberfläche Fische und darüber Meister Bayram gibt, werden wir noch viele Fische essen, verehrter Agha.«

Der Eunuch fiel in das Gelächter mit ein: »So Gott will, Meister, so Gott will!«

In diesem Moment tauchte, als wäre Neyyir Aghas frommer Wunsch erhört worden, Meister Bayram wieder neben ihnen auf. Dieses Mal hielt er ein großes Tablett voller großer und kleiner Schüsseln in der Hand. Mit raschen Bewegungen sammelte er das leere Geschirr ein und stellte Teller, Schüsseln und Pfännchen auf den Tisch. In den heißen Pfännchen waren in Teig gebackene Muscheln, Tintenfischringe und ein im eigenen Saft gekochter Steinbutt auf einem Bett aus Zwiebeln, Knoblauch, Karotten und ein wenig Sellerie. Zu den Muscheln wurden Mandeln, zu den golden gebratenen Tintenfischringen Walnusstarator gereicht. Gepökelte Sardellen lagen um entkernte grüne Oliven, eine weichgeklopfte Makrele war mit viel Dill bestreut. Den grünen Salat hatte der Meister diesmal um riesige Garnelen und frische Tintenfischarme angereichert. Der in Salzlake eingelegte Thunfisch sah auf dem Teller aus, als wäre er noch lebendig, und fiel auf der Gabel nicht auseinander, zerging aber auf der Zunge wie Schlagsahne.

Während die Tischgenossen kaum ihr Erstaunen über die erste Fuhre überwunden hatten, kam Levon mit einem kleineren Tablett in der Hand. Erst schaffte er Platz auf dem Tisch und stellte dann einen der Länge nach aufgeschnittenen, riesigen Blaufisch in die Mitte, der mit Zwiebelringen gegrillt worden war. Dazu stellte er Teller mit Kichererbsenbällchen, Bohnen, gefüllten Muscheln und gesalzenem Weißfischrogen. Jetzt war gerade noch genug Platz für einen Teller geblieben, den Levon für seine exquisiteste Speise reserviert hatte.

Als er den letzten Teller vom Tablett auf den Tisch stellte, verliehen die Gäste lauthals ihrer Bewunderung Ausdruck. Die edelste aller Meze, gefüllte Makrele, hatte sich die Ehre gegeben, und wie alle Gourmets begegneten auch sie dieser seltenen Speise mit Hochachtung.

Als man die letzten Tropfen des dritten Kruges Wein verteilt hatte und ein Glühwein auf den Tisch kam, der mit Honig dickflüssig gemacht worden war, waren die Köpfe schon reichlich benebelt, und der Appetit wich aufgeräumter Plauderei.

Mahir war der Erste, dessen Zunge sich löste. Nachdem er leicht lallend ein wenig über das Schicksal und die Mühsal des Lebens geklagt hatte, begann er seine Geschichte zu erzählen.

Sein Vater war Koch gewesen und ein verbitterter Mann. Mahir hatte in seine Fußstapfen treten wollen, aber weil sein Talent nicht über Pilaw hinausging, hatte der Vater den einzigen Sohn aus der Küche gejagt, damit dieser unverzüglich einen anderen Beruf erlerne.

Doch Mahir hatte sich, sei es aufgrund der erlittenen Kränkung, sei es, weil er sich auch sonst zu nichts eignete, auch in keinem anderen Metier lange halten können. Bei seinem vierten Versuch, als er bei einem Schneider arbeitete, erkrankte sein Vater, wurde bettlägerig und verstarb kurz darauf. Da es niemanden gab, der das Geschäft hätte führen können, häuften sich die Schulden, und schließlich wurde das vom Großvater ererbte Lokal zu einem Spottpreis verkauft. Seine verwitwete Mutter schickte ihren vaterlosen Sohn durch die Vermittlung eines einflussreichen Freundes nach Istanbul in die Palastküchen. Mahir sandte das von seinem Lohn gesparte Geld in die Heimat. Sein größter Traum war aber, es »weit zu bringen«, so seine eigenen Worte, und seiner Mutter einen sorglosen Lebensabend zu bescheren.

Der Küchenmeister hatte sich die Geschichte seines Gesellen voller Mitgefühl angehört, aber bei diesen letzten Worten lachte er in sich hinein. Mahir hatte nicht etwa gesagt, er wolle es als Koch oder als sonst etwas »weit bringen«. Beruflich hatte er keine klare Präferenz, und wenn sich ihm nun die Gelegenheit böte und ihm das Schicksal gewogen wäre, so könnte er jederzeit wieder umschwenken und doch Schneider oder gar Stallknecht werden.

Da habe ich mir ja genau den Richtigen ausgesucht, dachte der Küchenmeister. Und laut fügte er hinzu: »Sei unbesorgt, Mahir. Du wirst es schon schaffen, deinem Mütterchen ein angenehmes Leben zu ermöglichen.«

Neyyir Agha, der mindestens schon so beduselt war wie Mahir, hatte sich aufgrund seiner höfischen Erziehung bisher vornehm zurückgehalten. Doch nun begann auch er zu erzählen, und je mehr er erzählte, desto mehr gab er preis, bis er schließlich auf den Harem zu sprechen kam. Der Küchenmeister lauschte aufmerksam. Allerdings hoffte er diesmal nicht, etwas über Kamer zu erfahren, sondern über eine andere Dame. Als Neyyir Agha endlich von der Favoritin zu erzählen begann, der

Lieblingsfrau des Sultans und Mutter eines Sohnes, war der Küchenmeister ganz Ohr.

Die Favoritin, an die noch schwerer heranzukommen war als an den Sultan selbst und über die nur wenige Informationen kursierten, hatte er schon vor langer Zeit ins Auge gefasst. Sie war diejenige, die alle Fäden in der Hand hielt, und auf die es der Küchenmeister abgesehen hatte.

Das meiste, was Neyyir Agha über sie berichtete, hatte er bereits von anderen gehört. Trotzdem war es etwas anderes, dies alles von einem Haremsbewohner zu erfahren, der sie persönlich kannte. Die Favoritin galt als eine der klügsten Frauen, die je ins Serail gekommen waren. Sie hatte es schon in jungen Jahren geschafft, den Sultan und den Harem unter ihre Gewalt zu bekommen. Sie teilte nicht gern ihre Macht und war dafür bekannt, Rivalen schnell aus dem Weg räumen zu lassen. Gerüchte besagten, dass zwischen ihr und dem Waffenmeister ein stiller, aber erbitterter Krieg tobe. Siyavuş Agha wartete nur auf die Gelegenheit, die Favoritin beim Sultan in Ungnade zu stürzen.

Irgendwann bemerkte Neyyir Agha, dass er unter dem Einfluss des Weines Auskünfte weiterzugeben begann, die der Geheimhaltung unterlagen, und obwohl er weiterhin vom Harem und vom Serail sprach, ging er zu weniger verfänglichen Themen über. Der Küchenmeister hatte ohnehin genug gehört. Er lehnte sich ein wenig zurück und überließ die Unterhaltung dem Agha und Mahir. Er selbst warf nur ab und zu ein paar Worte ein und behielt dabei unauffällig die Eingangstür im Auge. Nach ihnen waren noch zahlreiche Leute gekommen, doch außer den fünf Personen, die jetzt an zwei Tischen saßen, hatte Meister Bayram sie alle abgewiesen.

Mahir und der Eunuch setzten ihre Unterhaltung fort. Besser gesagt, Mahir stellte unentwegt Fragen, und der sichtlich angeheiterte Agha schmückte seine Antworten in den schillerndsten Farben aus. Der Küchenmeister warf seinem Gesellen einen Seitenblick zu. Mahir konnte sich gar nicht daran satthören, wie das Leben hinter dem Tor der Glückseligkeit ablief. Mit leuchtenden Augen und offenem Mund schnappte er jedes Wort auf, das dem Agha über die Lippen kam, und verwandelte es im Geiste in Träume, die zwar schwer zu verwirklichen waren, in denen es sich jedoch gut schwelgen ließ. Er wusste natürlich, dass ein Mann, der noch über alle körperlichen Anhängsel verfügte, seinen Fuß niemals in den Harem setzen könnte, solange er nicht der Familie des Herrscherhauses angehörte. Aber ein von der Macht Besessener wie er könnte durchaus bereit sein, das, was zwischen seinen Beinen baumelte, zu opfern, um all dem Prunk, dem Adel und vor allem der Macht nahe zu sein. Das wusste der Küchenmeister nur allzu gut, und deshalb hatte er Mahir zu seinem Gesellen gemacht.

Auch Neyyir Agha hatte offenbar Gefallen an dem jungen Mann mit dem wohlgeformten Körper, der weißen Haut und dem schönen Gesicht gefunden, denn er gab ihm Ratschlag über Ratschlag und bemerkte sogar, dass sie von nun an Brüder seien und er jederzeit hinter ihm stehe. »Du musst ja nicht gleich im Harem oder im Enderun anfangen«, sagte Neyyir Agha. »Hauptsache, du hast überhaupt schon deinen Fuß in den Palast gesetzt. Wer entschlossen ist und gute Freunde hat, steigt immer auf!«

Der Küchenmeister hörte sich voll heimlicher Belustigung die Zukunftsträume seines Gesellen an, der es als unerwarteten Glücksfall auffasste, mit einem Haremsdiener mittleren Ranges an derselben Tafel zu sitzen und Wein zu trinken, als er ein Klopfen an der Tür hörte. Ohne seinen Kopf zu drehen, horchte er auf. Meister Bayram öffnete die Tür wie immer zunächst nur einen Spaltbreit und schaute, wer da gekommen sei, aber diesmal schlug er dem Anklopfenden nicht fluchend die Tür vor der Nase zu, sondern bat ihn herein.

Der Küchenmeister wartete, bis der Neuankömmling seine Suppe genommen hatte. Als dieser sich an den Tisch rechts von ihnen setzte, äugte er unauffällig zu ihm hinüber. Es war ein großgewachsener Mann mit spitzem schwarzem Bart, der einen weißen Umhang trug und um seine Kappe aus Filz ein Turbanband geschlungen hatte, das schwarz wie sein Gürtel war. Bevor er seine Suppe aß, goss er sich Wein in seinen Becher, trank ihn zur Hälfte aus und grüßte den Küchenmeister mit einem Seitenblick. Der Küchenmeister erwiderte den Gruß, indem er den Mann unverwandt ansah, und drehte sich wieder nach vorn.

Endlich, dachte er erleichtert.

Nachdem er, ohne sich etwas anmerken zu lassen, das Tischgespräch noch eine Stunde lang über sich hatte ergehen lassen, stand er auf und bat Neyyir Agha höflich darum, ihn für eine Weile zu entschuldigen. Sein Vorwand war der Wein, von dem er allzu viel genossen habe. Weder der Eunuch in seiner Trunkenheit, noch Mahir, der sich der Macht einen Atemzug näher fühlte, beschwerten sich über seinen Fortgang. Ihre Unterhaltung schien für beide so anregend zu sein, dass sie vermutlich noch bis zum Morgengrauen andauern würde.

Der Küchenmeister ging auf sein Zimmer, streckte sich auf seinem Bett aus und wartete. Eine einzige Öllampe erhellte den Raum, und er betete, dass alles so ablaufen möge, wie er es sich wünschte, ohne dass etwas Unvorhergesehenes dazwischenkäme. Da klopfte es sachte. Schnell sprang er aus dem Bett und öffnete. Vor der Tür stand, wie erwartet, der weiß gewandete Mann mit dem schwarzen Turban.

»Salem Aleikum«, sagte der Mann mit arabischem Akzent. Der Küchenmeister erwiderte den Gruß und flüsterte: »Wo wart Ihr so lange?« Der Mann lächelte milde und lugte misstrauisch hinter sich in den dunklen Korridor.

»Es war schwierig«, sagte er mit gedämpfter Stimme. »Ich habe auch noch nicht alle, doch Eure Nachricht besagte ja, ich solle heute Nacht so viel mitbringen, wie ich auftreiben könne.«

Der Küchenmeister nickte hilflos. Er hatte einfach nicht länger warten können. Daher hatte er diesem Mann über den Krämer Naim Efendi eine chiffrierte Nachricht gesendet.

»Habt Ihr sie dabei?«, fragte der Küchenmeister. Ihm stockte fast der Atem vor Aufregung. Der Mann lächelte und zog aus seinem Umhang ein großes, in Leder gehülltes und fest verschnürtes Bündel.

»Hier sind alle, die es gab«, sagte er. »Es fehlen nicht viele, und ich hoffe, sie erfüllen ihren Zweck.«

»Das hoffe ich auch«, sagte der Küchenmeister. »Danke. Ich habe Euch große Umstände gemacht.«

»Aber nein.« Der Mann lächelte. »Der Wunsch der Brüder ist mir Befehl.«

Das Wort »Brüder« versetzte den Küchenmeister in Aufregung. »Werdet Ihr sie bald sehen?«, fragte er.

»Bald nicht, aber im Sommer gehe ich nach Bagdad«, antwortete der Mann.

Der Küchenmeister drückte ihm fest den Arm. »Richtet ihnen Grüße von mir aus. Sagt ihnen, dass ich sie sehr vermisse ...«

»Das werde ich«, sagte der Mann und verschwand, nachdem er sich verabschiedet hatte, in der Dunkelheit des Korridors.

Der Küchenmeister schloss leise die Tür, nahm die Öllampe und hockte sich im Schneidersitz aufs Bett. Er löste eilig das lederne Bündel und breitete den Stoß Pergamente, der sich darin befunden hatte, vor sich aus. Er betrachtete die Blätter wie einen heiligen Schatz. Auf jedem von ihnen war ein großer Kreis abgebildet, jeder Kreis war in zwölf Abschnitte unterteilt, die jeweils korrekt mit den Symbolen der zwölf Sternzeichen versehen waren, vom Widder angefangen bis zu den Fischen, und die sieben Planeten, vom Merkur bis zum Saturn, waren in ihren Häusern markiert.

Es handelte sich um Horoskope. Um die Horoskope aller hochgestellten Persönlichkeiten, die im Serail des Sultans lebten.

Auf jedem Horoskop war einzeln dargelegt, welcher Planet bei der Geburt der jeweiligen Person in welchem Sternzeichen und in welchem Haus gestanden hatte. Diese Blätter mochten einem Unwissenden als ein Haufen wertlosen, mit bedeutungslosen Zeichen bekritzelten Papiers erscheinen. Doch wer sie zu lesen verstand, konnte aus ihnen etwas über Glück und Unglück, über Erfolg und Misserfolg des Horoskopbesitzers erfahren, darüber, was er mochte, ja sogar darüber, was er dachte und fühlte.

Der Küchenmeister blätterte die Seiten rasch durch und legte zwei davon zur Seite. Es waren diejenigen, die er unbedingt brauchte, und er dankte Gott dafür, dass sie dabei waren. Eines war das Horoskop des Waffenmeisters, das andere das des Sultans höchstpersönlich.

Der Küchenmeister las zuerst Siyavuş Aghas Horoskop. Es barg keine Überraschungen, und er würde genauso vorgehen wie geplant. Danach nahm er sich das Horoskop des Sultans vor und studierte es eingehend. Er betrachtete die Positionen aller Planeten, in welchem Sternzeichen und welchem Haus sie standen und in welchem Winkel zueinander. Ein Gedanke nahm in seinem Kopf Form an. Er überlegte ein wenig und murmelte vor sich hin: »Morgen sage ich dem Obersten Einkäufer, dass er Wildvögel auftreiben soll ...«

Nachdem er das Horoskop noch einmal geprüft hatte, schaute er sich die anderen Blätter an. Vom Großwesir bis zu den Obertorwächtern standen ihm fast von allen Palastbewohnern, die Rang und Namen hatten, die Horoskope zur Verfügung. Die geballte Macht, die er damit in Händen hielt, ließ ihn frösteln. Da erregte ein Horoskop seine besondere Aufmerksamkeit. Als er es näher betrachtete, weiteten sich seine Augen vor Entsetzen.

»Mein Gott!«, flüsterte er. Es gehörte der Favoritin, und der Himmel bestätigte, was Neyyir Agha ihm erzählt hatte.

Die Sterne hatten der Favoritin einen so klaren Verstand, eine so hohe Intelligenz und einen so ausgeprägten Willen zur Macht geschenkt, dass sie, wäre sie als Mann geboren worden, die Welt hätte erobern können. Zum ersten Mal seit jenem Tag, an dem er seinen Plan ausgeheckt hatte, fühlte der Küchenmeister große Sorge. Die Favoritin konnte ihm wirklich gefährlich werden, aber die Würfel waren geworfen. Es gab kein Zurück!

Er sammelte die Blätter ein, steckte sie in das Lederfutteral und schob sie unter seine Matratze. Er blies die Öllampe aus. Er musste jetzt schlafen. Aber vor seinen Augen flimmerten unaufhörlich die Sterne. Es war, als schaue er in einer klaren Nacht auf Milliarden und Abermilliarden von Lichtpunkten, die am wolkenlosen Himmel flackerten. Ein kühler Wüstenwind umfing seinen Körper, und seine Gedanken reisten in der Zeit zurück, nach Bagdad, ins Haus der Brüder el-Hâki, an den Ort, wo er zum ersten Mal mit der Wissenschaft der Sterne in Kontakt gekommen war ...

KAPITEL 5

Der Arzt und der Sterndeuter

Der Küchenmeister erinnerte sich nur schemenhaft an den Tag, an dem er und Meister Âdem sich vor der Tür des Hauses der Brüder el-Hâki voneinander verabschiedet hatten. Dieses Haus, das sowohl als Observatorium wie auch als Hospital diente, befand sich einen Stundenritt von Bagdad entfernt auf einem hohen Hügel am Rande der Wüste.

Der Küchenmeister war damals siebzehn Jahre alt.

In dieser Phase seines Lebens sah die Welt für ihn verschwommen aus, als wäre sie hinter einem Nebelschleier verborgen, Stimmen hörten sich wie Geraune oder bisweilen wie gellende Schreie an, Gerüche und Geschmäcke nahm er noch nicht mit dem Verstand wahr, die Zeit stand quasi still, und sogar der Unterschied zwischen Tag und Nacht war bedeutungslos geworden.

Wie seine Welt, so war auch der Küchenmeister schweigsam geworden. Eine Zukunft existierte für ihn nicht mehr. Daher hatten auch Begriffe wie »Hoffnung«, »Wünsche« oder »Träume« ihre Bedeutung für ihn verloren. Er war gefangen in einer tristen, perspektivlosen Gegenwart, die überschattet war von seiner Vergangenheit.

Meister Âdem hatte den Küchenmeister wortlos umarmt, ehe er umgekehrt war. Der Küchenmeister erinnerte sich, wie er ihn über den Hügel hatte fortreiten sehen, wie er mit jedem

Schritt seines Pferdes kleiner geworden und dann am Horizont verschwunden war. Er erinnerte sich, überlegt zu haben, ob er ihn jemals wiedersehen würde. Ja, daran erinnerte er sich, denn das war der einzige Gedanke an die Zukunft, der seinen Geist damals noch durchzuckte.

Ansonsten gab es nur eines, was der Küchenmeister vom Leben verlangte, wonach er sich sehnte, worum er inständig bat: vergessen zu können.

Nur wenn er vergaß, würde er sich von dem bitteren Geschmack in seiner Kehle und von dem Kummer, der sein Herz bedrückte, befreien können. Er wünschte sich ein Vergessen, das über den Tod hinausreichte. Ein Vergessen, als hätte er nie gelebt, als hätte es ihn nie gegeben.

Selbst die süßeste Erinnerung an die Vergangenheit schmerzte ihn zutiefst, und allein die Erwähnung der Zukunft ließ ihm vor Angst das Blut gefrieren.

Aber zu vergessen war unmöglich, und es verging kein einziger Moment, in dem er nicht an Kamer dachte. Er war wütend über sich selbst, versuchte sich diese Gedanken aus dem Kopf zu schlagen, trank, weinte, doch es war alles vergebens. Er konnte weder seinen Gedanken Einhalt gebieten noch seinen Schmerz lindern. Anfangs hatte er wenigstens im Schlaf Ruhe gefunden, aber mit der Zeit begann die heimtückische Finsternis sich auch auf seine Träume auszudehnen. Nacht für Nacht erwachte er keuchend und schweißgebadet. Bald hatte er Angst vor dem Schlafen.

Da war es weitaus erträglicher, Gedanken und Erinnerungen nachzuhängen; sie konnte er wenigstens beeinflussen. Die Träume waren brutaler, sie fielen über ihn her, wenn er sich am wenigsten wehren konnte, und ließen ihn noch viel größeres Leid oder, was fast noch schlimmer war, unverhofftes Glück erleben. Nie fühlte er sich kläglicher, als wenn er mitten in einer Geschichte erwachte, in der er sich all ihrer Absurdität zum

Trotz warm und aufgehoben gefühlt hatte, nur um dann begreifen zu müssen, dass es sich lediglich um einen Traum gehandelt hatte.

Er dachte darüber nach, wo seine Welt begonnen hatte, sich in die falsche Richtung zu drehen, doch er fand es nicht heraus. Vielleicht war ja schon immer alles verkehrt und all die glücklichen Momente nur Trugbilder in einem riesigen Verwirrspiel gewesen.

Wenn sie doch bloß für immer in dieser Illusion hätten bleiben können! Wenn das Leben mit seiner ganzen Grausamkeit an ihnen vorübergezogen wäre, ohne sie zu tangieren. Wenn sie auf ewig auf jenem Dach über der Küche hätten sitzen können, zwischen den Schornsteinen, ohne je erwachsen zu werden, ohne je trauern zu müssen.

Er war vierzehn, sie dreizehn Jahre alt gewesen, und während des vergangenen Jahres hatten sie sich fast jede Nacht auf dem Dach getroffen und dort die schönsten und glücklichsten Augenblicke ihres Lebens verbracht.

Als ihre Haare sein Gesicht zum ersten Mal berührten, hatte ein Halbmond am Himmel gestanden, und als er zum ersten Mal nach ihrer Hand gegriffen hatte und sie beide wie vom Blitz getroffen waren, eine schmale Mondsichel. Es war Vollmond, als sie entdeckten, dass das Lied, das Kamer ihm leise vorsang, von ihnen selbst erzählte und dass man das, was sie erlebten, »Liebe« nannte.

Er erinnerte sich an jenes Lied und würde es niemals vergessen:

So trunken bin ich, dass ich nicht mehr weiß, was diese Welt ist
Nicht mehr weiß, wer ich bin und wer der Mundschenk und was
der Kelch ...

Und wie Kamer, die nach dem Mond benannt worden war, in seinem Licht tanzte! Ihre Arme, die sich über ihrem Kopf wanden wie zu einer unhörbaren Musik, ihre Haare, die herumwirbelten, als zögen sie ein Tuch über die Nacht, ihre Schritte, die den Boden streichelten, und ihre mal schüchternen, mal herausfordernden Blicke ... Kamer wurde mit jeder Nacht bezaubernder, und sie tanzte so anmutig, dass er manchmal befürchtete, sie könnte wie ein Fluss aus Licht davonfließen.

Auch an die Nacht, in der sich Kamer wie eine Verrückte im Kreis gedreht hatte, erinnerte er sich, als sei es gestern gewesen. Während sie ihn mit rhythmischen Schritten umrundete, drehte sie sich bei jedem dritten Schritt einmal rasch um sich selbst. Er, der sie und ihren wilden Tanz nicht für einen Moment aus den Augen verlieren wollte, war gezwungen, sich mitzudrehen. Kamer tanzte schneller und immer schneller. Weil sie daran gewöhnt war, geriet sie weder aus dem Tritt, noch wurde ihr schwindelig. Er dagegen fing schon an zu torkeln. Als sie noch ein wenig mehr beschleunigte, rief er lachend: »Es reicht, hör auf dich zu drehen!«

Kamer stoppte abrupt und schaute ihn zwischen ihren Haaren hindurch an, die ihr im Gesicht klebten.

»Ich heiße wie der Mond, also drehe ich mich«, sagte sie und wirbelte noch schneller herum.

Er konnte ihr kaum noch folgen. Besorgt sah er, wie Kamer sich, ohne es zu merken, mit jeder Drehung ein wenig mehr dem Rand des Daches näherte. Er rief ihr zu, sie solle anhalten, doch sie lachte nur und machte einen Luftsprung.

Als der Küchenmeister begriff, dass er diesen irren Tanz nicht anders beenden könnte, packte er Kamer am Arm und zog sie an sich. Sie fiel und landete in seinen Armen, als hätte ihm die Nacht ein Geschenk gemacht.

»Was tust du da?«, fragte Kamer zornig. Jedoch versuchte sie nicht, sich zu befreien.

»Du wärest fast vom Dach gestürzt«, erwiderte er, darum bemüht, möglichst vorwurfsvoll auszusehen. Eine seiner Hände lag auf ihrem Arm, die andere war zu ihren Hüften gerutscht. Kamer war vom Tanzen außer Atem, und ihn hatte das Zuschauen ebenfalls angestrengt.

»Ich wäre nicht gestürzt«, widersprach sie.

»Doch, das wärest du«, beharrte er. »Du bist langsam immer näher an den Rand des Daches ...«

Mit einem Lächeln schnitt Kamer ihm das Wort ab: »Ich wäre nicht gestürzt. Du warst doch da.«

In diesem Moment war sein Herz wieder stehen geblieben, er spürte seine Beine nicht mehr, und er hätte mit allen Gelehrten der Welt wetten mögen, dass man auch ohne zu atmen leben kann. Er sah ihr in die Augen und dachte darüber nach, was er ihr sagen könnte. Da aber lehnte sie ihren Kopf an seine Schulter, und alle Worte verloren ihre Bedeutung. In diesem Augenblick war der einzige Sinn aller Existenz und des gesamten Universums, ihre Hände auf seinem Rücken, ihre Wimpern an seinem Hals und ihre Brust an seiner Brust zu spüren. Er streichelte ihr Haar und blickte in den Himmel. Er wollte Gott für diesen Moment danken und ihn darum bitten, dass er nie enden möge, doch aus dem Augenwinkel sah er über den Rand des Daches hinweg, wie eine Katastrophe sich anbahnte.

Oben auf der Leiter stand einer von Sirrahs Sklaven.

Doch der Küchenmeister hatte keine Angst. Er sorgte sich nur um Kamer, die immer noch an ihn geschmiegt war. Er starrte den Sklaven so zornig an, dass der Mann nach kurzer Zeit das Weite suchte.

Der Küchenmeister erinnerte sich nicht daran, wie lange sie in jener Nacht noch dort geblieben waren. Aber bevor sie sich voneinander verabschiedet hatten, hatte er es Kamer gesagt. »Wir sind erwischt worden«, sagte er. »Jetzt erfährt es Sirrah.«

Sie lachte. »Natürlich tut sie das, aber erwischt worden sind wir trotzdem nicht«, sagte sie. »Erwischt werden kann nur, wer etwas Böses tut oder davonläuft ...«

In diesem Moment verliebte sich der Küchenmeister noch ein wenig mehr in Kamer.

Am nächsten Tag passierte nichts Außergewöhnliches, und auch die folgenden Tage verliefen ruhig. Sirrah war eine kluge Frau, und sie kannte Kamer gut. Sie wusste, dass sie nur noch größeren Widerspruchsgeist hervorriefe, wenn sie sie ausschalt oder ihr Verbote auferlegte. Daher begnügte sie sich damit, kleine Maßnahmen zu treffen. Selbst wenn es gerade keine Kunden gab, schickte sie Kamer unablässig von einem Haus zum anderen, und in der restlichen Zeit musste sie üben bis zur völligen Erschöpfung. Sirrah ließ ein doppeltes Schloss an ihrer Tür anbringen und schnitt ihr so den Zugang zum Dach ab.

Den Küchenmeister zu verwarnen, fiel indessen Meister Âdem zu. Er hielt ihm Predigt über Predigt und wiederholte immer wieder, dass der Tempel der Genüsse nur eine Zwischenstation sei, dass er eines Tages ein großer, ja sogar der größte Koch der Welt sein würde, dass er dafür geboren sei und sich ganz auf seine Kunst konzentrieren müsse. Der Küchenmeister schwieg aus Achtung vor dem Meister und nickte bloß zu dessen Worten. Wenn Meister Âdem sich abfällig über Kamer äußerte, wenn er Dinge sagte wie: »Seit wann hätte der Tempel der Genüsse je eine ehrbare Frau hervorgebracht?«, biss der Küchenmeister die Zähne zusammen, um nicht aus der Haut zu fahren.

Natürlich konnten weder Sirrahs Maßnahmen noch Meister Âdems Worte verhindern, dass Kamer und er sich weiterhin trafen. Entweder überzeugte der Küchenmeister, der die Macht seiner Speisen gerade zu entdecken begann, einen Sklaven oder Kunden, oder Kamer überredete eines von Sirrahs Mädchen dazu, ihnen behilflich zu sein. Fanden sie keinen Weg, sich zu treffen, dann versteckte der Küchenmeister wieder seine Mitteilungen auf dem Boden der Schüsseln, und Kamer sang Lieder in einer Lautstärke, dass die Fensterscheiben zu zerspringen drohten. Dann verflogen Kummer und Sorgen des Küchenmeisters, der sich entweder gerade in seine Arbeit geflüchtet hatte oder sich unruhig im Bett wälzte, und während er mit einer Hälfte seines Gesichts lachte, schien die andere zu weinen.

Wochen und Monate vergingen, und die kleinen, hart erkämpften Glücksmomente dienten gleich Oasen in der Wüste dazu, ihre Herzen ein wenig zu erfrischen. Auch ohne darüber gesprochen zu haben, begriffen beide natürlich, dass dies nicht für alle Zeit so weitergehen konnte. Sie brauchten eine Perspektive. Sie mussten sich eine Zukunft aufbauen oder doch wenigstens erträumen. Sie waren jedoch nicht die Einzigen, die sich Gedanken über später machten. Als hätte die Gegenwart noch nicht gereicht, war auch ihre Zukunft bereits verplant.

Als der Küchenmeister eines Tages wie jeden Morgen in die Küche kam, fand er dort Meister Âdem mit zwei fremden Männern sitzen. Der Meister stellte seine Gäste nicht vor, und der Küchenmeister wagte nicht zu fragen. Die Männer beobachteten bis um die Mittagsstunde mit aufmerksamen Augen seine Arbeit, und nachdem sie von den Speisen gekostet hatten, die er zubereitet hatte, besprachen sie sich kurz mit Meister Âdem vor der Tür, ehe sie wieder von dannen zogen. Der Küchenmeister konnte sich das Ganze nicht erklären, doch einige Tage später wurde ihm alles klar.

Meister Âdem weckte ihn sehr früh am Morgen, noch bevor der Gebetsruf ertönt war. Er gab ihm keinerlei Erklärung, sondern sagte nur: »Zieh deine Ausgehkleidung an.« Der Küchenmeister tat, wie ihm geheißen, und folgte dem Meister. Gemeinsam marschierten sie nach Üsküdar hinunter, bestiegen ein Boot und fuhren über den Bosporus bis nach Unkapanı. Nachdem sie dort an Land gegangen waren, stiegen sie geradewegs den Hügel empor in Richtung Etmeydanı. Dem

Küchenmeister fiel auf, dass Meister Âdems Gesicht aschfahl geworden war. Er sah aus, als wären sie auf dem Weg zum Schafott.

Nachdem sie ein langes Stück geradeaus gegangen waren, bogen sie rechts ab und kamen in eine Straße mit zahlreichen Läden, die Kebap, Innereien, Tierköpfe, Halwa und Essiggemüse verkauften. Meister Âdem klopfte an eine kleine Tür, die versteckt zwischen zwei dieser Läden lag. Kurz darauf wurde die Tür geöffnet. Der Küchenmeister erkannte den Mann, der sie hereinbat, als einen der beiden, die wenige Tage zuvor in ihre Küche gekommen waren und ihn beobachtet hatten.

Nachdem sie einen kurzen Korridor passiert hatten, traten sie in einen großen Saal. Als der Küchenmeister den alten Mann sah, der in einer Ecke auf einer mit Schaffell bedeckten Pritsche saß, begriff er, wo sie waren: Dies war das Zunfthaus der Köche. Der auf dem Fell sitzende Greis war der Zunftmeister. Der Mann zu seiner Rechten musste der stellvertretende Zunftmeister, der zu seiner Linken der Obmann sein.

Den Küchenmeister hatte es bis dahin nie gekümmert, ob ihm der Meistertitel verliehen wurde oder nicht. Er konnte, so jung er noch sein mochte, ohnehin besser kochen als selbst der fähigste Meister. Darin stimmten alle überein, die von seinem Essen gekostet hatten, sogar die finstere Sirrah. Und außerdem: Wie hätte er auf einen Titel Wert legen können, wenn ihm seit seiner Kindheit immer wieder gesagt worden war, dass er »mit einer göttlichen Gabe gesegnet« sei und »das Zeug zum größten Koch aller Zeiten« habe? Trotzdem war er nun aufgeregt, und sein Herz begann rascher zu pochen. Eine Sache aber kam ihm seltsam vor. Soweit er wusste, fand die Verleihung der Meisterwürde normalerweise im Frühjahr statt, in Anwesenheit der gesamten Zunftkommission, anderer Meister und sogar des Richters und des Bürgermeisters. Im Saal aber war nicht einmal die Hälfte der Kommission vertreten. Meister Âdem war inzwischen leichenblass. Er sah niemandem in die Augen und schien die Zeremonie möglichst rasch hinter sich bringen zu wollen. Er stellte sich den Kommissionsmitgliedern schnell als Bürge vor, dann wurde die Aussage des Obmanns gehört, der die Kunstfertigkeit des Küchenmeisters bezeugte, woraufhin der Zunftmeister einige kurze Sätze sprach und ihn zum Meister erklärte. Meister Âdem nahm vom stellvertretenden Zunftmeister die rote Schürze entgegen, band sie dem Küchenmeister mit zitternden Händen um, und der Obmann drückte ihm den Meisterbrief in die Hand. Es wurde weder ein Gebet gesprochen, wie es seit Hunderten von Jahren Brauch war, noch wurden die üblichen Ratschläge erteilt. Und so erhielt der Küchenmeister seinen Titel bei der vielleicht merkwürdigsten Zeremonie, die es in der Geschichte der Zunft je gegeben hatte.

Sie wollten den Saal gerade ebenso schnell wieder verlassen, wie sie gekommen waren, da rief der Zunftmeister Meister Âdem noch einmal zurück. Der zögerte einen Moment, doch die gute Erziehung, die man ihm in der Zunft hatte angedeihen lassen, obsiegte, und er wandte sich um. »Warte draußen auf mich«, sagte er zu seinem Schützling.

»Jawohl, Meister«, antwortete dieser. Er verließ den Saal, doch seine Neugierde war so groß, dass er kurz hinter der Tür stehen blieb und horchte.

»Hast du nicht lange genug dort geschuftet, Âdem?«, hörte er den Zunftmeister sagen. »Kehre zurück zu uns. Wir begleichen den Rest deiner Schuld aus der Zunftkasse.«

»Das geht nicht«, erwiderte der Meister. »Was geschehen ist, habe ich mir selbst eingebrockt. Ich kann die Zunft nicht für mich büßen lassen.«

»Aber nicht doch, mein Sohn«, beharrte der Zunftmeister. »Wenn du schon kein Mitleid mit dir selbst hast, so habe wenigstens Mitleid mit deiner Kunst. Einen Koch wie dich gibt es kein zweites Mal auf dieser Welt.«

»Das könnte sich bald ändern, so Gott will«, antwortete der Meister.

Als sie das Zunfthaus verlassen hatten, machten sie sich schnellen Schrittes auf den Rückweg nach Unkapanı. Je näher sie dem Meer kamen, desto mehr ließ die Anspannung im Gesicht des Meisters nach und desto langsamer ging er. Als ihr Weg sie an einem Lokal vorbeiführte, das Boza ausschenkte, blieb er plötzlich stehen.

»Komm«, sagte er. »Setzen wir uns kurz hin.«

Es war ein altes, kleines Lokal. Auf dem langen Grill vor dem Laden brutzelten Hackfleischspieße. Sie setzten sich auf kleine Strohhocker. »Willst du ein albanisches oder ein tscherkessisches?«, fragte der Meister. Der Küchenmeister lächelte verlegen: »Wie Ihr meint, Meister.«

Was Meister Âdem »ein tscherkessisches« genannt hatte, war das süße Boza, das jedermann kannte. Das gegorene Boza nach albanischer Art dagegen enthielt etwas Alkohol und wurde unter dem Ladentisch verkauft. »Zwei albanische!«, rief der Meister dem Wirt zu, der hinter dem Tresen vor mehreren großen Holzfässern stand.

Als der Wirt kurz darauf zwei irdene Henkelkrüge vor ihnen auf den Tisch stellte, fiel sein Blick auf die nagelneue Schürze, die der Küchenmeister um die Hüften trug, und auf den Meisterbrief mit dem roten Siegel, und er sagte: »Meinen Glückwunsch. Möge Allah Euch nie zu Boden blicken lassen.«

»Amen«, erwiderten die beiden Köche. Nachdem der Wirt gegangen war, lächelte Meister Âdem zum ersten Mal an diesem Tag und gratulierte dem Küchenmeister ebenfalls.

»Danke, Meister«, antwortete der Küchenmeister. »Das habe ich nur Euch zu verdanken.«

Der Meister schaute seinen ehemaligen Gesellen lange an. Der Küchenmeister kannte diesen stolzen Blick. So schaute er auch, wenn der Küchenmeister ein einwandfrei zubereitetes Essen vom Feuer genommen und auf dem Teller angerichtet hatte. »Nein«, sagte er nach einer Weile. »Du hast es allein deinem Können zu verdanken. Ich habe nicht viel dazu beigetragen. Und es gibt auch nicht mehr viel, was ich dir noch beibringen könnte.«

Der Küchenmeister wusste nicht recht, was er mit diesen Worten anfangen sollte. »Mein Junge«, fuhr Meister Âdem fort, »viele Feinheiten deiner Kunst waren dir ohnehin in die Wiege gelegt. Du hattest sie in dir, in deinem Blut, in deiner Seele. Ich habe nur einige Dinge hinzugefügt, mehr nicht. Doch wenn ich dir nichts mehr beizubringen habe, bedeutet das nicht, dass du nichts mehr zu lernen hättest. Verstehst du, was ich damit sagen will?«

Der Küchenmeister wandte seinen Blick von Meister Âdem ab und nickte. Er kämpfte mit den Tränen. »Du bist ein Geschmacksbeherrscher, ein kulinarisches Wunderkind«, sagte der Meister mit gedämpfter Stimme. »Du hast einen langen Weg vor dir, den du noch nicht einmal zur Hälfte beschritten hast. Was ich dir beigebracht habe, war nur eine Handvoll Wasser im Ozean. Es werden dich noch viele Weise und Gelehrte auf deinem Weg begleiten. Du musst bei ihnen in die Lehre gehen. Denn du hast noch viel zu lernen, ehe dein Genie voll ausgereift ist. Du musst mich verlassen, mein Junge.«

In diesem Moment fühlte der Küchenmeister das Gewicht der ganzen Welt auf seine Schultern niedersinken. Es war, als hätte ein unsichtbares Paar Arme seine Brust umschlungen und drücke zu, um ihm die Rippen zu brechen. Zwar hatte der Meister nie verhehlt, dass er eines Tages auf Reisen gehen würde, aber er hatte diese Geschichten nie ernst genommen. Denn das hätte bedeutet, eine lange Trennung von Kamer ins Auge fassen zu müssen, und etwas Schlimmeres als das konnte er sich nicht vorstellen.

Er holte tief Luft, nahm seinen ganzen Mut zusammen, starrte auf seinen Krug und sagte mit leiser Stimme: »Meister, ich will nicht gehen.«

Meister Âdem schwieg lange, dann fragte er: »Weshalb?« Als der Küchenmeister ihm keine Antwort gab, sagte er ohne Umschweife: »Ist es wegen Kamer?«

Der Küchenmeister nickte.

»Sieh mich an«, sagte Meister Âdem. Er hatte nicht laut gesprochen, doch der Ärger in seiner Stimme war unüberhörbar. Der Küchenmeister gehorchte, und als er Meister Âdem ins Gesicht schaute, sah er darin Bitterkeit, Enttäuschung und Wut. »Im Tempel der Genüsse«, sagte der Meister, »darfst du an niemanden deine Hoffnung knüpfen. Du würdest es dein Leben lang bereuen, mein Junge. Dort findest du keine Frau.«

Der Küchenmeister biss die Zähne zusammen, dann sagte er nur: »Kamer ist anders, Meister.«

Meister Âdem lachte bitter. »Sieh mich an«, sagte er wieder. »Weißt du, wen du hier vor dir hast?« Sein Blick war in die Vergangenheit geschweift, und in seinen Augen spiegelte sich Verbitterung und Enttäuschung. Als er zu erzählen begann, schien seine Seele an einem weit entfernten Ort zu sein: »Ich war einmal der angesehenste Koch von ganz Istanbul«, begann er. »Ich führte ein dreistöckiges Lokal, das Tag und Nacht brechend voll war. Wir mussten die Kunden an den Türen abweisen. Paschas und Beys beknieten mich, für ihre Bankette zu kochen. Manchmal gab ich ihrem Flehen nach, arbeitete eine Nacht, und wenn ich nach Hause zurückkehrte, hatte ich die Arme voller Geschenke und die Taschen voller Gold. Wie oft hat der Verwalter der Palastküchen mich angebettelt, ins Serail zu kommen! Ich hätte direkt in der Sultansküche anfangen können. Doch ich lehnte jedes Mal ab. Statt meiner schickte ich İsfendiyar, und sie gaben sich sogar mit meinem Gesellen zufrieden. Ich war der beste in meinem Handwerk, ich war glücklich, ich besaß Ansehen, Ruhm und ein so großes

Vermögen, dass es noch für meine Enkel gereicht hätte. Und dann ...«

Meister Âdem hielt für einen Atemzug inne. »... dann führte mich mein Weg eines Tages zum Tempel der Genüsse. Nicht etwa, weil ich der Trunksucht oder der Liebe verfallen wäre, o nein! Ich hatte Lobeshymnen über den Koch gehört. Einmal nur wollte ich von seinen Speisen kosten und dann wieder gehen. Damals wusste ich noch nicht, welches Unheil mich dort erwartete. Als Erstes vergiftete mich Sirrahs Zunge.

Erst fünf Tage später kam ich von jenem Ort los, an dem ich nur einen Tag hatte bleiben wollen. Und das auch nur durch die tatkräftige Mithilfe meiner Gesellen und Freunde. Ja, hinaus kam ich, doch in Gedanken war ich dort geblieben. Denn ich hatte mich verliebt ...«

Der Meister wandte seinen Blick ab. Er musste mühsam schlucken, ehe er weitersprechen konnte: »Ich war ihr am dritten Abend nach meiner Ankunft begegnet. Sie spielte die Laute und sang. Und sie war so schön, dass weder ich noch sonst jemand auf dieser Welt ihre Schönheit je beschreiben könnte. Sie raubte mir den Verstand. Tag und Nacht dachte ich nur noch an sie. Ich konnte bald keinen Bissen mehr essen, geschweige denn kochen. Als ich es nicht mehr aushielt, sandte ich ihr einen Brief. Schon am nächsten Tag erhielt ich ihre Antwort ... Und was für eine Antwort! Ich verlor den Boden unter den Füßen. An jenem Tag ließ ich jeden umsonst bei mir essen und trinken, und tags darauf eilte ich zurück in den Tempel der Genüsse. Ich erlebte die schönste Zeit meines Lebens mit ihr. Sie erwiderte meine Liebe; dessen war ich mir gewiss. Von da an hatten Geld, Ruhm und Kunst keine Bedeutung mehr für mich. Ich wollte jeden Augenblick nur noch an ihrer Seite verbringen. Das Lokal vernachlässigte ich. Der Betrieb geriet ohne mich ins Stocken, und noch vor Ablauf eines Jahres mussten wir die Pforten schließen. Aber das war mir einerlei. Arbeit konnte ich schließlich überall finden. Ich begann im Tempel der Genüsse zu kochen. Je mehr Zeit verging, desto schwerer fiel es mir, dass meine Liebste auch für andere Kunden sang und an deren Vergnügungen und Festen teilnahm. Ich wünschte mir, dass nur ich ihre Stimme hören dürfte, dass sie nur für mich die Laute spielte, aber dieser Wunsch bedeutete Geld, denn schließlich war sie Sirrahs Eigentum. Ich bezahlte für jeden Kunden, zu dem ich sie nicht hatte gehen lassen wollen. So schmolz mein Vermögen dahin. Ich verschuldete mich bei Sirrah, die versprach, das Mädchen freizulassen. Sirrah hielt ihr Versprechen. Aber anstatt bei mir zu bleiben, ging meine Geliebte mit einem reichen Bey auf und davon. Weg war sie, mein Junge, weg ...«

Meister Âdem hielt inne, und Tränen glitzerten in seinen Augen, als er sagte: »Glaube nicht, dass Kamer für immer bei dir bleiben wird. Gib dich keinen Illusionen hin. Sie hat die Luft des Tempels der Genüsse geatmet. Auch sie wird gehen.«

Die Hände des Küchenmeisters begannen zu zittern, und die in ihm aufbrandende Zorneswelle spülte jegliches Mitgefühl für seinen Meister fort. So ruhig wie möglich sagte er: »Kamer ist anders, Meister. Ganz anders!«

Meister Âdem lachte nur. »Du hast recht«, erwiderte er. »Kamer ist anders. Sie ist anders, weil sie noch jung ist. Weil sie noch nichts gesehen hat. Noch keinen Reichtum und keinen Prunk. Sie glaubt noch, dass das Leben nur aus dem Tempel der Genüsse und aus Leuten wie dir und mir besteht. Aber glaube mir, sie wird alles andere bald entdecken.«

Der Küchenmeister erwiderte nichts. Doch der Meister konnte dem jungen Mann, den er selbst großgezogen hatte, ohnehin von den Augen ablesen, was ihm durch den Kopf ging. »Sei ruhig wütend auf mich«, sagte er. »Aber es ist die Wahrheit. Du hast ein Talent, wie es nur einmal in tausend Jahren auf der Erde erscheint. Vergeude es nicht. Du musst gehen.«

»Ich gehe nirgendwohin!«, zischte der Küchenmeister, mit Mühe an sich haltend.

Von jenem Tag an kamen sie nicht mehr auf Kamer oder auf die bevorstehende Reise zu sprechen, sondern überließen alles der Zeit und dem Schweigen. Der Küchenmeister dachte lange über Meister Âdems Geschichte nach. Natürlich tat er ihm leid, ja, er hätte dem Mann, den er seinen Meister nannte, eine solche Dummheit niemals zugetraut. Aber er konnte weder Kamer mit diesem Mädchen, noch sich selbst mit Meister Âdem identifizieren. Doch auch wenn sein Glaube an Kamer unerschütterlich blieb, hatte sich unbemerkt der Keim einer Krankheit in seinem Kopf festgesetzt: der Zweifel!

Selbst weise Menschen fortgeschrittenen Alters bemerken nicht immer, wenn jenes Übel namens Zweifel sich in ihrem Verstand eingenistet hat. Wie hätte da der junge Küchenmeister einsehen sollen, dass er nicht mehr derselbe war, als er das Bozalokal wieder verließ? Denn der Zweifel ist eine heimtückische Krankheit, die sich in den Verstand des Menschen einschleicht, innerlich an ihm nagt und langsam heranwächst. Wer nicht von dieser Krankheit infiziert ist und über einen gefestigten Glauben verfügt, der ruft sich diesen Glauben nicht ständig in Erinnerung. Der Küchenmeister musste sich jedoch immer wieder sagen, dass Kamer ihn nicht verlassen werde, dass sie ihn liebe und sie ein gemeinsames Leben führen würden. Davon wurde der Zweifel Tag für Tag größer und griff irgendwann von seinem Geist auf seine Augen über.

Denn zu allem Überfluss kam dem Küchenmeister Kamer mit jedem Tag schöner vor. Aus dem vorlauten Mädchen wurde eine begehrenswerte Frau. Das bemerkte natürlich auch Sirrah, und sie scheute weder Kosten noch Mühen, um ihren neuen Liebling noch schöner zu machen. Sie ließ namhafte Schneider Kleider aus seltenen Stoffen nähen und schmückte Haare, Hals und Arme des Mädchens mit wertvollen Juwelen.

Auch der Küchenmeister wollte Kamers Schönheit feiern. Er sparte das Taschengeld, das Meister Âdem ihm gab, und die Trinkgelder, die er von den Kunden erhielt, nahm sich einen halben Tag frei und machte sich auf den Weg zum Großen Basar. Dort ließ er bei einem Juwelier eine goldene Halskette anfertigen, an deren Ende ein kleiner Apfel baumelte. Zwar hatten seine Ersparnisse nur für weniger reines Gold gereicht, das nicht so funkelte wie Sirrahs Schmuckstücke, doch das machte überhaupt nichts. Das Glitzern in Kamers Augen, als er ihr die Kette eines Nachts in einem stillen Winkel des weitläufigen Gartens übergab, stellte das Funkeln aller Juwelen der Welt in den Schatten. Kamers Hände zitterten so sehr, dass sie den Küchenmeister bat: »Leg du sie mir um.« Doch der Küchenmeister zitterte mindestens ebenso sehr. Zudem war die Kette so fein, dass es schon mit ruhigen Händen schwierig gewesen wäre, Haken und Öse ineinanderzubringen. Als er die Kette schließlich fallen ließ, brachen sie beide in lautes Gelächter aus. Sie bückten sich im selben Moment, um sie aufzuheben, am Boden trafen sich ihre Hände, und erst da hörte der Küchenmeister auf zu zittern.

Nachdem die Kette endlich ihren Platz an Kamers Hals gefunden hatte, setzten sie sich unter eine mächtige Platane und betrachteten durch die Blätter hindurch den Nachthimmel und die Sterne. Kamer lehnte ihren Kopf an seine Schulter. Mit einer Hand hielt sie die seine, mit der anderen den kleinen goldenen Apfel. Nachdem das Lied beendet war, das sie ihm leise vorgesungen hatte, sagte sie schnell: »Diese Kette werde ich nie wieder ablegen, ich werde sie für immer um meinen Hals tragen.« Da hielt er ihre Hand fester. »Ich werde dir noch schönere kaufen«, sagte er. Kamer schwieg. Noch in diesem Augenblick begriff der Küchenmeister, dass dies kein glückliches Schweigen war, weil die Zukunft Kamer nichts verhieß außer Angst und Schrecken.

Auch der Küchenmeister fragte sich besorgt, was Sirrah wohl

im Schilde führen mochte. Er konnte einfach nicht begreifen, weshalb sie so tat, als habe sie von ihren regelmäßigen Treffen keine Ahnung, obwohl es doch mittlerweile die Spatzen von den Dächern pfiffen. Dabei hätte er sich denken können, wenn er Meister Âdem genauer zugehört hätte, dass diese gerissene Frau auf der Jagd nach einem neuen Koch war, den sie bis zu ihrem Lebensende gegen Kost und Logis für sich arbeiten lassen würde. Sie hielt es für ausgeschlossen, dass ein Koch eines ihrer Mädchen entführen könnte, und täuschte Unwissenheit vor, um abzuwarten, bis ihr zukünftiger Koch sich so richtig im Morast verrannt hätte. Doch ein unerwartetes Ereignis machte ihr klar, dass die Dinge nicht so glatt ablaufen würden, wie sie gedacht hatte.

Wenn Kamer auch zu Sirrahs Liebling aufgestiegen war, achtete sie doch darauf, sie nicht zu verwöhnen, und hielt die Leine kurz. Denn Kamer war noch genauso starrsinnig wie in ihrer Kindheit. Und je älter sie wurde, desto spitzer wurde ihre Zunge, sodass sie Sirrah noch viel leichter als früher zur Weißglut treiben konnte. Dann rief Sirrah ihre Sklaven zu Hilfe, doch Kamer widersetzte sich auch diesen, bewarf sie mit allem, was ihr zwischen die Finger kam, und ihre Schreie und Verwünschungen ließen den Tempel der Genüsse in seinen Grundfesten erbeben. Ihr Gezeter drang bis in die Küche, und dem Küchenmeister zerriss es schier das Herz. Mehr als einmal kam es vor, dass er sich selbst vergaß und nach dem Küchenbeil griff, doch Meister Âdem ging jedes Mal dazwischen, um Schlimmeres zu verhindern.

Eines Tages nun, als er in der Küche allein war, kam es im oberen Stockwerk wieder zum Streit. Da stieß Kamer plötzlich einen lauten Schmerzensschrei aus, sodass dem Küchenmeister die ganze Welt vor den Augen verschwamm. Er stürmte aus der Küche, stieß die Eunuchen zur Seite und drang in Sirrahs Gemächer ein. Nachdem er mit der stumpfen Seite seines Küchenbeils einem der beiden Sklaven, die Kamer an den Haaren gepackt hielten, den Arm gebrochen hatte, fügte er dem anderen eine klaffende Stirnwunde zu und drohte Sirrah: »Wenn du ihr noch einmal wehtust, bist du selbst dran.«

Sirrah sah natürlich nicht zum ersten Mal einen Mann mit einem Beil in der Hand. Und dieselbe Drohung hatte sie schon von weitaus gefährlicheren Männern gehört. Sie schaute den Küchenmeister an wie einen Straßenköter, dann sagte sie zu Kamer: »Geh!« Kamer zögerte und schaute verwirrt zum Küchenmeister. Sirrah, die die Blicke der beiden Liebenden gesehen hatte, wiederholte ihren Befehl: »Kamer! Geh, habe ich gesagt!«

Ihre Stimme klang so unerbittlich, dass Kamer zum ersten Mal in ihrem Leben wirklich Angst vor ihr bekam und gehorchte. Als sie fort war, musterte Sirrah den Küchenmeister mit einem abfälligen Lächeln, dann wies sie mit einer Kopfbewegung auf den großen Spiegel an der Wand und sagte: »Koch! Sieh dich doch bitte einmal an.«

Und der Küchenmeister, allein und unerfahren wie er war, mit seiner Tag für Tag unglücklicher werdenden Liebe und jenem Teufel namens Zweifel in sich, schaute in den Spiegel hinein.

Was er dort sah, stieß ihn ab – genau wie Sirrah es beabsichtigt hatte. Seine Kleidung war mit Flecken übersät und seine Hände voller Schnittwunden und Verbrennungen. Nun, Verletzungen heilten und Kleider ließen sich waschen, aber was war mit ihm selbst, mit seiner Zukunft? Er konnte noch so sehr ein Genie sein, letzten Endes war er doch nichts weiter als ein Koch und dazu verurteilt, es für immer zu bleiben. Je länger er sich im Spiegel ansah, desto mehr verwandelte sich sein schönes Gesicht in eine hässliche Fratze und sein einzigartiges Talent in einen Fluch des Schicksals.

Daneben stellte er sich Kamer vor. Wie schön sie war im Gegensatz zu ihm. Sie wäre des Sultanspalasts würdig, und sie verdiente ein prächtiges Leben. Schon jetzt tanzte sie ja in prunkvoll geschmückten Räumen, erhielt Komplimente von Beys und Paschas, und Sklaven und Diener umschwirrten sie und lasen ihr jeden Wunsch von den Augen ab, während er selbst in seiner jämmerlichen Küche eingesperrt war.

»Es geht einfach nicht«, murmelte er vor sich hin. Und als er ihre Liebe so zum ersten Mal in Worte fasste, senkte sich über alle Träume, die er bis dahin geträumt hatte, ein Nebelschleier.

Von da an kam ihm alles wie ein Spiel des Schicksals vor. Es schien ihm, als habe sich die ganze Welt gegen ihn verschworen und versuche, seine Hoffnungen zu zerstören und ihm eine düstere Zukunft zu bescheren. Noch schlimmer aber war es, dass Kamer und er sich nicht mehr so häufig treffen konnten wie früher. Nach dem Zwischenfall in ihren Gemächern ließ Sirrah dem Mädchen keine ruhige Minute mehr. Denn sie hatte gesehen, was der Küchenmeister nicht gesehen hatte, hatte an der Art, wie sie einander angeblickt hatten, erkannt, dass es sich nicht um bloße Tändelei, sondern um wahre Liebe handelte. Der Küchenmeister war nicht Meister Âdem. Und Kamer hatte auch nichts mit jenem anderen Mädchen gemein. Sirrah befürchtete, dass ihr die beiden davonlaufen könnten, und ließ Kamer rund um die Uhr bewachen.

Der Küchenmeister jedoch war außerstande, die Lage nüchtern zu analysieren. So flüsterte ihm ein Teil seines Verstandes unentwegt zu, dass Kamer ihn nicht mehr sehen wolle. Je seltener er ihr begegnete, desto mehr sorgte er sich, je mehr er sich sorgte, desto mehr geriet er ins Grübeln, und je mehr er grübelte, desto düsterer wurden seine Phantasien: Bestimmt liebte sie ihn nicht mehr, bestimmt hatte einer der reichen Gäste ihr den Kopf verdreht, bestimmt hatte auch sie sich verliebt und sagte es ihm nicht, um ihn nicht traurig zu machen.

*

Zu jener Zeit nun begab es sich, dass Mahmud Bey, der älteste Sohn im Geschlecht der Darıcızades, einer adeligen Familie aus Alexandria, Istanbul besuchte. Die Darıcızades waren reich und mächtig. Ihre Ländereien waren so groß, dass die Ernte, die sie in nur einer Saison von ihren Feldern einfuhren, die Getreidepreise nicht allein in Istanbul, sondern im ganzen Osmanischen Reich beeinflusste.

Mahmud Bey Darıcızades Ankunft sorgte in der Hauptstadt für großes Aufsehen. Dies war nicht weiter erstaunlich, denn schließlich lief er mit drei Galeeren in den Hafen ein. Er selbst bezog eine Ufervilla am Bosporus, während für sein Gefolge zwei separate Herrenhäuser angemietet worden waren. Der Großwesir empfing ihn, es wurde ein Bankett zu seinen Ehren ausgerichtet, und alle Kaufleute der Hauptstadt standen vor seiner Tür Schlange, um auch nur für eine Minute mit ihm reden zu dürfen.

Aber sollte Mahmud Bey etwa in Istanbul gewesen sein, ohne je vom Tempel der Genüsse gehört zu haben? Sirrah tat alles, was in ihrer Macht stand, um ihm die Kunde von ihrem Etablissement zutragen zu lassen.

Und so hielt Mahmud Bey eines Tages feierlichen Einzug in den Tempel der Genüsse.

Die Vorbereitungen hatten eine Woche zuvor begonnen. Sirrah hatte alle Gäste ausquartiert, die Häuser waren von oben bis unten renoviert und geputzt worden, und alle Diener und Sklaven hatten neue Kleider bekommen.

Der Küchenmeister hatte nie zuvor erlebt, dass in der Küche so fieberhaft gearbeitet wurde. Alles wurde neu eingekauft, so als gäbe der Vorratskeller nichts mehr her, und nur das Frischeste, Beste und Seltenste war gut genug.

Doch der Küchenmeister war in Gedanken ganz woanders. Als er gehört hatte, dass Kamer als Haupttänzerin vor Mahmud Bey auftreten solle, hatte sich seine Laune verdüstert. Dabei war es ja nicht weiter verwunderlich, dass Sirrah vor einem so wichtigen Gast das Mädchen auftreten ließ, dem sie am meisten zutraute. Der Küchenmeister aber hatte sich schon Tage bevor Mahmud Bey in den Tempel der Genüsse kam, vorgestellt, wie sehr dieser von Kamer angetan wäre, wie er nur deshalb seinen Besuch um einige Tage verlängerte, wie er es nach seiner Abreise schon bald nicht mehr aushielte, innerhalb kürzester Zeit wiederkäme und Kamer in seine Villa einlüde ...

Den Rest mochte sich nicht einmal sein mittlerweile schwer gebeutelter Verstand ausmalen.

Schwer zu sagen, ob alles nur eine Laune des Schicksals war oder ob der Küchenmeister es mit seinen Phantasien herausgefordert hatte, jedenfalls kam es genau so, wie er befürchtet hatte.

Einige Tage nachdem der älteste Spross der Darıcızades den Tempel der Genüsse verlassen hatte, kehrte er eines Nachts unversehens zurück. Seine Ankunft war diesmal weit weniger prunkvoll als zuvor. Er hatte nur einige wenige Bedienstete mitgebracht, sich wie ein gewöhnlicher Kunde in sein Zimmer begeben und auch nichts zu trinken verlangt, sondern lediglich den Wunsch geäußert, Kamer zu sehen.

Es war durchaus nicht ungewöhnlich, dass ein Gast ihretwegen in den Tempel der Genüsse zurückkehrte. Aber dass Mahmud Bey sie am nächsten Morgen in seine Ufervilla am Bosporus einlud – das war nun wirklich eine Ausnahme.

Denn es war ein großer Akt, eines der Mädchen aus Sirrahs Haus herauszuholen. Viele Kunden hätten nicht einmal gewagt, das vorzuschlagen. Sirrah gewährte nur sehr, sehr angesehenen Kunden ein solches Privileg und verlangte als Gegenleistung ein kleines Vermögen.

Aber was Ansehen und Vermögen anging, nun, damit konnte Mahmud Bey dienen ...

Die Nachricht verbreitete sich natürlich wie ein Lauffeuer

im Tempel der Genüsse. Manch einer behauptete sogar, dass Mahmud Bey bis über beide Ohren verliebt sei in Kamer, dass er seinen Istanbul-Besuch nur ihretwegen verlängert habe und dass er bereits bei Sirrah habe anklingen lassen, sie mit nach Alexandria nehmen zu wollen. Es kursierten Gerüchte, denen zufolge die Ablösesumme, die Mahmud Bey für Kamer bot, ausgereicht hätte, den kompletten Tempel der Genüsse zu kaufen.

Der Küchenmeister hätte sein Leben dafür hergegeben, Kamer noch einmal treffen zu können, bevor sie mit Mahmud Bey fortfuhr, aber er kam nicht an sie heran. Weder durch Bestechung noch durch Flehen war es ihm gelungen, zu ihr vorzudringen, und er hatte hilflos mit ansehen müssen, wie Kamer bei Sonnenuntergang in einem Sechsspänner den Tempel der Genüsse verließ.

Die ganze Nacht über wälzte er sich in seinem Bett herum, schwitzte und fand keinen Schlaf, bis gegen Morgen jemand an seine Tür klopfte. Es war eines der Mädchen, die Kamer begleitet hatten. »Sie wartet im Garten auf dich«, flüsterte sie.

Noch in dem Augenblick, als er ihre Silhouette unter der Platane auf ihn warten sah, schwand sein Kummer und wich dem Glück der Erleichterung. Doch nicht für lange. Als er näher kam und seine Augen das erkannten, von dem der Teufel wollte, dass sie es erkannten, da wurde der Küchenmeister wieder von Finsternis umhüllt. Ihn packten eine solche Wut und Enttäuschung, dass er das Lächeln und die leuchtenden Augen seiner Geliebten, die er seit fast einem Monat nicht mehr getroffen hatte, nicht einmal bemerkte.

»Wie schön, dich zu sehen«, sagte Kamer zu ihm, überrascht, dass er wie ein Fremder zwei Schritte von ihr entfernt stehen geblieben war. Da gewahrte sie seinen Blick, und sie griff sich erschrocken an den Hals, um den eine schwere, mit Diamanten und Smaragden besetzte Kette hing.

»I- ich bin gerade erst angekommen ... Ich war noch nicht

einmal in meinem Zimmer ... Deshalb habe ich sie noch um«, stotterte sie. Dann warf sie sich ihm plötzlich an die Brust. »Ich habe dich so vermisst ...«, flüsterte sie, als der Küchenmeister sie mit eiskalter Stimme unterbrach: »Geh nie wieder dorthin.«

Kamer klammerte sich weiter an ihn, doch dann fror es sie in der Seele, und sie machte sich los. »Ich möchte ja gar nicht dorthin.«

»Dann geh nicht.«

»Aber ich habe keine Wahl.«

»Geh nicht.«

Kamer brachte mit bitterem Gesichtsausdruck die schmerzliche Wahrheit über die Lippen: »Ich gehöre Sirrah. Ich muss gehen.«

Diesmal schwieg der Küchenmeister lange. Er sah nur noch eine Lösung. Oft hatte er darüber nachgedacht, oft davon geträumt, doch war er stets davor zurückgeschreckt. Nun sprach er es aus: »Lass uns fortgehen von hier ...«

Kamers Augen leuchteten für einen kurzen Moment auf, ehe sie wieder trübe wurden. »Aber wie?«, fragte sie. »Und wo sollen wir hin?«

Darauf wusste der Küchenmeister keine Antwort.

Während sie so in der Dunkelheit standen und einander hilflos ansahen, war zwischen den Bäumen plötzlich ein Flüstern zu hören: »Kamer!« Es war das Mädchen, das ihr Treffen arrangiert hatte. »Sirrah ist aufgewacht.«

Kamer drückte dem Küchenmeister einen raschen Kuss auf die Wange, und er sah zu, wie sie in der Dunkelheit verschwand.

Das war das letzte Mal, dass er sie sah.

Tagelang hörte er nichts mehr von ihr. Es kursierten Gerüchte, dass sie wieder in Mahmud Beys Ufervilla gefahren sei, aber niemand wusste es genau. Eines Morgens teilte Meister Âdem ihm mit, er habe Dringendes zu erledigen und komme erst spät in der Nacht zurück, der Küchenmeister solle sich alleine um die Mahlzeiten kümmern. Einerseits die ständigen Sorgen und Gedanken, dazu die Belastung durch die Arbeit – dem Küchenmeister begann alles über den Kopf zu wachsen. Es ging auf den Abend zu. Einer von Sirrahs Sklaven betrat die Küche, reichte ihm ein kleines gefaltetes Blatt und verschwand, ohne etwas zu sagen.

Als der Küchenmeister das Blatt entfaltete, spürte er, wie ihm ein leichter Gegenstand auf den Fuß fiel.

Dann las er ihren Brief. Er war sehr kurz gehalten. Kamer sagte ihm »Lebewohl«, und dass sie mit Mahmud Bey Darıcızade nach Alexandria gehen werde.

Der Küchenmeister las den Brief wieder und wieder. Es stand immer dasselbe da.

Als er das Blatt sinken ließ, sah er auf dem Boden vor seinen Füßen die Halskette mit dem Apfel liegen.

*

Eine Weile nachdem Meister Âdem ihn zum Haus der Brüder el-Hâki gebracht hatte, gelang es dem Meisterkoch erstmals wieder, einen klaren Gedanken zu fassen. Die absolute Einsamkeit, die er empfand, wirkte plötzlich beruhigend.

Die Brüder el-Hâki waren Zwillinge, die sich von der körperlichen Statur bis zur Sprechweise und von der Augenfarbe bis zu den Barthaaren glichen wie ein Ei dem anderen. Dennoch konnte man Sa'd el-Hâki und Sadr el-Hâki leicht voneinander unterscheiden.

Weil Sa'd el-Hâki Sterndeuter war, lief er sogar dann mit dem Blick in den Himmel gerichtet herum, wenn er gerade keine Planeten beobachtete.

Sadr el-Hâki, der Arzt war, hielt seinen Kopf dagegen stets gesenkt, da er seit fast vierzig Jahren unentwegt in Bücher und auf seine Patienten geschaut hatte.

Der Küchenmeister machte zuerst die Bekanntschaft von Bruder Sa'd. Dieser war nämlich, da der stocktaube Hausdiener ihn nicht gehört hatte und sein Bruder gerade Salbe für einen Kranken anrührte, zur Tür geeilt, um ihm aufzumachen. Nachdem er ihn, wie er da so auf der Schwelle stand, geraume Zeit gemustert hatte, fragte er anstelle eines Willkommensgrußes: »Zwillinge oder Wassermann?«

Der Küchenmeister sagte lieber gar nichts, schließlich hatte seine Mutter ihm schon als Kind eingeschärft, er solle niemandem sein Sternzeichen verraten. Während der zwei Jahre, die er im Hause der Brüder el-Hâki verbringen würde, sollte ihm aufgehen, wie recht seine Mutter damit gehabt hatte.

Als der Küchenmeister keine Antwort gab, sagte Bruder Sa'd: »Tritt ein ...« Der Küchenmeister hielt das für die übliche Höflichkeitsfloskel, doch der Sterndeuter steuerte geradewegs auf das Observatorium zu und sagte: »Tritt ein, sodass wir nachschauen können. Vielleicht haben wir dein Horoskop ja hier.«

Ebenso überrascht wie besorgt heftete sich der Küchenmeister an seine Fersen. Wie sollte dieser Mann hier am Ende der Welt an sein Horoskop gekommen sein?

Das Innere des Observatoriums, das von außen eher bescheiden wirkte, war schlichtweg atemberaubend. Auf den Mauern, die in etwa so hoch waren wie sieben bis acht ausgewachsene Männer, ruhte eine Kuppel von fast sechs Klaftern Durchmesser. In exakt östlicher Richtung hatte die Kuppel eine Öffnung von einem halben Klafter Breite, die am Horizont begann und bis zum Gipfel des Himmelsgewölbes reichte. Der Zeiger eines gewaltigen Astrolabiums, das sich vom Boden bis zur Kuppel erstreckte, wies durch diese Öffnung zum Firmament. Sobald es draußen dunkel wäre und die Sterne aufgingen, würde Bruder Sa'd an das Astrolabium treten, ihre Bahnen verfolgen und ihre Winkel berechnen.

Was das Observatorium so beeindruckend machte, waren aber

nicht nur die Kuppel und das Astrolabium. Alle vier Wände waren von hohen Regalen voller Handschriften und Bücher bedeckt. Und dort, wo die Wände in die Kuppel übergingen, konnte er Zeichnungen erkennen, die die zwölf Tierkreiszeichen und die sieben Planeten darstellten.

Bruder Sa'd hatte, kaum dass sie eingetreten waren, die an einem der Bücherregale lehnende Leiter ein wenig nach links gezogen und war behände hinaufgeklettert. Nachdem er eine Weile die Handschriften durchforstet hatte, sagte er: »Ah, hier ist es ja!« Er studierte das vergilbte Stück Pergament in seiner Hand, blickte dann den Küchenmeister an und sagte lächelnd: »Ich hatte recht. Du bist Wassermann.«

»Stimmt«, sagte der Küchenmeister kühl. Da bemerkte Bruder Sa'd, dass er seinen Gast in Verlegenheit gebracht hatte, und sagte rasch, während er die Leiter hinabstieg: »Sei unbesorgt. Wir müssen stets alles über unsere Besucher in Erfahrung bringen. Meister Âdem hat uns viel über dich und deine Vergangenheit erzählt.«

»Ich verstehe«, sagte der Küchenmeister und nickte. »Und mein Horoskop? Wo habt Ihr das her?«

Bruder Sa'd lächelte. »Von jedem Kind, das im Serail geboren wird, wird ein Horoskop erstellt. Wir Sterndeuter kennen einander, und es ist uns eine Ehre, unser Wissen miteinander zu teilen.« Er musterte den Küchenmeister ausgiebig und sagte dann: »Du siehst erschöpft aus. Bist du vielleicht krank? Hast du Schmerzen?«

Der Küchenmeister schüttelte den Kopf. »O nein, ich bin kerngesund.«

»Dann ist ja alles in Ordnung«, sagte der Bruder. »Die Gesundheit geht vor. Für den Rest findet sich eine Lösung.« Er schaute in das Horoskop und fuhr dann fort: »Finanziell dürftest du keine Sorgen haben, sagen die Sterne. Ist es eine Herzensangelegenheit?«

»Unwichtig«, sagte der Küchenmeister und lächelte bitter. »Sagen die Sterne denn auch, wann es wieder vorüber ist?«

Bruder Sa'd antwortete nicht. Er ließ sich auf einer kleinen Polsterbank nieder, die rechts in eine Lücke zwischen zwei Bücherregalen gezwängt war, und forderte den Küchenmeister auf, sich neben ihn zu setzen. »Die Sterne sagen nicht, was morgen mit uns geschieht«, erklärte er. »Sie sagen, was wir morgen fühlen und wie wir denken. Unsere Gefühle und Gedanken wiederum bestimmen unsere Handlungen und Entscheidungen. Zur Summe all dessen sagen wir Schicksal, junger Meister. Ich will dir ein Beispiel geben: Die Venus ist der Stern der Liebe, der Leidenschaft und des Genusses. Wenn ich dir jetzt sagte: ›Morgen wird die Venus in deinem Tierkreiszeichen stehen‹, so bedeutet dies nicht, dass die Venus dir morgen die größte Liebe deines Lebens bringen oder dir eine angenehme Zeit bescheren wird. Fest steht aber, dass sie dein Gefühl für Liebe und Genuss, deinen Wunsch danach, verstärken wird. Das wird sich zwangsläufig in deinem Verhalten, in deinen Worten, ja sogar in deinen Blicken widerspiegeln. Und sind das nicht die Dinge, die darüber bestimmen, wie dein Tag verlaufen wird?«

Der Küchenmeister stutzte, dachte kurz darüber nach und sah Sa'd el-Hâki mit neu aufgeflammtem Interesse an. Während der folgenden zwei Jahre sollten Bewunderung und Neugierde nicht mehr aus seinem Blick verschwinden.

Bruder Sa'd kannte alle Geheimnisse des Himmels, und je mehr er von den zwölf Tierkreiszeichen und den sieben Planeten, von den Konstellationen der Planeten und ihren Beziehungen zu Tierkreiszeichen und Häusern, von Winkeln, Rückläufigkeiten, Konjunktionen und Durchgängen erzählte, desto mehr bewunderte der Küchenmeister diese göttliche Mathematik, die mit unbeirrbarer Systematik funktionierte, ohne sich je zu wiederholen, und sein Blick auf das Schicksal, die Welt und die Menschen änderte sich mit jedem Tag.

»Schau zum Himmel«, sagte in einer warmen Sommernacht Bruder Sa'd, während sie im Hinterhof auf einer Pritsche saßen. Er zeigte auf einen Sternenhaufen knapp über dem östlichen Horizont. »Der Merkur hat sich in seinem Haus, den Zwillingen, niedergelassen. Er befindet sich in einem Zustand von Ruhe und Frieden. Der Jupiter wiederum steht in seinem Trigon, der Waage. Er ist mit dem Merkur im Einklang. Das ist für alle Tierkreiszeichen, besonders aber für die Luft- und Feuerzeichen, von Nutzen. Der Merkur ist der Stern der Worte, des Austauschs und der Kommunikation. Im Augenblick ist er einerseits im Ruhezustand und profitiert andererseits von der Fruchtbarkeit des Jupiters. Aber achte auch auf den Saturn. Er steht zum Merkur genau in Quadratur. Damit warnt er jeden, sich nicht hinreißen zu lassen, sondern vernünftig zu sein. Aber das alles ist ja nur das, was drei Planeten, die in drei Tierkreiszeichen stehen, uns sagen. Die restlichen vier – Mond, Sonne, Venus und Mars – haben wir noch überhaupt nicht beachtet. Wir haben nicht geschaut, in welchen Häusern sie stehen. Wir haben nicht von den Mondknoten, von Konjunktionen, von der Opposition oder von den Aszendenten und Deszendenten der Tierkreiszeichen gesprochen. Außerdem handelt es sich dabei nur um eine Momentaufnahme, junger Meister. Jetzt schließ deine Augen, warte einen Atemzug ab und öffne sie wieder. Du wirst mit einem völlig anderen Himmel konfrontiert sein. Der Merkur ist zwar noch immer im selben Tierkreiszeichen zu sehen, aber er hat seine Position um bis zu einem tausendstel Grad verändert, und schon diese für das Auge nicht wahrzunehmende Veränderung wirkt sich auf viele Dinge aus. Eines solltest du nicht vergessen: Der Himmel ist wie ein Fluss stets in Bewegung. Ein Augenblick ähnelt nie dem nächsten. Daher ist auch kein Mensch gleich wie der andere, nicht einmal Zwillinge ...«

Bruder Sa'd hatte natürlich vollkommen recht, und der

schlagendste Beweis für seine Worte war sein Zwillingsbruder Sadr el-Hâki. Genau wie zwei aufeinanderfolgende Himmelszustände unterschieden sich auch die beiden Brüder, die höchstens ein paar Minuten nacheinander auf die Welt gekommen waren, so sehr voneinander, dass man nur staunen konnte. So war etwa Sa'd el-Hâki ebenso gesellig und ungezwungen wie sein Zwilling Sadr el-Hâki zurückhaltend und diszipliniert war.

Den Arzt Sadr el-Hâki lernte der Küchenmeister erst eine Woche nach seiner Ankunft kennen. Er saß gerade mit Sa'd im Observatorium, als der Arzt hereinkam, sich höflich vorstellte und sich dafür entschuldigte, dass sie erst mit so viel Verspätung Bekanntschaft machten. »Ich habe nach einer Arznei für einen Patienten gesucht, der an einer seltenen Krankheit leidet. Aber morgen fangen wir mit unseren Unterrichtsstunden an. Wir werden uns jeden zweiten Tag sehen. Kommt am Vormittag ins Hospital.«

Der Küchenmeister starrte dem Arzt hinterher, der das Observatorium mit gesenktem Kopf wieder verließ, so wie er gekommen war. Der Sterndeuter hatte nie von Unterricht gesprochen; er erteilte keine Lektionen, sondern plauderte ein wenig über Tierkreiszeichen und Planeten, erzählte Geschichten und stellte Fragen. Bruder Sa'd, der den Gesichtsausdruck des Küchenmeisters gesehen hatte, stieß einen kleinen Lacher aus und sagte: »Ja, wir wurden tatsächlich von derselben Mutter geboren.«

Als er am nächsten Tag zur ersten Unterrichtsstunde das Hospital betrat, erwartete ihn der Arzt an einem von zwei niedrigen Pulten, die einander genau gegenüber standen. Auf dem Pult, das für ihn gedacht zu sein schien, lag ein Stoß Papier, und in einer Ecke stand ein kleines Tintenfass, in dem eine Schreibfeder steckte.

»Setzt Euch«, sagte Sadr el-Hâki, wobei er auf das freie Pult wies. Der Küchenmeister ließ sich im Schneidersitz auf seinem Kissen nieder.

Nachdem Bruder Sadr ihm lange ins Gesicht geschaut hatte, erhob er sich von seinem Platz und kam zu ihm. Er schob seine Augenlider auseinander, ließ ihn nach oben und nach unten schauen und fühlte dann seinen Puls.

»Ihr macht einen ruhigen Eindruck, doch Euer Herz schlägt rasch«, sagte er, nachdem er sein Handgelenk losgelassen hatte. »Habt Ihr Kopfschmerzen?«

»Nein«, antwortete der Küchenmeister.

»Leidet Ihr unter Schlaflosigkeit?«

»Ja, ein wenig.«

»Konzentrationsschwierigkeiten? Unfähigkeit, einem Thema für längere Zeit zu folgen oder darüber zu sprechen?«

Der Küchenmeister musste zunächst seine Gedanken sortieren, ehe er antworten konnte. Doch dies war dem Arzt bereits Antwort genug. »Ich verstehe«, sagte er bedeutungsvoll. Er wollte gerade seine Diagnose stellen, da sagte der Küchenmeister: »Meister Sa'd hatte an meiner Gesundheit nichts auszusetzen.«

Sadr el-Hâki schaute den Küchenmeister verärgert an und entgegnete: »Nicht er ist der Arzt, ich bin es!«

Nach dieser Antwort, die gesessen hatte wie eine gutgezielte Ohrfeige, schwieg der Küchenmeister, und nachdem Bruder Sadr sich vergewissert hatte, dass der junge Mann seine erste Lektion gelernt hatte, begann er mit dem Unterricht.

»Fuzuli sagt: ›Der wichtigste Ort im Lande des Körpers ist die Stadt des Herzens‹«, erklärte er, indem er seinen Schüler vielsagend ansah. »Sie hat drei Verbündete und drei Feinde. Ihre Verbündeten sind Freude, Zuneigung und Hoffnung, ihre Feinde Bosheit, Furcht und Kummer.

Um jeden dieser Verbündeten und Feinde scharen sich dessen Anhänger. Die Anhänger der Bosheit sind Lüge, Hass und Neid, die Anhänger der Furcht Verwirrung, Entsetzen und Unbehagen, die Anhänger des Kummers Sorge, Entbehrung und Sehnsucht.

Kommen wir zu den Verbündeten der Stadt des Herzens. Die Anhängerin der Freude ist die Schönheit, die Anhängerin der Zuneigung ist die Liebe, der Anhänger der Hoffnung ist der Verstand.

Wie Ihr seht, sind die Anhänger der Feinde zahlreicher als die Anhänger der Verbündeten. Dieser Umstand macht die Stadt des Herzens zum schwächsten Punkt im Land des Körpers. Ist sie in Aufruhr, dann ist auch der Körper in Aufruhr, die Gesundheit nimmt Schaden, und das nennt man in der Heilkunde eine Krankheit.

Der Körper ist genau wie die Natur und der Himmel durch das Zusammenspiel von vier Elementen entstanden. Diese Elemente sind Luft, Wasser, Feuer und Erde, und wenn wir von Gesundheit sprechen, so bedeutet dies, dass diese vier in einem harmonischen Gleichgewicht zueinander stehen.

Das Element Luft ist mit dem Blut assoziiert, und sein Platz ist die Leber.

Der Platz des Elements Wasser ist die Lunge, es betrifft aber gleichzeitig den Magen und infolgedessen auch die Verdauung.

Der Platz des Elements Feuer ist die Gallenblase. Es betrifft die Lebenskraft und Farbe des Körpers sowie den Glanz der Augen.

Der Platz des Elements Erde ist das Herz, aber auch der Verstand. Es betrifft Krankheiten des Herzens und geistige wie seelische Störungen.

Die Zu- oder Abnahme eines der vier Elemente führt zur Zu- oder Abnahme auch der anderen Elemente und ist Ursache für eine Beeinträchtigung der Gesundheit.

›Die Krankheit betritt das Land des Körpers über die Nahrung‹, sagt Fuzuli. Damit hat er natürlich recht. Doch nicht nur die Nahrung, sondern auch das, was wir sehen, hören und riechen, ja sogar das, was wir berühren und erfahren, kann unserer Gesundheit schaden.

Wie auch immer die Krankheit in den Körper gekommen ist – sie wieder zu vertreiben ist nur auf eine von drei Arten möglich: durch Diät, Arznei oder Operation.

Die Diät ist wichtiger als alles andere, denn erstens ist sie der natürlichste Weg der Therapie, und zweitens vertreibt sie nicht nur die Krankheit, sondern fördert außerdem die Gesundheit. Wenn die Diät nicht hilft, greift man auf die Arznei zurück. Hilft auch sie nicht, ist die ultima ratio die Operation.

Solange Ihr hier seid, junger Meister, werden wir uns mit Lebensmitteln beschäftigen. Jetzt sagt mir eines: Ihr habt nun Kenntnis von den vier Elementen der Natur. Doch wisst Ihr auch etwas über die Natur dieser Elemente?«

Der Küchenmeister sortierte seine verwirrten Gedanken so schnell wie möglich, doch das Resultat war dasselbe: Er hatte keine Ahnung.

»Dann schreibt«, sagte Sadr el-Hâki, indem er auf das vor ihm liegende Heft zeigte.

Der Küchenmeister hatte noch nicht oft eine Schreibfeder in der Hand gehabt. Er griff ehrfürchtig nach ihr, zog sie behutsam aus dem Tintenglas und hörte dem Arzt zu.

»Die Luft: Ihre Natur ist heiß und feucht«, begann Sadr el-Hâki.

Das Wasser: Seine Natur ist kalt und feucht.

Das Feuer: Seine Natur ist heiß und trocken.

Die Erde: Ihre Natur ist kalt und trocken.

Es reicht nicht, junger Meister, die Natur der Elemente einfach nur auswendig zu lernen, Ihr müsst sie wirklich verinnerlichen. So wie die vier Geschmacksrichtungen die Grundlage der Kochkunst sind, ist die Natur dieser Elemente die Grundlage der Heilkunde. Mehr noch: Euer Handwerk und meine Wissenschaft überschneiden sich an genau diesem Punkt: bei der Natur der Elemente. Habt Ihr das verstanden?«

Bruder Sadr schaute den verwirrten Küchenmeister an und

lächelte milde. »Ihr werdet es verstehen, junger Meister. Aus diesem Grunde seid Ihr hier. Fahren wir mit Beispielen fort ... Schreibt Folgendes: Der Knoblauch ist ein Lebensmittel von heißer Natur zweiten Grades sowie von trockener Natur zweiten Grades, und sein Planet ist der Mars.«

Der Küchenmeister hielt verdutzt inne, die Schreibfeder in der Hand. Der Arzt nickte, als hätte er diese Reaktion erwartet, und fuhr dann fort: »Nicht nur die Menschen, alle Pflanzen und Tiere, ja sogar die Steine und Mineralien haben ihre Naturen und ihre Planeten. Fassen wir zusammen. Gesundheit ist derjenige Zustand des menschlichen Körpers, in dem die vier Elemente im Einklang sind. Wird diese Harmonie gestört, treten Krankheiten auf. Kommt beispielsweise jemand zum Arzt mit Beschwerden wie Kraftlosigkeit, einer trockenen Zunge, einem trockenen Gaumen oder Schmerzen in den Gelenken, und sein Gesicht hat eine blasse Farbe angenommen, dann weisen diese Symptome darauf hin, dass im Körper dieser Person das Element Feuer übermäßig angestiegen und das Gleichgewicht der Elemente also gestört ist. Wir wissen, dass das Element Feuer von heißer und trockener Natur ist. Wir hatten gesagt, dass auch die Natur des Knoblauchs heiß und trocken ist. Jetzt frage ich: Was geschieht, wenn ein Kranker, der diese Symptome aufweist, Knoblauch zu sich nimmt?«

Auf diese Frage konnte es nur eine logische Antwort geben, und der Küchenmeister sprach sie auch aus: »Die heiße und trockene Natur des Körpers verstärkt sich.«

»Die Krankheit wird also heftiger«, bestätigte der Arzt und fragte weiter: »Was ist nun dagegen zu tun?«

»Kalte und feuchte Nahrung wäre besser geeignet.«

»Richtig. Und was tut man bei Beschwerden, wie Ihr sie habt?«

Der Küchenmeister schaute auf das vor ihm liegende Papier. Bruder Sadr hatte gesagt, dass Krankheiten des Herzens von einer Zunahme des Elements Erde im Körper herrührten. Die Natur der Erde war kalt und trocken. Also musste man, um das gestörte Gleichgewicht wiederherzustellen, sich heißen und feuchten Lebensmitteln zuwenden.

Wieder bestätigte der Arzt: »Richtig.« Er schien wohl der Ansicht zu sein, sein Schüler sei aufnahmefähig genug, denn er fuhr ohne Umschweife fort: »Kommen wir zu dem Problem der Grade. Was hatten wir gesagt? Der Knoblauch ist im zweiten Grade heiß und trocken. Stellen wir uns einen Körper vor, dessen Elemente im Einklang sind. Jedes Ding, das diesem Körper von außen zugeführt wird, insbesondere die Nahrung, stört die Harmonie, und der Körper wird sogleich danach streben, das Gleichgewicht wiederherzustellen. Die Grade sagen uns nun, innerhalb welcher Zeit der Körper in seinen Ausgangszustand zurückfindet.

Der Knoblauch etwa ist ein Lebensmittel, das über Naturen zweiten Grades verfügt, was bedeutet, dass das körperliche Gleichgewicht einer Person, die Knoblauch isst, spätestens nach zwei Stunden wiederhergestellt ist. Je höher der Grad, desto länger die Rückkehr in den ursprünglichen Zustand. Lebensmittel dritten und vierten Grades bezeichnen wir als schwer verdaulich. Ab dem fünften Grad und darüber beginnen die Gifte. Wir Ärzte nutzen bei schweren Krankheiten Lebensmittel hohen Grades sowie aus solchen hergestellte Arzneien. Bei tiefen seelischen Krisen beispielsweise bevorzugen wir heiße und feuchte Lebensmittel dritten, je nach Verlauf der Krankheit sogar vierten Grades oder Arzneien, wie etwa Pastillen, die aus Kräutern hohen Grades bestehen.

Nun hört meine letzte Frage: Stellt Euch vor, für einen Kranken wird eine Salbe angerührt. Der Apotheker verwendet Kräuter mittleren Grades. Als er gerade an seinem Kessel steht, kommt Ihr herein und legt selbst mit Hand an. Könnt Ihr Euch vorstellen, welche Auswirkungen das hätte?«

Der Küchenmeister schaute seinen Lehrer verständnislos an. Sadr el-Hâki fragte noch einmal: »Könnt Ihr vorhersagen, welche Auswirkungen es hätte, wenn ein Geschmacksbeherrscher diesen Kessel berührte?«

Der Küchenmeister schwieg, auch wenn er sich schon denken konnte, was dann geschehen würde. Sein Schweigen war das eines Menschen, der sich seiner Macht bewusst wird, der sich selbst vielleicht zum ersten Mal im Leben ernst nimmt, oder, besser gesagt, der versucht, seine Macht zu ergründen und an sie zu glauben.

»Ihr verfügt über große Macht, junger Meister«, fuhr Bruder Sadr fort, als hätte er seine Gedanken gelesen. »Ihr könnt einem Menschen sowohl Gesundheit geben als auch den Tod. Wenn ich ein einziges Gebet sprechen dürfte, dann würde ich darum bitten, dass Ihr Eure Macht zum Guten verwendet. Denn wenn Ihr einen Fehler begeht oder auch nur für einen Moment die Beherrschung verliert und auf Abwege geratet, so werden mein Bruder und ich als Eure Lehrer ebenfalls dafür zur Rechenschaft gezogen. Ich hoffe, Ihr seid Euch der Verantwortung bewusst, die wir Euretwegen zu tragen haben.«

Der Küchenmeister nickte gehorsam, aber am liebsten wäre er sofort zum Bücherregal im Observatorium gelaufen, um aufs Geratewohl ein Buch herauszunehmen und es zu lesen. Indem er sich seiner Macht bewusst geworden war, war nämlich auch eine nicht zu bezähmende Neugierde in ihm erwacht. Dieses Gefühl war so unersättlich, dass er es mit allem Wissen der Welt hätte füttern können, ohne seinen Hunger zu stillen.

Außerdem meinte er einen Weg gefunden zu haben, sich von der Krankheit, die sich in seiner Seele festgesetzt hatte, zu befreien. Er glaubte die bedrückenden Gedanken in seinem Kopf loswerden oder zumindest beiseiteschieben zu können, wenn er sich in Büchern vergrub und seinen Intellekt den Geheimnissen der Medizin und der Sternenkunde verschrieb, und er hoffte darauf, dass sich die derweil vergehende Zeit zu seinem Vorteil auswirken würde.

Von jenem Tag an verbrachte der Küchenmeister einen Großteil seiner Zeit lesend oder schreibend an seinem Pult im Hospital, zwischen den Regalen im Observatorium oder auf der Sitzbank im Garten.

Von dem Arzt Sadr el-Hâki erfuhr er Geheimnisse, Naturen und Planeten der Fleischsorten, von Gemüse und Obst, von Wurzeln, Getreidearten und Hülsenfrüchten, während er von dem Sterndeuter Sa'd el-Hâki lernte, was es mit den in elliptischen Bahnen am Himmel kreisenden Planeten auf sich hatte, mit der »Komponistin« Venus, dem »Schreiber« Merkur, dem »Kriegsminister« Mars, dem »Schatzmeister« Jupiter, dem »Sultan« Sonne und dem »Wesir« Mond. Er verstand, wie sie ihre Natur veränderten, wenn sie sich durch die einzelnen Sternzeichen und Häuser bewegten, wie die Venus als Planet der Wollust, der Schönheit und der Liebe auf einmal vernünftig wurde, wenn sie aus dem Luftzustand im Sternzeichen Waage, ihrem Haus, in den Steinbock eintrat, der ein Erdsternzeichen war, und wie sich das finanzielle Gebaren einer Person wandelte, bei deren Geburt der Merkur im Löwen und im zweiten Haus gestanden hatte, wenn dieser Planet das Sternzeichen wechselte.

Der Küchenmeister studierte wie ein Besessener, um seinem Schmerz und dem Dröhnen in seinem Kopf zu entkommen. Aber jedes Mal, wenn seine Kraft nachließ und er den Kopf zum Himmel hob, sah er Kamer.

Als sie noch bei ihm gewesen war, hatte er ihr immer in die Augen geschaut. Je länger er geschaut hatte, desto größer waren ihre pechschwarzen Augen geworden, bis sie sich in den Nachthimmel verwandelt hatten und die Sterne in ihnen aufgegangen waren: ein einziges Funkeln der Hoffnung und der Liebe.

Nun, da sie nicht mehr da war, schaute er, wenn er sie vermisste, nachts ans Firmament. Der Himmel verwandelte sich in Kamers Augen. Die Sterne verschwanden einer nach dem anderen, und ihre Augen hüllten sich ins Schwarz der Sehnsucht.

So hatte der Küchenmeister die Sterne und die Geheimnisse der Gefühle kennengelernt.
 Bevor er sich dafür entschied, welches Essen er für den Sultan zubereiten würde, hatte er genau dessen Horoskop studiert, und es war ihm gelungen, aus all den Berechnungen und Winkeln, die auf tausend unterschiedliche Arten interpretiert werden konnten, die eine Gelegenheit auszuwählen, die der Himmel ihm unterbreitete.

*

Obwohl seit dem Essen, das er für den Sultan zubereitet hatte, inzwischen drei Tage vergangen waren, herrschte noch immer Stille. Kein Laut war bisher durch das Tor der Glückseligkeit nach außen gedrungen.
 Sie waren in der Küche bei ihrer täglichen Arbeit. Mahir schnitt das Fleisch für den Sultanspilaw, den sie zum Abendessen kochen würden, in mundgerechte Stücke. Trübsinnig murmelte er: »Noch immer keine Neuigkeiten, Meister?«
 Der Küchenmeister seufzte genervt. »Nein, Mahir«, sagte er ungehalten. Er beobachtete die Tropfen, die von dem gewaschenen Reis herabfielen, den sie in einem Tuch an einen Haken gehängt hatten. Für den Sultanspilaw musste die überschüssige Stärke im Reis gut ausgespült werden. Eigentlich war es nicht gern gesehen, wenn diese dem Herrscher persönlich vorbehaltene Speise außerhalb der Sultansküche gekocht wurde. Normalerweise hätte es auch niemand gewagt, sie zu verlangen. Der Waffenmeister hatte diese Kühnheit jedoch be-

sessen. Offenbar geriet der Stein allmählich ins Rollen, und der Agha begann den Verstand zu verlieren.

Da ließ Mahir plötzlich das Messer fallen und schaute seinen Meister enttäuscht an. »Ich erwarte ja gar keine Komplimente, aber hat er denn nicht einmal gesagt, ob ihm etwas nicht geschmeckt hat?«

»Dem Sultan werden bei jeder Mahlzeit bis zu zweiunddreißig verschiedene Speisen vorgesetzt, Mahir. Meinst du, er hätte nichts anderes zu tun, als die Fehler einer jeden aufzuzählen? Er hat eben nichts gesagt, Schluss jetzt!«

Dann zeigte er auf das Tuch mit dem Reis. »Nimm das mal runter, sonst wird der Pilaw nicht rechtzeitig fertig.«

Er wusste nur zu gut, was in seinem Gesellen vorging. Mahir träumte von der Sultansküche. Er träumte davon, dass dem Sultan das Essen, das sie für ihn gemacht hatten, hervorragend geschmeckt und er befohlen hatte, den Küchenmeister samt seinem Gesellen in seine Küche zu versetzen.

Ein schöner Traum. Was Mahir antrieb, war natürlich nicht die Aussicht, auf höchstem Niveau zu kochen, sondern einen Schritt in Richtung Macht zu tun, in deren Schatten er Glück und Wohlstand zu finden erwartete. In der Sultansküche hoffte er, sich dank der Freundschaft mit Neyyir Agha bei den Konkubinen einen Namen zu machen, die Gunst der Favoritin zu erwerben, innerhalb kürzester Zeit dem elenden Kochberuf zu entrinnen und schließlich im Enderun oder schlimmstenfalls unter Aufopferung so manchen Anhängsels im Harem ein bedeutendes Amt zu bekleiden. Das war schließlich schon anderen gelungen.

Aber die Dinge waren bisher nicht so gelaufen, wie Mahir sie sich zurechtgelegt hatte. Wie ihnen später zu Ohren kam, hatte der Sultan von »ihrem« Essen nur zwei Bissen genommen und dann befohlen, dass man die in Butterschmalz gebratenen Trüffeln und das Distelcacık auftragen solle.

Mahir konnte nicht glauben, dass sie gegenüber ein paar gebratenen Pilzen und einem Cacık den Kürzeren gezogen haben sollten. Wo er doch so aufgeregt gewesen war, als er gehört hatte, was sich der Küchenmeister für die Tafel des Sultans ausgedacht hatte. Ein sogenanntes Überziehkebap aus Wildvögeln!

Sosehr er seinen Meister bewundert hatte, als er zum ersten Mal von dem Kebap hörte, so wütend war er jetzt auf ihn. »Warum musste er sich auch ausgerechnet so ein kompliziertes Essen aussuchen«, grummelte er vor sich hin. Für dieses in der Zubereitung tatsächlich äußerst heikle Gericht mussten normalerweise ein Truthahn, ein Huhn, ein Entenküken und eine Wachtel übereinandergezogen werden. Erst wurden die Tiere einzeln und auf den Punkt gegart, ohne dass sich ihr Saft vermischte, dann fädelte man sie alle gemeinsam auf einen Spieß und drehte sie über dem Feuer, bis die oberste Schicht schön knusprig war. Dabei kam es mehr auf Geduld und Geschicklichkeit als auf Wissen und Erfahrung an. Die kleinste Nachlässigkeit oder Unachtsamkeit konnte alles verderben, selbst wenn man der König der Köche war.

Der Küchenmeister hatte sich die Sache noch zusätzlich erschwert, indem er anstelle von Käfigtieren Wildvögel benutzte, deren Fleisch zwar schmackhafter, jedoch auch schwieriger zuzubereiten war. Unter den staunenden Blicken der Sultansküchenbelegschaft hatte er eine fette Wildgans, einen mittleren Fasan, ein Rebhuhn und eine Wachtel gegart, sie mit Gewürzen eingerieben, übereinander auf einen Spieß gezogen und über dem Feuer gedreht. Nachdem sie fertig gebraten waren, drapierte er gebratenes Gemüse um sie herum und übergoss das Ganze mit einer Mischung aus Pomeranzen- und Granatapfelsaft, den er auf dem Feuer einmal hatte aufkochen lassen.

Damit hatte sich der Küchenmeister zwar vielleicht nicht das Lob des Sultans eingehandelt, aber er hatte in sämtlichen Palastküchen, allen voran in der Sultansküche, von sich reden gemacht. Manch einer betrachtete sein Werk als pure Angeberei und die ausbleibende Reaktion des Sultans als angemessene Strafe. Andere dagegen rühmten seinen Mut und sprachen voll Anerkennung davon, wie er versucht habe, ein so kompliziertes Gericht geschmacklich auf ein neues Niveau zu heben.

Doch was auch immer die Leute sagen mochten, eigentlich diente dieses Essen nur einem einzigen Zweck, und den kannte niemand außer dem Küchenmeister selbst.

Er hatte seine Entscheidung getroffen, nachdem er im Horoskop des Sultans gesehen hatte, dass bei der Geburt des Herrschers just der Mars sein Sternzeichen beehrt hatte. Wie es der Zufall wollte, würde derselbe Planet wieder dasselbe Tierkreiszeichen durchlaufen, wenn er das Essen zubereitete. Der Mars war dafür bekannt, Begeisterung und Reizbarkeit der Person, in deren Sternzeichen er stand, zu steigern. Andererseits zwinkerte ihm auch die Venus zu und lud ihn ein, Begeisterung in Leidenschaft zu verwandeln.

Indem der Küchenmeister Wildfleisch zur Grundlage des Essens gemacht hatte, das von heißer Natur dritten Grades und trockener Natur zweiten Grades war, erhöhte er den Einfluss des Feuerplaneten Mars, und mit den verwendeten Kräutern und dem Gemüse steigerte er die Hitzigkeit der Venus. Es war völlig bedeutungslos, ob der Sultan auch nur einen Bissen davon gekostet hatte oder nicht. Um das erwünschte Ziel zu erreichen, reichte es schon, wenn ihm lediglich der Geruch in die Nase gestiegen war. Der Küchenmeister war sich seiner Sache also sicher und wartete geduldig auf eine Nachricht von der Pforte.

Während der Küchenmeister auf niedriger Flamme Pistazien und Korinthen anbriet, hatte Mahir endlich auch das letzte Stückchen Fleisch in zwei Teile geschnitten. Der Küchenmeister drückte ihm seinen Holzlöffel in die Hand und zeigte ihm den Topf auf dem Feuer: »Wirf das Fleisch dazu und brate es mit den Pistazien ...«

Während Mahir das Fleisch im Topf wendete, würzte der Küchenmeister es mit reichlich schwarzem Pfeffer. Als er gerade nach dem Koriander griff, sagte Mahir mit schmerzerfüllter Miene: »Meister, gestattet Ihr, dass ich Euch ein Anliegen vorbringe?«

Der Küchenmeister schaute seinen Gesellen überrascht an. So gewählt drückte Mahir sich sonst nie aus. »Sprich«, erwiderte er.

»Wann werde ich Meister?«, lautete die ungleich schlichter formulierte Frage.

Der Küchenmeister musste nachdenken. Wären sie einander unter gewöhnlichen Umständen über den Weg gelaufen, hätte er ihm dringend geraten, unverzüglich den Beruf zu wechseln. Aber sein Geselle hatte in seiner Geschichte noch eine wichtige Rolle zu spielen, und daher war seine Antwort von großer Bedeutung.

»Warum willst du das wissen? Hast du die Nase voll von mir?«, fragte er lächelnd.

Mahir errötete. »Aber nein, Meister. Ich bin nur schon so lange in der Küche. Und alt genug bin ich auch ...«

Der Küchenmeister war zu dem Schluss gekommen, dass es ihm in der näheren Zukunft noch nützen würde, wenn er seinem Gesellen ein wenig Hoffnung machte. »Ich denke darüber nach«, sagte er ruhig.

Das reichte Mahir bereits. Seine Augen wurden feucht. Er war so glücklich, als würde ihm schon morgen die Schürze umgebunden. Er wollte sich gerade überschwänglich bedanken, da gingen seine Worte in einem Stimmengewirr unter, das sich vom Korridor auf sie zubewegte und stetig anschwoll.

»Ein Feldzug!«, hallte es von den steinernen Wänden wider. »Ein Feldzug! Der Sultan hat einen Feldzug befohlen!«

In den Küchen ließen Meister und Gesellen die Arbeit ruhen und horchten in den Korridor hinaus. Manche, die ihre Neugier nicht mehr zügeln konnten, eilten den Ankommenden entgegen und fragten: »Wird Krieg geführt? Gegen wen soll der Feldzug denn gehen?«

Kurz darauf betraten Oberküchenmeister İsfendiyar, Küchenverwalter Şakir Efendi und ein Herold des Diwans den Küchentrakt. Der Küchenverwalter sah elend aus, seine Augen starrten ins Leere, und er schien in düstere Gedanken versunken zu sein.

Meister İsfendiyar und seine Begleiter blieben direkt vor der Tür der Sultansküche stehen. Der Oberküchenmeister wies auf den Herold: »Dieser Herr hat Euch etwas zu sagen.«

Augen und Ohren aller Angehörigen der Palastküchen waren auf den Herold gerichtet, der nun einen Schritt vortrat. Nachdem er seinen Stab dreimal auf den Boden hatte prallen lassen, gab er mit lauter Stimme bekannt: »Seine Majestät der Sultan hat angeordnet, einen Jagdfeldzug nach Rumelien zu organisieren. Der Sultan selbst wird sich morgen nach dem Frühgebet auf den Weg nach Edirne machen, während die Jagdgesellschaft sofort mit den Vorbereitungen zu beginnen und spätestens in zwei Tagen ebenfalls aufzubrechen hat. Der Diwan ordnet an, dass sich sechs Köche der Sultansküche, aus der Aghaküche die Köche und Gesellen des Kammerherrn, des Waffenmeisters, des Steigbügelhalters, des Oberkleidungswarts, des Oberkellermeisters und des Schatzmeisters, sowie dreißig Köche samt Gesellen aus den Küchen der Pagen des Enderuns und des Diwans dem Tross anschließen!«

Sobald der Herold dies verkündet hatte, machte er auf dem Absatz kehrt und marschierte von dannen. Raunen erfüllte den Korridor. Alle flüsterten wild durcheinander: »Warum so plötzlich?«, »Wie soll man sich denn in zwei Tagen auf eine Jagd vorbereiten?«, »Bei der Mangelwirtschaft momentan ist ein Jagdausflug doch nun wirklich fehl am Platze!«

Das Knäuel aus Worten, das von den Mauern zurückgeworfen wurde und sich zusehends verhedderte, wurde von Meister İsfendiyars lauter Stimme zerschlagen. »Es reicht!«, brüllte der Meister. Sein zorniger Blick war indessen nicht auf die Menge gerichtet, sondern auf einen einzelnen Mann. »Alle an die Arbeit!«, schrie der Meister weiter. Dem Küchenmeister aber gab er zu verstehen: »Du verschwindest nirgendwohin.«

Nachdem sich die Menge aufgelöst hatte, zischte er dem Küchenmeister im Vorbeigehen zu: »Komm mit!«

Der Küchenmeister folgte ihm in einigen Schritten Entfernung zu den Schlafsälen. Als sie beide durch die Tür getreten und auf dem halbdunklen Treppenabsatz stehen geblieben waren, drehte sich der Meister um. Seine Augen sprühten vor Zorn. Der Küchenmeister wollte etwas sagen, als ihm ein harter Stoß in die Eingeweide die Luft aus den Lungen trieb. Während er sich krümmte, drückte Meister İsfendiyar ihn gegen die Wand und den Stock gegen seinen Hals.

»Was tust du hier eigentlich?«, zischte er. Der Küchenmeister bekam als Antwort nur ein ersticktes Röcheln heraus. »Willst du den Staat in den Ruin treiben?«, fuhr der Meister fort. »Hast du es darauf abgesehen?«

Der Küchenmeister stieß ihn von sich und hustete keuchend. »Was meint Ihr, Meister?«, fragte er ebenso wütend wie verwirrt.

»Ein Überziehkebap, ja?«, sagte Meister İsfendiyar mit vor Zorn bebender Stimme. »Ich hatte Angst, du hättest es auf seine Gesundheit abgesehen, aber nein, du gehst sogar noch weiter. Auf die Idee mit dem Jagdausflug hast du den Sultan gebracht! Du hast ihn mit deinem Essen verzaubert! Dabei weißt du nur zu gut, welche Belastung so eine Jagd für die Staatskasse bedeutet, nicht wahr?«

»Ja, Meister, das weiß ich«, antwortete der Küchenmeister ohne jede Reue.

Meister İsfendiyars Stockspitze näherte sich wieder seinem Hals. »In der Staatskasse herrscht ohnehin schon Ebbe, aber jetzt wird sie völlig austrocknen. In zehn Tagen soll den Janitscharen ihr Sold ausbezahlt werden, auch das weißt du, nicht wahr? Wenn sie zu wenig bekommen, dann werden sie einen Aufstand anzetteln. Der Sultan ist ja auf der Jagd, die Luft ist rein, das Serail ungeschützt! Sobald die Meuterei beginnt, werden Köpfe rollen, es wird Chaos ausbrechen, und in dem allgemeinen Tohuwabohu wirst du dir aus dem Harem holen, was du schon immer haben wolltest, richtig?«

»Meister, hört mich an ...«, setzte der Küchenmeister zu einer Erklärung an, aber ein leichtes Tippen mit der Stockspitze an seinem Hals schnitt ihm das Wort ab.

»Auch der Sultan wird wahrscheinlich entthront«, fuhr der Meister fort. »Und du weißt, was sein Nachfolger machen wird. Unzählige Kinder wird man deinetwegen erdrosseln. Du wirst dem Ansehen des Staates großen Schaden zufügen. Aber kümmert dich das? Dir geht es doch gar nicht um dieses Mädchen, dir geht es darum, dich am Serail zu rächen!«

»Ich will mich weder rächen, noch will ich dem Staat Schaden zufügen, Meister«, konnte der Küchenmeister entgegnen. »Ja, Ihr habt recht, die Staatskasse wird ein wenig in die roten Zahlen geraten, und die Janitscharen werden mit den Füßen scharren, aber seid unbesorgt. Es wird niemandem ein Haar gekrümmt werden.«

»Du Narr!« Meister İsfendiyar lächelte bitter. »Und was tust du, wenn die Janitscharen aufbegehren? Wie willst du den Stein, den du ins Rollen gebracht hast, dann noch aufhalten? Du bist ja völlig verblendet! Hast du je daran gedacht, dass der Sultan natürlich auch den Waffenmeister mit auf seinen Feldzug nimmt? Nicht einmal das hast du einkalkuliert, du Tölpel! Und jetzt sagst du mir allen Ernstes, es werde nichts passieren. Du wirst ebenfalls auf dem Feldzug sein! Willst du etwa im fernen Rumelien Essen kochen und es hierherschicken, um die Dinge wieder ins Lot zu bringen?«

Ein selbstgewisses Lächeln stahl sich in das Gesicht des Küchenmeisters. »Noch ist Siyavuş Agha im Serail«, raunte er. »Woher wollt Ihr wissen, dass er am Feldzug teilnehmen wird?«

Meister İsfendiyar wurde bange vor dem Mann, der ihm da gegenüber stand. Dennoch drückte er seinen Stock weiterhin fest gegen dessen Hals. »Wenn der Staat Schaden nimmt, pflanze ich deinen Kopf eigenhändig vor das Tor der Glückseligkeit! Mehr habe ich nicht zu sagen. Hast du verstanden?«

Der Küchenmeister nickte. »Ich habe verstanden, Meister. Aber seid unbesorgt. Wer ich auch sein mag, in meinen Adern fließt immer noch Osmans Blut. Der Sultan und die Kronprinzen sind meine Verwandten. Entstünde dem Staat oder dem Herrscherhaus meinetwegen ein Schaden, so würde ich mit dem Leben dafür bezahlen.«

Der Meister zog schweigend seinen Stock zurück. Nachdem er dem Küchenmeister einen letzten Blick zugeworfen hatte, stieg er eilig die Treppen zu den Schlafräumen empor.

Als der Küchenmeister auf den Hof trat, sah er Küchenverwalter Şakir Efendi gemeinsam mit einigen Männern in Richtung seiner Amtsräume gehen. Seine Begleiter mussten der Feldlagerverwalter und seine Vertreter sein, die für Ordnung und Ausstattung des Feldlagers zuständig waren, das aufgeschlagen wurde, sobald man sich bei dem Jagdausflug irgendwo niederließ. Sie würden sich zusammensetzen, Berechnungen anstellen und festlegen, wo die Hundewärter, Falkner, Kranichhalter, Leibgardisten und Enderun-Angehörigen, die mit dem Sultan an dem Feldzug teilnehmen würden, übernachten sollten, wo man das Zelt des Sultans aufzuschlagen gedachte, was die bis zu sechshundertköpfige Jagdgesellschaft während der nächsten zwei Monate essen würde und wie man die Dutzende Pferde, Ochsen, Maultiere und Jagdhunde ernähren wollte.

Das alles war eigentlich kein Problem. Weder dem Staat noch seinen Untertanen fehlte es diesbezüglich an Erfahrung. Die Feldlager zu planen, den Bedarf zu berechnen, vorzubereiten und auf den Weg zu schicken, das konnte auch innerhalb eines Tages erledigt werden. Aber der Vorratskeller, den der Verwalter mit Mühe und Not wieder einigermaßen hatte auffüllen können, würde abermals geschröpft, und weil dieser so plötzliche und ungeplante Feldzug ein großes Loch in die Staatskasse reißen würde, wäre es noch viel schwieriger als zuvor, die Vorräte zu ersetzen.

Şakir Efendi war lange genug im Staatsdienst tätig gewesen, um den heraufziehenden Orkan zu erahnen. Jedes Mal, wenn er an den Tag der Soldzahlung dachte, lief es ihm kalt den Rücken hinunter, aber selbst das war nicht seine drängendste Sorge. Wenn er keinen Weg fand, die zurückbleibenden Serailbewohner satt zu bekommen, würde er seines Amtes enthoben sein, ehe der Tag der Soldzahlung überhaupt gekommen wäre. Obwohl das vielleicht sogar noch das Beste war, was ihm passieren konnte.

Als der Küchenmeister die Küche betrat, hatte sich die größte Aufregung bereits gelegt, nur hie und da wurde das erregte Flüstern noch fortgesetzt. In der Aghaküche dagegen herrschte bleierne Stille. Es waren kaum Gesellen zu sehen. Wahrscheinlich waren sie von ihren Meistern beauftragt worden, mit den Vorbereitungen zu beginnen.

Die Meister hatten beim Gedanken an den mühsamen Feldzug jeglichen Elan verloren. An den Komfort und die Ordnung der Palastküchen gewöhnt, sollten sie nun an primitiven Herden in einem Zelt und mit unzureichenden Zutaten Aghas, Paschas und sogar den Sultan selbst zufriedenstellen? Ein schier unmögliches Unterfangen.

Der Einzige in der Küche, der gut gelaunt war, war Mahir, der leise vor sich hin pfiff und mit Asche einen schmutzigen Topf abrieb. Er träumte schon von der Zeit, die er mit den erlauchtesten Vertretern des Staates würde verbringen dürfen.

Als Mahir seinen Meister kommen sah, stellte er sofort den Topf beiseite und lächelte breit. »Seht Ihr, Meister, das Schicksal war uns einmal mehr gewogen«, sagte er, während er sich die Asche von den Händen klopfte. »Ihr werdet sehen, unser Sultan wird noch ein Essen von uns verlangen. Und diesmal werden wir uns nicht blamieren.«

Der Küchenmeister schaute seinen Gesellen nachdenklich an. Unter gewöhnlichen Umständen hätte er ihn jetzt wahrscheinlich mit dem Kopf in heißes Wasser getaucht. Aber so, wie die Dinge lagen, war es ganz in seinem Sinne, wenn sein Geselle in Träumen schwelgte. Denn je größer und aufgeblasener so ein Traum war, desto größer wäre der Knall, wenn er platzte.

»Hoffen wir es, Mahir«, sagte er nur, »hoffen wir es...« Dann nahm er eine Pfanne und zählte in rascher Folge auf: »Hol mir feines Weizenmehl, Eier, Butterschmalz, ein wenig Joghurt und Sesamöl.«

»Ich eile, Meister«, sagte Mahir, blieb aber an Ort und Stelle stehen. »Krapfen für das Enderun?«

»Sie sollen vor dem Feldzug noch einmal etwas zu naschen bekommen«, sagte der Küchenmeister mit schwindender Geduld. »Fernab der Zivilisation werden sie wohl darauf verzichten müssen.«

»Wieso, wir sind doch auch dabei?«, wunderte sich Mahir. »Oder darf man bei einem Feldzug keine Süßspeisen zubereiten?«

Der Küchenmeister biss sich auf die Zunge. Nun musste er die Blöße, die er sich versehentlich gegeben hatte, durch Strenge kaschieren. »Pro Atemzug nur eine Frage! Und jetzt lauf!«

»Ich eile, Meister«, sagte Mahir wieder, und diesmal setzte er sich tatsächlich in Bewegung. Nachdem er durch die Küche gelaufen und Butterschmalz, Eier und Joghurt zusammengesucht hatte, machte er sich auf den Weg zum Vorratskeller, um das Weizenmehl und das Sesamöl zu besorgen. Als er nach weniger als fünf Minuten wieder da war, hatte er außer einem Beutel Mehl und einem Schlauch Öl auch noch einen großen Napf dabei. »Ihr habt den Honig vergessen, aber ich habe welchen mitgebracht«, sagte er stolz grinsend. Doch sein Grinsen gefror, als er die große Papiertüte sah, die vor dem Küchenmeister stand.

»Ist das etwa Kandiszucker, Meister?«, stotterte er leise. Er schaute wie verzaubert auf die großen durchsichtigen Zuckerkristalle, die sogar im matten Licht der Küche glitzerten. Offensichtlich sah Mahir diese Art von Zucker zum ersten Mal. Und das war auch gar nicht überraschend, denn während in der Hauptstadt das Okka reinster Honig für sechzehn, höchstens zwanzig Asper verkauft wurde, kostete das Okka Kandiszucker gleich fünfmal so viel. Die Haushalte, in deren Küchen dieser Zucker Verwendung fand, konnte man an den Fingern einer Hand abzählen. Bei den Süßspeisen und Sorbets, die auf die Tafel des Sultans kamen, wurde nicht Honig oder Traubensirup, sondern Zucker bevorzugt, aber Kandiszucker benutzte man nur zu ganz besonderen Anlässen, im Halwa für Sultanshochzeiten etwa oder in Sorbets für die Geburtstage der Kronprinzen.

»Wo habt Ihr den her, Meister?«, fragte Mahir. »Wollt Ihr damit die Krapfen machen?« Und er hätte sicher noch weitergefragt, wenn der Küchenmeister ihm nicht mit dem an die Lippen gepressten Zeigefinger zu verstehen gegeben hätte, dass er gefälligst den Mund halten solle. Er verstummte sogleich und schaute sich verstohlen um. Sein Meister hatte ja vollkommen recht. Es erregte viel zu viel Aufmerksamkeit, wenn jemand außerhalb der Sultans- oder der Halwaküche mehr als ein Okka Kandiszucker zu Gesicht bekam. Und sie wären in arge Erklärungsnöte gekommen, wenn sich herausgestellt hätte, dass dieser Zucker für eine Süßspeise verschwendet wurde, die sie unter der Hand als Geschenk ins Enderun schickten.

»Na los«, sagte der Küchenmeister. »Geh und ruhe dich ein bisschen aus.«

Mahir machte ein enttäuschtes Gesicht. »Braucht Ihr denn keine Hilfe, Meister?«, fragte er.

»Nein«, sagte der Küchenmeister, ohne ihn anzuschauen. »Geh du nur.«

»Na gut, Meister«, sagte Mahir und schlurfte zur Tür. Die bittere Enttäuschung in seiner Stimme ließ dem Küchenmeister das Herz bluten. »Verzeih mir, Mahir«, sagte er zu sich selbst, bevor er alles um sich herum vergaß und nur noch an die Süßspeise dachte, die er nun zubereiten würde.

Erst räumte er den Joghurt und die Eier weg; er würde sie nicht brauchen. Während er das Mehl aus dem Beutel in die Pfanne schüttete, beobachtete er aus dem Augenwinkel seine Umgebung, und als er mit der Faust eine kleine Kuhle in die Spitze des Mehlhaufens drückte, warf er noch einen letzten Kontrollblick ringsum. Alle gingen ihrer Arbeit nach, keiner beachtete ihn. Er griff hinter seinen Gürtel und brachte eine kleine Glasflasche zum Vorschein. Behutsam zog er den Korken heraus. Kaum hatte er etwas von der gelbgrünen, leicht sämigen Flüssigkeit in die Pfanne gegossen, da breitete sich der süß-säuerliche Geruch von Lindenblüten in der Küche aus. Der Küchenmeister hob rasch den Deckel der immer noch brodelnden Suppe, damit ihr Dampf den auffälligen Geruch überdeckte.

Er wollte die Krapfen diesmal aus Hefeteig machen. Dafür hatte er Lindenblütenhefe vorbereitet. Nachdem er die Blüten mit einem Flüstern in Wasser eingelegt hatte, waren sie nun bereit, den Teig quellen zu lassen, den Krapfen eine weiche Fülle zu geben und vor allem jene geheimnisvolle Essenz zu bilden, die im Zentrum der Süßspeise stehen sollte.

Jedermann wusste, dass Lindenblüten in natürlichem Zustand beruhigten und erfrischten, als Hefe jedoch, so sagte man, steigere sich ihre beruhigende Wirkung um ein Vielfaches. Manche Religionsgelehrte hielten Lindenblütenhefe daher für nicht erlaubt. In einigen Provinzen war ihre Verarbeitung und Anwendung gar durch richterlichen Beschluss verboten.

Doch hätten die Gelehrten nur einmal von einer Backware gekostet, die ein Geschmacksbeherrscher mit Lindenblütenhefe zubereitet hatte, dann hätten sie diese nicht nur verboten, sondern gleich zur Todsünde erklärt. Denn in den Händen eines Geschmacksbeherrschers vermochte es die duftende Hefe, die Schranken des Verstandes und der Logik, die dazu dienten, übermäßige Gefühle unter Kontrolle zu halten, niederzureißen und einen Menschen willenlos zu machen. Genau das wollte sich der Küchenmeister zunutze machen. Der mit Lindenblütenhefe zum Quellen gebrachte und schmackhaft gemachte Teig würde alle rationalen Erwägungen, die den Gefühlen Zügel anlegten, ausradieren. Wer von dieser Süßspeise aß, würde Ehrfurcht und Loyalität vergessen und Traditionen und Regeln zu missachten beginnen. Ergänzt würde die Wirkung der Hefe durch den vollmundigen Geschmack von Zucker und Sesamöl. Der Küchenmeister wusste, dass die Süße als eine der vier Geschmacksrichtungen Geliebte des Feuers war, das sich von den vier Elementen im Körper vor allem durch seine Gewalttätigkeit auszeichnete.

Nachdem der Küchenmeister die Krapfen gebraten und mit Zitronensaft beträufelt hatte, reihte er sie in einer tiefen Porzellanschüssel auf, die an das Segelschiff des Sultans erinnerte, ließ aber den Deckel offen, damit sie nicht schwitzten und weich wurden. Je stärker der Teig von dem Zitronensaft durchdrungen wurde, desto mehr wich der Geruch gebratenen Öls einem köstlich süßen Duft, der einem sogar aus weiter Entfernung das Wasser im Munde zusammenlaufen ließ, und aller

Augen wandten sich unwillkürlich der Schüssel zu, die dort auf dem Arbeitstisch stand. Allein das abweisende Wesen des Küchenmeisters hielt seine Kollegen davon ab, um eine Kostprobe zu bitten.

Während der Küchenmeister so tat, als säuberte er seine Messer, wartete er ungeduldig auf Firuz Agha, der ihn vor dem Neid der anderen und die Schüssel vor ihren begehrlichen Blicken bewahren würde. Als er aus dem Augenwinkel eine zur Tür hereinschlüpfende Silhouette gewahrte, atmete er erleichtert auf. Doch es war nicht der Junker, sondern sein Geselle Mahir.

Mahir machte immer noch ein Gesicht wie drei Tage Regenwetter. Er kam herangeschlurft und blieb zwei Schritte vor dem Arbeitstisch stehen, ohne ein Wort zu sagen. Nach einer Weile fragte der Küchenmeister: »Wo warst du? Was hast du gemacht?«

»Neyyir Agha war da«, antwortete Mahir.

Der Küchenmeister gab ein leises »Aha« von sich. Nach kurzem Schweigen fragte er weiter: »Wie geht es ihm? Ist er bei guter Gesundheit?«

»Er war auffallend guter Laune.«

»Wieso denn das?«

»Das wollte er nicht verraten. Er meinte nur, wenn alles gut gehe, hätten sie bald ein Problem weniger. Aber es sei noch zu früh, etwas zu sagen.«

Der Küchenmeister überlegte. Wenn ein verschwiegener Haremswächter wie Neyyir Agha seine gute Laune so offen zur Schau trug, bedeutete dies, dass im Harem entscheidende Dinge vor sich gingen. Unbehagen machte sich in ihm breit. Ich muss erfahren, was da vor sich geht, dachte er. Jetzt, wo er schon so weit gekommen war, durfte er nichts dem Zufall überlassen.

Wie konnte er an Neyyir Agha herankommen und ihm ein paar Informationen entlocken? Während er so grübelte, sah er plötzlich, wie eine Hand sich nach den Krapfen ausstreckte. Es war Mahirs Hand. »Nicht!«, rief der Küchenmeister erschrocken.

Er hatte so laut geschrien, dass sich alle Köpfe nach ihnen umdrehten. Der arme Mahir war geradezu erstarrt. Er stand da, die Hand über der Schüssel schwebend, und schaute seinen Meister verwirrt an. Ihm kamen die Tränen.

Der Küchenmeister murmelte etwas wie: »Sie sind noch zu heiß«, aber damit konnte er Mahirs in tausend Stücke gesprungenes Herz auch nicht mehr flicken. Als einer der anderen Gesellen es nicht länger aushielt und laut loslachte, rannte Mahir aus der Küche, nun endgültig am Boden zerstört.

Der Küchenmeister empfand Mitleid mit seinem Gesellen, aber das Risiko, ihn einen von den Krapfen probieren zu lassen, hätte er beim besten Willen nicht eingehen können. Allein die Vorstellung, dieser Ausbund an Ehrgeiz könnte jegliche Ehrfurcht und Loyalität mit einem Mal fahren lassen, war beängstigend.

Der Küchenmeister wusste, dass er wütend auf ihn war und noch wütender werden würde. Schon bald würde ihm der Küchenmeister die Gelegenheit geben, sich abzureagieren und zu rächen. Dazu war Mahir schließlich da. So wie auch die anderen Menschen bloß einen Zweck erfüllten – Schatzmeister Halil Pascha, Neyyir Agha, der Kammerjunker, der Waffenmeister, der Sultan und die Favoritin des Sultans …

Seit Monaten hatte er darauf hingearbeitet, hatte alles genau ausgetüftelt und jeden Stein an die richtige Stelle gesetzt. Jetzt war es Zeit, mit dem Spiel zu beginnen. Gleich würde die mit Krapfen gefüllte Porzellanschüssel zusammen mit den Speisen für den Waffenmeister den Weg ins Enderun antreten.

Und morgen wäre im Serail nichts mehr so wie heute.

*

Als sich der Küchenmeister am Abend jenes Tages auf seine Matratze legte, war an Schlaf nicht zu denken. Deshalb hielt er die Augen nur zum Schein geschlossen und horchte. Alle, vom Meister bis zum Lehrling, waren eifrig mit Vorbereitungen befasst, da sie am nächsten Tag nach dem Morgengebet wie der Rest der Palastbevölkerung an der Verabschiedungszeremonie für den Sultan teilnehmen würden. Die erfahrenen Gesellen hatten sich die Lehrlinge vorgenommen und wiesen sie in den Ablauf der Zeremonie und die Regeln des Protokolls ein. Saubere Kleider, bestickte Schuhe und fleckenlose Schürzen wurden aus den Bündeln geholt, Turbane gelöst und neu gebunden, Schnurrbärte getrimmt und Haare geschnitten.

Erst gegen Mitternacht kehrte allmählich Ruhe im Schlafsaal ein. Die Zeit floss träge dahin. Doch eigentlich wusste der Küchenmeister ja schon, was geschehen würde.

Er fragte sich nur, auf welche Weise sich das, wozu er den Anstoß gegeben hatte, zutragen würde oder bereits zutrug. Es fiel ihm schwer, darüber nachzudenken. Bei jedem Bild, das ihm vor Augen kam, meldete sich sein schlechtes Gewissen, immer wieder musste er seinen Zorn bemühen, um sein Gewissen zu beruhigen, und jedes Aufwallen von Zorn ging unwillkürlich einher mit düsteren und schmerzvollen Erinnerungen an seine Vergangenheit.

Es kam ihm vor, als schlügen zwei Herzen in seiner Brust: ein jähzorniges, unnachgiebiges und ein weises, mildes.

Die Nachricht, auf die er gewartet hatte, drang eine Stunde vor dem Ruf zum Morgengebet an seine Ohren. Aufgeregte Schritte näherten sich rasch vom Tor der Glückseligkeit dem Küchentrakt, und ihr atemloser Rhythmus sagte ihm, dass es sich bei dem, der da kam, um einen Pagen aus dem Enderun handelte. Die Schritte passierten die Tür zur Sultansküche, drangen über den Küchenweg weiter in Richtung der Schlafsäle vor und blieben im Hof für kurze Zeit vor dem Vorratskeller stehen. Offensichtlich scheute der Page sich, den Schlafsaal allein zu betreten, und suchte jemanden, dem er sein Anliegen vorbringen konnte. Da näherte sich träge ein anderes Paar Füße – der Aufseher des Vorratskellers. Nach ein wenig leisem Gemurmel ließ sich der Aufseher von der Aufregung des Pagen anstecken. Gemeinsam eilten sie die Treppen zum Schlafsaal hinauf.

Der Schlafsaalaufseher empfing die frühen Gäste auf dem oberen Treppenabsatz, konnte sich, nachdem auch ihm die Nachricht mitgeteilt worden war, zunächst nicht entscheiden, wen er als Erstes wecken sollte, und rannte ein paarmal am Bett des Küchenmeisters vorbei, ehe er sich endlich Meister İsfendiyar zuwandte. Inzwischen waren auch einige andere Köche erwacht. »Was ist los?«, »Was ist passiert?«, fragten sie schlaftrunken. Der Küchenmeister konnte in der allmählich aufkommenden Unruhe noch weitere Schritte ausmachen, die sich eilig den Küchen näherten, und einen der Laufenden erkannte er deutlich: Firuz Agha.

Er rührte sich nicht, bis Meister İsfendiyar ihn mit seinem Stock an die Schulter stieß. Scheinbar überrascht riss er die Augen auf. »Was ist denn, Meister?«, fragte er. In Meister İsfendiyars Blick spiegelten sich Wut und Sorge, aber auch ein wenig Anerkennung. »Firuz Agha ist unten«, sagte er. »Er wartet auf dich.«

Der Küchenmeister rappelte sich eilig auf. »Was will er denn um diese Zeit?«, murmelte er, bevor er in sein Hemd schlüpfte und nach unten eilte.

Kammerjunker Firuz Agha erwartete ihn im Hof, zwei Pagen an seiner Seite. Der eine von ihnen, der immer noch nach Luft schnappte, war wohl derjenige, der als Erster die Nachricht zum Schlafsaal getragen hatte.

Der Küchenmeister ging Firuz Agha entgegen, grüßte ihn und wartete ab, bis sich die Schar der Neugierigen, die ihm nach unten gefolgt war, weit genug genähert hatte, um mithören zu können. Soweit er es von seinem Bett aus verfolgt hatte, hatte die Nachricht längst im ganzen Schlafsaal die Runde gemacht, und jeder wartete nun auf die offizielle Verlautbarung des Kammerjunkers.

Der Küchenmeister schaute dem Agha in die Augen und fragte: »Was soll die ganze Aufregung?«

Die Frage an sich mochte unschuldig sein, aber weder seine Stimme noch sein Blick konnten verhehlen, was er wusste und was er getan hatte.

Firuz Agha senkte sein Haupt in vorgetäuschter Trauer. »Seine Exzellenz der Waffenmeister ist von uns gegangen«, sagte er mit zitternder Stimme.

Der Küchenmeister war erschüttert, aber nicht etwa aus Mitleid, Trauer oder Schuldgefühl, sondern weil sein Gewissen sich gar nicht regte. Stattdessen verspürte er eine seltsame, finstere Genugtuung, deren er sich schämte. Während ein Teil seines Herzens leicht geworden war wie eine Feder, war der andere Teil erfüllt von Zorn und noch immer schwer wie Blei. Er war eben noch ein Anfänger, was Rache anging. Schließlich kostete er zum ersten Mal davon. Und er machte nun die Erfahrung, dass Rache den Zorn nicht etwa auslöschte, sondern ins Herz einprägte wie eine in Stein gehauene Inschrift.

»Mein tief empfundenes Beileid«, sagte er, ohne abzuwarten, bis die geheuchelten Klagelaute, die sich aus der Menge hinter ihm erhoben, verstummt waren. »Wie ist es denn geschehen?«

»Ein tragischer Unfall«, erwiderte der Kammerjunker. »Seine Exzellenz wollte in der Nacht noch unbedingt ins Hamam. Sein Wunsch war es, sich heute Morgen in gewaschenem Zustand von unserem Herrscher zu verabschieden. Ihr wisst ja, was für ein ungestümer Mann er war. Als er so schnellen Schrittes durch das Bad eilte, glitt er aus und schlug mit dem Kopf an die Kante des Marmorbeckens. Es war wohl der Wille Allahs.«

»Der Wille Allahs ...«, wiederholte der Küchenmeister und blickte dem Junker für einen kurzen Moment tief in die Augen.

Die Lüge war Firuz Agha bemerkenswert glatt über die Lippen gegangen, aber die Funken der Wahrheit sprühten aus seinen Augen. Hier und jetzt war Firuz Agha zwar gezwungen zu schweigen. Und vielleicht würde er noch lange Jahre schweigen müssen. Doch eines Tages würde er alles erzählen, das wusste der Küchenmeister, in allen Einzelheiten würde er erzählen, was sich im Hamam zugetragen hatte.

Er würde bei Siyavuş Aghas Charakter anfangen. Zuerst würde er ausführlich schildern, was für ein tyrannischer, gewalttätiger und abgrundtief böser Mann er gewesen war. Dann würde er zu jener Nacht kommen. Erfüllt von seiner ganzen Wut, die er bis dahin in sich wachgehalten hätte, würde er erzählen, wie Siyavuş Agha zu nachtschlafender Stunde durch lautes Gebrüll sämtliche Pagen aufgeweckt und gezwungen hatte, sich auf der Stelle anzukleiden, wie er das Hamam hatte anheizen lassen, wie er dem Heizer, weil das Wasser nicht die von ihm gewünsehte Temperatur besaß, eine Schüssel kochendes Wasser über den Kopf geschüttet hatte, wie er sich stundenlang hatte frottieren und einseifen lassen, ohne sich um die Pagen zu kümmern, die in der feuchten Hitze des Bades auf seinen Befehl hin vollständig bekleidet – vom Umhang bis zur spitzen Kopfbedeckung – schwitzend um ihn herumstanden und warteten, wie er, weil ihm das Handtuch, das man ihm zum Abtrocknen reichte, nicht weich genug war, den für die Wäsche zuständigen Jungen vor all seinen Kameraden mit dessen seidener, zuvor in kaltes Wasser getauchter Schürze zu schlagen begonnen hatte, und wie schließlich ein Freund des geprügelten Jungen Siyavuş Aghas Kopf gepackt und ihn gegen die Kante des Marmorbeckens geschlagen hatte.

Das wusste der Küchenmeister. Denn eines Tages würde auch er erzählen.

Er würde erzählen, wie er Siyavuş Agha dazu gebracht hatte, ihn in die Palastküchen zu holen, indem er sich mit einem Gericht, das dieser nicht ausstehen konnte und auf das er äußerst empfindlich reagierte, in dessen Träume eingeschlichen hatte, wie er durch weitere Gerichte seinen Hochmut und seine Grausamkeit angefacht hatte und wie er mit ins Enderun geschickten Leckerbissen nach und nach die Gewaltbereitschaft der Pagen so weit gesteigert hatte, dass es ihm gelungen war, sich des Aghas zu entledigen, der ihn mit seiner Macht über Harem und Serail auf dem Weg zu seinem Ziel behinderte ...

Natürlich würde er auch nicht verschweigen, dass es noch tausend andere Wege gegeben hätte, den Waffenmeister zu beseitigen, als ihn zu töten. Er hätte ihn ja einfach ans Bett fesseln können, so wie er es bei Schatzmeister Halil Pascha getan hatte, oder ihm völlig den Verstand rauben, sodass er den Rest seines Lebens hinter Schloss und Riegel in einer Abteilung für geistig Umnachtete hätte verbringen müssen.

»Der Agha könnte noch leben ...«, würde er sagen.

Und das stimmte, denn weder die Grausamkeit des Waffenmeisters seinen Pagen gegenüber noch seine einflussreiche Stellung im Serail waren der Grund für seinen Tod gewesen.

Siyavuş Agha hätte weiterleben können, wenn er nicht allzu oft am Zechtisch seine altbekannte Geschichte erzählt hätte, so als wäre das, was er damals getan hatte, die größte Errungenschaft seines Lebens – wie er nämlich in der Nacht, als der Vorgänger des jetzigen Sultans den Thron bestiegen hatte, eine Konkubine, die sich dem Todesurteil widersetzen wollte, auf dem Dach des Harems gestellt hatte, wie er ihr an Ort und Stelle die Schlinge um den Hals gelegt und zugezogen hatte, und wie er die hilflose Frau, die noch mit dem Tode rang, in einen Sack gesteckt und sie ins Meer geworfen hatte.

Denn der Küchenmeister wusste natürlich, wer jene Konkubine gewesen war, und er erinnerte sich gut an sie. Wie hätte er seine Mutter auch jemals vergessen können?

*

Siyavuş Agha teilte das Schicksal aller bisherigen Tyrannen. Sein Tod war plötzlich gekommen und wurde schnell vergessen. Wider Erwarten wurde der Jagdfeldzug aber nicht etwa abgesagt; der Sultan begnügte sich nur damit, seine Abreise vom Morgen auf den Mittag zu verschieben.

Der Leichnam des Aghas wurde kurz nach dem Mittagsgebet so rasch fortgetragen, als wolle man ihn möglichst bald loswerden, und noch ehe sein Sarg das erste Tor passiert hatte, fingen die Trauergäste schon an, sich zur Verabschiedung des Sultans im Zweiten Hof aufzustellen.

Dessen Abreise vollzog sich sogar noch schneller als die Beerdigung des Waffenmeisters. Eine Verabschiedungszeremonie hatte der Sultan, gepackt von einem auch für ihn selbst unerklärlichen Jagdfieber, strikt abgelehnt. Dass der Sultan, für den es bereits ein protokollarischer Akt war, wenn er im Serail von einem Raum in den anderen ging, ohne Zeremonie zu einem Feldzug aufbrach – das war in der Geschichte des Reiches so noch nicht vorgekommen. Die Minister hatten sich dem Willen des Herrschers zwar gebeugt, aber zumindest darauf bestanden, dass sich die gesamte Palastbevölkerung im Zweiten Hof versammele. Doch nichts konnte den Sultan bremsen. Ohne irgendjemanden auch nur eines Blickes zu würdigen, gab er seinem Pferd die Sporen und preschte aus dem Serail. Die Grußworte des Großwesirs und der anderen Paschas blieben in der Luft hängen, und die Leibwächter, die den Sultan auf seinem Feldzug schützen sollten, mussten ihm in ihren prachtvollen Festkleidern hinterherrennen.

Der Sultan hatte also das Serail verlassen und ließ eine

Menge ungeklärter Fragen zurück. Einerseits machte man sich natürlich Gedanken über seine seelische Verfassung, doch vor allem interessierte man sich dafür, wer den freigewordenen Posten des Waffenmeisters einnehmen würde. Denn der Sultan hatte hinsichtlich dieser Ernennung, die im Enderun und somit im ganzen Serail zu großen Umwälzungen führen würde, noch keinen Wunsch geäußert.

Darüber machte man sich auch in der Aghaküche Gedanken. Denn falls der Sultan auf der Hierarchiefolge bestand, würden der gegenwärtige Schatzmeister, der Steigbügelhalter, der Oberkleidungswart und der Oberkellermeister jeweils um eine Position aufsteigen, und mit ihnen auch ihre Köche. Besetzte der Sultan das Amt des Waffenmeisters dagegen mit einem Externen, so bliebe jeder an seinem Platze. In diesem Falle wäre die einzig interessante Frage, wen der neue Waffenmeister als seinen Koch auswählte.

Die mit Spannung erwartete Nachricht gelangte kurz nach dem abendlichen Gebetsruf über einen Kurier ins Serail.

Als der Küchenmeister die Kanzlei betrat, wo ihm die Entscheidung bekannt gemacht werden sollte, fand er Meister İsfendiyar mit Küchenverwalter Şakir Efendi und den ranghöchsten Köchen der Palastküchen um eine gedeckte Tafel versammelt. Die teils höhnischen, teils mitleidigen Blicke, die sich auf ihn richteten, kaum dass er eingetreten war, gaben die Entscheidung des Sultans im Großen und Ganzen schon wieder.

»Ihr hattet nach mir verlangt. Hier bin ich«, sagte er und schaute Meister İsfendiyar an.

Nachdem der Meister einen Schluck aus seinem Silberbecher genommen hatte, sagte er: »Der Sultan hat die Fortsetzung der Hierarchie befohlen. Der Steigbügelhalter wird somit zum Waffenmeister befördert. Seinen persönlichen Koch nimmt er mit.«

»Es ist der Befehl unseres Sultans und der Wunsch seiner Exzellenz des Aghas«, sagte der Küchenmeister, wobei er versuchte, möglichst unzufrieden auszusehen. »Und welchen Posten habt Ihr für mich vorgesehen?«

Meister İsfendiyar nahm noch einen bedächtigen Schluck aus seinem Becher. »Eigentlich ...«, begann er, »eigentlich haben wir nun einen Koch zu viel in der Küche. Aber Meister Bekir sähe dich gern an seiner Seite. Ich wollte ihm seinen Wunsch nicht abschlagen.«

Der Küchenmeister wandte sich Meister Bekir zu, der direkt neben Meister İsfendiyar saß, und verbeugte sich. »Ich danke Euch, Meister.«

»Nichts zu danken«, erwiderte der Angesprochene. »Einen so fähigen Koch wie dich zu entlassen, wäre die reinste Verschwendung.«

»Ihr macht mich verlegen«, sagte der Küchenmeister.

Meister Bekir lachte väterlich: »Du brauchst nicht verlegen zu sein. Wir sind doch hier wie in einer Familie.« Er rutschte ein wenig zu Meister İsfendiyar hinüber und zeigte auf den freigewordenen Platz: »Bitte setz dich doch. Wir wollen uns noch von den Kollegen verabschieden, die auf den Feldzug gehen.«

Der Küchenmeister warf Meister İsfendiyar einen kurzen Blick zu, und nachdem dieser ihm mit einem Nicken ebenfalls die Erlaubnis gegeben hatte, setzte er sich neben Meister Bekir. Dieser stellte ein Glas vor ihn hin und füllte es eigenhändig, während die Unterhaltung an der Tafel fortgesetzt wurde. Es ging natürlich um Staatsangelegenheiten. Wie an zahlreichen anderen Tischen in der Hauptstadt diskutierte man auch in der Kanzlei über das seltsame Verhalten des Sultans und darüber, was ihn wohl zu seinem plötzlichen Feldzug motiviert haben mochte. Meister Asım, der Koch des Kammerherrn, der zwei Plätze links von Meister İsfendiyar saß, sagte: »Im Grunde kann man dem Sultan keine Vorwürfe machen. Er war ja fast noch ein Kind, als er den Thron bestiegen hat. Er hat nicht einmal einen Sandschak geleitet ...«

»Das ist doch gerade der Knackpunkt!«, ging der Oberhalwameister dazwischen. »Wie kann man sich nur auf den Thron setzen, ohne jemals in einem Sandschak gewesen zu sein? Woher soll ein Kronprinz, der nicht in der Provinz gereift ist, wissen, wie man einen Staat lenkt? Erziehung allein reicht da nicht aus.«

»Meister Bilal hat recht«, sagte Meister Bekir. »Seine Unerfahrenheit wiegt schwerer als sein Alter. Ein Kronprinz wird schließlich nicht nur in einen Sandschak geschickt, damit er die Staatsgeschäfte lernt. Denkt nur an sein ganzes Gefolge. Er lernt dort, seinen Harem und seine Pagen zu leiten. Und schaut Euch doch den Sultan einmal an. Er hatte ja nicht einmal vernünftiges Dienstpersonal. Als seine Großmutter ins Alte Serail umgezogen ist, war der Harem wie leer gefegt.«

»Gut gesprochen, meine Herren«, sagte Meister İsfendiyar. »Aber ist denn in diesem ganzen Staat kein einziger Untertan mehr übrig, der dem Sultan sagen könnte, was richtig und was falsch ist? Zugegeben, auf die Aghas des Enderuns ist kein Verlass. Doch was ist mit dem Großwesir? Und wozu haben wir Prinzenerzieher und Höflinge?«

Şakir Efendi lachte verhalten. »Also wirklich, İsfendiyar. Wenn man Euch so hört, könnte man meinen, Ihr lebtet hinter dem Mond. Wisst Ihr denn nicht, wie es um den Palast steht?«

»Dem Großwesir kann es nur recht sein«, schaltete Meister Asım sich wieder ein. »Solange der Sultan auf einem Feldzug ist, kann er nach Gutdünken schalten und walten. Und die neue Favoritin soll ja, wie es heißt, eine sehr kluge und gewitzte Frau sein, aber ...«

Als das Gespräch auf die Favoritin zu kommen schien, spitzte der Küchenmeister die Ohren. Doch der Oberhalwameister fiel Meister Asım ins Wort: »Wisst Ihr denn nicht, Meister, was der Harem schon alles an gewitzten Frauen verschlissen hat?«

Trübsinnige Stille senkte sich über die Tafel, und es war an

Meister İsfendiyar, die Unterhaltung wieder in Gang zu bringen. »Wie auch immer«, sagte er. »Geschehenes kann man nicht ungeschehen machen, die Lage ist, wie sie ist. Solange uns dieser Feldzug nicht ruiniert, wird es schon irgendwie weitergehen. Was sagt Ihr, Verwalter? Wie ist die Lage?«

Die Blicke wandten sich dem Küchenverwalter zu, der aufgrund seiner Position guten Einblick in die Finanzen des Staates hatte. »Schlecht«, beantwortete Şakir Efendi die Frage des Meisters. »Die Schatzkammer ist gähnend leer. Soweit ich gehört habe, kann sie nicht einmal für den Sold der Janitscharen aufkommen.«

Von der Tafel erhoben sich besorgte Rufe. »Bis zur Soldzahlung sind es gerade noch zehn Tage«, sagte Meister Bekir. »Wie soll das ausgehen? Ich sage Euch, es kommt zur Meuterei!«

»Das ist noch nicht alles«, fuhr der Verwalter fort. »Schatzmeister Lütfi Pascha hat um seine Entlassung ersucht, aber der Großwesir hat abschlägig beschieden. Er hat ihm sogar einen Soldaten vor die Tür gestellt, damit er nicht wegläuft.«

»Um seine Entlassung ersucht?«, fragte Meister Bekir erstaunt. »Niemand steht dem Großwesir näher als er. Normalerweise würde er ohne dessen Erlaubnis keinen einzigen Schritt tun, geschweige denn weglaufen.«

»Nun, jeder hängt am Leben«, sagte Meister Asım. »Wenn sie zu wenig Sold ausgezahlt bekommen, werden die Janitscharen zuerst den Kopf des Schatzmeisters fordern.«

Meister İsfendiyar warf dem Küchenmeister einen verärgerten Seitenblick zu und brummte: »Es ist nicht zu fassen. Wo war denn der Großwesir mit seinem Verstand? Warum hat er unserem Sultan nicht von dem Feldzug abgeraten? Glaubt er etwa, er könne sich selbst retten, indem er den Kopf des Schatzmeisters zur Disposition stellt? Meint er, sich so in seinem Amt halten zu können?«

Die Gelassenheit des Großwesirs war tatsächlich nur schwer

zu begreifen. Da begann Meister Hayri, der Koch des Mädchen-Aghas, der bis dahin kein Wort gesagt hatte, zu kichern, und nachdem sich alle Blicke auf ihn gerichtet hatten, erklärte er: »Das ganze Problem ist doch längst gelöst.«

Alle an der Tafel waren perplex, aber am meisten wunderte sich der Küchenverwalter. »Wie wurde es denn gelöst?«, fragte er und richtete sich auf.

Nachdem Meister Hayri sein kleines Geheimnis noch ein wenig für sich behalten hatte, raunte er: »Aber von mir habt Ihr es nicht. Denn außerhalb des Harems weiß es niemand außer dem Großwesir. Eine der Konkubinen, die der Favoritin unterstehen, soll an Mahmud Bey Darıcızade verkauft werden.«

»An wen?«, übertönte plötzlich eine laute Stimme die allseits überraschten Ausrufe.

Meister Hayri schaute befremdet in das kalkweiß angelaufene Gesicht des Küchenmeisters, dem die laute Stimme gehörte, und sagte schnell: »Mahmud Darıcızade, ein Edelmann aus Alexandria. Habt Ihr nie von ihm gehört?« Dann wandte er sich wieder den anderen zu und fuhr fort zu erzählen: »Nun, eine Braut aus dem Harem des Sultans ist natürlich nicht gerade billig. Mahmud Bey lässt also einiges springen. Der Sold der Janitscharen kann rechtzeitig und vollständig ausbezahlt werden. Meister Asım hatte recht. Die Favoritin ist tatsächlich eine kluge Frau. Irgendwie hat sie das Problem jedenfalls gelöst.«

Der Küchenmeister hörte den Stimmen um ihn herum nicht mehr länger zu. Das Gefühl der völligen Niederlage war übermächtig. »Ich bitte um Entschuldigung«, sagte er mühsam, erhob sich von der Tafel und verließ die Kanzlei fluchtartig.

Auch Meister İsfendiyar konnte nicht glauben, was er gehört hatte. Jedes Mal, wenn der Koch des Mädchen-Aghas »Darıcızade« sagte, fühlte er einen Stich in seinem Herzen. Schließlich stand er unter einem Vorwand ebenfalls von der

Tafel auf. Er fand den Küchenmeister, wo er ihn vermutet hatte: in einer stillen Ecke unter dem Säulengang, den Blick zum Harem gerichtet.

Der Küchenmeister stand so reglos, dass man ihn für eine der steinernen Säulen hätte halten können. Der kalte Hauch, der von seiner Seele ausging, ließ einen sogar aus ein, zwei Schritten Entfernung noch innerlich frösteln.

Der Meister ging geradewegs auf ihn zu und legte ihm sanft die Hand auf die Schulter. »Hör mir zu ...«, sagte er. Aber der Küchenmeister war dazu nicht in der Lage. »Was ist das nur für ein Schicksal, Meister?«, murmelte er.

Meister İsfendiyar rüttelte den Küchenmeister leicht. »Jetzt hör schon auf, mein Junge. Wir wissen doch noch gar nicht, wen sich Mahmud Bey ausgesucht hat. Der Harem ist voll mit Konkubinen.«

Der Küchenmeister antwortete nicht. Meister İsfendiyar wusste so gut wie er, dass Mahmud Bey niemanden anders wollen könnte als Kamer.

»Schau«, fuhr der Meister fort, »lass uns doch erst einmal herausfinden, was genau da vorgeht. Ein früherer Geselle von mir arbeitet im Enderun. Er hat gute Ohren, ich werde ihn fragen.«

Der Küchenmeister sagte immer noch nichts, aber er nickte mit dem Kopf.

»Warte hier auf mich. Tu nichts, bevor ich nicht wieder hier bin«, sagte der Meister und humpelte mit seinem lahmen Fuß in Richtung Tor der Glückseligkeit.

Der Küchenmeister war nun allein in der kühlen Nachtluft, allein mit seiner Seele, die vor Niedergeschlagenheit zu Eis gefroren war, und allein mit seinem Verstand, der das Denken längst eingestellt hatte. »Was ist das nur für ein Schicksal?«, murmelte er noch einmal. Nach so vielen Jahren war dieser Mann wieder aufgetaucht und hatte ein Auge auf das »Licht der Nacht« geworfen, der Mann, der einst des Küchenmeisters inneren Dämon hatte erwachen lassen und den Zweifel in ihm entfacht hatte. Und dabei war er so kurz davor gewesen, Kamer wiederzubekommen. Er hatte alle seine Pläne zunichte gemacht. Was sollte dies anderes sein als eine üble Laune des Schicksals?

»Sage nicht Schicksal zu etwas, was du selbst zu verantworten hast!«, rief ihm plötzlich in seinen Gedanken eine Frauenstimme zu. Er kannte diese Stimme gut. Sein Geist glitt um Jahre zurück in die Vergangenheit.

Wieder ertönte die Stimme, und er sah die großen geschminkten Augen jener Frau. Sie blickten ihn vorwurfsvoll an, während ihre Besitzerin die so einfache, aber alles entscheidende Frage wiederholte, die sie ihm vor Jahren erstmals gestellt hatte: »Und was hast du getan?«

Der Küchenmeister hörte nicht, wie Meister İsfendiyar wiederkam, und bemerkte ihn erst, als er dessen Hand auf seiner Schulter spürte.

Der Meister war außer Atem und schwitzte. Er suchte nach den richtigen Worten. Schließlich sagte er: »Es scheint zu stimmen ... Darıcızade will Kamer ...«

Der Küchenmeister entgegnete nichts. Er schaute weiterhin starr hinüber zum Harem.

»Mein Junge ...«, fuhr der Meister fort, als versuche er einen Sterbenden zu trösten. »Manchmal geht es eben nicht. Manchmal will es das Schicksal nicht anders. Und es gibt keinen Weg, daran etwas zu ändern ...«

Meister İsfendiyars Worte klangen selbst in seinen eigenen Ohren falsch und sinnlos. Da drehte der Küchenmeister langsam den Kopf und sah ihm in die Augen. Der Ausdruck von Kummer und Verzweiflung war aus seinem Gesicht verschwunden, und er schaute so selbstbewusst und entschlossen wie eh und je.

Er hatte sich nämlich überlegt, wie es wäre, wenn er eines Tages der Besitzerin jener Augen, die ihm gerade noch im Geist erschienen waren, wiederbegegnete. Wenn sie ihn dann abermals fragte, was er getan habe, wollte er nicht wie vor Jahren betreten schweigend zu Boden blicken, sondern ihr direkt ins Gesicht schauen und ihr die ganze Geschichte erzählen. Selbst wenn sie mit einer Niederlage enden sollte.

Der Küchenmeister legte seine Hand auf die von Meister İsfendiyar, die immer noch auf seiner Schulter lag, und sagte:

»Doch, Meister, es gibt einen Weg.«

KAPITEL 6

Die Herrin der Aromen

Nach zwei Jahren bei den Brüdern el-Hâki beherrschte der Küchenmeister zumindest so viele der unendlichen Geheimnisse der Erde und des Himmels, dass es für ihn selbst reichte; er verstand die Sprache der Sterne und der Pflanzen und konnte sich darin ausdrücken. Der Tierkreis und die Planeten waren für ihn an die Stelle von Kalender und Uhr getreten. Er wusste, dass Bruder Sa'd den Abend des nächsten Tages meinte, wenn er sagte: »Wir gehen, wenn der Mond nach der Pause wieder in den Skorpion eintritt«, und dass er vom Frühling des vergangenen Jahres sprach, wenn er einen Satz mit den Worten begann: »Als die Venus im Stier rückläufig war ...«

Er vermochte eine Pflanze schon zu erkennen, wenn sie noch ein zweiblättriger Spross war, und konnte einzeln aufzählen, welchem Planeten und welchem Sternzeichen ihre Blätter, Früchte, Wurzeln und Blüten angehörten, einschließlich ihrer Grade und Naturen.

Der Küchenmeister hatte mit großem Eifer versucht, das Gelernte auch auf sein Handwerk anzuwenden. Doch die Dinge verliefen nicht wie erhofft. Dies lag allerdings nicht daran, dass die Küche des Hauses mehr als bescheiden ausgestattet war. Schließlich war er bei Meister Âdem in die Lehre gegangen: Mit einem Topf und zwei Zutaten hätte er leicht vier verschiedene Speisen zubereiten können.

Der Küchenmeister ließ sich auch nicht davon abschrecken, dass es sich bei den Hausbewohnern um ausgesprochene Kostverächter handelte. Selbst ihren Diener Feridun hatte er während der ganzen Zeit nur ein- oder zweimal etwas essen sehen und sich insgeheim schon gefragt, wie dieser überdurchschnittlich große, knochige Mann überhaupt noch am Leben sein konnte.

Der Küchenmeister fuhr so üppige Mahlzeiten auf, wie es die Küche zuließ, und legte sie bewusst in die Abendstunden, da dies die einzige Zeit des Tages war, an der Bruder Sa'd, der gleich nach Sonnenuntergang die Sterne zu beobachten begann und sich erst im Morgengrauen schlafen legte, und Bruder Sadr, der mit der Morgendämmerung erwachte und unmittelbar nach dem Nachtgebet zu Bett ging, einander begegneten. Außerdem wählte er für den Sterndeuter Speisen aus, die ihn bei seiner Arbeit wach hielten, und für den Arzt solche, die ihn ruhig schlafen ließen. Er richtete alle Speisen auf einem gemeinsamen Kupfertablett an, und damit begannen die Probleme ...

Denn zum einen hatte der Arzt äußerst merkwürdige Ansichten darüber, was ein Mensch zu sich nehmen sollte. Er lehnte zahlreiche Zutaten rundweg ab und versuchte jeden im Haus einer rigiden Diät zu unterwerfen.

Zum anderen musste die Mahlzeit des Sterndeuters wiederum auf jeden Fall in Harmonie mit den Gestirnen sein.

Bei diesen gemeinsamen Abendessen wurde der Küchenmeister Zeuge, wie Heilkunde und Sternenkunde, die einander eigentlich so gut ergänzten, gegeneinander ausgespielt wurden.

Die heftigsten Dispute zwischen den Brüdern entspannen sich, wenn es um die einer Speise zugeordneten Elemente und Naturen ging. Während der Arzt seinem unter leichten Kopfschmerzen leidenden Zwillingsbruder riet, heiße und feuchte Nahrungsmittel zu meiden und also das mit reichlich Koriander gewürzte Ragout nicht anzurühren, um, was Gott verhüten möge, seine Krankheit nicht zu verschlimmern und womöglich gar bettlägerig zu werden, führte der Sterndeuter an, dass die Elemente von Koriander und Lammfleisch zwar heiß und feucht seien, doch der Planet des Korianders sei der Mars, der in seinem Horoskop im Verhältnis zu den anderen Gestirnen niedrig stehe. Darauf beruhe seine Krankheit, und daher sei es seiner Gesundheit nur förderlich, möglichst viel Koriander zu essen.

Die Debatte zog sich hin, der Arzt holte Bücher aus seinem Zimmer und unterbreitete seinem Zwillingsbruder Beweise, erbracht von namhaften Heilkundlern, während dieser Teller und Gläser auf dem Tisch hin und her rückte, um die Konstellation der Planeten zu veranschaulichen. Die Speisen wurden derweil natürlich kalt.

Mit der Zeit meinte der Küchenmeister auch die Ursache dafür, dass Feridun kaum etwas aß, herausgefunden zu haben. Der Ärmste, der ja schon seit Jahren mit den zwei Brüdern zusammenlebte, musste irgendwann so verwirrt gewesen sein, was er zu sich nehmen dürfe und was nicht, dass er sein Heil schließlich darin gesucht hatte, die Nahrungsaufnahme auf ein Mindestmaß zu beschränken.

So war denn auch den vom Küchenmeister inszenierten Tafeln kein langes Leben beschieden. Denn je weiter sich seine Fähigkeiten entwickelten, desto vorsichtiger begegneten die Brüder el-Hâki, die sehr auf ihre geistige und körperliche Gesundheit bedacht waren, den von ihm bereiteten Speisen, bis sie eines Tages höflich darum baten, Feridun wieder das Kochen zu überlassen.

Und tatsächlich steigerte sich das Können des Küchenmeisters, je mehr er las und lernte. Bei einem der Besuche, die er mit dem Arzt den Hospitälern von Bagdad abstattete, wurde ihm erlaubt, Diätmahlzeiten für die Patienten zuzubereiten. Das Ergebnis verblüffte sogar ihn selbst. Die unter diversen Krankheiten leidenden Patienten fühlten sich schon bald viel besser und sprachen weitaus positiver auf ihre Arzneien an.

Doch Bruder Sadr sagte: »Das war das erste und das letzte Mal. Ich habe es Euch nur erlaubt, damit Ihr einen Eindruck von Eurer Macht bekommt. Bei einer Therapie aber ist die Kontinuität von entscheidender Bedeutung. So gut sie auch sein mag: Wenn Ihr nicht in der Lage seid, die Therapie fortzusetzen, so wendet sie gar nicht erst an. Ihr würdet mehr schaden als nützen. Und vergesst nie: Ihr seid ein Koch, kein Arzt oder Apotheker.«

Nachdem der Küchenmeister nun viele Tage und Nächte im Hause der Brüder el-Hâki mit Schreiben, Lesen und Lernen verbracht hatte und Fragen beantworten konnte wie: »Nehmen wir an, dass im Geburtshoroskop einer Person der Saturn in der Waage, der Jupiter im Krebs, der Merkur rückläufig in der Jungfrau und die Sonne im Löwen stand, und zum fraglichen Zeitpunkt die Sonne wiederum im Löwen, der Mond aber im Stier leuchtet und der Saturn im Skorpion rückläufig ist, in welchem seelischen und nervlichen Zustand befindet sich dann diese Person? Und wenn in ihrer Familie väterlicherseits eine hereditäre Herzerkrankung existiert, in welcher Position und in welchem Haus müssen dann die Planeten stehen, damit besonders auf die Gesundheit des Herzens zu achten ist, und welche Diät empfiehlt sich?«, gelangten die Brüder zu der Überzeugung, er vergeude bei ihnen nur noch seine Zeit. Daher forderten sie ihn auf, allmählich mit den Vorbereitungen auf seine Reise zur nächsten Ausbildungsstation zu beginnen.

Wohin er gehen werde, hatten sie ihm bis zum letzten Abend nicht gesagt. Als der Tag des Abschieds gekommen war, gestatteten sie ihm jedoch, die Küche zu betreten, und baten ihn darum, Speisen zu kochen, die sie fröhlich stimmen würden.

Der Küchenmeister erfüllte ihnen diesen Wunsch mit Bravour. Seinem Abendessen war es zu verdanken, dass man im Hause der Brüder el-Hâki vielleicht den geselligsten und heitersten Abend aller Zeiten verbrachte. Die Brüder stritten sich nicht ein einziges Mal. Beide erzählten Anekdoten aus ihren jeweiligen Wissensgebieten, und je später die Stunde, desto weiter reichten die Gespräche zurück in die Vergangenheit, bis hin zu frühesten Kindheitserinnerungen.

Lange nach dem Nachtgebet, als der Arzt schon gehörig zu gähnen begann, konnte sich der Küchenmeister nicht länger gedulden und fragte, wohin er denn nun als Nächstes gehen werde. Bruder Sa'd warf seinem Zwilling einen Seitenblick zu und erwiderte die Frage schmallippig lächelnd mit der Gegenfrage: »Interessiert es dich, wo du hingehen oder was du lernen wirst?«

Darauf antwortete der Küchenmeister lieber nicht, und Bruder Sa'd fuhr fort: »Du wirst dich von hier aus geradewegs nach Süden richten und bis zum Persischen Golf marschieren. Wenn du in die Stadt Basra gelangst, gehst du zum Hafen. Dort wirst du ein kleines Schiff mit schwarzen Segeln sehen. Sein Kapitän heißt Behrengi. Er wird dich zur Insel Hormus bringen. Auf der Insel musst du, ohne dich in der Stadt aufzuhalten, die Küste entlanggehen, das Meer stets zu deiner Rechten. Nachdem du einen breiten Strand aus gelbrotem Sand überquert hast, beginnen die Felsenriffe. Klettre sie empor. Zwei Hügel weiter wirst du eine in die Felsen eingebettete Bucht, einen langen Anlegesteg und ein steinernes Haus sehen. Dort klopf an und verlange, mit der Herrin der Aromen zu sprechen. Sie wird dich die Gewürze lehren.«

Der Küchenmeister wurde von Vorfreude gepackt sowie von einer angenehm kribbelnden Aufregung, den nächsten Schritt ins Ungewisse zu tun. Denn die Gewürze waren stets ein Rätsel für ihn gewesen. Zu kochen, unterschiedliche Geschmäcke miteinander zu mischen und das, was dabei herauskäme, im

Geiste zum Leben zu erwecken, noch ehe der Topf auf dem Herd stand, war schon immer eine seiner leichtesten Übungen gewesen. Doch bei den Gewürzen konnte er nur staunen, wie schon die kleinste Prise, einer Vielzahl von Zutaten beigegeben, deren Geschmack völlig zu verändern vermochte, und es war ihm schlichtweg unbegreiflich, weshalb zu einem anderen Zeitpunkt die gleiche Menge davon in der gleichen Speise einen gänzlich anderen Geschmack ergab.

Kurz gesagt, die wie ein Uhrwerk ablaufende Routine des Küchenmeisters geriet, wenn es um Gewürze ging, ins Stocken, und selbst sein breitgefächertes, tolldreistes Talent musste klein beigeben. Fast hätte er gefragt, ob es denn dafür nicht noch zu früh sei, doch dann sagte er bloß: »Hoffentlich geht alles gut …«

Am Ende dieses letzten Abends konnte der Arzt schließlich nicht länger gegen seine Müdigkeit ankämpfen, verabschiedete sich vom Küchenmeister mit einer für ihn völlig untypischen, innigen Umarmung und zog sich in sein Zimmer zurück. Als sich nun seinerseits der Sterndeuter, dem sein Interesse für den Himmel über alles ging, auf den Weg ins Observatorium gemacht hatte, blieb dem Küchenmeister nichts anderes mehr übrig, als sein Bündel zu schnüren.

Gegen Morgen klopfte der Sterndeuter an seine Tür. »Gleich geht die Venus auf«, sagte er. Der Küchenmeister trat mit seinem Bündel auf dem Rücken aus dem Haus, und als er für eine Weile den am östlichen Horizont in gelbrotem Licht erstrahlenden Morgenstern betrachtet hatte, schloss er Bruder Sa'd in die Arme.

»Was du bei uns gelernt hast, wirst du immer brauchen können«, sagte der Sterndeuter. »Ich wünsche dir, dass du jedes Wort, das wir dich gelehrt haben, auf dem Wege benutzen wirst, den du als den rechten erkennst. Solltest du eines Tages, wo auch immer auf der Welt du dich befindest, auf das Wissen der Sterne zurückgreifen müssen, so gehe zum ersten Sterndeuter und nenne ihm meinen Namen. Du wirst dann erhalten, was du benötigst.«

Der Küchenmeister dankte ihm.

Dann machte er seine ersten Schritte in Richtung Süden, hin zum Persischen Golf. Ein letztes Mal wandte er sich um, schaute zurück und sah Bruder Sa'd durch die Tür ins Haus verschwinden. Nun war er ganz auf sich gestellt.

Seine Reise nach Süden, zu Fuß von Bagdad nach Basra, war anders als erwartet der reinste Albtraum. Denn je einsamer die Gegend wurde und je weiter er sich vom Haus, von den Brüdern und ihren Büchern entfernte – oder genauer von all dem unendlichen Wissen, das seine Gedanken monatelang beschäftigt hatte –, desto mehr von jenen vergessen geglaubten Erinnerungen krochen aus ihren Verstecken, und die bedrückenden Gedanken, vor denen er sich in Sicherheit gebracht zu haben glaubte, eroberten nach und nach wieder seinen Verstand und seine Seele.

Der Küchenmeister konnte sich nicht daran erinnern, sich in seinem Leben je so verzweifelt und allein gefühlt zu haben. Ob er sich tagsüber bei sengender Hitze im Schatten einer Oase oder in dem schäbigen Zimmer einer Karawanserei oder eines lärmenden Gasthauses auszuruhen versuchte, oder ob er am kühleren Abend einsam eine menschenleere Straße entlanglief oder sich einer Karawane angeschlossen hatte – er hatte stets nur Kamer im Sinn. Jeder Gedanke an sie schmerzte ihn nach all der Zeit noch viel mehr. Denn er hatte mittlerweile Fragen. Unendlich viele Fragen, auf die es keine Antworten gab, Fragen, die nur immer neue Fragen hervorriefen, solange sie unbeantwortet blieben: Wo war Kamer? Wie ging es ihr? War sie hungrig? Fror sie? Hatte sie geheiratet? War sie Mutter geworden? Tanzte sie noch? War sie glücklich? Bereute sie, was sie getan hatte? Erinnerte sie sich an früher? Empfand sie auch nur den Bruchteil jenes Kummers, den der unglücklich Verliebte, der da durch die Wüste ging, mit sich herumtrug? Oder ... oder hatte sie ihn längst vergessen?

Vielleicht hatte sie das, und dann gab es zumindest einen Trost: dass Vergessen möglich war.

Der Küchenmeister schleppte sich mit letzter Kraft zum Hafen von Basra. Die Seereise aber tat ihm gut, er mischte sich unter die Matrosen, packte tapfer mit an, unterstützte den Steuermann, indem er vom Nachthimmel die Richtung ablas, und lauschte gespannt dem Seemannsgarn des Kapitäns.

Vier Nächte und fünf Tage später legte das kleine Schiff im Hafen von Hormus an. Der Küchenmeister verweilte nicht lange in der Stadt, sondern machte sich gleich auf den Weg. Er wollte so schnell wie möglich seine neue Lehrerin sehen und sich wieder dem Wissen, dem Lernen und der Erkenntnis widmen.

Er überquerte den Strand, erklomm die Felsenriffe und sah unter sich, genau wie Bruder Sa'd es beschrieben hatte, am Ufer einer kleinen Bucht den Anlegesteg und das steinerne Haus liegen. Alles war ruhig und still. Die felsigen Gipfel schirmten die Umgebung gegen den heulenden Wind ab, die sichelmondförmige Bucht gegen die Wellen des offenen Meeres.

Im Haus hatte man wohl die Steine kullern gehört, die unter seinen Füßen abrutschten, während er zum Meer hinabstieg, denn die Tür wurde geöffnet, noch ehe er angeklopft hatte. In der Türöffnung empfing ihn ein dunkelhäutiger Mann von imposanter Statur. Der Küchenmeister stieg die vier hohen Stufen hinauf, die zur Schwelle führten, und verlangte die Herrin der Aromen zu sehen.

»Kommt Ihr aus dem Hause der Brüder el-Hâki?«, fragte der Mann.

Als der Küchenmeister nickte, trat der Mann beiseite und bat ihn herein.

Der Küchenmeister war überwältigt. Vor ihm öffnete sich ein

sehr großer Raum, der bis oben hin angefüllt war mit den verschiedensten Gewürzen. An mehreren Tischreihen in der Mitte des Raumes saßen Frauen und Männer, zu deren Füßen kleine und große Säcke, Gläser, Schüsseln und Flaschen standen, die mit allerlei Arten getrockneter Pflanzen, Wurzeln, Samen, Blüten, Kernen und Harzen gefüllt waren, welche sie zerdrückten, zerbrachen, auslasen, siebten oder destillierten und, nachdem sie sie auf winzigen Waagen gewogen hatten, in Samtbeutel oder Porzellanbehälter füllten, auf denen sich das Siegel der Herrin befand, und alle diese Tätigkeiten vollführten sie in tiefer Stille.

Als der Küchenmeister wie verzaubert durch die Gerüche, von denen ihm viele völlig fremd waren, ins Innere des Raumes strebte, hielt ihn der Mann, der ihn empfangen hatte, zurück und sagte freundlich: »Die Herrin ist oben auf der Terrasse.« Gemeinsam erklommen sie die Treppe, die an der linken Wand des Raumes hinaufführte, und nachdem sie einem sehr langen und breiten, in kühles Halbdunkel getauchten Korridor, der auf beiden Seiten von zahlreichen Türen gesäumt war, bis zu seinem Ende gefolgt waren, gelangten sie zu einer weiteren Treppe.

»Geht dort hinauf«, sagte der Mann und trat zur Seite. Von oben wehte eine leichte Meeresbrise herein, die seinen Geruchssinn und seinen Geist erfrischte, und je klarer seine Gedanken wurden, desto deutlicher fielen ihm einige merkwürdige Details ins Auge. Alle Frauen und Männer, die er bisher hier gesehen hatte, waren verblüffend schön. Sie gingen alle barfuß, trugen lange, schneeweiße Entaris aus Seide, die ihre Arme frei ließen, und um die Hüften hatten sie silberne Gürtel mit Blumenmotiven gebunden.

Noch seltsamer war – es mochte auf einer Sinnestäuschung oder auf der Trübung seines Geistes beruhen –, dass sich alle hier zum Verwechseln ähnlich sahen. Der Küchenmeister wusste, dass er unten Frauen und Männer gesehen hatte. Doch nun, da er darüber nachdachte, konnte er, abgesehen von dem Mann, der ihn empfangen hatte, nicht mehr mit Bestimmtheit sagen, wer weiblichen und wer männlichen Geschlechts gewesen war.

Oben auf der Terrasse angekommen, erblickte er die Herrin der Aromen. Sie stand auf der anderen Seite, mit ihm zugewandtem Rücken und leicht gegen die steinerne Brüstung gestützten Händen, und schaute hinaus auf das Meer.

Wie die Leute im unteren Stockwerk trug auch sie ein weißes Kleid mit einem silbernen Gürtel mit Blumenornamenten, und ihre pechschwarzen Haare wallten ihr über die Schultern. Die roten Strahlen der untergehenden Sonne, die jetzt nur noch knapp über dem Horizont stand, durchleuchteten ihr seidenes Kleid und zeigten ihren nackten, unter dem Stoff wie hinter einem Schleier verborgenen Körper: ihren ebenmäßigen Rücken, die schmale Taille, die wie aus Ebenholz geschnitzten Hüften sowie ihre makellosen Beine, die mit vollen Oberschenkeln begannen, zu den Knien hin schmaler wurden und in zierlichen Fußgelenken ausliefen.

Da drehte sich die Herrin der Aromen plötzlich um, sodass sich ihre Brüste und ihr Bauch dem landauswärts wehenden Wind präsentierten. Der Küchenmeister wusste nicht mehr, wohin er schauen sollte, und senkte den Kopf.

»Sieh mich ruhig an«, sagte die Herrin der Aromen, während sie langsam auf ihn zuging. »So verschämt sollten nur böse Augen schauen ...«

Nach diesen Worten musste der Küchenmeister wohl oder übel seinen Kopf heben, auch wenn er ihn am liebsten wie eine Schildkröte in seinen Körper hineingezogen hätte, und er sah zum ersten Mal in jene Augen, die den Augen der Götzenbilder glichen, wie sie in uralten Zeiten die Pharaonen aufgestellt hatten.

»Ich bin die Herrin der Aromen«, sagte sie, als sie nur noch wenige Schritte von ihm entfernt stand. Der Wind drückte ihr Kleid gegen ihren Körper und spielte mit ihrem Haar. »In meinem Haus versammele ich die seltensten Duftstoffe, Blätter, Wurzeln, Blüten und Harze der Welt, und von hier aus verteilen sie sich wieder in alle Himmelsrichtungen. Dies ist meine Tätigkeit und meine Wissenschaft. Nun sage mir: Wer bist du und weshalb bist du hier?«

»Ich bin Geschmacksbeherrscher«, murmelte der Küchenmeister, »und ich bin hier, um die Gewürze zu lernen.«

Die Herrin der Aromen schaute dem Küchenmeister tief in die Augen und fragte abermals: »Weshalb bist du hier?«

Der Küchenmeister begriff, dass man dieser Frau nichts vormachen konnte. Ihre Blicke waren von einem Zauber beseelt, der es ihr ermöglichte, einem Menschen mit einem einzigen Augenaufschlag die eindeutige, pure, nicht durch den Irrgarten der Sprache verschleierte Wahrheit zu entreißen.

»Um zu vergessen«, murmelte der Küchenmeister.

Die Herrin der Aromen schürzte die Lippen und nickte leicht. »Dann vergeudest du hier vielleicht nur deine Zeit«, sagte sie nachdenklich. »Vielleicht sollte ich dich direkt zum Meister des Vergessens schicken ...« Sie sah, wie die Augen des Küchenmeisters aufleuchteten. »Möchtest du das?«, fragte die Herrin.

Der Küchenmeister war völlig durcheinander. Natürlich wollte er nichts lieber als das, doch weil er die Herrin nicht vor den Kopf stoßen wollte, stotterte er: »Diesen Namen habe ich nie zuvor gehört. Wo lebt dieser Mann?«

Die Herrin der Aromen ließ ihren Blick in die Ferne schweifen. »Vor langer Zeit habe ich einmal einen jungen Mann auf den Weg zu ihm geschickt, der sich wie du nichts sehnlicher wünschte, als zu vergessen. Nur der Meister wäre in der Lage gewesen, sein Leid zu lindern. Denn er ist ganz zweifellos die einzige Person auf Erden, die in allen Geheimnissen jener Wissenschaft bewandert ist, die man Vergessen nennt ...«

»Hat er den Meister denn gefunden?«, fragte der Küchenmeister neugierig.

»O ja, das hat er. Es war eine beschwerliche Suche. Er überwand schneebedeckte Berge, dunkle Wälder und karge Wüsten, doch am Ende fand er ihn. Der Meister des Vergessens saß einfach an einem Flussufer. Der junge Mann ging zu ihm hin, stellte sich vor, und sagte, dass er vergessen wolle, dass er alles, was ihm Unruhe und Schmerz bereite, vergessen wolle, auf dass er sich nie wieder daran erinnere, ja, als habe er es nie erlebt, und dass er, wenn der Meister ihn das Geheimnis dieser Wissenschaft lehre, alles tun wolle, was dieser sich wünsche, dass er sogar bis zum Ende seines Lebens bei ihm bleiben und ihm zu Diensten sein wolle. Doch der Meister war anspruchslos. Er versicherte dem jungen Mann, dass er mit Freuden bereit sei, ihm sein ganzes Wissen zu vermitteln, und dies auch ganz ohne Gegenleistung. ›Es gibt da nur‹, sagte der Meister, ›ein kleines Problem ...‹«

Hier verstummte die Herrin der Aromen, drehte sich um und warf dem Küchenmeister, der ihr voll wachsender Erregung und Neugierde zugehört hatte, einen bedeutsamen Blick zu, ehe sie fortfuhr: »›Leider habe ich selbst alle Geheimnisse meiner Wissenschaft vergessen!‹«

Als er merkte, dass er auf den Arm genommen wurde, lief der Küchenmeister feuerrot an, und die Herrin der Aromen brach in Gelächter aus. Nachdem sie sich wieder gefasst hatte, sagte sie mit Nachdruck: »Es gibt kein Vergessen! So sehr du dich auch bemühst, wirst du doch stets nur glauben, du hättest vergessen, und die Dinge, von denen du sagst, du hättest sie vergessen, treten dir eines Tages in anderem Gewand wieder gegenüber. Sie zerhacken dir deine Seele wie Vögel, die aus dem Ei schlüpfen. Eines muss dir klar sein: Wer behauptet, er hätte vergessen, hat sich in Wahrheit nur selbst dazu verurteilt, bis zum Ende seines Lebens wieder und wieder das Gleiche zu erleben, mehr nicht!«

Bei diesen Worten war sie an ihm vorbeigegangen und hatte ein neben der Tür hängendes Gebilde, das aus mehreren Schnüren mit aufgefädelten Muscheln bestand, mit einem Stoß in Schwingung versetzt. Nachdem sie zu Ende gesprochen hatte, stand sie noch immer davor, und während die Muscheln laut rasselten, schaute sie den Küchenmeister durchdringend an und fragte: »Hast du das verstanden?«

Doch der Küchenmeister verstand gar nichts mehr. Wie jeder, der plötzlich mit der ganzen ungeschminkten Wahrheit konfrontiert wurde, leugnete er sie und widersetzte sich der Erkenntnis. Er suchte nach hochtrabenden Worten, die er hätte erwidern können, fand aber keine, und die, die er fand, wagte er aus Respekt vor der Herrin und aus Angst vor ihrer Reaktion nicht über die Lippen zu bringen.

Aus dieser Situation retteten ihn fünf Hausbewohner, die offenbar vom Klang der Muscheln angelockt worden waren. Sie stellten sich rasch in eine Reihe und warteten darauf, was die Herrin ihnen mitzuteilen hatte.

»Wir haben einen Gast«, sagte die Herrin der Aromen. »Er ist hierhergekommen, um etwas über die Gewürze zu erfahren. Bereitet das Hamam vor. Sein Körper und sein Verstand bedürfen der Entspannung. Für sein seelisches Wohl sorgen wir später.«

Der Küchenmeister betrachtete die fünf und meinte so gerade zu erkennen, dass es drei Frauen und zwei Männer waren. In seinen Gedanken herrschte nach wie vor Unruhe, doch seine Seele war erstaunlicherweise von Ruhe erfüllt.

Während sie die Treppe hinunterstiegen und durch den Korridor auf das Hamam zugingen, erteilte die Herrin der Aromen eine Anweisung nach der anderen: »Reibt ihm den Körper zunächst mit Safran, Kampfer und Moschus ein. Bereitet die Räuchergefäße vor. Verbrennt reichlich Salbei. Dazu etwas Hanf und eine Prise Wermut. Wir müssen herausfinden, ob sich sein Leid nur in seinem Verstand oder auch außerhalb davon eingenistet hat. Streut frische Rosenblätter in das heiße Becken, dazu Fliede, Jasmin und indische Narde. In das kalte Becken dagegen ausschließlich Walrat.«

Später sollte sich der Küchenmeister daran erinnern, wie ihm von fünf Paar Händen ebenso sanft wie schnell die Kleider ausgezogen worden waren. Während ihm der Gürtel um die Lenden gelöst wurde, spürte er leichte Scham, doch die fünf Augenpaare blickten ohne jeden Hintergedanken. Ohnehin lösten die Dämpfe, die wenig später aus den Räuchergefäßen aufstiegen, alle Ablagerungen in seinem Geist, und zurück blieben nur die Gerüche in seiner Nase, die Berührungen auf seiner Haut und die leisen Gesänge in seinen Ohren.

Der Küchenmeister erinnerte sich, wie er bäuchlings auf den heißen Massagestein in der Mitte des Hamams gelegt worden war, und wie Hände begonnen hatten, sich auf seinem Rücken, seinem Hals und seinen Beinen zu bewegen.

Von den Gerüchen, die er wahrnahm, war ihm besonders der des Safrans vertraut. Er war eine der seltensten Zutaten in der Küche. Der Geruch von Moschus dagegen erinnerte ihn an seine Kindheit, an die intensiv nach Parfum duftenden Räume und Frauen des Harems. Diese beiden Gerüche versetzten ihn zurück in seine Vergangenheit. Dazwischen drängte sich Kampfergeruch. Zwar konnte man ihn nicht als unangenehm bezeichnen, doch war er so beherrschend, dass er allein deshalb auf die Erde gesandt zu sein schien, um jeden nur denkbaren Gestank zu überdecken. Aufgrund dieser Eigenschaft erinnerte er den Küchenmeister an Tod, Verwesung und Verfall und schien ihm zu verkünden, dass zwischen all den schönen Träumen auch die hässlichen Geschwüre seines Lebens noch immer existierten.

Der Küchenmeister erinnerte sich, wie er anschließend davon geträumt hatte, in einem Blumengarten zu liegen, und wie ihn eine angenehme Wärme umfangen hatte, als stünde die Sonne nicht nur am Himmel, sondern überall zugleich. Wie er die Gerüche in sich aufgesogen hatte, wie er seinen Traumbildern gefolgt und in einem farbenprächtigen Land zu einer Reise in die Unendlichkeit aufgebrochen war, begleitet von gesummten Liedern. Und wie er endlich mit einem Frösteln zu erwachen schien, als würde er von tausend Nadeln gepikt, dann aber, indem er den Schmerz ebenso willkommen hieß wie Lust und Stille, mit einem tiefen Seufzer in einen traumlosen Schlaf abglitt …

*

Als der Küchenmeister erwachte, fand er sich splitternackt auf einem breiten Daunenbett wieder. Von einem Tischchen am Kopfende des Bettes abgesehen, auf dem ein kleiner irdener Krug stand, war das Zimmer leer, und es roch nach nichts als nach der frischen Meeresluft, die durch die offenen Fenster hereinwehte. Direkt neben seinem Bett sah er eines jener seidenen Kleidungsstücke, wie sie von allen Hausbewohnern getragen wurden. Darauf lag auch der silberne, mit Blumen verzierte Gürtel.

Der Küchenmeister zog sich an und ging nach unten. In der dünnen Kleidung fühlte er sich nackt und wehrlos. Aber er spürte auch eine seltsame Leichtigkeit in sich, als trüge seine Seele das gleiche Gewand. Er schrieb diesen Umstand den Dämpfen zu, die er im Hamam eingeatmet hatte, sowie den geschickten Händen der Diener. Damals war er nämlich noch zu jung und unerfahren, um zu begreifen, dass viele der menschlichen Sorgen eigentlich nur eingebildet sind und imaginäre, nicht existente Ketten darstellen, die sich umso schwerer anfühlen, je länger man sie trägt, so wie ein Kaninchen auf der Flucht immer größere Angst bekommt, je länger es flieht.

In dem großen Haus waren alle bereits erwacht und gingen ihrem Tagewerk nach. Ihre Hände waren geschickt und schnell, dabei aber völlig unaufgeregt, und in den Gesichtern spiegelte sich keine Hektik wider, etwas rechtzeitig fertigstellen zu müssen. Der Küchenmeister trat an einen der Hausbewohner heran, der gerade schwarze Pfefferkörner aussiebte, fragte ihn, wo die Herrin sei, und bekam eine einfache Antwort: »Ich weiß es nicht.«

Er wunderte sich. Fast hätte er sogar gemeint, abgewimmelt worden zu sein, aber der Mann hatte ihn so aufrichtig angeschaut, dass aus seinem Blick nicht nur hervorging, dass er es tatsächlich nicht wusste, sondern auch, dass er sich gar nicht dafür interessierte. Nicht, dass ihm die Herrin egal gewesen wäre. Aber es spielte keine Rolle, ob er wusste, wo sie war, was sie tat, oder wann sie kommen und was sie sagen würde. Dem Küchenmeister sollte bald bewusst werden, dass in diesem Haus die An- oder Abwesenheit einer Person niemals von einer anderen Person abhängig war. Keiner sagte einem hier, was man zu tun oder zu lassen habe, und dennoch wurden unzählige Säcke mit Gewürzen gemeinschaftlich von den ankommenden Schiffen abgeladen, bearbeitet und wieder aufgeladen. Wer Hunger hatte, stärkte sich mit einem Stück Brot und einer Schale Olivenöl, das er mit seinen Lieblingsgewürzen verfeinerte, und wer von der Arbeit müde oder gelangweilt war, zog sich in sein Zimmer zurück oder überließ sich in Gemeinschaft der anderen der Unterhaltung, der Musik und bisweilen der Liebe.

Die täglichen Gespräche waren meist kurz und gemurmelt. Außer den Wellen, dem Wind und den tätigen Händen hörte man meist nur Lieder oder Lautenklänge, Verse von Firdevsi, Fuzuli und Bağdatlı Ruhi oder Spottgedichte von Nef'i.

Nur manchmal ertönte die Stimme der Herrin. Das Privileg,

laut zu sprechen und damit die Menschen daran zu erinnern, dass sich die Welt mit allen Lasten, die sie trug, noch weiterhin drehte, war allein ihr vorbehalten, und nur sie konnte die Stille durchbrechen, die wohl ansonsten bis in alle Ewigkeit hätte fortdauern können.

Der Küchenmeister sah die Herrin der Aromen an jenem Tag nicht. Genauso wenig am nächsten und am übernächsten Tag.

Als sie einander am Morgen des vierten Tages im Korridor begegneten, beschränkte sie sich darauf, ihn nach seinem Befinden zu fragen, und zog sich wieder in ihr Zimmer zurück. Tags darauf erfuhr er, dass sie in See gestochen sei, um Gewürze einzukaufen, und frühestens in drei Wochen zurückkehren werde. Doch auch als sie wieder da war, änderte sich nichts. Sie tauchte weiterhin nur sporadisch auf, um alsbald wieder zu verschwinden, und die Unterrichtsstunden, auf die der Küchenmeister ungeduldig wartete, wollten einfach nicht beginnen.

Obwohl er für das ganze Leben im Haus und für alle seine Bewohner eine tiefe Achtung empfand, begann er sich mit der Zeit tödlich zu langweilen. Ein anfänglicher Drang zu kochen ließ sogleich wieder nach, als er sah, dass es im Haus nicht einmal einen vernünftigen Herd, geschweige denn eine Küche gab, und er fing vor lauter Langeweile an, bei der Verarbeitung der Gewürze, dem Lastentransport, dem Saubermachen und Aufräumen zu helfen. An den Abenden auf der Terrasse lauschte er Gedichten und sang Lieder mit den anderen, aber es wollte ihm dennoch nicht gelingen, sich abzulenken. Je mehr er sich langweilte, mit desto größerer Macht bestürmte sein Kummer die Leere, die sich in ihm auftat. Er fühlte sich wie in einem Gefängnis und verabscheute die Ruhe im Haus, das Schweigen der Menschen und den Geruch der Gewürze von Tag zu Tag mehr.

Nachdem auf diese Weise fast ein weiterer Monat vergangen war, hielt es der Küchenmeister nicht mehr aus, passte die Herrin vor der Tür ihres Zimmers ab und fragte sie ohne Umschweife, wann denn der Unterricht endlich beginnen würde. Die Herrin schaute ihn ganz befremdet an, so als höre sie zum ersten Mal davon. Der Küchenmeister sah sich gezwungen, sein Anliegen umzuformulieren: »Ihr solltet mir etwas über Gewürze beibringen. So wurde es mir jedenfalls gesagt.«

Nachdem sie ihn mit unverändertem Ausdruck noch ein wenig gemustert hatte, lächelte sie vielsagend. »Du willst also etwas über die Gewürze lernen?«

Er nickte.

»Dann komm mit mir«, sagte sie, und gemeinsam stiegen sie hinab ins untere Stockwerk. Sie schlängelten sich rasch zwischen den Menschen hindurch, die an Sieben und Mörsern ihrer Arbeit nachgingen, und blieben scheinbar zufällig vor einem Regal stehen. Die Herrin wählte das nächstbeste Glas aus. Sie nahm den Deckel ab, und nachdem sie den Küchenmeister eine Weile angeschaut hatte, drückte sie es ihm in die Hand. »Das hier ist Sesam. Er ist ein kleines Wunder. Für sich allein hat er fast überhaupt keinen Geschmack. Doch wo man ihn hinzufügt, da steigert er die Intensität einer Speise ungemein. Und nachdem man ihn gekocht hat, verströmt er einen leicht brenzligen Geruch. Er enthält auch Öl, aber das ist eine andere Geschichte, das werde ich dir später erklären...«

Während er noch befremdet auf das Sesamglas in seiner Hand schaute, eilte die Herrin schon weiter und griff in ein anderes Regal: »Das hier ist Schwarzkümmel. Er schmeckt am Anfang ebenfalls brenzlig. Danach verwandelt sich der Geschmack aber in eine dem Anis ähnliche Schärfe. Jedoch flackert er schnell auf und erlischt ebenso schnell wieder. Über den Gaumen hat er keine große Gewalt. Du kümmerst dich am besten gar nicht um ihn. Lass uns lieber etwas finden, was dir von Nutzen sein kann. Mal sehen...«

Nachdem sie eine Weile vor dem Regal gestanden und geschnuppert hatte, öffnete sie einen großen irdenen Topf und verstreute eine gute Prise seines Inhalts in der Luft. Der sich verbreitende Geruch gehörte zu einem Gewürz, das jeder Koch kannte. »Kreuzkümmel«, sagte die Herrin und fuhr rasch fort: »Eines der lebhaftesten Gewürze. Verändert die Tonart der Speise, der er hinzugefügt wird. Wichtiger als sein Geschmack ist sein Geruch. Wie schwarzer Pfeffer oder Zimt geht er keine enge geschmackliche Verbindung mit der jeweiligen Speise ein. Aber wenn sich sein Geruch mit dem des Essens vereint, entsteht ein appetitlicher, sinnlicher und animierender Duft. Kreuzkümmel ist eine Einladung; er ist provozierend und verlockend ...«

Die Herrin eilte schon zum nächsten Regal, da fragte der Küchenmeister: »Und was ist seine Natur?«

Sie schaute verwirrt, sodass er hinzufügte: »Ich meine, ist er heiß? Ist er feucht?«

»Das weiß ich nicht«, versetzte die Herrin knapp. »Ich bin doch keine Ärztin!«

Der Küchenmeister war etwas verdattert, aber er erwiderte nichts. Immerhin, dachte er, hatte der Unterricht ja jetzt begonnen, und er würde von seinen trüben Gedanken abgelenkt werden.

»Könnte ich bitte Schreibfeder und Papier haben?«, fragte er ruhig.

Als Erwiderung lachte die Herrin schallend. Sie wies auf die Regalreihen und auf die Gläser, Schalen und Töpfe, die zu Hunderten dort standen. »Was hast du vor?«, fragte sie. »Willst du das etwa alles auswendig lernen?«

Und ohne ihm die Gelegenheit zu geben, seinen Mund aufzumachen, fuhr sie fort: »Und was genau willst du auswendig lernen? Nimm zum Beispiel den Zimt ... er passt sowohl zu Süßem als auch zu Salzigem, Saurem und Scharfem. Oder den Ingwer:

Du tust ihn zu Fleisch, du legst ihn in Essig ein, du machst Marmelade daraus. Für welchen Zimt und für welchen Ingwer interessierst du dich? Der Koriander am Gaumen eines Menschen ist nicht der gleiche wie der Koriander am Gaumen eines anderen. Thymian verhält sich in ein und derselben Speise grundverschieden, je nachdem, von welchem Koch sie zubereitet wurde. Du kannst Gewürze nicht auswendig lernen. Du kannst sie nur verstehen.«

Sie verstummte, marschierte auf den Küchenmeister zu und drückte ihm ihren Zeigefinger auf die Stirn: »Denn Gewürze haben nichts mit Wissen zu tun ...«

Sie nahm ihren Finger von seinem Kopf und bohrte ihn in die Mitte seiner Brust: »... sondern mit dem Herzen und mit den Gefühlen. Es hat weder einen Sinn noch einen Nutzen für dich zu wissen, was die Gewürze sind, zu lernen, ob sie von einem Baum, von einer Wurzel oder von einer Rinde stammen, oder ihre Naturen auswendig zu lernen. Nein, du musst in der Lage sein, ein Gedicht aufzusagen, wenn du dir eine Knoblauchzehe unter die Nase hältst, ein Epos zu schreiben aus Basilikum und Mastix, die sich in deinem Mund verbinden, und ein Loblied auf eine Handvoll Myrrhe oder einen Bund Rosmarin zu singen. Erst dann kannst du behaupten, etwas über Gewürze zu wissen! Du musst einem, den du mit deinem Essen verzaubern willst, in die Augen schauen und gleichzeitig in seinem Herzen und in seiner Seele lesen können, du musst alle dir bekannten Gerüche in Gedanken durchgehen und erkennen können, welcher von ihnen geeignet ist, den Appetit jenes Menschen anzuregen oder zu stillen. Erst dann kann ich dich einen Geschmacksbeherrscher nennen!«

Die Herrin der Aromen hielt inne, holte Luft und fuhr dann fort: »Doch um das zu erreichen, musst du zuerst die Menschen kennenlernen und zuallererst dich selbst. Aber solange du versuchst, vor deinen Gefühlen wegzurennen, als wären sie

Grabgespenster, und deine Erinnerungen wie Müll zu entsorgen, weiß ich nicht, wie du das jemals schaffen sollst. Ich kann dir jedoch einen kleinen, bescheidenen Rat geben: Hör auf, dich selbst zu bekämpfen. Nimm deinen Erinnerungen die Ketten ab. Befreie sie. Halt inne und denke. Aber ohne dir unrecht zu tun. Denke nicht nur mit deinem Verstand, sondern auch mit deinem Herzen.«

Der Küchenmeister verstand ihre Worte nicht. Er glaubte zunächst sogar, sie mache sich über ihn lustig. Was konnte es anderes sein als Spott, jemandem das Denken zu empfehlen, für den gerade dies die größte Qual darstellte, der sich nichts sehnlicher wünschte, als seine Gedanken zu zügeln und seinem Verstand die Kandare anzulegen?

Dennoch befolgte er den Rat der Herrin, ein wenig wohl auch aus Hilflosigkeit, und hörte auf, sich nur mit sich selbst zu beschäftigen und andauernd nach Ablenkung zu suchen. Wenn ihm danach war, schloss er sich den Arbeitenden an und zerstieß stundenlang Zimtstangen in einem Mörser, wenn nicht, verbrachte er bisweilen den ganzen Tag damit, auf der Terrasse zu sitzen und das Meer zu betrachten.

Nachdem so einige Monate ins Land gegangen waren, fand sich der Küchenmeister an einem schon recht winterlichen Tag, an dem ein rauer Wind wehte, auf einmal dabei wieder, wie er genau das tat, was die Herrin ihm geraten hatte: Er dachte.

Ihm war klar geworden, dass es vergeblich war, gegen das Denken anzukämpfen. Es würde ihm ohnehin nie gelingen, die Trauer aus seiner Seele und die Erinnerungen aus seinem Geist zu verbannen. Aber von dem Augenblick an, an dem er zu kämpfen aufhörte und über alles nachzudenken begann, was er erlebt hatte, über die schönen und bitteren Momente, über seine Träume und Albträume, ließen seine Ängste nach, und schon bald waren sie verschwunden.

Je mehr er nachdachte – furchtlos nachdachte –, desto

mehr begann er auch wieder zu fühlen, und er begriff, dass er aus Angst vor dem Leid seine Seele hatte verkümmern lassen. So wie es den Tag ohne die Nacht nicht geben konnte, waren Schmerz, Leid und Kummer unweigerlich Teil des Herzens, und versuchte man sie zu verdrängen, dann fand man nicht zur Ruhe, stattdessen wurde die Seele verletzt und gefühllos.

An das zu denken, was geschehen war und was hätte sein können, verursachte ihm zwar noch immer unsägliches Leid, aber es fühlte sich nicht mehr wie früher so an, als bestünde er aus einem leblosen Körper. Er lebte nicht mehr in einem dunklen Nichts. Die Gedanken hinterließen nur noch einen herben Geschmack nach Sehnsucht in seiner Kehle, und seine Tränen brachten Früchte hervor.

Der Küchenmeister weinte. Seit Jahren konnte er zum ersten Mal wieder weinen.

Wie sehr hatte er stets an sich gehalten, wie viel Angst hatte er davor gehabt. Wenn er weinte, so hatte er gedacht, würde auch seine letzte Bastion noch einstürzen, und die Dunkelheit, die dann sein Herz erfüllen würde, nähme ihn bis in alle Ewigkeit gefangen.

Wovor er Angst gehabt hatte, war die Erinnerung, und ja, Weinen war Erinnerung ... Jetzt sah er seine Erinnerungen und Träume nicht mehr wie früher voller Zorn und Verzweiflung, sondern in dem Wissen, dass Erinnerungen für immer der Vergangenheit angehörten, Träume hingegen nie gelebt worden waren. Er konnte alles sehen: seine Kindheit, das Serail, den Tempel der Genüsse, Meister Âdem, Sirrah und Kamer. Aber am wichtigsten war, dass er sich jetzt selbst sehen konnte. Er sah sein eigenes Leben, mitsamt all seinen Eventualitäten, seinen richtigen und falschen Entscheidungen, seiner Hoffnung und seiner Verzweiflung, und musste sich schließlich eingestehen: Er liebte Kamer noch immer, liebte sie über alles in der Welt.

Eines Nachts betrachtete der Küchenmeister den Mond, lauschte den rauschenden Wellen, die mit fortschreitender Jahreszeit rauer geworden waren, und summte ein Lied, das er von Kamer kannte, als er spürte, wie ihm eine aus dem Augenwinkel rinnende Träne mit zarter Berührung fortgewischt wurde.

Er fuhr zusammen, und als er seinen Kopf drehte, sah er neben sich die Herrin der Aromen stehen.

»Tränen sind der Lebensquell verdorrter Seelen«, sagte sie und betrachtete den Tropfen auf ihrem Finger. Dann setzte sie sich neben ihn. »Erzähle ...«

Diesmal war er es, der schaute, als höre er ein Wort zum ersten Mal. Bis dahin hätte er sich niemals vorstellen können, die Gedanken, die ihm unablässig durch den Kopf schwirrten, in Worte zu fassen, geschweige denn, irgendjemandem seine Geschichte zu erzählen. Mit niemandem außer mit Kamer hatte er je richtig gesprochen, und selbst ihr gegenüber war er schweigsam gewesen. Mit einem einzigen Wort hatte die Herrin der Aromen ihm seine Einsamkeit vor Augen geführt.

Um der Todesstille mit seiner eigenen Stimme ein Ende zu setzen, begann er mit dem ersten Satz, der ihm in den Sinn kam: »Geboren wurde ich im Serail ...«

Zu Beginn schämte er sich noch, fühlte sich, als gehöre sich nicht, was er da tat. Doch je länger er sprach, desto mehr Knoten lösten sich, und er spürte, wie sein Herz leichter wurde. Er bemerkte mit Erstaunen, wie anders sich die Dinge darstellten, die ihm seit so langer Zeit im Kopf herumgegangen waren, sobald er sie in Worte kleidete. Was er für kompliziert gehalten hatte, wurde einfach, was festzustehen schien, versah er mit Fragezeichen, und angesichts einer Erinnerung oder Vorstellung, über die er einst nächtelang nachgedacht hatte, musste er nun ungläubig lächeln, kaum dass er drei Sätze darüber verloren hatte. Er wollte nicht lügen. Doch wo eine Tatsache ihm allzu krass erschien, scheute er sich, sie direkt auszusprechen und brachte sie erst dann über die Lippen, nachdem er sie ein wenig zurechtgefeilt und umgeformt hatte.

Die ganze Nacht über erzählte der Küchenmeister, und er verstummte erst, als der Morgen graute. Der Wind war abgeflaut, die Wellen hatten sich gelegt, und das Meer glich einem riesigen Spiegel, der darauf wartete, das Rot des Sonnenaufgangs, das in Kürze aufflammen würde, nur umso feuriger zurückzuwerfen.

»Es ist alles so schwierig ...«, waren seine letzten Worte, bevor er verstummte.

Die Herrin der Aromen lachte ungläubig: »Schwierig? Du nennst dein Leben schwierig?«

Der Küchenmeister wusste nichts zu erwidern. Er starrte einfach vor sich hin.

»Natürlich sind dir schlimme Dinge widerfahren«, fuhr die Herrin fort. »Aber als schwierig kann man dein Leben nicht bezeichnen. Du hast noch nicht erlebt, was dieses Wort in Wirklichkeit bedeutet. Du wurdest im Serail geboren und bist verwöhnt und verhätschelt worden. Nachdem du deine Familie verloren hattest, haben sich die Meister deiner angenommen und für dich gesorgt. Du hast weder die Entbehrungen eines Lehrlings noch die eines Gesellen durchmachen müssen. Dank deiner Gabe weißt du ja nicht einmal, was Konkurrenz in deinem Handwerk heißt. Schließlich hast du nie verloren! Und weil du nie verloren hast, hast du auch nicht gelernt, zu gewinnen und dafür zu kämpfen und zu ringen. Während deines ganzen Lebens musstest du nur ein einziges Hindernis überwinden, und davor hast du kapituliert.«

Der Küchenmeister fühlte sich eigenartig. Ein Teil von ihm hätte die Herrin am liebsten gepackt und ins Meer geworfen, während ein anderer Teil ihn drängte, sich ihr zu Füßen werfen und ihr zu huldigen. Doch sie sprach schon weiter: »Du hast mir die ganze Zeit nur von deinen Träumen erzählt. Von

Kamer, Kamer, Kamer. Aber wenn man etwas möchte, dann reicht es nicht, davon zu träumen. Man muss felsenfest daran glauben, davon überzeugt sein. Wenn du, anstatt zu träumen, deiner Liebe auch nur annähernd vertraut hättest, wärest du heute nicht in diesem Zustand. Jetzt sage mir: Was hast du getan, nachdem Kamer dir diesen Brief geschrieben hatte? Was hast du getan, außer zu weinen und das Weite zu suchen? Hast du sie zur Rede gestellt und dir das, was in dem Brief stand, noch einmal von ihr persönlich sagen lassen? Oder hattest du Angst? Hast du dir deine Liebe nur eingebildet? Bist du Kamer nachgelaufen? Hast du das Haus dieses Adeligen dem Erdboden gleichgemacht? Hast du Alexandria niedergebrannt? Oder bestand deine Liebe nur aus einem Stück Papier und ein paar Tropfen Tinte? Sag es mir, junger Mann! Was hast du getan?«

Der Küchenmeister ließ den Kopf hängen, die Stimme der Herrin ein schrilles Echo in seinem Ohr, und rührte sich nicht. Er konnte ihr nicht ins Gesicht sehen. Denn ihre Augen würden eine Antwort von ihm verlangen, und die einzige Antwort, die er hätte geben können, lautete: »Nichts ...«

So lernte der Küchenmeister von der Herrin der Aromen, dass man sich am meisten nicht für das schämt, was man getan hat und woran man gescheitert ist, sondern für das, was man gar nicht erst anpackt oder nicht zu Ende bringt, und dass eine Handlung, so unnötig, unangebracht, vergeblich oder verkehrt sie auch erscheinen mag, dennoch richtig und ein Grund zum Stolz sein kann.

*

Wenn er heute jedoch, wo er im großen Hof des Serails stand und zum Harem schaute, während Kamer ihm wieder zu entgleiten schien, in Verzweiflung verharrt und sich in sein

Schicksal gefügt hätte, so hätte er dies für den Rest seines Lebens nicht einmal sich selbst, und schon gar nicht der Herrin erklären können.

»Es gibt einen Weg, Meister ...«, wiederholte er.

Die Sorge, die sich in Meister İsfendiyars Augen spiegelte, übertrug sich auf seine Zunge. »Mein guter Junge ...«, stotterte er, »die Favoritin will es so. Und der Sultan hat es angeordnet. Die Hochzeit kann nicht mehr verhindert werden.«

Der Küchenmeister lachte. »Ich weiß etwas, Meister, das gehorcht weder dem Willen noch einer Anordnung des Sultans.«

Der Schnurrbart des Meisters begann zu zittern. »Allein Darıcızades Tod könnte diese Heirat noch stoppen«, sagte er. »Und wir könnten nicht einmal bis zu ihm vorstoßen. Er ist stets von Wachen umgeben. Kämen wir hinein, so kämen wir nicht wieder hinaus, und wenn doch, könnten wir unseren Kopf wohl kaum retten. Nun, meine Jahre sind gezählt, aber du ...«

»Es gibt einen Weg, habe ich doch gesagt«, schnitt ihm der Küchenmeister das Wort ab. Er trat ein wenig näher an den Meister heran. »Allerdings brauchen wir Hilfe.«

Die Lippen des Meisters bewegten sich, als würde er lautlos beten. »Sprich.«

»Ich brauche Köche. Drei oder vier Köche, die fähig und verschwiegen genug sind, ein Festmahl auf die Beine zu stellen. Könnt Ihr die auftreiben?«

»Mit Leichtigkeit. Ist das schon alles?«

»Außerdem muss ich heute Nacht aus dem Palast. Unbemerkt. Es gibt da jemanden, mit dem ich sprechen muss. Könnt Ihr mir die hintere Tür aufschließen?«

»Auch das ist leicht. Was sonst?«

»Sonst nichts, Meister. Vor dem Ruf zum Morgengebet werde ich zurück sein, seid unbesorgt.«

»Gut. Ich werde einen Gesellen schicken und dich zu mir

rufen lassen. Das ist das Zeichen, dass die Hintertür geöffnet ist.«

»Ich danke Euch, Meister.«

»Und wenn du zurückkehrst, geh nicht gleich in den Schlafsaal, sondern komm direkt zur Konkubinenküche, zu welcher Stunde es auch sein mag. Ich erwarte dich dort.«

Jetzt war es am Küchenmeister, neugierig zu sein: »Weshalb?«

»Tu einfach, was ich dir sage«, versetzte Meister İsfendiyar und verschwand in der Dunkelheit.

*

Als der Küchenmeister ins Serail zurückkehrte, war noch mehrere Stunden Zeit bis zum morgendlichen Gebetsruf. Er hatte den verrückten Bayram in seinem Lokal aufgesucht, ihm rasch sein Anliegen geschildert, und war, nachdem er sich seiner Unterstützung versichert hatte, sogleich wieder umgekehrt. Meister Bayram war ein verständiger Mann, der nicht viele Fragen stellte. Nachdem er sich alles angehört hatte, hatte er bloß gesagt: »Du kannst auf mich zählen, mein Junge.«

Nachdem der Küchenmeister die Hintertür leise zugezogen und den Riegel vorgelegt hatte, ging er leise in Richtung der Küchen. Er musste an der Kanzlei, dem Vorratskeller und den Schlafsälen vorbei. In einem Winkel wartete er ab, bis der Schlafsaalaufseher, der seine Runde drehte, wieder verschwunden war. Als die Luft rein war, überquerte er rasch den Hof. Die Nacht war so dunkel, dass man kaum die Hand vor Augen sah. Er tastete sich durch den Küchenweg bis zur ersten Tür. Er schaute hinein. Von der Konkubinenküche her war ein schwacher Lichtschimmer zu sehen. Das musste Meister İsfendiyar sein, der ihn, wie angekündigt, erwartete. In der großen Küche, die nur durch eine einzige Öllampe ein wenig erhellt wurde, machten seine Augen eine Silhouette aus. Doch das war nicht der Meister. Diese Person hier stand aufrechter und war von massiverer Statur. Als der Küchenmeister hinter ihr weitere sich bewegende Schatten bemerkte, fuhr er zusammen. Sein Körper spannte sich bereits zur Flucht, da sagte eine Stimme: »Ich bin es, Bruder. Hab keine Angst!«

Der Küchenmeister hatte die Stimme erkannt, aber um ganz sicherzugehen, fragte er nach: »Meister Bekir?«

»Ja, natürlich, wer denn sonst«, sagte Meister Bekir.

Der Küchenmeister ging ein paar Schritte auf das Licht zu. Meister Bekir stand mit demselben aufrichtigen Lächeln wie immer in der Mitte der Küche. Hinter ihm standen in einer Reihe seine sechs Gesellen.

»Ich ... ich konnte nicht schlafen und ...«, versuchte der Küchenmeister sich herauszureden. Doch Meister Bekir lachte. »Wir haben dich bereits erwartet. Meister İsfendiyar hat uns gesagt, dass du kommen würdest. Ich weiß über alles Bescheid.«

Dem Küchenmeister lief es eiskalt den Rücken hinunter. Er musste sofort herausfinden, was genau der Meister wusste. »Was hat er Euch gesagt?«, fragte er, wobei er versuchte, seine Stimme ruhig erscheinen zu lassen.

»Er hat gesagt, dass der Geschmacksbeherrscher Unterstützung braucht«, antwortete Meister Bekir.

In dem Moment erhob sich aus der dunkelsten Ecke der Küche eine weitere Stimme, die der Küchenmeister noch viel besser kannte: »Genau das habe ich gesagt.«

Danach hörte man das Tappen eines Stocks, und Meister İsfendiyar erschien im matten Licht. »Du wolltest fähige Köche. Hier hast du welche. Sogar acht an der Zahl. Reicht das?«

»Das reicht, Meister«, sagte der Küchenmeister. »Aber Meister Bekir ... Seit wann ist er unterrichtet?«

»Von Anfang an«, erwiderte Meister Bekir selbst. »Meister İsfendiyar hat es mir bereits am Tag deiner Ankunft gesagt. Ich sollte mich deiner annehmen, falls ihm etwas zustieße.«

»Lass jetzt die törichten Fragen«, rügte Meister İsfendiyar den Küchenmeister. »Sag mir lieber, wobei wir dir helfen können.«

»Beim Kochen natürlich, Meister«, sagte der Küchenmeister. »Wir müssen ein üppiges Festmahl richten. Allerdings eines, das vor allem das Auge anspricht.«

»Damit haben wir durchaus Erfahrung. Für wie viele Personen soll dieses Festmahl sein?«

»Für eine einzige.«

Der Meister schaute ihn scharf an. »Und wo findet es statt?«

Der Küchenmeister lächelte. »Im Tempel der Genüsse.«

»Ich verstehe«, sagte Meister İsfendiyar und nickte. »Aber wird man uns denn die Küche dort so einfach überlassen?«

»Nun, was das angeht, werden wir wohl auf ein wenig rohe Gewalt zurückgreifen müssen«, sagte der Küchenmeister. »Aber seid unbesorgt, ein paar Freunde werden uns dabei unter die Arme greifen.«

Während Meister İsfendiyar leise aufseufzte, zog Meister Bekir sein großes Messer aus dem Gürtel. »Was grämt Ihr Euch, İsfendiyar?«, sagte er mit fester Stimme. »Das hier dient schließlich nicht nur zum Zwiebelschneiden! Ein Kollege, noch dazu ein wahrer Meister unserer Kunst, ist in Not und bittet uns um Hilfe. Es gibt nichts, was ich lieber täte!«

»In Gottes Namen«, murmelte Meister İsfendiyar. Meister Bekirs sechs Gesellen schlossen sich seinen Worten an.

Der Küchenmeister sagte schlicht: »Danke«, und Meister İsfendiyar stieß seinen Stock auf den Boden. »Also dann, hoffen wir auf Gottes Beistand. Wann brechen wir auf?«

»Morgen vor Sonnenaufgang«, antwortete der Küchenmeister. »Die Ruderboote sind bereit. Wir verlassen einzeln das Serail und treffen uns in Kasımpaşa an der Anlegestelle.«

Meister İsfendiyar nickte. »So machen wir es«, sagte er und ging davon. Meister Bekir und seine Gesellen nahmen die brennende Öllampe und packten ihre Sachen.

Der Küchenmeister eilte Meister İsfendiyar hinterher, der schon fast in der Dunkelheit verschwunden war, und nahm seinen Arm. »Was gibt es denn noch?«, murrte der Meister. »Ihr habt doch gefragt«, sagte der Küchenmeister, nachdem er abgewartet hatte, bis Meister Bekir und seine Gesellen die Küche verlassen hatten, »ob acht Köche reichen ...«

»Und?«

»Acht Köche sind zu viel. Ich brauche allenfalls sieben.«

Meister İsfendiyar blieb stehen und wandte sich dem Küchenmeister zu. Obwohl das matte Licht der Öllampe sich entfernte, war das wütende Funkeln in seinen Augen deutlich zu sehen. »Was willst du damit sagen?«, zischte er.

»Ihr müsst hierbleiben«, sagte der Küchenmeister.

»Im Leben nicht! Ich lasse dich nicht allein gehen.«

»So hört mir doch um Gottes willen zu!«, sagte der Küchenmeister und verstärkte seinen Griff um Meister İsfendiyars Arm. »Ihr müsst hierbleiben, weil Ihr, wenn ich fort bin, noch einige Dinge für mich erledigen müsst.«

»Was soll das heißen: wenn du fort bist?«

»Ich werde nicht zurückkehren«, sagte der Küchenmeister. Er zog ein kleines Fläschchen aus seinem Gürtel und drückte es Meister İsfendiyar in die Hand. »Bewahrt das gut auf. Sobald Meister Bekir zurück ist und sagt, dass alles in Ordnung sei, mischt Ihr den Inhalt dieses Fläschchens in ein Glas Tamarindensirup und gebt es Mahir zu trinken. In derselben Nacht noch werdet Ihr, während er schläft, zu ihm gehen und ihm ins Ohr flüstern, wer ich bin und was ich im Serail getan habe. Seid unbesorgt, er wird sich nicht an Eure Stimme erinnern. Er wird glauben, von selbst auf alles gekommen zu sein, was Ihr ihm eingeflüstert habt. Ein paar Tage später werden Gardisten in die Küche kommen und nach mir fragen. Sie werden die ganze Stadt nach mir durchkämmen. Ich aber werde mich in einer Kammer in der Melekgirmez-Straße aufhalten. Ihr werdet mich verraten, ohne Euch selbst zu kompromittieren. Habt Ihr verstanden?«

Meister İsfendiyar schluckte. »Und dann?«

»Der Rest liegt in Gottes Hand«, sagte der Küchenmeister. »Wenn alles so läuft wie geplant, werde ich zurückkommen, um noch einige letzte Dinge in dieser Küche zu erledigen. Wenn nicht ... dann behaltet mich in guter Erinnerung.«

»Natürlich, mein Junge, aber ...«

»Kein aber, Meister«, schnitt ihm der Küchenmeister das Wort ab. »Entweder hole ich Kamer aus diesem Serail, oder das Serail holt mich.«

In Meister İsfendiyars Augen glitzerten Tränen.

Sie umarmten einander.

Nachdem der Küchenmeister in den Schlafsaal zurückgekehrt war, legte er sich nicht sofort auf seine Matratze. Er öffnete lautlos seine Truhe und nahm von ganz unten die Horoskope und die beiden Bücher heraus – das mit dem grünen und das mit dem schwarzen Einband. Dann griff er noch nach einer seiner Ersatzschürzen, ging wieder hinaus und setzte sich unter eine Öllampe im Treppenhaus.

Er überflog schnell die Seiten des schwarz eingebundenen Buches. »Nichts für ungut, Meister«, murmelte er, als er die drei Seiten herausriss, die er benötigen würde, und nachdem er sie in seinen Gürtel gesteckt hatte, wickelte er die Bücher zusammen mit den Horoskopen in die Schürze.

Jetzt war er bereit. Er kehrte zu seiner Schlafstatt zurück und steckte das Bündel unter sein Kissen. Bis zum Gebetsruf war nur noch wenig Zeit. Zu schlafen lohnte nicht mehr, aber der Küchenmeister streckte sich dennoch auf seiner Matratze aus und schloss die Augen.

*

Der neue Tag begann hektisch mit der Verabschiedung der Meister und Gesellen, die zu dem Feldzug aufbrachen. Im Hof vor den Schlafsälen wurde eine kleine Zeremonie abgehalten, und die Abreisenden wurden mit Gebeten aus den Küchen entlassen.

In all dem Trubel fand Kammerjunker Firuz Agha eine Gelegenheit, an den Küchenmeister heranzutreten, um ihm Lebewohl zu sagen. Er sprach ihm sein Bedauern darüber aus, dass er aus der Aghaküche habe ausscheiden müssen, und fragte ihn, ob er ihm etwas aus Edirne mitbringen solle.

»Wenn mir etwas einfällt, lasse ich es Euch gerne wissen«, entgegnete der Küchenmeister. Aber so gut ihm Firuz Agha auch in Erinnerung bleiben mochte, hatte er doch keineswegs vor, einen Palastbewohner jemals wieder um einen Gefallen zu bitten.

Nachdem die Zeremonie beendet war, kehrte man in den Küchen rasch zur Tagesordnung zurück, das jahrhundertealte Räderwerk der Küche begann sich zu drehen, und mit unbeirrbarer Sicherheit griff ein Rad ins andere.

Der Küchenmeister war nun zusammen mit seinem Gesellen an seiner neuen Wirkungsstätte, und Mahir war an diesem Morgen zweifellos der unglücklichste Mensch nicht nur der Palastküchen, sondern des ganzen Serails.

Von der Aghaküche in die Konkubinenküche versetzt worden zu sein, kam Mahir wie eine persönliche Beleidigung vor. Er lief herum wie ein Vagabund, dem man die Zukunft gestohlen und seine Träume geraubt hatte. Mit hochmütiger Abscheu betrachtete er die groben eisernen Pfannen, die Kupferschalen, die gewöhnlichen Speisen und die Gesellen, die diese aus den Töpfen in einfache Tonschüsseln statt in feinstes chinesisches Porzellan gossen.

Und wenn sein Meister jede von Meister Bekirs Anordnungen mit den Worten: »Wie Ihr wünscht« beantwortete, schmerzte es Mahir in der Seele. Er konnte diese Degradierung nur schwer verkraften.

Doch schon nahte Hilfe in der Person von Neyyir Agha. Als der riesige Eunuch kam, um das Essen zu holen, gelang es Mahir, ihn beiseitezunehmen und ihm im Flüsterton sein Leid zu klagen. Der junge, vom Ehrgeiz zerfressene Geselle war so mit sich und seinen Problemen beschäftigt, dass er nicht einmal mitbekam, wie um ihn herum geblinzelt und geflüstert wurde, und ebenso wenig bemerkte er, dass Meister İsfendiyar an jenem Tag öfter als gewöhnlich in der Konkubinenküche auftauchte.

Während Mahir noch mit der Planung einer fernen Zukunft beschäftigt war, hatten der Küchenmeister sowie Meister Bekir und seine sechs Gesellen das Fundament für eine sehr viel nähere Zukunft bereits gelegt. Meister İsfendiyar hatte für den Küchenmeister und drei Gesellen Passierscheine ausstellen lassen. Sie würden bei Sonnenuntergang das Serail verlassen, während Meister Bekir und die drei übrigen Gesellen durch die Hintertür hinausgehen würden, wenn die Nacht fortgeschritten und alles ruhig wäre.

Nachdem das Abendessen abgeholt worden war, verließ der Küchenmeister die Küche, ohne dass sein Geselle, der in einer Ecke mit Neyyir Agha tuschelte, ihn gesehen hätte. Er ging auf schnellstem Wege in den Schlafsaal, streckte sich in halb sitzender Haltung auf seiner Matratze aus und schloss die Augen. Er war müde und musste gegen den Schlaf ankämpfen. Doch schon bald waren von der Tür her die schlurfenden Schritte seines Gesellen zu hören.

Mit noch immer geschlossenen Augen rief der Küchenmeister: »Mahir!«

Er hob die Lider und setzte sich auf. »Komm mal her.«

Mahir kam näher und kniete sich neben das Bett. Er schaute neugierig. Der Küchenmeister fuhr mit der Hand unter sein

Kissen und zog das vorbereitete Bündel hervor: »Hier, nimm das.«

Nachdem Mahir eine Weile befremdet auf das mit einer roten Schürze umwickelte Bündel geschaut hatte, nahm er es entgegen und fragte: »Was ist das, Meister?«

»Es sind wichtige Dinge darin«, entgegnete der Küchenmeister. »Ich habe mir für einige Tage freigenommen. Ich bitte dich, darauf aufzupassen. Aber schnüffel ja nicht darin herum.«

»Ihr könnt Euch auf mich verlassen, Meister«, versicherte Mahir.

Der Küchenmeister lächelte und machte wieder die Augen zu. Doch sein Geselle machte keine Anstalten zu gehen. Mit geschlossenen Augen fragte der Küchenmeister: »Ist noch etwas?« »Nun ja, ich habe mit Neyyir Agha gesprochen. Und er sagt, wenn ich Meister wäre, würde er ein gutes Wort für mich einlegen, damit sie mich ins Enderun aufnehmen. Was sagt Ihr dazu? Ich habe Euch zwar neulich erst gefragt, aber habt Ihr inzwischen darüber nachgedacht?«

Der Meister schlug die Augen auf und schaute Mahir an. »Du hattest mich gefragt, wann du Meister wirst, nicht wahr?«

Mahir nickte. »Genau, und Ihr hattet gesagt, Ihr müsstet darüber nachdenken ...«

»Ich habe nachgedacht«, sagte der Küchenmeister. »Eigentlich liegt es nur an dir, wann du Meister wirst. Was ich damit sagen will: Eher geht ein Kamel durch ein Nadelöhr, als dass du befördert wirst.«

Kaum hatte der Küchenmeister das ausgesprochen, machte er seine Augen wieder zu. Der Gesichtsausdruck seines Gesellen hätte ihm sonst wohl das Herz gebrochen. Mahir sprang auf und lief zur Tür. Er schlurfte jetzt nicht mehr, sondern trat wütend auf, als wollte er ein Loch in den Boden stampfen. Nachdem er den mit Veilchenferment angerührten Tamarindensirup getrunken hätte, würde Mahir sich noch selbst darüber wundern, wie einfallsreich und mutig er geworden war, und er würde auch die letzte Loyalität zu seinem Meister schnell über Bord werfen.

Und damit würde Mahir dem Küchenmeister die Tür zum Harem aufstoßen.

*

Nachdem der Küchenmeister in seinem Bett etwa eine Stunde damit verbracht hatte, dem Schlaf zu widerstehen, stand er auf, zog sich an und verließ das Serail. Erst stillte er in einer Suppenküche in der Gegend von Tahtakale seinen Hunger, dann machte er sich auf in Richtung Bosporus. In Unkapanı, in der Nähe der Mole, entschied er sich für ein großes und belebtes Gästehaus, bekam ein Zimmer und konnte endlich schlafen.

Als er die Augen wieder aufschlug, gaben die Muezzins gerade bekannt, dass Beten segensreicher sei als Schlafen. Er war fast zu spät dran. Schnell stand er auf und ging hinaus. Über Seitenstraßen ging er hinunter zur Mole, weckte den erstbesten Ruderer und wies ihn an, ihn auf die andere Seite nach Kasımpaşa zu bringen.

Während sie rasch durch das stille Wasser des Goldenen Horns glitten, fiel ihm eine Galeere ins Auge, die ruhig in der Großherrlichen Werft lag. Das riesige Schiff mit seinen drei Masten, zwei Decks und achtundfünfzig Kanonen sah im Halbdunkel gespenstisch aus. Doch je höher die Sonne stieg und je mehr Licht darauf fiel, desto lebendiger wurde es, bis es sich in ein Seeungeheuer verwandelt hatte, das ungeduldig darauf wartete, sich endlich in die Fluten stürzen zu können.

Als sie nur noch wenige Klafter vom Ufer entfernt waren, sah er Meister Bekir und dessen sechs Gesellen am vereinbarten Treffpunkt warten. Er bezahlte den Ruderer, sprang aus dem Boot und ging zu ihnen hinüber. Sie nickten einander zu. »Deine Leute haben sich verspätet«, murmelte Meister Bekir.

Der Küchenmeister sagte nichts, sondern schaute hoch nach Kasımpaşa.

Mit seiner schwindenden Geduld verrann die Zeit immer träger. Da erschien endlich in einer der oberen Straßen die Silhouette des verrückten Bayram. Levon war wie immer an seiner Seite. Wenige Meter hinter ihm und über beide Seiten der Straße verteilt bewegten sich etwa ein halbes Dutzend weiterer Männer in Richtung Ufer. Jeder von ihnen hatte seine eigene absonderliche Gangart. Einer hinkte, ein anderer sah sich bei jedem dritten Schritt um, einer ging seitwärts wie ein Krebs und ein vierter mit nach vorn gebeugtem Körper, als wollte er jeden Moment anfangen zu rennen.

Dem Küchenmeister war unwohl zumute, was aber nicht daran lag, dass die Männer so seltsam waren, sondern weil er fürchtete, sie könnten nicht genug sein. Während er die Ankommenden einzeln begrüßte, warf er Meister Bayram einen vielsagenden Blick zu. Der antwortete mit ebenso vielsagendem Gelächter und ließ dann einen gellenden Pfiff in Richtung Meer ertönen. Während der schrille Ton noch über das Wasser hüpfte, näherten sich plötzlich fünf Ruderboote, die zuvor über das Goldene Horn verteilt gewesen waren und so ausgesehen hatten, als hätten sie nichts miteinander zu tun, in rascher Fahrt dem Ufer.

Während die fünf Ruderpaare lautlos das ruhige Wasser des Goldenen Horns zerteilten, winkte Meister Bayram den kleinsten der mitgebrachten Männer zu sich und stellte ihn dem Küchenmeister vor: »Das ist der Leopard.«

Die Augen des Küchenmeisters leuchteten auf. Er hatte den Mann nie zuvor gesehen, aber schon oft von ihm gehört. Der Leopard war ein Dieb mit schnellen Händen und leisen Sohlen, der bereits zweimal in den Tempel der Genüsse eingestiegen war.

»Kennst du das Große Haus?«, fragte der Küchenmeister.

Der Leopard grinste. »Wie meine Westentasche.«
»Die Schlafsäle der Wachen, Sirrahs Gemächer?«
»Wozu sollte ich Sirrahs Gemächer kennen, Herr? Folgt dem Geruch des Goldes, und Ihr findet sie.«
»Wunderbar«, sagte der Küchenmeister. »Dann zeigst du unseren Freunden hier den Weg. Sobald das Große Haus in unserer Hand ist, gehört der Tempel der Genüsse uns. Nur Sirrah darf kein Haar gekrümmt werden. Nach getaner Arbeit gehört euch alles, was ihr tragen könnt.«
Der Leopard senkte den Kopf und führte seine Hand an die halbnackte Brust. Inzwischen waren auch die Ruderer am Ufer angekommen. Sie sprangen an Land, banden die Taue grob um Steine und Pfähle und gesellten sich zu ihnen. Zwei von ihnen sahen einander sehr ähnlich, und genau wie Meister Bayram sie beschrieben hatte, waren sie gutaussehende junge Männer von hohem, stattlichem Wuchs.
»Sind das die Gebrüder Langsam?«, fragte der Küchenmeister.
Meister Bayram nickte. »Aber lass dich von ihrem Spitznamen nicht täuschen. Sie werden in neun Sandschaks gesucht.«
Tatsächlich wirkten die Brüder mit ihren aristokratischen Gesichtszügen in dieser Bande von Halsabschneidern wie Fremdkörper. »Dann lasst uns aufbrechen ...«, sagte er.
Die Männer hatten sich gerade den Ruderbooten zugewandt, als die Stimme von Meister Bayram sie alle erstarren ließ: »Ab jetzt hat mein Bruder das Sagen.« Er zeigte auf den Küchenmeister. »Ihr habt ihm ohne Widerrede zu gehorchen!«
Die Männer gelobten es. Dann sprangen sie in die Ruderboote und legten sich in die Riemen. Meister Bayram war mit Levon am Ufer zurückgeblieben und sah den fünf Booten nach. Er schaute ihnen hinterher, bis sie von der Mündung des Goldenen Horns Kurs auf Üsküdar nahmen und außer Sicht gerieten.

*

Nachdem die Männer den Bosporus überquert hatten, gingen sie in Üsküdar an Land und marschierten zu Fuß weiter. Als sie etliche Felder und einen kleinen Bach hinter sich gelassen hatten, stießen sie in der Mitte eines Wäldchens auf die Mauer des Tempels der Genüsse.

Der Küchenmeister kauerte sich neben den Stamm eines Baumes und schaute zu der fast fünf Klafter hohen Mauer empor. Da hörte er gleich neben sich ein leises Knacken. Er fuhr herum und sah sich dem kleinen Mann gegenüber, den sie den Leopard nannten. Die Gerüchte stimmten offenbar. Dieser Mann bewegte sich so lautlos, als berührten seine Füße gar nicht den Boden.

Der Leopard zog aus seiner Umhängetasche ein langes Seil, an dessen Ende ein Haken gebunden war, und nachdem er einen prüfenden Blick in die Umgebung geworfen hatte, machte er ein paar Schritte auf die Mauer zu und schleuderte das Seil hinauf. Der Haken verursachte zwar ein lautes Geräusch, aber er hatte sich erfolgreich an einem Vorsprung verkeilt. Der Leopard kletterte rasch empor. Bereits einen Wimpernschlag später war er hinter der Mauer verschwunden.

Der Küchenmeister und die anderen warteten ab. Das Haupttor des Tempels lag etwa zwanzig Ellen weiter links zwischen den Bäumen. Keine fünf Minuten waren vergangen, als von dort ein leises Geräusch zu vernehmen war, das dem Gesang einer Nachtigall glich. Der Leopard gab das verabredete Zeichen.

Als der Küchenmeister so leise wie möglich über den mit Laub bedeckten Waldboden ging, sah er, wie das riesige Eisentor etwa eine halbe Armeslänge weit geöffnet wurde. Es war später Vormittag, und im Tempel der Genüsse, der seit dem Tag seiner Gründung ein nachtaktives Leben führte, regte sich nichts. Sie schlüpften durch den Torspalt, und der Küchenmeister sah zwei Wachen auf dem Boden liegen.

Hinter dem Tor teilten sie sich in zwei Gruppen auf. Meister Bekir und seine Gesellen folgten dem Küchenmeister, während Meister Bayrams Männer vom Leopard angeführt wurden.

»Wir treffen uns in der Küche«, sagte der Küchenmeister. Der Leopard nickte.

Während der Leopard seinen Männern letzte Instruktionen erteilte, steuerte die Gruppe der Köche vorsichtigen Schrittes auf die Kleine Küche zu. Je näher sie kamen, desto aufgeregter wurde der Küchenmeister. Als einer der Gesellen langsam den Riegel hob und die Tür aufstieß, krampfte sich ihm das Herz zusammen. Es war, als hätten sich sämtliche Erinnerungen hinter dieser Tür aufgestaut, um sich nun wie ein Schwall über ihn zu ergießen.

Doch er hatte sich schnell wieder in seiner Gewalt. Jetzt war wahrhaftig nicht die Zeit für Gefühlsduseleien. Er trat in die Küche und bedeutete den anderen, ihm zu folgen.

Auf leisen Sohlen durchquerten sie die Küchen und gelangten zu den Schlafkammern. Nachdem der Küchenmeister den Gesellen per Fingerzeig mitgeteilt hatte, wie viele Personen sich jeweils in den Kammern befanden, schlich er zur Tür von Meister Âdem. Meister Bekir und einer seiner Gesellen folgten ihm mit gezückten Messern.

Meister Âdem lag in seinem Bett und schlief. Er sah älter aus, als die seit damals vergangene Zeit hätte vermuten lassen. Die Falten um seine Augen hatten sich tief eingegraben, und sein Haar und der Schnurrbart waren von Weiß durchsetzt.

Der Küchenmeister schaute voll widersprüchlicher Gefühle auf seinen Meister, der dort in unruhigem Schlaf lag. Er wollte nach Meister Bekirs Messer greifen und wollte gleichzeitig Meister Âdem um den Hals fallen. Doch von nun an ging es Schlag auf Schlag. Dumpfe Schreie, die aus den Nebenzimmern und dem Obergeschoss des Hauses drangen, rissen Meister Âdem aus dem Schlaf. Kaum hatte er die Augen aufgeschlagen, stürzten sich Meister Bekir und sein Geselle schon auf ihn, und Meister Bekir hielt ihm den Mund zu.

Meister Âdem schlug in Todesangst um sich, sah jedoch bald ein, dass jeder Widerstand zwecklos war, und schaute die Angreifer angsterfüllt an. Als er den Küchenmeister erblickte, der am Kopfende seines Bettes stand, steigerten sich sein Entsetzen und seine Überraschung noch, und in sein Gesicht trat ein reuevoller Ausdruck.

Der Küchenmeister trat noch ein wenig näher an ihn heran und flüsterte ihm zu: »Habt keine Angst. Es geht mir nicht um Euer Leben. Aber seid still.«

Meister Adem nickte hilflos. Nachdem der Lärm aus den anderen Zimmern abgeebbt war, nahm Meister Bekir auf ein Zeichen des Küchenmeisters hin die Hand vom Mund des alten Mannes. »Mein Junge ...«, sagte Meister Âdem mit zitternder Stimme.

»Kein Wort!«, unterbrach ihn der Küchenmeister. »Steht auf und kommt mit.«

Sie halfen ihm aufzustehen und gingen zusammen in die Große Küche. Nach und nach stießen auch die Gesellen zu ihnen. »Alles gut gegangen?«, fragte Meister Bekir.

»Ja, Meister«, erwiderte der älteste Geselle. »Wir haben sie in den hintersten Raum gesperrt.«

Aus dem oberen Stockwerk waren ein paar unterdrückte Schreie zu hören. Kurz darauf erschien der Leopard mit den Gebrüdern Langsam an der Küchentür. Die Gebrüder hatten Sirrah in ihre Mitte genommen. Ihr Haar war zerzaust, und ihr ungeschminktes Gesicht vor Angst kalkweiß angelaufen. Sie hatten ihr die Hände hinter dem Rücken gefesselt.

Die Gebrüder Langsam brachten Sirrah zum Küchenmeister.

»Wie geht es dir, Sirrah?«, fragte der Küchenmeister.

»Was willst du?«, keifte sie.

Der Küchenmeister ging einen Schritt auf sie zu. »Deine

Zunge«, sagte er ruhig. »Ich brauche deine süße Zunge, Sirrah. Wirst du sie mir geben?«

»Was willst du?«, fragte Sirrah, jetzt ganz ruhig. Sie hatte begriffen, dass ihr Leben nicht in Gefahr war. Der Küchenmeister antwortete: »Darıcızade ist in Istanbul. Du wirst ihn heute Abend hier unterhalten.«

»Er wird nicht kommen ...«, sagte Sirrah lauernd. »Er ist viel zu beschäftigt mit den Hochzeitsvorbereitungen.«

Als sie verstand, was sie da gerade gesagt hatte, war es zu spät.

»Er wird kommen«, sagte der Küchenmeister mit zusammengebissenen Zähnen. »Du wirst ihn zusammen mit Meister Âdem in seinem Haus aufsuchen. Du wirst mit Engelszungen auf ihn einreden, wirst bitten und betteln und ihn mit deinen Überredungskünsten heute Abend hierherbringen. Die Gebrüder Langsam werden euch begleiten. Wenn du es nicht schaffst, ihn zu überzeugen, oder ihn warnst, dann werden sie euch an Ort und Stelle die Kehlen durchschneiden. Verstanden?«

Anstelle einer Antwort schaute Sirrah auf die blitzenden Klingen der Messer, die die beiden jungen Männer neben ihr in den Händen hielten. »Bringt sie nach oben«, fuhr der Küchenmeister fort, an die Gebrüder gewandt. »Sie soll sich bereit machen. Und sucht euch auch selbst angemessene Gewänder.«

Nachdem die Gebrüder Langsam mit Sirrah die Küche verlassen hatten, sagte der Küchenmeister zu dem mucksmäuschenstill wartenden Meister Âdem: »Na los, Meister, zieht Euch ebenfalls etwas an.«

Etwa eine Stunde später verließ eine siebenköpfige Delegation in einer prächtigen, von vier Pferden gezogenen Kutsche den Tempel der Genüsse: die Gebrüder Langsam in Kaftanen aus grünem Samt, drei als Wachen verkleidete Halsabschneider sowie Meister Âdem und Sirrah.

*

Während der Leopard und die verbliebenen Männer sich über das Große Haus verteilten und an Beute zusammenrafften, was sie finden konnten, warteten Meister Bekir, seine Gesellen und der Küchenmeister in der Küche gespannt auf eine Nachricht aus dem Hause Darıcızade. Der Küchenmeister betrachtete seine Hände. Fast jede Narbe auf ihnen war Erinnerung an etwas, das er hier, in dieser Küche, erlebt hatte.

Die tiefe mondsichelförmige Verletzung in der Mitte seiner linken Handfläche hatte er sich im Alter von neun Jahren zugezogen. Er war gerade dabei gewesen, für eine Nachspeise eine Quitte auszuhöhlen, deren Kerngehäuse sich als äußerst widerspenstig erwies, und als er ungeduldig den Druck erhöhte, hatte er sich das Messer in die Hand gerammt. Es hatte stark geblutet, und er hatte geschrien. Auf sein Schreien hin war Meister Âdem angerannt gekommen, hatte sein Handgelenk festgehalten und ihm eine Prise Salz auf die Wunde gestreut. Es hatte so wehgetan, dass er keine Luft mehr bekommen und auch nicht mehr geweint hatte. Nachdem ihm sein Meister mit einem Stück Stoff die Hand fest verbunden hatte, hatte er auf die halbe Quitte auf dem Boden gezeigt und gesagt: »Mach weiter.« An jenem Tag hatte der Küchenmeister gelernt, dass ein Koch seine Arbeit zu Ende bringt, solange er noch beide Hände und alle zehn Finger besitzt.

Das Brandmal, das quer über seine rechte Handfläche verlief, war ein Andenken an die große Pfanne, die jetzt unter dem schmutzigen Geschirr stand. Er war elf oder zwölf Jahre alt gewesen. Meister Âdem hatte ihn angewiesen, Auberginenstücke in wenig Öl leicht anzubraten. Nachdem er die Pfanne aufs Feuer gesetzt hatte, hatte er sich wieder einem Haufen Fleisch zugewandt, das er zu Hackfleisch verarbeiten wollte, und darüber die Zeit vergessen. Erst ein leicht brenzliger Geruch hatte ihn wieder zu sich gebracht. Die Auberginen hatten schon etwas zu lange gebraten, und der nächste Topflappen war ganz am anderen Ende der Küche gewesen. Ihn zu holen, hätte bedeutet, dass die Auberginen anbrannten, und ohne zu zögern, hatte er die Pfanne am nackten Griff gepackt. Das Essen hatte er gerettet, gleichzeitig aber eine Narbe davongetragen, die ihn sein Leben lang darin erinnern sollte, dass selbst die kleinste Ablenkung während der Arbeit fatale Folgen haben konnte, die nicht wiedergutzumachen waren.

An den tiefen Schnitten in Zeige- und Mittelfinger seiner rechten Hand dagegen war gewissermaßen Kamer schuld. Als er Zitronenschalen gerieben hatte, hatte Kamer zu singen begonnen, und kaum hatte er ihre Stimme gehört, war er in Gedanken in ein Traumland abgeglitten. Erst als sie verstummt war, hatte er bemerkt, dass er die Zitronenschale bereits fertig gerieben und zu seinen Fingern übergegangen war. Gott sei Dank war es ein kurzes Lied gewesen. Denn er hatte keinerlei Schmerzen verspürt.

Lange stand er so mitten in der Küche und hing Erinnerungen nach. Meister Bekir versuchte, eine Unterhaltung mit ihm anzuknüpfen, aber er wimmelte ihn ab und rief sich weiter alles in Erinnerung, was er hier erlebt hatte, indem er jede Schüssel, jedes Messer und jede Ecke einzeln betrachtete.

Was er tat, mochte verrückt sein, eher bedrückend als beglückend, aber er musste es tun. Auch wenn jede Erinnerung wie tausend Dornen in sein Herz stach, war diese Küche doch der einzige Ort, den er als sein Zuhause bezeichnen konnte, als einen Beweis für seine Vergangenheit.

Ja, er hatte eine Vergangenheit, auch wenn sie in Trümmern lag, und er konnte sie nicht verleugnen.

*

Erst das Quietschen des Haupttors und Hufgetrappel brachten den Küchenmeister wieder zu sich. Die Delegation war zurückgekehrt.

Aus der Kutsche stieg zuerst Meister Âdem, dann Sirrah in Begleitung der Gebrüder Langsam. Der Küchenmeister ging auf Sirrah zu.

»Es ist mir gelungen«, sagte sie. »Er kommt heute Abend ...«

Der Küchenmeister schaute die Gebrüder Langsam an, um sich ihre Worte bestätigen zu lassen.

»Seid unbesorgt, Meister«, sagte der Ältere der beiden. »Niemand hat sich etwas anmerken lassen. Darıcızade wird heute Abend hier sein.«

»Ich danke euch«, sagte der Küchenmeister. »Jetzt habe ich nur noch eine letzte Bitte.«

Die Gebrüder Langsam schauten ihn erwartungsvoll an.

»Versammelt sämtliche Frauen des Tempels im Garten«, fuhr er fort. »Ob Musikantin oder Tänzerin ... alle.«

Er wandte sich Meister Bekir und den Gesellen zu. »Also dann, meine Herren«, sagte er. »An die Arbeit.«

Sie gingen in die Küche zurück.

»Den schmutzigen Teil der Angelegenheit haben wir überstanden«, sagte der Küchenmeister. »Jetzt heißt es, unser Können sprechen zu lassen. Wir müssen ein Festmahl auf die Beine stellen, wie es selbst die Sultansküche noch nicht gesehen hat. Also, was schlagt Ihr vor?«

Meister Bekir dachte kurz nach. »Einen gelben Pilaw. Aber gibt es hier guten Safran?«

Der Küchenmeister nickte. »Vom allerfeinsten, Meister, seid unbesorgt. Bei den Zutaten geizt Sirrah nicht ... Was machen wir noch?«

Einer der erfahrenen Gesellen meldete sich: »Da es Safran gibt, könnte ich, wenn wir aus Üsküdar frischen Barsch holen lassen, ein schönes Kebap daraus machen.«

»Dann können wir auch gleich noch Garnelen besorgen«, sagte ein anderer Geselle. »Ich mache ein Pilaki daraus, das würde zu so einem Festmahl gut passen.«

Der Küchenmeister nickte die Vorschläge, die ihm zusagten, still ab, andere verwarf er mit einem Kopfschütteln. Allmählich kristallisierte sich das Festmahl für den Darıcızade heraus: »Humuslokma, Mandelsuppe, Gänsekebap, Granatapfelhühnchen, Lammschenkel mit Pflaumen ...«

Nachdem der Küchenmeister dem letzten, vielleicht etwas gewagten Vorschlag – Kalbshaxen mit Brotsuppe –, der auch von einem Gesellen gekommen war, zugestimmt hatte, wandte er sich wieder Meister Bekir zu: »Und was servieren wir als Nachspeise?«

»Auf jeden Fall Baklava«, antwortete der Meister ohne zu zögern.

Der Küchenmeister war skeptisch. »Bekommen wir das denn rechtzeitig fertig?«

Meister Bekir schaute zwei seiner Gesellen an, die bislang wortlos dagestanden hatten, und lächelte. »Wir müssen sogar aufpassen, dass es uns bis zum Abend nicht austrocknet.«

»Also gut«, sagte der Küchenmeister. »Dazu sollten wir allerdings etwas Leichtes reichen. Die anderen Gerichte sind schon mächtig genug.«

Meister Bekir musste wohl den gleichen Gedanken verfolgt haben, denn er hatte sogleich eine Lösung parat: »Wir machen eine Obstkaltschale. Die ist erfrischend.«

»Das ist sie ...«, bestätigte der Küchenmeister. Dann schwieg er und blickte durch die offene Tür hinaus in den Garten. Da stellte Meister Bekir die Frage, die allen auf der Zunge lag: »Und was wirst du kochen?«

Der Küchenmeister lächelte. Er horchte auf das besorgte Murmeln, das von draußen hereindrang. »Das werde ich gleich entscheiden«, erwiderte er und trat hinaus in den Garten.

Die Gebrüder Langsam hatten auf seine Anordnung hin alle Frauen und Mädchen aus ihren Zimmern geholt und sie im Garten versammelt. Es waren über dreißig.

Der Küchenmeister betrachtete sie und schickte etwa zwanzig von ihnen zurück. Den Rest forderte er auf, sich in einer Reihe vor ihm aufzustellen. Er trat auf das Mädchen zu, das ganz links stand, schaute sie eine Weile an, dann schloss er die Augen und sog ihren Geruch ein, ohne sich etwas anmerken zu lassen.

Der Frühling erwachte in seinem Geist, blühende Zweige von Pflaumen- und Mandelbäumen schwankten im leichten Wind. Zu naiv, dachte er. Das war nicht, wonach er suchte. Er ging zur nächsten.

Sie roch würziger, aber die meisten der Aromen, die sie in seinem Geist wachrief, waren scharf oder bitter: schwarzer Pfeffer, Zimt, Senf und ein Anflug von Koriander. Er ging zur nächsten.

Unter den ratlosen Blicken der Frauen arbeitete er sich fast bis zur Mitte der Reihe vor. Zwei oder drei Mädchen, die intensiv nach frischer Pfefferminze oder Basilikum rochen, hatten ihm ganz gut gefallen. Doch ihr Geruch war entweder zu monoton oder ein so unharmonisches Bukett, dass man völlig durcheinandergeriet. Andere rochen trotz ihrer Schönheit enttäuschend unscheinbar. Der Küchenmeister wollte sich schon für das geringste Übel entscheiden, da stieg ihm ein Duft in die Nase, der ihn hoffen ließ.

Es war ein Duft, der sich aus Dutzenden Gerüchen zusammensetzte, aber dennoch harmonisch war. Er glich einer meisterlich aus unzähligen Gewürzen angerührten Paste. Einzigartig. Scharf und aufrecht, zugleich aber sanft und verführerisch. Als Geschmacksbeherrscher kannte er den Namen dieses Dufts, und sobald er ihn innerlich aussprach, spürte er den Duft, zum Geschmack gewandelt, erst auf seiner Zunge, dann in seinem Mund und an seinem Gaumen, und schließlich, nun wiederum vom Geschmack zum Gefühl geworden, in seinem Herzen, seiner Magengrube, seinen Lenden. Er verscheuchte die Gedanken, die seinen Geist bestürmten, und wiederholte noch einmal den Namen dieses Dufts. Das Ergebnis war dasselbe. Er stand vor der richtigen Frau.

Als der Küchenmeister die Augen öffnete und das Gesicht sah, auf das er so neugierig gewesen war, fuhr er für den Bruchteil einer Sekunde zusammen. Sie ähnelte einer jungen Sirrah, und das gefiel ihm noch mehr. Lächelnd fragte er: »Wie heißt du?«

»Nihan«, erwiderte sie schüchtern.

»Nihan ...«, wiederholte der Küchenmeister bedächtig. »Heute Abend wird Mahmud Bey Darıcızade den Tempel der Genüsse beehren. Wusstest du das?«

»Nein«, antwortete sie.

»Jetzt weißt du es«, fuhr der Küchenmeister fort. »Und seine Favoritin wirst du sein. Du wirst für ihn tanzen und ihm das Essen auftragen. Bereite dich darauf vor.«

Die Augen des Mädchens begannen vor Ehrgeiz zu funkeln, sodass es sogar dem Küchenmeister kalt den Rücken hinunterlief. Da sagte eine Stimme hinter ihm: »Nein, nicht sie!«

Sirrahs untrügliches Gespür für Gefahr hatte sie gewarnt. Bestürzt sagte sie zu dem Küchenmeister: »Das geht nicht!«

»Und wieso nicht?«, fragte er. »Dieses Mädchen ist mir nicht geheuer«, sagte Sirrah mit gedämpfter Stimme. »Man nennt sie die Männermörderin ...«

Der Küchenmeister schaute sich das Mädchen noch einmal an. Ja, er hatte keinen Zweifel, dass sie ihrem Spitznamen gerecht werden würde. Er streckte die Hand aus, riss ihr ein Haar aus und sagte: »Los, mach dich bereit.« Dann ging er schnellen Schrittes zurück in die Küche.

Dort ließ er das Haar unbemerkt auf den Boden eines Topfes fallen und machte sich daran, alle Zutaten auf dem Arbeitstisch auszubreiten: einen Schafshals, Schalotten, Trüffeln, eine kleine Runkelrübe, je eine Handvoll Kastanien und Trockenpflaumen, frischen Ingwer, Basilikum, Rosmarin und Thymian.

Meister Bekir fragte erstaunt: »Willst du Gerdaniye machen?«

Der Küchenmeister lächelte. »So etwas in der Art.«

Meister Bekir wandte sich seinen Gesellen zu: »An die Arbeit!«

Betriebsamkeit brach in der Küche aus. Messer wurden gewetzt, Pfannen und Töpfe klapperten, aus dem Keller wurden Säcke, Taschen und Körbe hereingetragen. Der Küchenmeister lauschte diesen Klängen, die er so liebte, und rieb gerade den Schafshals mit frisch zerstoßenem Ingwer und Rosmarin ein, als er die Stimme des Leopards vernahm: »Was sollen wir mit denen hier machen?«

Der Küchenmeister drehte sich um und sah Meister Âdem und Sirrah, die, von den Gebrüdern Langsam flankiert, ihres Schicksals harrten.

Er ließ das Fleisch liegen und sagte: »Kommt mit.«

Er ging zu jenem dunklen, kalten und feuchten Verschlag, der zwischen den beiden Küchen lag.

Zu dem kleinen Raum, in dem Sirrah vor vielen Jahren Kamer eingesperrt hatte.

Er stieß die Tür auf und schaute hinein. Da glaubte er Kamer zu sehen, wie sie zwischen Kohlesäcken und Holzscheiten saß, die Knie an ihren Bauch gezogen. Ohne seinen Blick abzuwenden, sagte er: »Werft sie hier hinein!«

Sirrah ging geradewegs in den Raum hinein, ohne sich von irgendjemandem schubsen oder stoßen zu lassen. Doch Meister Âdem blieb im Türrahmen stehen, schaute den Küchenmeister an und sagte: »Hör mir zu ...«

»Schweigt, Meister!«, fuhr ihn der Küchenmeister an.

Doch Meister Âdem sagte: »Was ich getan habe, habe ich für dich getan. Ich habe es für den Namen getan, den du trägst.

Ich habe es getan, damit du ein Geschmacksbeherrscher wirst. Damit du diesen Namen auch verdienst.«

Der Küchenmeister runzelte die Stirn.

»Meister«, sagte er vorwurfsvoll. »Geschmacksbeherrscher ist ein Titel. Es ist nicht mein Name ...«

KAPITEL 7

Namen

Nach über einem Jahr in dem Steinhaus am Ufer der Insel Hormus brach der Küchenmeister mit der Herrin der Aromen zu einer langen Seereise auf.

Er hatte dieses Jahr fast in völliger Untätigkeit zugebracht, oder besser gesagt, ohne etwas anderes zu tun als das, was auch die anderen Hausbewohner taten: Er hatte im Gewürzhaus gearbeitet, gelesen, nachgedacht, sich erinnert und Gespräche geführt.

Während der ganzen Zeit waren es wohl diese Gespräche gewesen, die seiner Seele am besten getan hatten. Voller Erstaunen hatte er beobachtet, wie sich die Menschen, die er in der ersten Zeit nur mühsam voneinander hatte unterscheiden können, veränderten, je mehr er mit ihnen sprach und je besser er sie kennenlernte, und indem er sich selbst mindestens genauso aufmerksam zuhörte wie seinen Gesprächspartnern, lernte er, dass man das Vertrauen eines Menschen nur in dem Maße erlangen kann, in dem man ihm selbst Vertrauen entgegenbringt.

Jedes Jahr im September brach für die Herrin der Aromen, wie für alle in dieser Weltgegend ansässigen Händler, die Zeit des Reisens an. Zu dieser Jahreszeit kehrten die Kaufleute dem Monsun, der noch immer vom Meer landeinwärts wehte, aber nicht mehr so viel Regen brachte, den Rücken und setzten ihr

Segel in Richtung Indiens und noch weiter östlich gelegener Inseln.

In der Mitte jenes Monats September forderte die Herrin der Aromen den Küchenmeister auf, sich reisefertig zu machen. Sonst sagte sie nichts, sondern behielt ihre Gedanken wie üblich für sich. Vielleicht war ihr daran gelegen, Erfahrung und Wissen des Küchenmeisters zu steigern, vielleicht war sie aber auch nur der Ansicht, dass ihm etwas Luftveränderung guttäte. Der Küchenmeister fragte nicht danach. Er hatte längst gelernt, ihre Weisheit nicht zu bezweifeln.

Einige Tage später legte im Morgengrauen ein wohlbekanntes Schiff am Anlegesteg an: Kapitän Behrengis Schiff mit den schwarzen Segeln. Zusammen mit den anderen Hausbewohnern trug der Küchenmeister den Reiseproviant, die zu verkaufenden oder zu tauschenden Gewürze sowie die perlmuttbesetzte Schatztruhe der Herrin an Bord, am Anlegesteg verabschiedeten sie sich voneinander, und zu einem alten Abschiedslied, gesungen von den Zurückgebliebenen, stachen sie bei Sonnenuntergang in See. Durch das ruhige Wasser gleitend durchquerten sie die Straße von Hormus, steuerten, bevor sie den Ozean erreichten, nach Südwesten und setzten ihren Weg fort zu ihrer ersten Station: dem Hafen von Maskat.

Maskat war einer der aufregendsten Orte, die der Küchenmeister je gesehen hatte. Sie verbrachten zwei Nächte in diesem kleinen, quirligen Hafen, wo unzählige Gewürze gehandelt wurden, und füllten die Lücken in ihrem Laderaum mit diversen Gewürzen und Duftstoffen, vor allem Weihrauch, Myrrhe und Harz.

Der Küchenmeister sah erstaunt mit an, wie die Herrin der Aromen ganz ohne zu feilschen einen Tiegel Gilead-Balsam erwarb und dafür das Doppelte seines Gewichts in Silber zahlte. Als er sie nach abgeschlossenem Handel darauf ansprach, lachte die Herrin nur und tat die Sache mit den Worten ab:

»Wir können dankbar dafür sein, überhaupt so reinen Balsam gefunden zu haben.« Als sie sich aber denselben Tiegel auf einem Markt an der Küste des Golfs von Bengalen von einem portugiesischen Händler in Gold aufwiegen ließ, bedachte sie den Küchenmeister mit einem Seitenblick und lächelte sanft.

Ihr nächster Halt nach Maskat war die Insel Ceylon, wo die Herrin der Aromen eine größere Menge Zimt kaufen wollte. Nachdem sie an der Küste vor Anker gegangen waren, unternahmen sie mit einigen Besatzungsmitgliedern einen halbtägigen Marsch ins Landesinnere, bis sie bei den mitten im Urwald gelegenen Zimtplantagen angelangt waren. Der Plantagenbesitzer wusste offenbar bereits, wie wählerisch die angesehene Kundin war, die seine Insel beehrte, und sagte deshalb kein Wort, als sie die zu beschneidenden Zimtbäume einzeln bezeichnete.

Das war jedoch nicht ihre einzige Bedingung. Ihre Matrosen mussten dabeibleiben, wenn die Bäume beschnitten und entrindet wurden, und an Ort und Stelle warten, bis die Schalen getrocknet und zu Zimtstangen geworden waren. Die Bezahlung sollte dann anhand des Gewichts des getrockneten Produkts erfolgen, sobald die Herrin ihre sonstigen Angelegenheiten erledigt hätte und zurückkäme, um die Ware in Empfang zu nehmen.

Nachdem sie Ceylon wieder verlassen hatten, nahmen sie Kurs auf den Golf von Bengalen. Der Küchenmeister vermutete, dass sie ihre Fahrt nun ohne Unterbrechung bis an die Küste Indiens fortsetzen würden, doch als er eines Morgens erwachte und an Deck ging, sah er, dass das Schiff auf offener See vor einer merkwürdigen Insel vor Anker gegangen war.

Das Meer, das an ihrem Ankerplatz so ruhig dalag, schien umso ungebärdiger zu werden, je näher es dieser rundum von schroffen Felszacken umgebenen Insel kam, und mächtige Wellen schlugen wütend auf die felsige Küste ein.

Als der Küchenmeister sah, dass die Herrin der Aromen sich für den Landgang bereit machte, in Begleitung zweier Matrosen, die ihre Schatztruhe tragen sollten, wurde er aschfahl im Gesicht. Es erschien ihm unmöglich, dass die kleinen Beiboote dem stürmischen Seegang gewachsen sein könnten. Und selbst wenn sie es schafften, nicht vorher schon zu kentern, würden sie doch spätestens von den Brechern gegen das felsige Ufer geworfen und zerschmettert.

Es wurde jedoch keines der Beiboote zu Wasser gelassen. Stattdessen blieben die Herrin der Aromen und die Matrosen an Deck stehen und blickten ungeduldig zur Insel hinüber. Einige Minuten später lösten sich einige Schemen aus den sich auftürmenden Wellen und näherten sich dem Schiff. Bei genauerem Hinsehen erkannte der Küchenmeister, dass es sich um lange schmale Kanus handelte. In jedem von ihnen saßen je vier Männer hintereinander in einer Reihe und stießen ihre kurzen Ruder hart ins Wasser, als gelte es, eine Bestie zu zähmen.

Die Kanus hatten den aufgewühlten Küstenstreifen bald hinter sich, und als sie das ruhigere offene Meer erreichten, legten sie ein Tempo vor, das den Fächerfischen alle Ehre gemacht hätte, und kamen im Handumdrehen beim Schiff an.

Die Herrin der Aromen schickte die Matrosen mit der Truhe voraus, und während sie selbst die Strickleiter hinabstieg, warf sie dem Küchenmeister einen Blick zu, der zu sagen schien: »Na los, worauf wartest du noch?«

Notgedrungen kletterte der Küchenmeister ihr nach. Er ließ sich zwischen den grobschlächtigen Ruderern nieder, die ihm mit ihren von weißen Tätowierungen übersäten schwarzen Körpern und dem ihm unverständlichen Idiom nicht ganz geheuer waren. Während der Überfahrt zur Insel betete er lautlos.

Doch seine Furcht stellte sich als grundlos heraus. Die Männer verstanden die Sprache des Wassers, sie ruderten umso langsamer, je heftiger das Meer sich gebärdete, und so bewegten sich ihre Kanus, indem sie sie dem Spiel der Wellen überließen, fast von allein auf das Ufer zu.

Erst da bemerkte der Küchenmeister, dass das, was von weitem wie ein fester Bestandteil der Insel ausgesehen hatte, in Wirklichkeit Hunderte kleine, über das Meer verstreute Felsbrocken waren. Mit gekonnten Manövern lenkten die Ruderer ihre Kanus dazwischen hindurch. Als sie auf die eigentliche Insel zuhielten, musste der Küchenmeister blinzeln, um sich zu vergewissern, dass er nicht träumte.

Vor ihm erstreckte sich eine stille Lagune von einer Farbe, die er weder als blau noch als grün bezeichnen konnte, und mit so klarem Wasser, wie er es sein Lebtag noch nicht gesehen hatte, sodass er in der Tiefe nicht nur die Fische, sondern jedes einzelne weiße Sandkörnchen funkeln sah.

Die Welt hatte sich innerhalb eines Augenblicks derart gewandelt, dass ihm selbst das furchterregende Grollen der Wellen, die einige Ellen entfernt noch immer wütend gegen die Felsen brandeten, so unwirklich erschien wie eine unheimliche Geschichte, die man sich an einem lauen Sommerabend erzählt. Der weiße Sand auf dem Meeresgrund säumte die Küste der Insel gleich einem Gürtel aus Perlmutt, indem er sich sanft aus dem Wasser heraushob und einen schmalen Strand bildete. Palmen, die dort begannen, wo der Sand endete, neigten sich über den Strand zum Meer hin und beschatteten das Weiß und das Blau mit dem zartesten aller Grüntöne.

Der Küchenmeister fühlte sich wie in einem Traum, als er an Land ging. Er dachte an nichts mehr als an den unter seinen Füßen knirschenden Sand, an den Wind, der ihm das Gesicht streichelte, an den Geruch des sonnenbeschienenen Meeres und der Palmblätter und an das Rauschen der Wellen. Erst die Stimme der Herrin ließ ihn wieder zu sich kommen. Sie stand etwa vierzig bis fünfzig Schritte von ihm entfernt am Strand, und er lief zu ihr hinüber. Die Kanus waren an Land gezogen worden, doch von den Ruderern fehlte jede Spur. Die Herrin der Aromen zeigte auf einige grob aus Zweigen geflochtene Körbe, die im Wasser standen. Der Küchenmeister verstand nicht. Da zog die Herrin einen der Körbe aus dem Wasser und hielt ihn ihm unter die Nase. In dem Korb befanden sich seltsame, unförmige Dinger, die von einer grau-weißen, schleimigen Schicht überzogen waren. Noch dazu stanken sie so bestialisch, als hätte man einen Eimer Fische seit Tagen in der Sonne stehen lassen.

Er verzog angewidert das Gesicht und fragte: »Was ist das?«

Die Herrin lächelte: »Erkennst du es nicht?«

Der Küchenmeister verfügte in seinem Wortschatz natürlich über mehrere Bezeichnungen, die einen solchen Geruch angemessen charakterisiert hätten: Kot, Unrat, Aas ... Doch er beschränkte sich darauf, den Kopf zu schütteln. In diesem Moment tauchten zwischen den Palmen die Ruderer wieder auf, die sie zur Insel gebracht hatten. Zwei von ihnen schleppten einen großen Korb.

Die Herrin der Aromen ging den Insulanern entgegen, und sie begannen sich in einer Sprache zu unterhalten, von der der Küchenmeister kein Wort verstand. Doch er begriff, dass sie erbittert miteinander feilschten. Er blickte auf den Korb, der zwischen ihnen stand, und auf die unförmigen Dinger darin – das kleinste groß wie ein Handteller, das größte wie ein kleinerer Felsbrocken. Er begriff, dass dies die getrocknete Form des ekligen Zeugs war, das er in den Körben im Wasser gesehen hatte, aber worum es sich dabei handelte, hatte er noch immer nicht verstanden.

Die Herrin der Aromen zeigte auf ein paar dieser Steine, die von gelb-grauer Farbe waren, verzog dabei das Gesicht und brachte mit einigen schroffen Worten ihr Missfallen zum Ausdruck. Dann wies sie auf andere, schwärzliche Exemplare und machte mit ihren Fingern Zeichen, wie viel sie für diese zu zahlen bereit sei.

Die Insulaner waren offensichtlich unzufrieden mit dem gebotenen Betrag. Während sie mit finsteren Gesichtern vor sich hin grummelten, nahm einer von ihnen zwei der besonders schwarzen Steine, schlug sie gegen einander und streckte eines der Bruchstücke der Herrin, das andere dem Küchenmeister hin.

Als der Küchenmeister den ihm in die Hand gedrückten Stein seinem Gesicht näherte, schlug ihm zunächst ein Geruch entgegen, der an verfaulte Algen, gemischt mit Dung, erinnerte. Jeder andere hätte ihn sofort angewidert weggeworfen, aber der Küchenmeister konnte mit seiner feinen Nase sofort die zugrundeliegende Note, die aus der Tiefe kam und langsam deutlicher hervortrat, unterscheiden und fuhr zu schnuppern fort. Überrascht stieß er einen leisen Lacher aus: Das war Walrat!

Er hatte bereits früher die Erfahrung gemacht, dass solch stinkende Substanzen sich in der Küche oft als überaus wohlschmeckend erwiesen. Einem Harz mit dem Namen Teufelsdreck etwa, dessen Geruch an verfaulte Zwiebeln erinnerte, hatte er sich zunächst mit großer Skepsis genähert und sich darauf beschränkt, einen riesigen Topf nur mit einem kichererbsengroßen Stückchen einzureiben. Das Resultat war so überwältigend gewesen, dass es alle seine Vorurteile dem Erdboden gleichgemacht hatte. Der Teufelsdreck hatte sich geradezu verwandelt und dem Essen einen sanften Geschmack verliehen, als hätte er eine ordentlich gesalzene Zwiebel oder einige junge Lauchstangen hinzugefügt.

Was das Walrat anging, lagen die Dinge freilich ein wenig anders. In der Küche wurde es nur in kleinsten Mengen für manche Sirups und Desserts verwendet. Der Küchenmeister wusste, dass dieser eigenartige Duftstoff vor allem bei Parfumherstellern sehr gefragt war. Er hatte gehört, dass es aus dem Erbrochenen von Pottwalen gewonnen werde, aber das hatte er lachend als Gerücht abgetan. Aber jetzt lag die Wahrheit vor seinen Augen klar zutage. Das stinkende Zeug, das er gerade noch am Strand gesehen hatte und das man in den Wellen stehen ließ, um es zu waschen und reifen zu lassen, verwandelte sich, wenn man es viele Jahre lang in der Sonne trocknete, in jenes berühmte Walrat, das die Grundessenz für zahlreiche Parfums bildete und auch andere Gerüche festigte. Und es war so wertvoll, dass es die Schatztruhe der Herrin beträchtlich erleichterte.

Auf der Reise erwarteten den Küchenmeister jeden Tag neue Wunder. Ein weiterer Duftstoff ließ ihn das Walrat schnell vergessen: der Moschus.

Auf einem der zahllosen Gewürzmärkte der Stadt Kalkutta, in der sie nach langer Fahrt endlich anlangten, trafen sie auf einen chinesischen Händler. An jedem Hafen und auf jedem Marktplatz, den sie bisher besucht hatten, waren sie stets pünktlich und voller Achtung empfangen worden. Doch dieser Mann hatte sich aus irgendeinem unerfindlichen Grund nicht nur gehörig verspätet, sondern begrüßte die Herrin, als er sich endlich zu kommen bequemte, auch noch so respektlos und fing so eilig an zu feilschen, als stünden noch Hunderte andere Kunden bei ihm Schlange.

Der Küchenmeister wurde zornig. Er hatte noch niemanden so überheblich mit der Herrin der Aromen umgehen sehen, und ihm war auch bislang kein Händler untergekommen, der gleich auf das Finanzielle zu sprechen kam, ohne vorher seine Ware zu präsentieren.

Das eigentlich Bemerkenswerte aber war die Duldsamkeit der Herrin. Genau wie bei dem Gilead-Balsam feilschte sie auch diesmal nicht, sondern akzeptierte auf Anhieb den Preis, den der Mann verlangt hatte.

Nachdem der Handel abgeschlossen war, zog der Chinese aus seiner Schultertasche eine gläserne, handspannenhohe Flasche mit schlankem Hals, die in mehrere Lagen Stoff eingeschlagen und mit einer dunkel kastanienbraunen Flüssigkeit gefüllt war. Der Flaschenhals war so schmal, dass die enthaltene Flüssigkeit allenfalls heraustropfen konnte. Als wolle er einen Zaubertrick vorführen, zog der Händler mit theatralischer Geste eine lange dünne Nadel aus seiner Tasche und durchstach mit ihr den Bienenwachskorken, der die Flasche verschloss. Der Küchenmeister sah, wie die Nadel die dunkle Flüssigkeit in der Flasche berührte. Während er noch darüber nachdachte, ob dieser Kerl sie zum Narren halten wollte, zog der Chinese die Nadel wieder heraus und schüttelte seine Hand einige Male in der Luft, wobei die Ärmel seines mit einem Drachen bestickten Umhangs flatterten. Dem Küchenmeister stockte der Atem. Und zwar nicht im übertragenen Sinne, nein, er bekam tatsächlich keine Luft mehr. Der intensive Moschusgeruch, der sie einhüllte wie eine unsichtbare Glasglocke, erstickte ihn geradezu. Diesen Geruch kannte er natürlich; Moschus war sogar einer der ersten Gerüche überhaupt, die ihm je in die Nase gestiegen waren, wie bei jedem, der im Harem zur Welt kam. Jedoch begegnete er ihm zum ersten Male in unverdünnter Form, und seine Intensität war jenseits dessen, was er sich vorstellen konnte. Endlich gelang es dem Küchenmeister wieder, Luft zu schöpfen, und noch im Einatmen erlebte er eine neue Überraschung. Er stand mitten auf einem Gewürzmarkt, um ihn herum gab es Dutzende unterschiedlicher Gerüche – und sie alle schienen in der Zeit stehen geblieben zu sein. Der Moschus hatte die anderen, ihn umgebenden Gerüche nicht etwa unterdrückt, sondern sie im Gegenteil noch deutlicher hervortreten lassen. Und was noch bemerkenswerter war: Er ließ es auch nicht zu, dass irgendein Geruch einen anderen verdrängte. Er hatte alle zeitlichen, lokalen und tonalen Unterschiede zwischen den Gerüchen aufgehoben. Der Stangenpfeffer in der Schultertasche des kurz zuvor an ihnen vorübergegangenen Verkäufers roch genauso intensiv wie der Kubebenpfeffer am Stand direkt neben ihnen oder das Sandelholz vom anderen Ende des Marktes.

Der Küchenmeister kostete diesen eigenartigen Genuss voll aus. Während er jeden Geruch, den er erhaschen konnte, tief in sich einsog, registrierte er dennoch, wie die Herrin der Aromen für die Flasche des Händlers das Anderthalbfache ihres Bruttogewichtes in Gold bezahlte. Verwundert war er darüber nicht.

*

Sie setzten ihre Reise fort, und erstmals seit langer Zeit empfand der Küchenmeister wieder Ruhe und Zufriedenheit.

Vor allem aber war er nun zum ersten Mal wirklich »in der Fremde«. Er war von geschäftigen Menschen umgeben, an Bord musste er ständig mit anpacken, auf dem Meer gab es immer wieder Ungeheures zu sehen, und in den Häfen pulsierte das Leben. Vielleicht lag es ja daran, dass er einfach keine Zeit zum Nachdenken hatte, aber auch in den Augenblicken, in denen er allein war, schien sein Geist nun ruhiger zu fließen. Ja, da war noch immer ein wenig Melancholie, ein sanfter Schmerz, ein tiefes Empfinden von Sehnsucht, aber nichts davon glich jenem schmerzhaften Delirium, das seine Brust in Stücke riss.

Das Einzige, was ihn in seiner Ruhe störte, war die Herrin der Aromen.

Denn merkwürdigerweise ließ sie nicht zu, dass er vergaß. In ihrem Wortschatz hatte das Wort »vergessen« keinen Platz, und vielleicht wollte sie sogar verhindern, dass alle Erinnerungen sich in einen hinteren Winkel seines Geistes zurückzogen, sich dort in Nebelschwaden hüllten und so taten, als wären sie vergessen.

Die Herrin der Aromen erinnerte den Küchenmeister andauernd an seine Vergangenheit und an Kamer. Bei den unpassendsten Gelegenheiten, etwa wenn er in die Betrachtung des Meeres, des Sonnenuntergangs oder des Mondscheins versunken war oder seine ganze Aufmerksamkeit dem Aufräumen des Laderaums oder dem Verstauen der Gewürze widmete, verstand sie es meisterhaft, die Sprache auf Kamer, den Tempel der Genüsse oder ein anderes Thema zu bringen, das ihm zu Herzen ging. Sie schien das zu amüsieren. Lachend wiederholte sie die Geschichten, die er ihr erzählt hatte, als handele es sich um lustige Begebenheiten.

Der Küchenmeister konnte nur hilflos in ihr Gelächter einstimmen. Wütend werden konnte er nicht. Denn ihre Späße waren mehr als bloßer Zeitvertreib. Jedes Mal, wenn er seine Geschichten aus ihrem Munde hörte, wurde er mit einer Tatsache konfrontiert, die er damals nicht begriffen oder falsch verstanden hatte. Ihm wurde klar, dass er Kamer nicht aufgrund eines Schicksalsschlages verloren hatte. Genau wie die Herrin der Aromen es gesagt hatte, war das Schicksal im Grunde die Mathematik im göttlichen Chaos, und der größte Fehler des Menschen bestand darin, es nur als einen Erzeuger von Ergebnissen zu betrachten. Dabei umfasste das Schicksal nicht nur, was jemand tat, auswählte und war, sondern auch, was er nicht tat, nicht auswählte und nicht sein konnte. Es war keine gerade Linie, die sich parallel zur Zeit hinzog, die also aus der Vergangenheit kam und in die Zukunft galoppierte. Das Schicksal war ein Kreislauf. So wie es Ergebnisse einschloss, enthielt es auch unbekannte, geheime Ursachen. So wie es voller Enden war, war es auch voller Anfänge. Die Kunst bestand darin, das Schicksal lesen zu können. Sich nur auf einen Aspekt davon zu konzentrieren, wie es der Küchenmeister und so viele andere Menschen taten, bedeutete nichts anderes, als sich in ein Verließ sperren zu lassen. Dabei war es wichtig, den Kreislauf im

Ganzen zu betrachten, die Spuren zu verfolgen, die das Schicksal in Zeiten, Orten, Menschen und Ereignissen hinterlassen hatte. Wenn man dies tat, so offenbarten sich deutlich die Gleichungen, die dieser göttlichen Mathematik zugrunde lagen, und man vermochte das, was einem geschenkt wurde, genauso klar zu sehen wie das, was einem genommen worden war.

Doch in der Nacht, in der ihre phantastische Reise so plötzlich zu Ende ging, sprachen sie nicht über das Schicksal, sondern über viel profanere Dinge wie das Reisen, den Handel und die Städte.

Die Herrin der Aromen erzählte dem Küchenmeister von goldenen Städten, die im Landesinneren von China zwischen Bergen versteckt lagen, von der einst so prunkvollen Hauptstadt Rom, von Venedig und Genua, dessen Stern mit Roms Niedergang aufzugehen begonnen hatte, von den schönen Häfen Algier, Tripolis und Tunis, die an der nordafrikanischen Küste aufgereiht waren wie Perlen auf einer Kette …

Als die Reihe an Alexandria kam, verstummte sie und wandte sich dem Küchenmeister zu. »Wenn ich jetzt von Alexandria spreche, kommt dir sicher eine stockfinstere Stadt in den Sinn, nicht wahr?«, fragte sie und lachte.

Und tatsächlich hatte sich der Küchenmeister Alexandria immer als eine von Schatten verdunkelte Stadt vorgestellt. Eine Albtraumstadt von düsterer und schmerzlicher Schönheit.

»Dabei ist sie alles andere als das«, fuhr die Herrin fort und begann von Alexandria zu erzählen. Doch je länger sie sprach, desto schwächer wurde ihre Stimme, als wäre sie in Gedanken woanders. Schließlich murmelte sie: »Alexandria …«, und verstummte. Sie ging einige Schritte, wobei die Deckplanken unter ihren Füßen knarrten, dann drehte sie sich um und schaute dem Küchenmeister in die Augen, als suche sie dort nach der Lösung eines Rätsels.

»Alexandria ist deine letzte Station …«, sagte sie dann. »Du hast noch einen langen Weg vor dir. Wenn du bei mir ausgelernt hast, wirst du bei anderen Meistern andere Geheimnisse entdecken. Erst ganz zum Schluss wirst du nach Alexandria gehen, so wie alle Geschmacksbeherrscher vor dir. In Alexandria wirst du deine Ausbildung vollenden, dort wirst du in das größte Geheimnis deiner Kunst eingeweiht werden, dann bist du Herr über alle Geschmäcke auf Erden ...«

Der Küchenmeister schaute die Herrin an. In ihren Augen entdeckte er Hoffnungslosigkeit und Verwirrung. »Aber du ...«, sagte sie, »ich fürchte, du wirst niemals ein Geschmacksbeherrscher sein. Weil ... weil deine Seele unvollständig ist. Du bist allein. Mutterseelenallein bist du, und solange deine Seele nicht heilt, wirst du allein bleiben. Ob du Menschen um dich hast, die sich um dich sorgen oder dich hassen, ändert daran nichts. Deshalb kannst du kein Geschmacksbeherrscher sein. Denn diejenigen, deren Seelen unvollständig sind, können es auch in keiner Kunst oder Wissenschaft zur Vollendung bringen. Ich glaube, du hast es von Anfang an falsch angepackt. Du hast gedacht, dass deine Seele heilen werde, wenn du Geschmacksbeherrscher bist. Dabei verhält es sich genau umgekehrt: Erst wenn du deine Seele vervollständigt hast, wirst du diesen Titel erringen. Daher musst du deiner Einsamkeit entrinnen und deine begonnene Geschichte zu Ende führen. Du musst Kamer gegenübertreten und die Wahrheit erfahren. Du musst deinen Namen noch einmal aus Kamers Munde hören! Sonst wird deine Geschichte keinen Abschluss finden, und du wirst ins Nichts fallen.«

»Alexandria?«, murmelte der Küchenmeister. Von all den Worten war ihm nur dieses eine im Sinn geblieben. Die vage Vorstellung dieser Stadt, die er nie gesehen hatte, lastete schon jetzt auf ihm wie ein Albdruck.

»Ich weiß es nicht«, erwiderte die Herrin der Aromen. »Es ist kompliziert. Doch kann ich erkennen, dass dein Schicksal dazu ausersehen ist, sich in Alexandria zu erfüllen ... In deiner Vergangenheit gab es keine Zukunft mit Kamer. Als einfacher Koch hättest du nicht mit ihr zusammenbleiben können. Und um den Titel eines Geschmacksbeherrschers zu erwerben, musstest du dich von ihr trennen. Was du ja auch getan hast. Nur als Geschmacksbeherrscher kannst du sie dir zurückholen. Wenn du nach Alexandria gehst und das große Geheimnis deiner Kunst erfährst, wirst du befähigt werden, über die Geschmäcke zu gebieten, und damit über die Gefühle der Menschen und über die Menschen selbst. Das wird dich zum mächtigsten Mann der Welt machen. Dann kannst du dir Kamer zurückholen. Oder vielleicht auch nicht. Vielleicht solltest du es gar nicht tun. Vielleicht wirst du dann zu etwas ganz anderem. Ich weiß es nicht. So weit vermag ich nicht in die Zukunft zu schauen.«

Die Worte, die ihr über die Lippen kamen, wurden leiser, und bald darauf versiegten sie ganz. Auch das Schiff, die Nacht und das Meer waren still geworden. Nur das Plätschern der kleinen Wellen und das leise Quietschen der Seilwinden waren zu hören. Da stand die Herrin plötzlich auf und ging mit festem Schritt auf die Kommandobrücke zu. »Kapitän Behrengi!«, rief sie. »Lichtet den Anker! Hisst die Segel! Kurs auf das Rote Meer!«

Der Kapitän musste diesen Befehl nicht wiederholen. Die Offiziere gingen an ihre Posten, und die Matrosen, die unerwartete Befehle ohnehin gewohnt waren, kamen aus ihren Ecken, wo sie gedöst hatten, und machten sich daran, den Anker einzuholen und die Segel loszubinden.

»Vielleicht gebe ich dir heute Nacht eine Zukunft«, sagte die Herrin der Aromen, indem sie den Küchenmeister halb spöttisch, halb besorgt ansah. »Vielleicht nehme ich dir aber auch deine Vergangenheit. Entweder schaffe ich dir ein Paradies auf Erden, oder ich beschwöre das Jüngste Gericht herauf. Ich weiß es nicht. Meine Aufgabe war es, dich zu leiten, und diese Aufgabe habe ich erfüllt. Sollte ich Schuld auf mich geladen haben, so bin ich bereit, dafür zu büßen. Von nun an liegt alles in deinen Händen.«

Der Wind blähte die Segel und brachte sie leise zum Flattern, und das Schiff nahm knarrend Fahrt auf. Der Küchenmeister, der die Herrin der Aromen bis dahin in stillem Erstaunen angehört hatte, sah zum Sternenhimmel empor, der mit ihrer Abfahrt in Bewegung zu geraten schien, und fragte dann: »Was soll ich tun?«

Die Herrin legte ihre Hände an sein Gesicht und sagte mit ruhiger Stimme: »Du sollst nach Alexandria gehen und dich auf die Suche nach einem Mann machen, den man den Bibliothekar nennt. Ihn musst du darum bitten, dich das große Geheimnis deiner Kunst zu lehren.«

Der Küchenmeister geriet in Aufregung. »Das große Geheimnis meiner Kunst?«, fragte er.

»Es ist ein Geheimnis, das der Bibliothekar seit Anbeginn der Zeiten nur mit den Geschmacksbeherrschern teilt. Wie jedes Geheimnis ist es unscheinbar, aber sehr mächtig. Doch vergiss nicht: Es liegt eine schwere Aufgabe vor dir. Eine sehr schwere sogar. Denn du suchst den Bibliothekar, deine letzte Station, sehr viel früher auf, als deine Vorgänger es taten. Eigentlich hättest du noch viele Jahre mit dem Studium zubringen müssen. Du hast nicht einmal die Hälfte der Meister kennengelernt, die dich anleiten sollten. Dennoch musst du Erfolg haben. Du musst das Geheimnis unter allen Umständen lüften. Denn du hast nur diese eine Gelegenheit. Jeder Geschmacksbeherrscher darf den Bibliothekar nur einmal im Leben zu Gesicht bekommen. Zwar darfst du so lange bei ihm bleiben, wie du willst. Du darfst auch alles tun, um ihn zu überzeugen. Aber wenn du aufgibst und Alexandria verlässt, dann hast du verloren. Den Bibliothekar findest du kein zweites Mal. Du könntest niemals wieder ein wahrer Geschmacksbeherrscher sein. Dir würde dein Leben lang etwas fehlen. Hast du mich verstanden?«

Der Küchenmeister schaute die Herrin der Aromen nur fragend an.

Die Herrin nahm ihre Hände von seinem Gesicht und sagte: »Nein. Über das große Geheimnis weiß ich nichts. Ich habe den Bibliothekar nie gesehen. Und ich möchte dich auch nicht verwirren mit all den Gerüchten und Spekulationen, die man mir zugetragen hat. Darum nein. Verlange nicht von mir, dass ich etwas sage. Aber vergiss nicht: Wenn du auch deine Ausbildung noch nicht vollendet hast, bedeutet das nicht, dass du nicht reif genug wärest. Denn man reift nicht nur an Lesepult und Buch. Reife bedeutet Selbsterkenntnis. Darum betrachte dich selbst, werde dir klar über dein Handwerk, sieh dein Handwerk in dir und dich in ihm. Denke darüber nach, was du tust und wie du es tust. Die großen Geheimnisse sind ewig. Sie bleiben stets an ihrem Platz und warten auf den, der zu sehen versteht. Darum suche das Geheimnis nicht im Munde eines Meisters, sondern suche es in dir selbst.«

Der Küchenmeister war nicht in der Lage abzuwägen, ob er das, was die Herrin ihm sagte, verstanden hatte oder nicht. Es kam ihm vor, als hätte das Schiff, auf dem sie sich befanden, Kurs auf ein Märchenland genommen. Der Bibliothekar und das große Geheimnis ... Je länger er darüber nachdachte, desto lächerlicher erschien ihm das Ganze. Ja, er wusste, dass er gut war in seinem Handwerk, viel besser sogar als alle, die er kannte. Doch er hatte das immer als selbstverständlich hingenommen. Was für einen Vogel das Fliegen war, das war für ihn das Kochen. Er hatte sich nicht über die außerordentlichen Leistungen gewundert, die er vollbrachte, sondern darüber, wie es sein konnte, dass sie anderen nicht gelangen. Nun aber hatte er erfahren, dass alldem – dem Wesen seines Talents – eine tiefere Wahrheit zugrunde liegen sollte, ein großes Geheimnis, das nicht von dieser Welt war. Alles erschien ihm fern und fremd.

Aber besonders wenn er an Kamer dachte, setzte sein Verstand aus. Sofern er die Herrin richtig verstanden hatte, sollte er nach Alexandria gehen, Kamer finden und die ganze Wahrheit aus ihrem Munde hören. Gut, aber was sollte er sagen? Was sie fragen? Würde Kamer ihn anhören? Gab es überhaupt jemanden mit dem Namen Kamer? Hatte sie je gelebt, lebte sie jetzt? Er verstand nun Madschnun viel besser, der, als er seine Leila in der Wüste traf, gefragt hatte: »Wer bist du?« Kamer war so allgegenwärtig in seiner Erinnerung, in seinen Gedanken und Träumen, dass er vergessen hatte, dass sie auch in der realen Welt eine Entsprechung besaß.

Und ja, die Herrin hatte recht. Die Wahrheit war nicht, was Kamer sagen würde. Die Wahrheit war Kamer selbst. Solange er nicht auch ihrer realen Erscheinung gegenübergetreten wäre, würde sich die Welt für den Küchenmeister nicht weiterdrehen. Deshalb musste er gehen.

An den folgenden vier Tagen verließ die Herrin der Aromen ihre Kajüte nicht. Der Küchenmeister wusste, dass sie ihm aus dem Weg ging. Ihm und seinen Fragen. Sie hatte keine Antworten mehr zu geben und nichts mehr zu sagen. Eigentlich war es unausweichlich gewesen. Nun war er zum ersten Mal im Leben ganz auf sich gestellt.

Als ihr Schiff in den Hafen von Sues eingelaufen war und die Matrosen die Gangway auslegten, war der Küchenmeister längst bereit. Dennoch wartete er, denn er wusste, dass die Herrin, die sich tagelang vor ihm versteckt gehalten hatte, sich noch von ihm verabschieden würde. Kurze Zeit später trat sie aus ihrer Kajüte heraus. Sie lächelte, doch ihre Miene war besorgt. Sie kam zu ihm, strich ihm über die Wange und wünschte ihm eine gute Reise.

»Danke«, erwiderte der Küchenmeister. Ihm schwirrten Hun-

derte von Fragen durch den Kopf, aber er wischte sie beiseite.
»Danke«, sagte er abermals. »Vielen Dank für alles.«

Er wollte sich schon zum Gehen wenden, als die Herrin sagte: »Eines darfst du nicht vergessen. Einsamkeit bedeutet, dass du es vermisst, jemandem deinen Namen sagen zu hören!«

*

Nach dieser Verabschiedung ging der Küchenmeister von Bord. Als er ein halbes Dutzend Schritte getan hatte, hörte er die Stimme der Herrin, aber er widerstand der Versuchung, sich noch einmal umzuschauen.

»Lichtet den Anker!«, befahl sie.

Den Stimmen der Matrosen lauschend, ging der Küchenmeister von dannen. Nach und nach wurden sie von den Geräuschen des Hafens, dem Schreien der Lastenträger, den Rufen der Kommissionäre und dem Krakeelen der Verkäufer eines nahe gelegenen Markts übertönt. Und als er das Tor in der großen Mauer passiert hatte, die den Hafen von der Stadt trennte, war von Kapitän Behrengis Schiff mit den schwarzen Segeln nichts mehr zu hören.

Bis er ans Nilufer gelangte, lastete eine trockene Hitze auf dem Küchenmeister, und er lief über ausgedörrte Erde. Je näher er dem Fluss und der großen Stadt Kairo kam, desto grüner wurde der bis dahin gelbe Boden, nur an der hohen Temperatur änderte sich nichts. Das Wasser des Nils spendete der Wüste Leben, verband sich aber mit der Sonnenglut zu einer erstickenden Feuchtigkeit, die dem Küchenmeister arg zusetzte. Doch er ging weiter. Er ging weiter, ohne auf eine Karawane, einen Fremdenführer oder einen Weggefährten zu warten, ohne sich eine Unterkunft zu suchen, solange er keine benötigte, und wem er begegnete, den fragte er nur nach dem Weg.

Nach fünftägigem Marsch durch Felder, Obstplantagen und

Weinreben sah er zuerst wieder das Meer, und dann, als er den Kopf leicht nach links wandte, am Ende üppigen Grüns, das sich schier endlos hinzuziehen schien, Alexandria. Hinter Mauern erhob sich die Stadt mit ihren weißen Gebäuden und Minaretten. Vielleicht war sie tatsächlich so schön, wie die Herrin sie beschrieben hatte – aber die bedrückte Seele des Küchenmeisters vermochte schon aus der Entfernung einen Schatten über ihren Glanz zu werfen.

Auch wenn er es nicht zugegeben hätte, so dachte der Küchenmeister schon darüber nach aufzugeben. Kairo lag hinter ihm, der Hafen von Sues noch weiter zurück. Und er wusste nur, dass die Herrin der Aromen wieder in See gestochen war, ob sie nun nach Hause fuhr oder ihre Reise fortsetzte. Zu ihr zurückkehren konnte er ohnehin nicht, hätte er ihr doch niemals mehr in die Augen schauen können.

Im Süden, wo das Grün endete, begann eine schier endlose Wüste, die sich bis nach Nubien hinzog. Auf der anderen Seite lag das Mittelmeer. Der Küchenmeister dachte darüber nach, nach Hause zurückzukehren. Aber was würde geschehen, wenn er es täte? Sollte er in den Tempel der Genüsse zurückkehren und bis an sein Lebensende gemeinsam mit Meister Âdem das Messer schwingen, wie dieser seine Vergangenheit verfluchend?

Der Küchenmeister hatte Angst, am liebsten wäre er vor allem davongelaufen. Doch schien die Welt nur noch aus dem zu bestehen, was er mit seinen Augen sehen konnte. Es war, als gäbe es außer dem Meer, der Wüste und den unbekannten Weiten nur noch Alexandria auf dieser Welt, und als wäre dies der einzige Ort, an den er gehen könnte.

Also machte er sich auf den Weg.

*

Kaum in der Stadt, begann der Küchenmeister der merkwürdigen Wegbeschreibung der Herrin zu folgen. »Geh in Richtung Meer, zum östlichen Hafen«, hatte sie gesagt. »Folge den Straßen, von denen aus die südliche Spitze der Insel Pharos zu sehen ist. Dann wirst du den Laden des Bibliothekars erblicken.«

Das war alles gewesen. Sie hatte ihm weder den Namen eines Platzes noch den einer Straße genannt.

Der Küchenmeister fand die Straßen, von denen die Herrin gesprochen hatte, und folgte ihrem Verlauf. Es waren bescheidene, spärlich bevölkerte Gassen mit Häusern, in denen unten gearbeitet und oben gewohnt wurde. Während er so ziellos umherirrte, entdeckte er plötzlich auf der linken Seite, zwischen der Werkstatt eines Scherenschleifers und der eines Verzinners einen Laden: das Antiquariat des Bibliothekars.

Die Herrin hatte es ihm zwar nicht beschrieben, aber als er das kleine Ladengeschäft erblickte, wusste er, dass es sich um den Ort handelte, nach dem er gesucht hatte. Er schaute durch das Schaufenster hinein. Das Antiquariat war ein recht großer Raum, von dem das Tageslicht indes nur den vorderen Teil beleuchtete. Der hintere Bereich war in Dunkelheit getaucht.

Zögerlich drückte er die Tür auf, und mit dem hineinflutenden Licht wurde auch der rückwärtige Teil des Antiquariats ein wenig erhellt. Ganz hinten, wo die Bücherregale endeten, saß auf einem Stuhl hinter einem großen Schreibtisch eine schmale, schemenhafte Gestalt.

Der Küchenmeister trat mit einem beherzten Schritt über die Schwelle und ging auf den Sitzenden zu. Dabei registrierte er voller Erstaunen die Fußspuren, die er hinterließ. Denn der Boden war mit einer ebenen, so vollkommen unberührten Staubschicht überzogen, dass es schien, als wäre seit Jahrhunderten niemand mehr hereingekommen.

Als er bei dem Tisch anlangte, bemerkte der Küchenmeister, dass der Mann ihn die ganze Zeit unverwandt angesehen hatte.

Ihn schauderte. Denn er sah sich dem ältesten Gesicht gegenüber, das er jemals erblickt hatte. Die tiefen Runzeln, die sich darin eingegraben hatten, ließen den Mann so uralt aussehen, dass selbst der Tod daneben noch jugendlich gewirkt hätte. Der Alte hatte die Kapuze seines abgetragenen Gewandes tief ins Gesicht gezogen, doch seine honiggelben Augen blitzten darunter hervor wie die eines Jünglings.

»Ich bin auf der Suche nach dem Bibliothekar«, sagte der Küchenmeister, worauf ihm eine klare, feste Stimme antwortete:

»Der bin ich.«

Da begriff der Küchenmeister, dass sein Gegenüber wie die Bücher um ihn herum war: Mochte der Einband auch alt und die Seiten vergilbt sein, so war sein Inneres doch stets lebendig.

»Ich grüße Euch von der Herrin der Aromen«, fuhr der Küchenmeister fort. Nachdem der Bibliothekar einen überraschten, ja fast ungläubigen Blick aus seinen honiggelben Augen über das Gesicht des Küchenmeisters hatte wandern lassen, sagte er: »Man hat mir schon lange keine Grüße mehr von ihr bestellt. Doch für gewöhnlich schickt mir die Herrin niemanden nur vorbei, um Grüße auszurichten.«

Der Küchenmeister senkte den Blick und nickte. Während er in Gedanken die immer gleiche Frage hin und her wendete, unterbrach ihn der Bibliothekar mit den Worten: »Du machst einen sehr jungen Eindruck. Bei welchen Meistern bist du bisher in die Lehre gegangen?«

Der Küchenmeister begriff, dass diese Frage zu weiteren führen würde, und antwortete verlegen: »Bevor mich die Herrin der Aromen bei sich aufnahm, war ich nur bei den Brüdern el-Hâki zu Gast. Ich weiß, das reicht nicht aus, aber ...«

»Das ist nicht gesagt«, schnitt ihm der Bibliothekar das Wort ab. »Ja, du stehst noch am Anfang eines langen Weges. Bisher hast du weder von Meister Kirkovian das Geheimnis des Teigs und der Brote, noch von Meister Elşad die Eigenschaften des

Feuers und die Feinheiten des Siedens gelernt. Du warst nicht im Lande Turkestan. Du kennst nicht die Sprache der Tiere und die Kunde vom Fleisch, und auch mit den Wundern der Milch bist du nicht vertraut. In der Kunst der Messerführung stehst du noch ganz am Anfang, du kennst noch nicht den Wein, die Oliven und ihre Öle, die Früchte des Feldes und der Bäume, die Wildpflanzen, die Bewohner des Salz- und des Süßwassers, ja nicht einmal das Wasser selbst und noch vieles andere mehr ... Aber du bist hier. Und das ist das Einzige, was zählt. Sage mir, warum hat die Herrin der Aromen dich zu mir geschickt?«

Der Bibliothekar wollte den Satz hören, der dem Küchenmeister auf der Zunge lag. Da konnte er nicht länger widerstehen und sagte: »Ich soll von Euch das große Geheimnis meiner Kunst erfahren. Um ein Geschmacksbeherrscher zu werden ...«

Die Augen des Bibliothekars blitzten spöttisch. »Richtig ...«, sagte er und nickte dabei leicht mit dem Kopf. »Um ein Geschmacksbeherrscher zu werden, musst du natürlich das Geheimnis erfahren. Die Herrin hat also entschieden, dass die Zeit reif sei. Stelle mir denn deine Frage!«

Der Küchenmeister begriff nicht. Welche Frage sollte er dem Alten stellen? Der Bibliothekar schien enttäuscht. »Hast du etwa keine Frage?«, wollte er wissen.

Aufgeregt sagte der Küchenmeister: »Was ist das große Geheimnis meiner Kunst? Lehrt es mich ...« Noch bevor er zu Ende gesprochen hatte, waren die Augen des Bibliothekars noch etwas matter geworden: »Ist das deine Frage?«

Der Küchenmeister schwieg. Und je länger er schwieg, desto enttäuschter schaute der Bibliothekar drein, bis er seinen Blick schließlich abwandte.

»Das also ist deine Frage ...«, sagte er nach geraumer Zeit. »Schade, wirklich sehr schade. Es ist betrüblich zu sehen, dass die Herrin sich geirrt hat ...«

Der Küchenmeister fühlte sich wie in einer Sackgasse. »Du

bist noch nicht reif«, fuhr der Bibliothekar in vorwurfsvollem Ton fort. »Noch unreifer sogar als ein blutiger Anfänger. Dabei hast du nicht einmal die falsche Frage gestellt. Eigentlich hast du gar keine Frage gestellt. Du hast nicht die geringste Vorstellung davon, auf welchen Teil deiner Kunst sich das größte Geheimnis überhaupt beziehen könnte. Selbst ein Lehrling, der sich auch nur den kleinsten Gedanken über sein Handwerk gemacht hat, hätte an deiner Stelle gesagt: ›Lehre mich das Geheimnis der Messer‹, ›Lehre mich das Geheimnis des Feuers‹ oder ›Lehre mich das Geheimnis des Garens‹. Denn trotz seines ungeschulten Verstandes hätte er sich denken können, dass das eigentliche und große Geheimnis seines Berufes sich auf eines dieser Dinge beziehe. Er hätte sich gewiss geirrt. Aber er hätte von da an eine Vorstellung über seine Arbeit in Händen und in seinem Geiste gehabt, und diese Vorstellung hätte sich mit der Zeit entwickelt, sich von Irrtümern befreit und den ungeschulten Lehrling eines Tages sicher zur rechten Frage geleitet. Jener ungelernte Lehrling wäre niemals vor mich getreten und hätte gesagt: ›Lehre mich das große Geheimnis‹, so wie du es getan hast, als wärest du ein ganz gewöhnlicher Mensch, der keinerlei Vorstellung von deinem Handwerk hat.«

Die Worte des Bibliothekars waren erbarmungslos, und der Kehle des Küchenmeisters entrang sich ein klägliches Seufzen. Wenn er in diesem Moment etwas hätte hervorbringen können, dann hätte er ihn angefleht, ihm zu helfen, ihm einen Weg zu weisen, aber noch bevor er den Mund aufgemacht hatte, unterbrach ihn der Bibliothekar mit erhobener Hand.

»Ich bin hier, um jenen zu helfen, die es verdienen«, sagte er. »Solange du in Alexandria bist, steht dir meine Tür jederzeit offen. Du hast bis in alle Ewigkeit das Recht und die Zeit, nach der richtigen Frage zu suchen. Aber wie du bereits weißt, wirst du mich, wenn du aufgibst und Alexandria verlässt, nie mehr wiederfinden können.«

Damit schloss er die Augen. Stille senkte sich über das Antiquariat, und dem Küchenmeister blieb nichts anderes übrig, als sich lautlos zurückzuziehen und seiner Wege zu gehen.

Während seiner nächsten Tage in Alexandria dachte er über das nach, was die Herrin und der Bibliothekar ihm gesagt hatten. Was war das Geheimnis seiner Kunst wirklich? Als er im Hause der Brüder el-Hâki Unterricht vom Sterndeuter bekommen hatte, hatte er fast schon geglaubt, die Sterne seien das größte und am besten gehütete Geheimnis der Kochkunst. Aber auch das, was der Arzt ihm erzählt hatte, war faszinierend gewesen. Die Geheimnisse der Heilkunde, in die er ihn eingeweiht hatte, hatten den Glanz der Sterne eingetrübt. Im Hause der Herrin schließlich hatte sich wieder alles von Grund auf geändert. Diesmal waren die Gewürze in den Vordergrund gerückt und hatten alles bisher Gelernte weniger wichtig erscheinen lassen. Der Küchenmeister begann zu begreifen, welche Bedeutung seiner Reise zukam. Es ging nicht allein darum zu lernen. Beim nächsten Meister hätte er vielleicht etwas über das Feuer oder die Fleischsorten erfahren, und auch davon wäre er tief beeindruckt gewesen. Aber jedes Mal hätte das Geheimnis, das er als Nächstes erfahren hätte, das zuvor Gelernte seines Zaubers beraubt und zu etwas Gewöhnlichem gemacht, und schließlich hätte er gesehen, dass die geheime Wahrheit, die ihn von seinen Handwerksgenossen unterschied, sich nicht in den Dingen verbarg, die er wusste oder gelernt hatte, und er hätte verstanden, dass er, um an das Geheimnis zu gelangen, an anderen, verborgeneren Orten suchen musste.

Der Küchenmeister hatte begriffen, weshalb seine Reise so wichtig gewesen war, aber er hatte sich selbst in die ausweglose Situation gebracht, dass selbst die Reise nun keine Bedeutung mehr hatte. In dem Moment, in dem er Alexandria verließe, würde der Bibliothekar verschwinden, und von da an wäre es sinnlos, nach der Frage zu suchen. Die Welt bestand in jenem

Moment für den Küchenmeister nur noch aus Alexandria. Diese Stadt war sowohl sein Gefängnis als auch seine einzige Rettung. Er konnte nur eines tun: hierbleiben und nach der richtigen Frage suchen, und wenn es bis zum Ende aller Zeiten dauerte.

Nach drei Nächten, die er in Alexandrias verlassenen Seitenstraßen, am Fuße der Stadtmauern oder in den Ruinen am Hafen verbracht hatte, fand sich der Küchenmeister eines Morgens auf einem Hügel wieder, von dem aus er einen großen Palast betrachtete, der nicht weit außerhalb der Stadtmauern lag.

Er wusste nicht mehr, wie und weshalb er dorthingekommen war. Es war, als wäre er auf der niedrigen Anhöhe erst erwacht. Weder hatte er jemanden danach gefragt, noch hatte ihm jemand davon erzählt, doch der Küchenmeister wusste, wo er sich befand. Die roten Strahlen der aufgehenden Sonne glänzten auf den hohen Mauern des Darıcızade-Palasts.

Der Küchenmeister verspürte ein beängstigendes Wohlbehagen, Kamer nach so langer Zeit endlich wieder derart nahe zu sein. Mit jedem Tag, der verging, wünschte er mehr und wahrhaftiger, sie zu sehen. Das Traumbild Kamer begann in die Welt zurückzukehren.

Der Küchenmeister schaute zu den dicken hohen Mauern hinüber, die den Palast über viele Ellen hinweg umgaben. Sie sahen in der Tat unüberwindlich aus, doch er wusste, was zu tun wäre. Er müsste sich in Form eines Geschmacks Zugang zum Palast verschaffen. In Form eines Geruchs, der durch Tür- und Mauerritzen drang. Er müsste Gefühle lesen, Schwächen erkennen, durch Scharten eindringen und Gefühle durch andere Gefühle sowie nützliche Wünsche ersetzen. Nur auf diese Art konnte er in den Palast gelangen. Der Küchenmeister wusste sehr gut, was zu tun wäre, jedoch – er konnte es nicht. Weil er noch kein Geschmacksbeherrscher war.

Also blieb ihm nichts anderes übrig als zu warten. Denn er

konnte zwar die Mauern nicht überwinden, aber er wusste, dass Kamer früher oder später herauskommen würde. Diesen Zeitpunkt wollte er abpassen, und wenn er sie erst sah, würde er schon einen Weg finden und ihr gegenübertreten, selbst wenn er sein Leben dafür aufs Spiel setzen musste. Vielleicht würden sie nicht einmal eine Minute haben, um miteinander zu sprechen. Vielleicht würden ihre Bewacher bei seinem Anblick gleich nach den Dolchen greifen. Doch das spielte keine Rolle. Denn er bräuchte nicht viel Zeit. Ein kurzer Moment, der Moment, in Kamers Augen zu schauen, würde schon reichen. Denn in ihren Augen lag die Wahrheit.

Aber Kamer war nirgends zu sehen.

Der Küchenmeister beobachtete jeden Auszug aus dem Palast mit klopfendem Herzen. Er wartete auf dem Hügel, bis sich der Zug der südlichen Stadtmauer genähert hatte, dann eilte er ihm hinterher, betrat die Stadt durch das Tor, das einst den Namen »Sonnentor« getragen hatte, und nahm die Verfolgung auf. Die Frauen des Darıcızade-Palasts ließen sich in Sänften in die Stadt tragen. Abgesehen von den Sklaven, die die Lasten transportierten, wurde jeder Zug noch von mindestens einem Dutzend Wächtern begleitet. Während die eine Hälfte die vorangetragenen Sänften umringte, bewachte die andere die hinten gehenden Sklaven, Konkubinen und Eunuchen. Unter diesen Umständen war es dem Küchenmeister natürlich unmöglich, sich einem Zug aus dem Darıcızade-Palast auf weniger als zehn Schritte zu nähern. Er folgte ihnen dennoch. Selbst wenn er nicht hoffen konnte, Kamer persönlich zu erblicken, suchte er doch nach einem Hinweis auf sie, nach einer Nachricht vielleicht, einem Riss in den Mauern.

Auf diese Art verbrachte der Küchenmeister Monate. Die Aussicht auf ein Wiedersehen mit Kamer hatte alles andere in den Hintergrund rücken lassen. Der Bibliothekar kam ihm immer seltener in den Sinn. Wenn er Kamer wiedersehen könnte, so kam es ihm vor, gäbe es auf der Welt kein Problem mehr, das sich nicht lösen ließe. Aber er fand keine Spur von ihr. Die Mauern des Palasts waren nicht nur hoch und massiv, sondern auch verschwiegen. Nicht ein einziges Flüstern drang nach außen. Selbst die Bewohner der Stadt wussten so wenig über die Darıcızades zu erzählen, dass der Küchenmeister fast schon meinte, er habe sich ihre Existenz nur eingebildet. Doch dann rettete ihn der Zufall.

Er hatte sich wieder an die Verfolgung einer aus dem Palast ausziehenden Gesellschaft gemacht und war ihr bis zum Markt nachgegangen. Die Gruppe von Palastfrauen war größer als normalerweise. Sie wurden von doppelt so vielen Eunuchen und Wächtern begleitet wie sonst, aber eine Macht, die Frauen beim Einkauf völlig unter Kontrolle hätte bringen können, war noch nicht erfunden. Der Küchenmeister beobachtete die einzelnen Palastbewohnerinnen, wie sie sich über die Stoffstände verteilten. Zum ersten Mal kam er so nahe an sie heran, er war aufgeregt. Er belauschte die Frauen, um womöglich den Fetzen eines Gesprächs über Kamer aufzuschnappen, wobei er die Wächter stets im Auge behielt.

Da brachte ein kleiner Windstoß sein Herz mit einem Mal so schnell zum Klopfen, dass es schmerzte.

Der Windstoß hatte den Gesichtsschleier der direkt neben ihm stehenden Frau leicht zur Seite geweht. Der Küchenmeister hatte das Gesicht hinter dem dünnen grünen, mit Silberplättchen bestickten Stück Stoff zwar nur für den Bruchteil einer Sekunde gesehen, aber das hatte ihm gereicht, um sich seiner Sache sicher zu sein. Er kannte die Frau. Sie hieß Şehandan und hatte im Tempel der Genüsse gesungen und Laute gespielt. Sie war wie Kamer eines der zwölf Mädchen, die Sirrah dem Darıcızade zum Geschenk gemacht hatte. Sie musste mit ihr gemeinsam hierhergekommen sein. Natürlich wusste sie, wo Kamer war und wie es ihr ging. Er musste sie nur fragen.

Der Küchenmeister hatte keine Zeit, sich einen ausgeklügelten Plan zurechtzulegen, also tat er das Erste, was ihm in den Sinn kam. Die Frau bewegte sich auf ihn zu. Die Stoffe, die sie begutachtet hatte, hatten ihr offenbar nicht gefallen, und nun kam sie, um sich die Waren des nächsten Standes anzuschauen. Auf dem Markt herrschte lautes Gedränge. Der Küchenmeister nutzte seine Chance, packte sie am Arm und zog sie in den schmalen Spalt zwischen zwei Marktständen, der auf allen vier Seiten von Stoffen umhangen war. Şehandan war natürlich zu Tode erschrocken. Entsetzt riss sie den Mund auf, doch als sie den Küchenmeister erkannte, verwandelte sich das, was ein Schrei hätte werden sollen, in einen kurzen, gedämpften Ausruf der Überraschung.

»Wo ist Kamer?«, fragte der Küchenmeister, ohne abzuwarten, bis sie wieder zu Atem gekommen wäre. Als er keine Antwort bekam, fragte er noch einmal: »Wo ist Kamer?«

Sie antwortete noch immer nicht. Dabei sah sie nicht etwa so aus, als müsse sie nach einer Ausflucht suchen, sondern eher, als finde sie nicht die passenden Worte. Endlich machte Şehandan den Mund wieder auf und flüsterte leise: »Sie ist nicht hier.«

Diese Möglichkeit hatte er überhaupt nicht in Betracht gezogen.

»Kamer ist nicht hier«, wiederholte Şehandan. »Sie ist nie nach Alexandria gekommen.«

Und sie begann zu erzählen.

Als ihr Flüstern endete, war vom Küchenmeister nichts als eine einsame, unscharfe Silhouette zurückgeblieben. Er fühlte sich wie die Ausdünstungen eines Tranks, den man mit offenem Deckel hatte stehen lassen. Sein Verstand und sein Geist waren so leer, dass es ihm nicht das Geringste ausgemacht hätte, wenn er in seine Moleküle zerfallen wäre und sich in Luft aufgelöst hätte.

Şehandan erzählte, Kamer sei nie nach Alexandria gekommen, weil sie Istanbul niemals verlassen habe.

Es sei alles ein abgekartetes Spiel gewesen.

Kamer sei gewaltsam festgehalten, geschlagen und gezwungen worden, jenen Brief zu schreiben, damit der Küchenmeister dachte, sie sei fort.

Und bei diesem Ränkespiel hätten Sirrah und Meister Âdem gemeinsame Sache gemacht.

Denn sowohl Sirrah als auch Meister Âdem hatte die Liebe zwischen dem Küchenmeister und Kamer schlaflose Nächte bereitet.

Sirrah hatte Angst, ihr wertvollstes Mädchen an einen dahergelaufenen Koch abgeben zu müssen, weil Kamer ihr alles ins Gesicht geschrien hatte. Dass sie ihn liebe und bei erster Gelegenheit mit ihm durchbrennen werde.

Meister Âdem hingegen fürchtete, seinen Schützling zu verlieren. Solange der Küchenmeister nur seine Liebe zu Kamer im Kopf hatte, würde er sich niemals auf die Reise machen und könnte kein Geschmacksbeherrscher werden. Dieser Titel war die letzte Hoffnung eines alten Kochs, der sein Leben verpfuscht hatte.

Mahmud Bey Darıcızade war ihr rettender Engel. Sirrah sollte für ihre Favoritin mit einem ordentlichen Batzen Geld entschädigt werden, und der Küchenmeister würde, nachdem er sich ausgeweint hätte, endlich seine Reise antreten. Sie waren beide jung, sie würden einander vergessen und jemand anderen lieben lernen. Kamer wehrte sich zwar mit Händen und Füßen dagegen, nach Alexandria zu gehen, aber das war für Sirrah nur ein Detail.

Mahmud Beys ehrbarer Herr Vater jedoch machte ihnen einen Strich durch die Rechnung. Er ließ mitteilen, dass er eine Braut aus dem Tempel der Genüsse niemals akzeptieren werde. Mahmud Bey entschuldigte sich unzählige Male bei Sirrah. Um die Enttäuschung, die er ihr bereitet hatte, wiedergutzumachen, aber auch, um sich in Alexandria über den Verlust Kamers hinwegzutrösten, kaufte er zwölf Mädchen aus dem Tempel der Genüsse für seinen Harem. Anschließend machte er sich mit hängendem Kopf auf den Weg in die Heimat.

Und Sirrah schmiedete ihre Ränke. Zuerst sperrte sie Kamer ein. Dann verbreitete sie im Tempel der Genüsse, dass Kamer mit Mahmud Bey fortgegangen sei. Jetzt musste sie nur noch Kamer dazu bringen, einen zweizeiligen Brief zu schreiben. Aber das Mädchen widersetzte sich hartnäckig. Tagelang ertrug sie Prügel, ohne Papier und Schreibfeder zur Hand zu nehmen. Sirrah hätte fast schon aufgegeben, wenn nicht Meister Âdem mit seinem Küchenbeil den Knoten zerschlagen hätte. »Wenn du diesen Brief nicht schreibst«, sagte er zu Kamer, »dann töte ich ihn heute Nacht in seinem Bett! Ich habe ihn großgezogen, doch dieses Opfer würde ich bringen. Er soll einmal der größte Koch der Welt werden. Lieber töte ich ihn, als ihn, so wie einst mich selbst, einer Dirne aus dem Tempel der Genüsse zu überlassen!«

Kamer schaute Meister Âdem in die Augen.

Sie schaute ihm in die Augen und bekam Angst.

Sie bekam Angst und schrieb.

So hatte der Küchenmeister die gesuchte Wahrheit zwischen zwei Verkaufsständen auf dem Markt von Alexandria gefunden. Er fühlte sich völlig taub, denn von nun an existierte nichts mehr in seinem Leben: Kamer war wieder in eine ungewisse Ferne gerückt, das größte Geheimnis seiner Kunst blieb ein großes Geheimnis, und Meister Âdem hatte ihn verraten. Mit ihm war der einzige Ort, an den er hätte zurückkehren, den er sein Zuhause hätte nennen können, verschwunden. Wieder war er mutterseelenallein, und wie jedes Mal fühlte er sich einsamer als je zuvor.

Den nächsten Tag und die Tage darauf verbrachte er damit,

eine Antwort auf die drängende Frage zu suchen, die ihn fortan beschäftigte: Was sollte er tun?

Diesmal hatte er niemanden, den er um Rat fragen konnte. Selbst die Moralpredigten von Meister Âdem hätte er jetzt gerne über sich ergehen lassen. Es war ein Teufelskreis. Wenn er seine Suche nach Kamer fortsetzen wollte, müsste er Alexandria verlassen und hätte damit den Bibliothekar für immer verloren. Und wenn er hierbliebe und versuchte, hinter das große Geheimnis zu kommen? Davon abgesehen, dass er nicht wusste, wie viel Zeit das in Anspruch nähme, war fraglich, ob er es überhaupt je schaffen würde.

Während er an jenem Tag im Morgengrauen zwischen dem Schutt am Fuße der Stadtmauern über all das nachdachte, schaute er an sich selbst herunter. Er hatte zwei Nächte in diesen Ruinen verbracht, in die er sich vor der Hitze geflüchtet hatte. Inzwischen war er so in Schmutz und Staub gehüllt, dass nicht einmal mehr die wahre Farbe seiner Kleidung zu erkennen war. Weil er wochenlang immer wieder vom Hügel in die Stadt und zurück gelaufen war, hatten seine Schuhe Löcher bekommen. Sein Bart war lang geworden und mit seinem Haupthaar verwachsen. Er konnte sich weder daran erinnern, wann er zum letzten Mal in einem Bett geschlafen, noch, wann er die letzte ordentliche Mahlzeit eingenommen hatte. Plötzlich bekam er Angst, bis in alle Ewigkeit (oder zumindest so lange, bis er aus Hunger, Durst und Krankheit elend zugrunde ging oder gar ermordet wurde) in dem Schutthaufen zu bleiben, in den er sich geflüchtet hatte, bekam Angst vor der Niedergeschlagenheit, in die er verfallen war, und rappelte sich auf. »So werde ich nicht sterben!«, sagte er laut vor sich hin.

Von den letzten paar Münzen, die er in seinem Gürtel versteckt hatte, kaufte er sich saubere Kleidung und ein warmes Essen, und nach einem Besuch im Hamam machte er sich direkt auf den Weg zum Hafen. Ein Schiff nach Istanbul zu finden, war kein Problem. Schwieriger war es schon, ein Schiff zu finden, das nach Istanbul fuhr *und* einen Koch brauchte.

Mit Geduld und Glück gelang es ihm einige Tage später, auf einer Galeere mit sechsundzwanzig Ruderpaaren anzuheuern, die bald randvoll mit Weizen beladen Kurs auf Istanbul nehmen würde. Dem Kapitän zufolge hatte der ehemalige Smutje genug davon gehabt, in der engen Kombüse von morgens bis abends Ruderer und Matrosen zu bekochen, jedenfalls war er in Alexandria untergetaucht. Dem Küchenmeister fiel es nicht schwer, den Kapitän von seinen Qualitäten zu überzeugen. Er musste nur schnell das Tintenfischragout verfeinern, das einige Grünschnäbel von der Besatzung zubereitet hatten, und schon war er angeheuert.

Anerkennung zu bekommen, und sei es auch nur bei der Besatzung einer kleinen Galeere, tat dem Küchenmeister gut. Gleichzeitig verspürte er die schale Erleichterung, eine Entscheidung getroffen zu haben. Er hatte beschlossen, den Bibliothekar und sein »größtes Geheimnis« für alle Zeiten in Alexandria zurückzulassen. Er würde weiterziehen und Kamer finden. Was danach geschähe, wusste er nicht, und es interessierte ihn auch nicht. Der Gedanke, notfalls den Rest seines Lebens als Smutje zu verbringen, jagte ihm jedenfalls keinen kalten Schauder den Rücken hinunter.

Während der nächsten paar Tage kaufte er gemeinsam mit dem Kapitän Proviant ein, unterzog die Kombüse einer Prüfung und vervollständigte die Kochutensilien.

Die Rückkehr in seinen Beruf ließ ihn auch wieder klarer denken. Er erinnerte sich an Fleisch, Gemüse, Gewürze, Maße, Töpfe und Messer. Im Geiste kochte er bereits Gerichte aus den Zutaten in der Speisekammer des Schiffes, und gleichzeitig versuchte er Rezepte zu finden, mit denen er den Kapitän und seine Offiziere zufriedenstellen könnte. Er musste sich erst wieder in seinen Beruf einfinden. Denn mit sich selbst hatte er auch die grundlegendste Sache vergessen, die ihn ausmachte: das Kochen.

Endlich war der Tag der Abreise gekommen. Die ganze Besatzung hatte sich im Hafen versammelt. Die letzten Güter wurden an Bord verfrachtet. Noch vor Sonnenuntergang sollte der Anker gelichtet werden.

Der Küchenmeister hatte Messer vom Schleifer geholt und war auf dem Rückweg zum Schiff. Ihm ging das Rezept für eine Nudelsuppe durch den Kopf, die er zum ersten Abendessen kochen wollte. Als er an den Kai kam, sah er den Kapitän und zwei seiner Offiziere, die in einem geschützten Winkel einen Zechtisch aufgebaut hatten und aßen und tranken. Er wollte gerade grüßend an ihnen vorbeigehen, da fragte der Kapitän: »Smutje, wir haben doch hoffentlich genügend Käse an Bord?«

Dieselbe Frage hatte ihm der Kapitän, der offenbar ein wahrer Käsefanatiker war, bereits mehrmals gestellt. Der Küchenmeister wollte gerade erwidern: »Von allen Sorten, Herr. Seid unbesorgt«, da fuhr der Kapitän mit einem Ausdruck kindlicher Freude im Gesicht fort: »Der alte Smutje hat den Schafskäse immer zerdrückt, ihn mit viel Basilikum geknetet und zu Bällchen gerollt. Die hat er ordentlich gewürzt und so gebraten, dass sie von außen wie Granatäpfel ausgesehen haben, aber innen weich und geschmolzen waren. Sie hatten einen ganz eigenen frischen Geruch. Ich weiß nicht, wie ich es ausdrücken soll. Als würde man das Grün vom Frühling essen. Als ob ...«

Der Küchenmeister hörte mit leicht überheblichem Lächeln zu, wie der Kapitän hilflos versuchte, diesen Geschmack zu beschreiben, als er unversehens erstarrte.

Er hatte etwas Außergewöhnliches bemerkt. Etwas, was er eigentlich fortwährend tat, ohne sich allerdings dessen bewusst zu sein, so wie das Atmen. Er wusste, was der Kapitän zu erklären versuchte. Der Geschmack, den er beschreiben wollte, aber nicht konnte, war in seinem Geist als ein einziges geflüstertes

Wort erschienen. Und dieses Flüstern beschränkte sich nicht allein auf diesen Geschmack. Jeder Geschmack der Welt, ob er ihn gekostet hatte oder nicht, außerdem jeder Geruch und jede denkbare Mischung aus ihnen hatte in seinem Geist eine sinnvolle Entsprechung. Sprach man sie aus, verwandelten sich die geflüsterten Worte meist in sinnlose Klanghaufen ohne Bedeutung. In seinem Kopf jedoch bildeten sie den Grundstock einer geheimnisvollen Sprache der Geschmäcke. Auch rief nicht nur jeder Geschmack ein Wort hervor, jedes geflüsterte Wort erzeugte außerdem seinerseits ein gedankliches Abbild des entsprechenden Geschmacks. So konnte ein Geschmack allein in der Vorstellung existieren, auch wenn gar nichts zu essen vorhanden war.

Da, in diesem Moment, als er nur noch wenige Schritte von der Galeere entfernt war, wurde dem Küchenmeister bewusst, dass er das, was er gerade tat, schon seit langem getan hatte. Das war das größte Geheimnis über sich selbst, das er jemals gelüftet hatte. Er dachte nach. Die Worte der Herrin kamen ihm wieder in den Sinn: »Einsamkeit bedeutet, dass du es vermisst, jemanden deinen Namen sagen zu hören.«

War er sich sicher? Absolut nicht. War es den Versuch wert? Auf jeden Fall!

Der Küchenmeister rannte los. Bei jedem Schritt betete er darum, dass das Ladengeschäft des Bibliothekars noch an Ort und Stelle sein möge. Noch konnte man nicht behaupten, dass er Alexandria verlassen hatte. Dennoch wurde er immer aufgeregter, je weiter er lief.

Erst als er auf der gegenüberliegenden Straßenseite das Antiquariat sah, blieb er stehen und atmete tief durch. Langsam ging er weiter und betrat ruhigen Schrittes den Laden. Die Spuren von seinem letzten Besuch waren noch zu sehen, auch wenn sie bereits zu verblassen begannen. In seine alten Fußstapfen tretend, ging er ins Dunkel hinein. Der Bibliothekar saß hinter seinem großen Tisch, reglos wie die Bücher in den Regalen, ganz so, wie er ihn zurückgelassen hatte.

Der Küchenmeister trat vor ihn hin, und sagte mit so fester Stimme wie möglich: »Lehrt mich die Namen der Geschmäcke!«

Er musste nicht lange zittern, ob er die Probe bestanden hatte. Das Leuchten in den honigfarbenen Augen des Bibliothekars verriet ihm die Antwort.

Der Bibliothekar erhob sich schwerfällig, wobei er ein leises Rascheln wie das von Buchseiten von sich gab, dann stieß er kraftvoll eine in den Regalen hinter ihm versteckte Tür auf und trat in einen engen Korridor, der tiefer in den Laden hineinführte. Der Küchenmeister folgte ihm. Der Gang war zu beiden Seiten von Bücherregalen gesäumt, auf denen in unregelmäßigen Abständen Öllampen standen, welche die finstere Umgebung notdürftig erhellten. Der Bibliothekar ging weiter und weiter, aber der Weg, den sie beschritten, wollte kein Ende nehmen. Überall nur Bücher und Regale, die sich ins Endlose erstreckten. Und ein durchdringender Geruch nach Papier ...

»Wie wenige Namen es für die Geschmäcke gibt, nicht wahr?«, sagte der Bibliothekar mit seiner kräftigen Stimme. »Denk an die Sprachen, die du kennst. Jedes Ding hat seine Bezeichnung: die Luft, der Wind, der Regen, der Schnee, die Farben und die Geräusche. Die Namen der Geschmäcke jedoch sind rar gesät: süß, salzig, scharf, sauer, bitter, verbrannt, herb ... Wie viele fallen dir noch ein? Alles in allem kann man sie an zehn Fingern abzählen. Deshalb beschreiben die Menschen einander einen Geschmack immer nur unzureichend, indem sie ihn mit etwas anderem vergleichen. ›Zwiebelartig ...‹, sagen sie zum Beispiel. Dabei ist die Zwiebel kein Geschmack, sondern eine Pflanze. ›Der Geschmack beginnt auf der Zunge, aber er hat keine Sprache‹, heißt es doch, und das stimmt. Jedenfalls für den überwiegenden Teil der Menschen auf dieser Welt. Ein

Geschmacksbeherrscher lacht über solche Sprüche. Denn er weiß, dass auch der Geschmack eine Sprache besitzt. Er hat gelernt, dass jeder Geschmack auf dieser Welt einen Namen hat. Das ist die entscheidende Fähigkeit eines Geschmacksbeherrschers. Deshalb kocht er besser als alle anderen. Er kann die Geschmäcke verstehen, und mit der Zeit lernt er auch, mit ihnen umzugehen. Er zähmt sie. Er erhöht und erniedrigt sie. Er spielt mit ihnen. Je mehr neue Geschmäcke er erschafft, desto mehr neue Namen lernt er. Er ist ein Entdecker neuer Namen!«

Plötzlich hielt der Bibliothekar inne und griff in ein Regal zu seiner Linken. Er zog ein dickes Buch mit grünem Einband zwischen den anderen Büchern hervor, reichte es dem Küchenmeister und sagte: »Das ist für dich.«

Das Buch war schwer. Als der Küchenmeister es aufschlug, sah er, wie alt es war. Die Seiten sahen so abgegriffen aus, dass man fast Angst haben musste, sie könnten beim Umblättern in ihre Fasern zerfallen. Verwundert sah er sich die kleinen Bilder an, die mit Tinte auf das Papier gemalt waren. Damals wusste er noch nicht, dass es sich dabei um ägyptische Hieroglyphen handelte.

Er blätterte weiter, und sowohl das Papier als auch die Schrift nahmen andere Gestalt an. Der Küchenmeister erkannte griechische und lateinische Buchstaben auf einem Untergrund, der zwar vergilbt war, aber viel stabiler wirkte als die ersten Seiten. Er suchte, bis er eine Seite gefunden hatte, die in arabischer Schrift verfasst war, sodass er sie lesen konnte, und das erste Wort, das ihm begegnete, sprach er mit leiser Stimme aus. Das Flüstern, das ihm über die Lippen kam, ergab für seine Ohren keinen Sinn, aber in seinem Geist manifestierte sich ein wohlbekannter Geschmack. Es war der säuerliche Geschmack von rohem Teig – gut gegoren, in Form gebracht und bereit, in den Ofen geschoben zu werden. Das nächste Wort war der Name frisch gebackenen Brotes. Doch nicht nur dessen Geschmack erschien ihm im Geiste, sondern auch sein Geruch und sein warmes Knuspern. Die Namen setzten sich über Zeilen und Seiten hinweg fort, und mit jedem Wort, das der Küchenmeister aussprach, gewann ein weiterer Geschmack an Bedeutung und prägte sich für immer seinem Gedächtnis ein. Es war, als füge er dem Leib eines Geschmacks seine Seele hinzu, indem er seinen Namen flüsterte. Die Lust und Aufregung, die er verspürte, waren unbeschreiblich. Hätte man ihn gelassen, wäre er wohl in dem engen Gang stehen geblieben, bis er den ganzen Wälzer vom Anfang bis zum Ende gelesen und alle Namen ausgesprochen hätte. Doch so viel Zeit hatte der Bibliothekar nicht ...

»*Nomina gustuum*«, sagte der Bibliothekar und zeigte auf das Buch in den Händen des Küchenmeisters. »Die ersten Geschmacksbeherrscher der Welt haben angefangen, die Namen der Geschmäcke in dieses Buch zu schreiben. Die Zeit verging. Die Geschmäcke gingen Verbindungen ein, veränderten sich, wurden zu neuen Geschmäcken. Sie gewannen neue Bedeutungen und neue Namen. Und deine Vorgänger fügten jeden neuen Namen, den sie entdeckten, diesen Seiten hinzu. Jetzt ist die Reihe an dir. Du kannst dich glücklich schätzen, wenn es dir gelingt, deinen eigenen Beitrag zu diesem Buch zu leisten.«

»Ich darf es behalten?«, fragte der Küchenmeister hoffnungsvoll.

»Ja«, sagte der Bibliothekar. »Und mache dir nicht die Mühe, es mir wiederzubringen. Wenn die Zeit gekommen ist, wird das Buch selbst seinen Weg zu mir zurückfinden.«

Während der Küchenmeister noch nach Worten suchte, die seine Dankbarkeit angemessen hätten ausdrücken können, zog der Bibliothekar ein weiteres Buch aus dem Regal und reichte es ihm. »Nimm auch dieses hier ...«, sagte er und warf ihm einen vielsagenden Blick zu. »Du wirst es brauchen.«

Der Küchenmeister schlug den abgewetzten schwarzen Einband auf, der mit keinerlei Schriftzug versehen war, und warf einen kurzen Blick auf einige Seiten. Er konnte nicht verhindern, dass seine Lippen sich zu einem boshaften Grinsen verzogen. Der Bibliothekar hatte recht. Dieses Buch, das die Rezepte seiner Vorgänger in sich barg, würde ihm in der Tat von großem Nutzen sein.

Ehe er sich zum Gehen wandte, schaute der Küchenmeister noch einmal lange in das von tiefen Falten zerfurchte Gesicht und die leuchtend honigfarbenen Augen des Bibliothekars. Er wusste, dass er weder ihn noch das Antiquariat je wiedersehen würde. Er drückte die ihm anvertrauten Bücher an seine Brust, verbeugte sich ehrerbietig und bedankte sich. »Du wirst den Geschmäcken neues Leben einhauchen«, sagte der Bibliothekar. »Möge dein Weg stets der rechte sein und frei von Hindernissen!«

Der Küchenmeister hatte nicht nur die Warnung bemerkt, die in diesen Abschiedsworten mitschwang, sondern auch das Feuer der Erregung, das in seinem Inneren zu lodern begann. Er verfügte jetzt über große Macht, und er wusste, dass er bei dem Abenteuer, in das er sich stürzen würde, sämtliche Hindernisse mit Hilfe dieser Macht überwinden musste. Sich den Weg freizuräumen, wäre kein Problem, aber ob es immer der rechte wäre ... Er würde so bedächtig zu Werke gehen müssen wie möglich.

Er verließ das Antiquariat und eilte zurück zum Kai, wo er die neugierigen Fragen des Kapitäns mit einigen erdachten Lügen parierte. Das Schiff setzte noch am selben Abend die Segel in Richtung Istanbul.

Der Küchenmeister behalf sich die ersten zwei Tage mit einfachen, rasch zu bewältigenden Gerichten und nutzte die so gewonnene Zeit, um sich mit seinen Büchern in die Kombüse zurückzuziehen.

Am dritten Tag kochte er für den Kapitän und seine Offiziere einige der Rezepte aus dem Buch. Die Wirkung war höchst erstaunlich. Dass Geschmäcke Einfluss auf die menschlichen Gefühle haben, hatte er ja schon gewusst. Flüsterte er aber den Namen eines Geschmacks hinzu, steigerte sich dessen Wirkung um ein Vielfaches, konnte jedoch je nach den persönlichen Erfahrungen und der seelischen Verfassung des Essers variieren. So liebäugelte etwa der Erste Offizier, der als gutmütiger Mann bekannt war, nachdem er sein Borani gegessen hatte, bereits mit einer Meuterei. Der durch Flüstern verstärkte Geschmack hartgekochter Eier in Joghurtsoße indessen übte fast auf die ganze Besatzung einen einheitlichen Effekt aus. Alle, in erster Linie die Ruderer, strotzten nur so von Energie, und trotz des Gegenwinds legten sie die Strecke, für die sie normalerweise zwei Tage gebraucht hätten, in einem einzigen Tag zurück.

Die Namen der Geschmäcke zu flüstern war für den Küchenmeister noch das reinste Glücksspiel. Er begriff, dass er die Namen und ihre Wirkungen erst mit der Zeit und durch viel Übung würde beherrschen lernen. Nach vielen Versuchen hätte er die Geschmäcke herausgefiltert, die auf fast jedermann dieselbe Wirkung ausübten. Genau so, wie es die Geschmacksbeherrscher vor ihm getan hatten. Deshalb war auch das zweite Buch, das der Bibliothekar ihm gegeben hatte, so wichtig. Die Rezepte darin enthielten nämlich die Geschmacksverbindungen, die von seinen Vorgängern aufgrund ihrer Erfahrung als wirkungsgleich herausdestilliert worden waren. Sie hatten minutiös festgehalten, welche Geschmäcke man miteinander kombinieren musste, welcher Name wie oft zu flüstern und welcher Geschmack in welchem Maße zu verstärken war. Sie hatten damit einen Weg aufgezeichnet, der von einem genau definierten Geschmack zu einem genau definierten Gefühl führte. Das klang einfach, war jedoch ein erstaunlich komplizierter Mechanismus. Reis zum Beispiel hatte einen grundlegenden Geschmack mit einem grundlegenden Namen. Wenn er mit Öl und Salz gekocht wurde, veränderten sich diese, und somit veränderten sich auch die Gefühle, die er erzeugte. Ging es aber um ein ganzes Gericht mit all seinen Zutaten, entstand ohne Eingriff ein heilloses Durcheinander. Gefüllte Weinblätter zum Beispiel hatten nicht einfach die Wirkung von Weinblättern, zusammengenommen mit der von Reis, Minze, Öl und Zwiebel. Hier war das Können eines Geschmacksbeherrschers gefragt. So wie ein Dirigent vor dem Zuhörer einen Klangteppich auszubreiten hatte, indem er über sämtliche Instrumente gebot, ohne das Wesen der Musik zu zerstören, war auch der Geschmacksbeherrscher verpflichtet, Artikulation und Dynamik der in einem Essen enthaltenen Grundgeschmäcke so zu gestalten, dass sie sich zu einem harmonischen Ganzen fügten.

Als das Schiff die Insel Rhodos passierte und das Ägäische Meer erreichte, begann der Küchenmeister sich über die Konsequenzen seines Handelns zu sorgen. Die Besatzung ruderte noch immer wie verrückt. Der Kapitän träumte derweil von dem Land, das angeblich westlich des Atlantischen Ozeans entdeckt worden war. Einmal hatte er sogar ernsthaft versucht, das Steuer in Richtung Gibraltar herumzuwerfen. Der Rudergänger jedoch, ein erfahrener alter Seebär, war noch rechtzeitig dazwischengegangen und hatte den Kapitän von seinem Vorhaben abgebracht.

Am alarmierendsten war der Zustand des Steuermanns. Der Küchenmeister hatte zwar nicht die geringste Ahnung, von welcher Zutat er diesem Hünen zu viel in den Couscous getan hatte, aber der dadurch erzielte Effekt nahm mit jedem Tag bedrohlichere Ausmaße an. Der Steuermann hatte sich geradezu in den Küchenmeister verliebt. Alle zwei Tage kam er zu ihm und sagte, »so er es befehle«, werde er dem Kapitän und seinen Getreuen die Kehlen durchschneiden, und nachdem er das Schiff auf diese Weise unter seine Gewalt gebracht hätte, könnten sie segeln, wohin auch immer sie wollten. Der Küchenmeister hatte seine liebe Not mit ihm. Während er einerseits versuchte, ihn durch gutes Zureden zur Vernunft oder zumindest auf andere Gedanken zu bringen, stöberte er andererseits in seinem Rezeptbuch herum und suchte nach einem Weg, das Feuer, das er in dem Mann entfacht hatte, wieder zu löschen.

Dank der beherzten Ruderer erreichten sie glücklicherweise bald ihr Ziel. Kaum hatte das Schiff am Kai von Unkapanı angelegt – die Taue waren noch nicht festgemacht –, sprang der Küchenmeister von Deck und mischte sich in die Menge, ohne sich darum zu kümmern, dass Kapitän und Steuermann ihm hinterherriefen.

Kamer auf die Spur zu kommen, hatte sich als nicht besonders schwierig erwiesen. Der Küchenmeister hatte einige Stammgäste des Tempels der Genüsse gefragt und so herausgefunden, dass sie an den Harem des Kaufmanns Zümrützade verkauft worden war. Im Tempel der Genüsse habe das schöne Mädchen nämlich auf ganz unerklärliche Weise plötzlich ihren ganzen Glanz verloren, erzählten die Stammgäste. Weder ihr Tanz noch ihr Gesang seien so liebreizend gewesen wie zuvor. Und als Kamer in der Gunst der Kunden immer tiefer gesunken sei, habe Sirrah sich genötigt gesehen, sie möglichst schnell loszuwerden.

Wie in Alexandria war er also wieder gezwungen, das Haus eines reichen Mannes zu observieren. Doch diesmal ging er voller Tatendrang und Ideenreichtum ans Werk ...

Nichts war leichter gewesen, als sich mit einigen der Hausbewohner anzufreunden. Bald darauf hatte er mit Hilfe seiner neuen Freunde den Koch von Zümrützade herausgefordert. Er hatte nicht nur den Wettbewerb, den sie in einem kleinen Kebaplokal in Sirkeci ausgetragen hatten, durch das einstimmige Votum der Jury für sich entschieden, sondern auch dafür gesorgt, dass sein Kontrahent auf eine lange Reise gegangen war. Er hatte ihm nämlich die geschmorten Muscheln vorgesetzt, die schon im Kapitän der Galeere die Abenteuerlust geweckt hatten.

Der Rest hatte sich von ganz allein ergeben. Da die Küche im Hause von Hüsnü Bey Zümrützade nunmehr verwaist gewesen war, hatten seine neuen Freunde ihrem Herrn den Küchenmeister als neuen Koch empfohlen. Hüsnü Bey, der über ihre Beharrlichkeit und ihren Wagemut erstaunt gewesen war, hatte es dem Küchenmeister gestattet, ein einziges Gericht für sein Mittagessen zuzubereiten, und natürlich hatte er ihm, noch bevor er sich von der Tafel erhoben hatte, mitteilen lassen, dass er für einen Tageslohn von fünf Asper eingestellt sei.

Im Hause Zümrützade hatte den Küchenmeister anstelle von Kamer allerdings eine neue Enttäuschung erwartet: Seine Geliebte war als Geschenk an den Harem des Sultans geschickt worden.

Ihm war zu Ohren gekommen, Hüsnü Bey habe Kamer, die seit ihrer Ankunft in seinem Hause nur für Unruhe gesorgt hatte, dem obersten weißen Eunuchen verehrt. Dieser, ein gebildeter, aber naiver Mann, hatte die Gabe akzeptiert, ohne sich bewusst zu sein, dass Hüsnü Bey insgeheim einen tiefen Groll gegen ihn hegte. Er hatte die Konkubine, der man nachsagte, dass ihr Tanz wie Wasser und ihre Stimme wie die einer Nachtigall sei, an den Harem weitergeschenkt, um auf diese Weise sein getrübtes Verhältnis zur Favoritin zu kitten. Die Dinge waren jedoch anders verlaufen als erwartet. Innerhalb kurzer Zeit hatte sich nämlich herausgestellt, was für eine Plage Kamer war, und so hatte der arme Obereunuch von heute auf morgen die Stellung verloren, für die er sein Leben lang mit Zähnen und Klauen gekämpft hatte.

Alles, was ihm erzählt worden war, hatte sich der Küchenmeister mit einem süffisanten Lächeln auf den Lippen angehört. Dass Kamer hinter noch höheren, noch unüberwindbaren

Mauern verschwunden war, hatte er nicht als Unglück ausgelegt, und er hatte sich nicht entmutigen lassen. »Jetzt hat die Sache ein Ende«, hatte er sich gesagt. »Das ist die letzte Station.«

Der Küchenmeister hatte sich in der Küche von Zümrützade alles fein säuberlich und Schritt für Schritt zurechtgelegt. Hüsnü Bey pflegte engen Kontakt zum Serail. Wenn sich im Enderun ein Blatt bewegte oder im Harem eine Perle zu Boden fiel, dann wusste Zümrützade davon. Der Küchenmeister hatte die Ohren gespitzt und zugehört. Er hatte zugehört, hatte gelernt, hatte alle seine Gedanken Tropfen für Tropfen in seinem Geist destilliert und sie mit seinem Wissen und seiner Kunst vermengt.

Und so war schließlich die Zeit gekommen, den letzten Schritt zu tun …

*

Der Küchenmeister versteckte sich bereits seit drei Tagen in einem heruntergekommenen Zimmer am Ende der Melekgirmez-Straße. Wenn man es denn verstecken nennen konnte. Tag und Nacht streifte er durch die Gegend, trank in Kneipen, spielte in Räuberhöhlen Karten, unterhielt sich ganz gegen seine Gewohnheit mit wildfremden Menschen, die er auf der Straße oder am Zechtisch kennengelernt hatte, und erzählte ihnen frei von der Leber weg, dass er bis vor kurzem noch Koch in den Palastküchen gewesen sei, sich aber mit dem Chefkoch überworfen und seine Arbeit an den Nagel gehängt habe und sich nun mit einem Schiff, das in zwei Tagen ablegen werde, über die Peloponnes nach Venedig abzusetzen gedenke.

Aber er redete nicht nur, sondern lauschte auch aufmerksam den Gesprächen. Denn in Istanbul verbreiteten sich Gerüchte wie Lauffeuer. Die Nachricht, dass Mahmud Bey Darıcızade die Hochzeit mit einer Haremsdame des Sultans im letzten Moment hatte platzen lassen, schlug in der Hauptstadt ein wie eine Bombe. Es gingen diesbezüglich verschiedene Theorien um. Eher rationale Zeitgenossen behaupteten, Mahmud Bey, der eine Braut aus dem Herrscherhaus erwartet habe, wenn auch nur aus zweiter Generation, sei gekränkt gewesen, mit einer einfachen Konkubine abgespeist zu werden, und habe die Verlobung aus diesem Grund aufgelöst.

Wer mehr an dunkle Machenschaften glaubte, erzählte, der Botschafter der Republik Venedig habe Mahmud Bey von dieser Heirat abgebracht, indem er ihn entweder bedroht oder ihm ein Handelsprivileg in venezianischen Gewässern in Aussicht gestellt habe, um damit die finanzielle Unterstützung durch den Bräutigam zu verhindern und den Sultan in Geldnöte zu stürzen.

Andere wiederum glaubten zu wissen, dass Darıcızade sich im Tempel der Genüsse in eine Schönheit namens Nihan auf den ersten Blick so unsterblich verliebt habe, dass er die mit dem Serail geschlossene Abmachung kurzerhand aufgekündigt, Sirrah das als »Männermörderin« bekannte Mädchen abgekauft und sich schnurstracks mit ihr auf den Weg nach Alexandria gemacht habe. Wer jedoch diese abstruse Theorie vertrat, konnte sich der missbilligenden Blicke seiner Zuhörerschaft sicher sein. Denn niemand hielt es für möglich, dass ein so angesehener Mann wie Mahmud Bey für eine Frau aus dem Tempel der Genüsse das Risiko eingehen würde, sich den persönlichen Zorn des Sultans zuzuziehen.

Waren die Gerüchte auch mannigfaltig, so lösten sie sich doch meist schnell in Rauch auf, wohingegen die Wahrheiten zwar rar gesät, dafür aber so unumstößlich waren wie die Mauern, die seit uralten Zeiten die Stadt umgaben.

Seitdem Mahmud Bey die Verlobung aufgekündigt hatte und das versprochene Geld sozusagen auf dem Weg nach Alexandria ins Wasser des Mittelmeers gefallen war, war es um die Staatsfinanzen, die nach dem krankheitsbedingten Ausfall von Schatzmeister Halil Pascha nie wieder richtig saniert worden waren, erst recht schlecht bestellt. Wenn nicht binnen der nächsten drei Tage ein Wunder geschähe, würde den Janitscharen ihr Sold nur unvollständig ausgezahlt werden können. Das Gerede von einem Aufstand, das schon seit langem flüsternd die Runde gemacht hatte, war immer lauter zu vernehmen. Aus gutunterrichteten Kreisen hieß es, die einfachen Soldaten fingen bereits an zu murren. Am Tag der Soldzahlung würden sie weder ihre Geldbeutel anrühren noch den ihnen vorgesetzten süßen Safranreis, sondern stattdessen den Kessel auf dem Etmeydanı umstürzen. Es würden die Köpfe der Paschas rollen, allen voran der des Großwesirs, und sogar der Thron des Sultans würde von dem revolutionären Beben erschüttert werden.

Die Stimmung in der Hauptstadt war angespannt und so grau, als wäre ein Trauerflor über sie gebreitet. Schon seit Tagen hingen dunkle Wolken am Himmel, ohne dass es geregnet oder der Wind sie zerstreut hätte. Vom niederen Volk bis zu den Adeligen, vom Kaufmann bis zum Tagelöhner waren alle von stiller Unruhe ergriffen. Die Galata-Bankiers hatten den Geldverleih eingestellt und nach und nach angefangen, ihre Außenstände einzutreiben. Infolge der Geldknappheit stiegen die Zinsen, und kaum waren die Gerüchte von einer Revolte zu den Schiffen gedrungen, die Waren nach Istanbul brachten, legten diese nicht mehr in den Häfen an, sondern strichen auf offener See die Segel. Väter ließen ihre eigenen Söhne nicht mehr anschreiben, und wer ein Gewerbe hatte, brachte aus Angst vor Plünderungen überschüssige Waren an sichere Orte. Kurz gesagt, die gesamte Bevölkerung bereitete sich, Stoßgebete gen Himmel sendend, auf den in drei Tagen anstehenden Tag der Soldzahlung vor.

Eine innere Stimme sagte dem Küchenmeister, dass er bald

ernten werde, was er gesät hatte. Kurz vor Sonnenuntergang machte er sich auf den Weg zu einem Kebaplokal in der Nähe. Trotz der kühlen Witterung bat er darum, dass man ihm einen Tisch nach draußen stellen möge. Als der Lehrling den Tisch keuchend auf den Bürgersteig getragen hatte, sagte der Küchenmeister: »Ein Kebap mit Gemüse. Und ein wenig Leber. Dazu einen Ayran, aber mit viel Koriander. Die Leber soll nach dem Kochen gepfeffert werden, und bitte vergesst auch nicht das Sumak und den Thymian.«

Kurz nachdem der Lehrling, die Wünsche seines Kunden vor sich hin murmelnd, im Lokal verschwunden war, kam er mit zwei großen Tellern wieder heraus. Auf dem einen lagen ungeschält in glühender Asche gebackene Zwiebeln und Knoblauchzehen sowie in heißem Öl gebratene rote Peperoni. Auf dem anderen türmte sich ein Haufen Brot. Das leise Brutzeln, das von den gebratenen Peperoni aufstieg, war wie Musik in den Ohren des Küchenmeisters. Er steckte sich eine in den Mund. Sie hatte eine angenehme Schärfe, die sich zurückzog, ehe sie den ganzen Mundraum eingenommen hatte, und nur einen intensiven Geschmack und ein sanftes Brennen an seinem Gaumen hinterließ. Er nahm eine große Knoblauchzehe zwischen die Finger und drückte sie auf einem Stück Brot aus. Das Innere der Zehe, die von außen aussah, als wäre sie noch roh, war weich wie Butter. Kaum hatte er den Bissen in den Mund gesteckt, staunte der Küchenmeister, als begegne er diesem Geschmack zum ersten Mal. Der Knoblauch war eine Liebesbeziehung mit dem Feuer eingegangen, als wäre er in der heißen, flammen- und rauchlosen Glut innerlich dahingeschmolzen, um seinen scharfen Geschmack und Geruch abzulegen und sich in einen lieblichen, duftenden und cremigweichen Wohlgeschmack zu verwandeln.

Der Küchenmeister trank den mit Koriander gewürzten Ayran, der zusammen mit dem Kebap gekommen war, in einem

Zug aus und bestellte gleich einen neuen. Dann fing er so langsam an zu essen, als wäre dies seine Henkersmahlzeit. Als er das mit Sumak und Thymian gemischte Bratenfett mit Brot von dem flachen, breiten Kupferteller gewischt und sich auch den letzten Bissen in den Mund gesteckt hatte, war die Sonne bereits untergegangen, und das rote Tuch der Abenddämmerung hatte sich über die Melekgirmez-Straße gelegt, die um diese Stunde zwar noch immer belebt, aber mittlerweile nicht mehr ganz geheuer war.

Der Küchenmeister ging auf direktem Weg zurück zu seinem Zimmer. Er schob den Riegel vor und streckte sich auf seinem Bett aus, ohne seine Kleider abzulegen. Er schlief nicht und hatte auch nicht die Absicht zu schlafen. Er lauschte den Geräuschen, die von der Straße und den unteren Stockwerken zu ihm heraufdrangen. Alles war, wie es sein sollte. Mit Einbruch der Dunkelheit machten sich die Nachtschwärmer bemerkbar: hier der Ruf eines frühzeitig betrunkenen Zechers, dort das Klappern von Kastagnetten, die in einer fernen Schenke eine Laute begleiteten, dazu heiteres Gelächter, das einem das Herz höher schlagen ließ, und bald bedächtig, bald eilig gesetzte Schritte ...

Da hörte er plötzlich Schritte, die nicht in diese Straße passten. Sie waren hart und entschlossen. Als sie näher kamen, verstummten die anderen Geräusche der Straße, Menschen flohen oder zogen sich zurück. Der Küchenmeister holte tief Luft, öffnete aber nicht die Augen. Die Schritte waren unter seinem Fenster angekommen. Eine tiefe Stimme stellte der alten Vermieterin, die wie immer vor der Tür auf einem Hocker saß, ein paar leise Fragen. Der Küchenmeister hörte seinen Namen heraus. Kurz nachdem die Vermieterin mit zitternder Stimme geantwortet hatte, knarrten die hölzernen Stufen im Treppenhaus. Schritte näherten sich seiner Tür, dann wurde es für eine Weile still, bevor ein derber Tritt den Riegel aus seiner Verankerung riss.

Der Küchenmeister setzte sich mit einer raschen Bewegung in seinem Bett auf, als wolle er davonlaufen oder sich den Eindringlingen zur Wehr setzen. In der Tür standen zwei Leibgardisten, und direkt dahinter der Kommandeur höchstpersönlich. Die Soldaten packten den Küchenmeister blitzschnell an den Armen. Während er auf die Füße gerissen wurde, unternahm der Küchenmeister einen zaghaften Versuch, Widerstand zu leisten. Die Antwort ließ nicht lange auf sich warten. Eine schallende Ohrfeige des Kommandeurs – und sein Blick verlor sich in der blendenden Helligkeit eines gleißenden Blitzes. Unmittelbar darauf versank alles in tiefe Schwärze. Der Kommandeur hatte ihm einen Sack über den Kopf gezogen.

Er wurde nach unten geschleppt, seine Füße schleiften über den Boden, dann warfen sie ihn in einen Pferdewagen, der am Ende der Straße gewartet hatte. Während einer der Soldaten ihm den Fuß in den Rücken stemmte und seine Hände fesselte, setzte sich der Wagen bereits in Bewegung. An den Hufschlägen erkannte er, dass es ein Vierspänner sein musste. Und da der Kutscher andauernd »Platz da!« schrie, hatten sie es offensichtlich eilig. Der Küchenmeister fragte sich nicht, wohin sie fuhren. Solange nichts Unerwartetes dazwischengekommen war, befanden sie sich auf dem direkten Weg ins Serail.

Nachdem der Wagen eine Weile am Fuße der Stadtmauer entlanggefahren war, bog er nach rechts ab, zur Hagia Sophia. Das Hufgetrappel auf dieser Straße, die genau zum Tor des Sultans hinaufführte und mit großen Steinen gepflastert war, konnte jeder, der in der Hauptstadt aufgewachsen war, leicht erkennen. Allerdings nahm der Küchenmeister nicht an, dass sie durch das Haupttor ins Serail fahren würden. Und wirklich: Als sie kurz vor der Hagia Sophia sein mussten, bog der Wagen nach links in eine Seitenstraße ab. Die Gassen hier mochten verwinkelt sein, aber der Küchenmeister behielt einen klaren Kopf. Er wusste, dass sie zu einem der kleinen Tore in der Palastmauer fuhren, von denen es Dutzende gab und die meist kaum ins Auge fielen. Als er meinte, sie müssten gerade auf Höhe des Paradepavillons sein, wurde der Wagen langsamer und hielt an. Er hörte, wie der Kommandeur der Leibgarde vom Kutschbock sprang. Dann wurde dreimal hart mit der Faust gegen ein eisernes Tor geklopft. »Wer da?«, fragte eine dumpfe Stimme von der anderen Seite.

»Verdammt, mach auf!«, erwiderte der Kommandeur, woraufhin Ketten rasselten und das Tor sich quietschend öffnete.

Nun rollte der Wagen über einen Kiesweg. Die Nacht war so still, dass man nicht nur die auf den Boden schlagenden Hufe hören konnte, sondern auch das Geräusch der aufgewirbelten Steinchen.

Nachdem sie noch ein gutes Stück gefahren waren, zog der Kutscher die Zügel an, und kaum waren sie stehen geblieben, wurde der Küchenmeister auch schon von starken Händen am Kragen gepackt. Der Sack über seinem Kopf ließ nicht einen einzigen Lichtstrahl hindurch, aber der Küchenmeister konnte dennoch die Gerüche wahrnehmen, die ihn umgaben: Erde und frische Blätter. Da es in letzter Zeit nicht geregnet hatte, mussten beide Seiten des Weges, über den sie liefen, frisch umgegraben oder gegossen worden sein. Sie befanden sich also in einem gepflegten Garten – dem Garten des Sultans. Der Kiesweg unter ihren Füßen verwandelte sich unversehens in Steinboden. Nachdem sie einen Durchgang passiert hatten und ein knappes Dutzend Treppenstufen hinaufgestiegen waren, wandten sie sich nach links und traten über die Schwelle einer offenen Tür. Die Leibgardisten stießen den Küchenmeister zu Boden. In dem Raum war es eiskalt. Er hörte, wie sich von links die Schritte einer Person näherten. Sie trug keine schweren Stiefel wie die Leibgardisten, sondern Halbschuhe nach Art des Serails. Danach war von rechts, wahrscheinlich aus einem Nebenraum oder von der anderen Seite eines Vorhangs, die schroffe Stimme einer Frau zu hören: »Zieht euch zurück! Und schließt die Tür!«

Die Leibgardisten verließen den Raum, und die Tür fiel ins Schloss. Stille legte sich über den Raum, doch dann hörte der Küchenmeister wieder die Frauenstimme, die gerade noch die Leibgardisten hinausbeordert hatte – diesmal aus unmittelbarer Nähe. »Wer bist du?«

Der Küchenmeister erschrak. Vor einer Person, die trotz ihres nicht zu überhörenden Zorns so lautlos zu gehen verstand, dass es selbst scharfen Ohren wie seinen entging, musste er sich in Acht nehmen. Er antwortete ruhig: »Nehmt mir den Sack vom Kopf.«

Der Küchenmeister konnte die Frau mit den Zähnen knirschen hören. »Neyyir Agha!«, zischte sie. Als der Gerufene mit Riesenschritten näher kam, wusste der Küchenmeister, was ihm blühte. Eine gewaltige Ohrfeige warf ihn zu Boden. Durch das Sausen in seinen Ohren hörte er ein undeutliches: »Stell ihn wieder auf die Füße.«

Während der Agha ihn hochriss, fuhr die Frau fort: »Glaubst du etwa, du dürftest mich ansehen, du elender Wurm? Weißt du überhaupt, wo du bist und mit wem du es hier zu tun hast?«

»Ja, das weiß ich«, antwortete der Küchenmeister seelenruhig. »Wir sind im Fayencen-Pavillon. Und Ihr seid die Favoritin des Sultans.«

Die Favoritin packte den Küchenmeister durch den Sack hindurch grob an den Haaren und fragte streng: »Wer bist du? Wer hat dich geschickt? Worauf hast du es abgesehen? Trachtest du nur dem Sultan nach dem Leben, oder willst du die ganze osmanische Dynastie auslöschen? Sprich! Sprich, sonst bringe ich dich zum Sprechen, indem ich dir mit meinen Nägeln die Haut zerkratze!«

»Nehmt mir den Sack vom Kopf«, sagte der Küchenmeister noch einmal. »Dann seht Ihr, wer ich bin!«

Die Favoritin zog ihm den Sack so ruckartig vom Kopf, dass ein Büschel seiner Haare in ihrer Hand zurückblieb. Der Schmerz und die plötzliche Helligkeit ließen dem Küchenmeister die Augen tränen. Der Raum wurde zwar nur von zwei großen Öllampen beleuchtet, aber das matte Licht wurde von den blau-grünen Kacheln an den Wänden tausendfach zurückgeworfen.

Nachdem sich seine Augen an das Licht gewöhnt hatten, blickte der Küchenmeister nach links. Dort stand Mahir, die Hände vor dem Körper gefaltet, den Kopf gesenkt. Der Küchenmeister war nicht sicher, ob aus Angst oder aus Scham. Neyyir Agha dagegen starrte ihn hasserfüllt an und wartete mit geballten Fäusten auf den nächsten Befehl seiner Herrin.

Der Küchenmeister hob den Kopf und schaute die Favoritin an. Die Brauen über ihren großen schwarzen Augen waren gerunzelt und ihr schönes Gesicht wutverzerrt. Je stärker sie ihre schmalen, wohlgeformten Lippen aufeinanderpresste, desto heftiger bebte ihr rundes Kinn. Es wunderte ihn nicht, dass sie älter aussah, als sie war. Im Harem hieß es früh erwachsen werden.

Der Küchenmeister nahm seinen Mut zusammen und schaute ihr direkt in die Augen. Das verunsicherte sie, und der Ärger in ihrem Gesicht wich ungläubigem Staunen. Denn der Blick des Küchenmeisters war nicht einfach nur ein Blick; er war eine Botschaft in einer fremden, geheimen Sprache, deren Bedeutung die wenigsten Menschen auf dieser Welt verstanden. Wie jede Frau, die als Konkubine in den Harem gekommen war und, so hoch sie auch aufsteigen mochte, stets eine Konkubine bleiben würde, bis ihr Sohn den Thron bestiege und sie zur Sultansmutter würde, war auch die Favoritin wohlvertraut mit dieser Art von Blicken. Und sie wusste, dass allein ein Mitglied der Herrscherfamilie mit so vornehmer Verachtung in die Augen einer Konkubine schauen konnte.

»Die Bücher, die Mahir Euch hat zukommen lassen, habt Ihr sicher gelesen«, sagte der Küchenmeister, ehe die Favoritin sich wieder gesammelt hatte.

»Das habe ich«, entgegnete sie. In ihrem Gesicht war keine Spur mehr von Zorn, doch ihre Stimme klang immer noch hart. »Du hast deine Künste gut beschrieben. Mit welchem Essen du den Schatzmeister gelähmt hast, wie du den Waffenmeister hast umbringen lassen ... Du bist ein Zauberer. Aber du bist auch ein Mörder. Weißt du, welches Urteil dich erwartet? O nein, du wirst nicht einfach nur geköpft. Sie werden dich pfählen. Du wirst einen langsamen Tod sterben!«

Ohne ihren Drohungen Gehör zu schenken, sprach der Küchenmeister unbekümmert weiter: »Wenn Ihr gut aufgepasst habt, werdet Ihr gesehen haben, dass in einem der Bücher drei Seiten fehlen.«

Das brachte die Favoritin aus dem Konzept, und ihr scharfer Verstand sagte ihr, dass die Unterhaltung einen unerwarteten, gefährlichen Verlauf zu nehmen begann. »Habt Ihr das bemerkt?«, hakte der Küchenmeister nach.

Die Favoritin nickte kaum merklich mit dem Kopf. »Ich muss mit Euch über gewisse Dinge sprechen«, sagte der Küchenmeister mit gedämpfter Stimme. Danach wies er mit einem Blick auf Mahir und Neyyir Agha, die abseits warteten. »Doch sollten die beiden nicht unbedingt mithören. Glaubt mir, es ist auch in Eurem Interesse, dass unsere Unterredung geheim bleibt.«

Nachdem die Favoritin den Küchenmeister mit einem prüfenden Blick gemustert hatte, wandte sie sich an Neyyir Agha: »Zieht euch zurück!«

Mahir war heilfroh, endlich den Raum verlassen zu dürfen. Ohne auf den Agha zu warten, eilte er gesenkten Hauptes hinaus. Neyyir Agha dagegen ließ es sich nicht nehmen, dem Küchenmeister noch einen grollenden Blick zuzuwerfen, ehe auch er verschwand.

Nachdem ihre Schritte verklungen waren, stand der Küchenmeister langsam auf. Seine Augen waren noch immer auf die Augen der Favoritin gerichtet. »In dem Buch stand geschrieben, was ich getan habe, und hier ...« – er nestelte die fehlenden drei Seiten mit seinen gefesselten Händen hinter seinem Gürtel hervor und reichte sie der Favoritin – »... was ich noch tun könnte.«

Sie faltete die Blätter auseinander und las. Auf der ersten Seite befand sich ein Rezept, und darüber stand mit roter Tinte geschrieben: *Gelee des Lebens.*

»Damit kann ich dafür sorgen, dass der Schatzmeister wieder kerngesund wird«, erklärte er. »Er wäre sowohl körperlich als auch geistig so leistungsfähig wie zuvor, und die Schatzkammer wieder in guten Händen ...«

Ohne etwas zu sagen, las die Favoritin das zweite Blatt. Darauf stand: *Safranreis der Genügsamkeit.*

Der Küchenmeister fuhr fort: »Die Janitscharen, die davon essen, werden keine Revolte anzetteln, sie werden nicht einmal dann etwas sagen, wenn sie Kieselsteine in ihren Geldbeuteln vorfinden. Und die Wirkung hält lange an.«

Die Favoritin sagte auch diesmal nichts. Doch als sie sich das letzte Blatt vornahm, begannen ihre Augen zu funkeln. Sie warf dem Küchenmeister einen verstohlenen Blick zu.

»Ihr habt richtig gelesen«, sagte er. »*Sirup der Macht!* Ein einziger Schluck würde Euch zur mächtigsten Frau aller Zeiten in der Osmanischen Dynastie machen. Selbst die Sultansmutter könnte Euch nicht mehr das Wasser reichen. Ihr würdet über absolute Macht verfügen und herrschen, solange Ihr lebt!«

Die Favoritin faltete die Blätter zusammen, wobei sie den Küchenmeister unverwandt ansah, und steckte sie zurück hinter seinen Gürtel. »Und als Gegenleistung für all das soll ich dir also dein Spatzenleben schenken?«, fragte sie.

Er lächelte sanft. »Mein Leben werdet Ihr mir ohnehin schenken. Das ist nicht Gegenstand unserer Verhandlungen.«

Die Favoritin sah nachdenklich aus. »Was willst du dann?«

»Ich gebe Euch drei Dinge«, erwiderte der Küchenmeister, ohne zu zögern. »Im Gegenzug verlange ich ebenfalls drei Dinge.«

Sie bedeutete ihm mit einer Handbewegung weiterzusprechen.

»Erstens«, sagte er, »werdet Ihr mich vergessen. Ihr werdet mich nicht suchen, nicht nach mir fragen, ja nicht einmal an mich denken. Wo ich auch bin, werdet Ihr mich und meine Umgebung in Frieden lassen. Zweitens werdet Ihr sämtliche Kinder im Serail unter Euren persönlichen Schutz stellen. Solange Ihr lebt, wird weder aus Staatsräson noch aus privaten Interessen das Blut auch nur eines einzigen Kindes vergossen werden!«

Die Favoritin schaute ihn verständnislos an. Sie wollte ihn nach dem Grund dafür fragen, verzichtete dann aber darauf.

»Drittens«, fuhr der Küchenmeister fort, wurde jedoch von einer so starken inneren Erregung ergriffen, dass er kaum weitersprechen konnte. Er hielt kurz inne und schluckte. Dann sagte er: »Ihr habt eine Konkubine im Harem ... Sie ... Ihr werdet sie freilassen ...«

Die Favoritin betrachtete den Küchenmeister, dann begann sie zu lachen. »Jetzt verstehe ich«, sagte sie endlich. »Das alles war also wegen einer Konkubine. Alles nur aus Liebe.«

In ihrem Blick lag eine Mischung aus Unglauben und aufrichtiger Bewunderung. »Wer ist es?«, fragte sie. »Wie heißt sie?«

Nach kurzem Zögern flüsterte der Küchenmeister: »Kamer.«

Die Favoritin musste eine Weile überlegen, doch dann sah sie ihn erstaunt an. »Kamer?«, fragte sie lachend. »Du liebst wahrlich das Unheil!« Dann sprach sie wie zu sich selbst: »Wozu die

Liebe doch fähig ist! Ihretwegen sollte die Herrschaft des Sultans enden. Fast wäre der Staat an ihr zugrunde gegangen. Wie recht die Dichter haben, wenn sie sagen, das Feuer der Liebe könne die ganze Welt verbrennen ...«

Sie schob ihre Hand langsam unter ihren Kaftan und zog einen kleinen, mit Edelsteinen besetzten Dolch heraus. »Aber auch ich wäre dazu in der Lage«, sagte sie, während sie mit langsamen Schritten hinter den Küchenmeister trat. »Ich weiß nicht, ob dir klar ist, dass ich genauso in Liebe entbrannt bin wie du! Sollte jemand sich an meinem Herrscher vergreifen, würde ich zur Flamme! Sollte jemand meinem Sohn ein Haar krümmen, würde ich zur Flut! Jetzt geh. Bring den Schatzmeister wieder auf die Beine, besänftige die Janitscharen und bereite mir diesen Sirup zu. Wenn du es jedoch wagst, mich zu hintergehen, oder keinen Erfolg hast, dann schwöre ich dir, dass ich diesem Mädchen vor deinen Augen das Herz herausreißen und dir vor die Füße werfen werde. Dich aber lasse ich am Leben! Jetzt geh!«

Der Küchenmeister spürte kalten Stahl an seinen Handgelenken. Die Favoritin durchtrennte mit einem Schnitt seine Fesseln und verließ den Raum so lautlos, wie sie gekommen war.

*

Drei Tage später gegen Morgen schaute der Küchenmeister in der Konkubinenküche mit leicht besorgtem Blick auf das Dutzend großer Kessel auf den Feuerstellen, auf die Säcke mit Reis, die Schläuche mit Butterschmalz und die Krüge mit Honig.

»Wirst du das schaffen?«, fragte Meister İsfendiyar.

»Ehrlich gesagt, Meister«, erwiderte der Küchenmeister, »habe ich noch nie so große Mengen gekocht, aber es wird mir schon gelingen.«

Meister Bekir schlug ihm aufmunternd auf die Schulter.

»Weshalb denn auch nicht, mein Junge? Ob ein Kessel Safranreis oder zehn Kessel Safranreis, ist das nicht ein und dasselbe?«

»Das weiß man nicht, solange man es nicht gemacht hat«, sagte der Küchenmeister und drehte sich zu den Gesellen hinter ihm um: »Los geht's!«

Auf sein Zeichen hin luden sich die erfahreneren Gesellen die Reissäcke auf und trugen sie zu den großen Wasserschläuchen, die an der Wand hingen. Bevor der Reis gekocht wurde, musste er gut gewaschen werden. Die jüngeren Burschen traten mit Gluteimern, Kohlesäcken und Blasebalgen vor die Herdfeuer und warteten auf den Befehl zum Anfeuern.

Der Küchenmeister machte sich daran, Safran in zwölf große, mit kaltem Wasser gefüllte Schüsseln zu werfen. Damit sich der Safran ganz auflöste, stampfte er ihn im Wasser, und gleichzeitig flüsterte er die Namen der Geschmäcke, die den gewöhnlichen süßen Safranreis zum *Safranreis der Genügsamkeit* machen sollten. Gleich würde er in den Kesseln den aufgelösten Safran mit Honig kochen und dann den von den Gesellen gewaschenen und gekochten Reis hinzugeben. Zuletzt würde er ebenfalls in Wasser aufgelöste Weizenstärke hinzufügen und den Safranreis kochen lassen, bis er die richtige Konsistenz angenommen hätte. Bei nur einem einzigen Kessel wäre das alles kein Problem gewesen, aber der Küchenmeister musste denselben Vorgang zwölfmal der Reihe nach fehlerfrei wiederholen, immer wieder die richtigen Namen zur richtigen Zeit und in der richtigen Lautstärke flüstern. Er hielt die Augen leicht geschlossen und richtete seine ganze Aufmerksamkeit auf die Namen in seinem Geist und den zwischen seinen Fingern zerbröselnden Safran. Er war jetzt schon müde. Seit er von der Unterredung mit der Favoritin zurückgekehrt war, hatte er fast die ganze Zeit in der Konkubinenküche verbracht. Zuerst war er zu Meister İsfendiyar gegangen, den er gemeinsam mit Meister Bekir bedrückt in der Konkubinenküche sitzend angetroffen hatte. Als der Oberküchenmeister ihn erblickt hatte, hatten sich seine Augen mit Tränen gefüllt, er hatte ihn umarmt und ausgerufen: »Gott sei Dank!« Danach hatte er sich nach dem blauen Fleck erkundigt, der fast die gesamte linke Gesichtshälfte des Küchenmeisters bedeckte. Als er erfuhr, dass dieser auf Neyyir Aghas Konto ging, hatte er lächelnd gesagt: »Da bist du ja noch einmal glimpflich davongekommen.«

Der Küchenmeister hatte dann, ohne Zeit zu verlieren, die Speise für Schatzmeister Halil Pascha zubereitet. Er hatte bis zum Morgen gearbeitet und das *Gelee des Lebens* zum Mittagessen fertig gehabt. Die ersten Nachrichten, die ihn erreichten, waren durchweg positiv gewesen. Halil Pascha hatte noch am selben Abend wieder beide Augen geöffnet. Kaum hatte sich kurz nach Sonnenuntergang auch seine Zunge gelöst, waren ihm die ersten Worte über die Lippen gekommen: »Ist der Sold der Janitscharen schon bereit?« Gerüchten zufolge habe der Pascha, kaum dass er von der Krise unterrichtet worden war, versucht, aus dem Bett aufzustehen, aber nach der langen Bettlägerigkeit sei er zum Laufen zu schwach gewesen und habe seinen Kopf unter Tränen wieder auf das Kissen sinken lassen. Manche erzählten sich auch, die Favoritin des Sultans habe ihren Leibarzt in die Wohnung des Schatzmeisters geschickt. Und es wurde gemunkelt, dass der Arzt die frohe Botschaft verkündet habe, der Pascha könne spätestens in einer Woche wieder an die Arbeit gehen und sei dann sogar rüstiger als zuvor.

Nachdem das erledigt war, hatte sich der Küchenmeister zwei volle Tage lang in die Halwaküche zurückgezogen. Er hatte alle, selbst den Oberhalwameister, hinauskomplimentiert, die Tür hinter sich abgeschlossen und aus einzeln ausgesuchten Kornelkirschen den Sirup für die Favoritin destilliert. Jetzt war er so gut wie fertig, nur ein einziges Flüstern fehlte noch.

Die schwierigste Aufgabe erwartete ihn zum Schluss: der *Safranreis der Genügsamkeit* für die Janitscharen.

Der Tradition des Serails gemäß wurde den Soldaten im Dienste des Sultans, die am Soldtag in den Palast kamen, Pilaw und süßer Safranreis vorgesetzt. Dies war jedoch kein gewöhnliches Mahl, sondern diente dazu, die Pracht des Herrschers und seines Staates zu demonstrieren. Wichtige ausländische Gäste und Gesandte, die sich in der Hauptstadt befanden, wurden ins Serail eingeladen, auf dass ihre Herzen angesichts der Schlachtrufe der Janitscharen, die wegen des Zahltages ganz außer sich waren, vor Angst und Bewunderung erbebten. Bis alle mit klingender Münze gefüllten Beutel vor den Saal unter der Kuppel geschafft worden waren, verspeiste jeder Soldat genüsslich den Pilaw und den Safranreis, die als Geschenke des Sultans galten. Wenn aber Unzufriedenheit unter ihnen herrschte – dann rührte nicht ein Einziger den ihm vorgesetzten Teller an. Das war die Ruhe vor dem Sturm. Verweigerten die Soldaten das Essen, wusste jeder, dass eine Revolte bevorstand. Meist brach dann schon wenige Minuten später, wenn der Großwesir und die Mitglieder des Diwans aus dem Saal unter der Kuppel kamen und vor die Soldaten traten, die Hölle los – spätestens aber am darauffolgenden Tag.

Um einer solchen Gefahr vorzubeugen, war der Küchenmeister nun an die Kessel getreten. Die Last auf seinen Schultern wog schwer, hatte er doch selbst die ersten Funken zu einer möglichen Revolte geschlagen.

Die zwölf Kessel waren von den Feuerstellen genommen worden, und die ganze Konkubinenküche stand voller Teller. Tausende von Tellern wurden auf Tabletts gestellt, die Tabletts wiederum wurden, eines vom anderen durch jeweils zwei dicke Holzleisten getrennt, zu je zehn Stück aufeinander gestapelt.

Der Küchenmeister schaute mit zweifelndem Blick auf die dampfenden Teller. »Hoffentlich ist er gut geworden«, murmelte er zu sich selbst. Er war überaus aufmerksam vorgegangen. Immer wieder hatte er jeden einzelnen Schritt überprüft, und obwohl er nichts zu beanstanden gehabt hatte, ließ ihn allein die Möglichkeit eines Fehlers verzweifeln.

Meister Bekir versuchte zu scherzen. »Meister, kostet doch einmal, um zu sehen, ob es wirkt«, sagte er lachend an Meister İsfendiyar gewandt.

»Ich bin ohnehin ein genügsamer Mann«, entgegnete Meister İsfendiyar pikiert. »Bei mir würde man nichts bemerken.« Er dachte kurz nach, dann wandte er sich an einen der erschöpften Gesellen, die im Hintergrund warteten. »Ruf mir Meister Sıtkı her.«

Während der Geselle aus der Küche rannte, sagte Meister Bekir bewundernd: »Natürlich! Wenn es bei ihm wirkt, dann wirkt es bei jedem.«

Einige Minuten später kam Meister Sıtkı in die Küche, der Koch des Diwans, allseits bekannt für seine Unfreundlichkeit, seine Bosheit und seinen Geiz. Heute war er besonders gereizt, da er seit Mitternacht den Pilaw für die Soldzeremonie hatte kochen müssen. »Was wollt Ihr, Meister?«, fragte er, kaum dass er eingetreten war.

»Ist der Pilaw fertig?«, fragte Meister İsfendiyar.

»So gut wie«, schnaubte Meister Sıtkı.

»Und ist er gut geworden?«

Meister Sıtkı schien kurz davor zu explodieren. »Pilaw eben. Und was spielt es für eine Rolle, ob er gut geworden ist? Die Soldaten werden ohnehin keinen Löffel davon essen. Die reinste Verschwendung!«

Meister İsfendiyar nickte bedächtig, dann zeigte er auf einen der Teller mit Safranreis, die auf dem Arbeitstisch standen. »Kostet davon.«

»Von dem Safranreis?«, wunderte sich Meister Sıtkı.

»Wovon denn bitte sonst?«, höhnte Meister İsfendiyar. »Seht Ihr hier etwa noch etwas anderes, von dem man kosten könnte?«

Meister Sıtkı konnte sich diesen grundlosen Rüffel nicht erklären, und sein rechtes Auge begann vor Wut zu zucken. Er riss einen der Löffel aus dem Behälter an der Wand und stieß ihn in den Safranreis. Nachdem er sich den ersten Bissen in den Mund gesteckt hatte, wollte er den Löffel gleich wieder fortschleudern, doch da blieb seine Hand plötzlich in der Luft schweben. Seine Augen wurden ganz klein und rund. Langsam, wie ein Schlafwandler, nahm er den Teller in die Hand und aß ihn komplett leer.

Nach dem letzten Bissen leckte er sich die Lippen und sagte bewundernd: »Meinen allergrößten Respekt. Er ist leicht, schmackhaft, Öl und Zucker sind ausgewogen, er hat genau die richtige Konsistenz, es ist nicht zu viel Stärke darin, der Safran ist vom Feinsten ...«

»Schon gut, schon gut«, unterbrach Meister İsfendiyar den nicht enden wollenden Lobgesang. Dann streckte er Meister Sıtkı seine offene Handfläche entgegen und sagte: »Dann gebt mir jetzt einen Asper.«

Meister Sıtkı wunderte sich wieder, aber er lächelte. »Warum denn das?«, fragte er.

»Nun ja, der Safranreis will natürlich bezahlt sein«, sagte Meister İsfendiyar.

Meister Sıtkı hielt das für völlig absurd, aber aus einem unerklärlichen Grund konnte er nicht widersprechen. Mit einem dümmlichen Lächeln auf den Lippen zog er einen Asper aus seinem Gürtel hervor und drückte ihn dem Meister in die Hand.

»Also dann, gehabt Euch wohl«, sagte Meister İsfendiyar. »Schön, dass es Euch so gut geschmeckt hat.«

Sich die Lippen leckend machte sich Meister Sıtkı auf den Weg zurück in seine Küche. Beim Hinausgehen ließ er es sich nicht nehmen, noch einmal zu wiederholen: »Wirklich fabelhaft gekocht!«

Meister Bekir und seine Gesellen mussten sich die Hände vor

den Mund halten, damit ihr Gelächter nicht in der ganzen Küche widerhallte. Meister İsfendiyar drückte dem Küchenmeister den Asper in die Hand und sagte: »Das wäre erledigt. Also dann, hoffen wir das Beste.«

In der Konkubinenküche hatte sich die Stimmung deutlich gebessert, es wurde immer wieder gelacht, bis von den Minaretten der Hagia Sophia der Ruf zum Morgengebet erklang.

Da legte sich Schweigen über die Küche. Denn der Gebetsruf kündete davon, dass die Zeremonie nun unmittelbar bevorstand. Die Mitglieder des Diwans und die Janitscharen würden nach dem Morgengebet ins Serail kommen.

»Ladet euch die Tabletts auf«, sagte Meister İsfendiyar, an die Gesellen gewandt. »Sobald ich das Zeichen gebe, eilt ihr los.«

Die Gesellen traten jeweils zu zweit auf die Tabletts zu. Einer würde tragen, der andere die Teller austeilen. Der Küchenmeister, Meister İsfendiyar und Meister Bekir verließen derweil die Küche und gingen gemeinsam zum Schlafsaal der Verzinner am Ende des Küchenwegs. Sie stiegen ins oberste Stockwerk hinauf. Die Fenster des langgezogenen Raums gingen direkt auf den Zweiten Hof hinaus, wo die Zeremonie abgehalten würde.

Sie zogen den schweren Vorhang vor einem der vergitterten Fenster ein wenig zur Seite und schauten hinaus. Noch war der Hof menschenleer. Nur ein leichter Frühlingswind strich über Blätter und Grashalme. Schweigend warteten sie.

Nach einer halben Stunde, die quälend langsam vergangen war, erklangen vom Tor der Begrüßung her marschierende Schritte. Zuerst erschienen zwei Janitscharenkompanien im Hof. An ihren Filzkopfbedeckungen waren lange, schneeweiße, fächerförmige Federbüsche befestigt. Anschließend tauchte die imposante Silhouette des Janitscharen-Aghas im Torrahmen auf. Hinter ihm marschierten die zwölf Bataillonskommandeure. Nachdem sich alle an ihre Plätze begeben hatten, strömten nach und nach die einfachen Soldaten herein.

Innerhalb kurzer Zeit war der Hof vollständig gefüllt. Die Janitscharen mit ihren roten Gewändern und weißen Filzkopfbedeckungen standen reglos da, und es herrschte eine Stille, die angesichts der vieltausendköpfigen Menschenmenge Furcht einflößend wirkte.

Durchbrochen wurde die Stille vom Obersten Torwächter des Tores der Glückseligkeit, der laut »Achtung!« schrie. Dieser Ruf bedeutete, dass gleich der Großwesir und die Mitglieder des Diwans durch das Tor schreiten würden. Und da erschien der Großwesir auch schon, gefolgt von den anderen staatlichen Würdenträgern. Es wunderte den Küchenmeister, dass der Großwesir so selbstbewusst erhobenen Hauptes einherschritt. Er schaute zu den anderen. Sogar der Schatzmeister, der hinter den Kuppelwesiren ging, wirkte würdevoll. Der Küchenmeister schrieb dies ihrer höfischen Erziehung zu. Sie waren eben Männer, die nicht einmal angesichts des Henkers Angst gezeigt hätten.

Kaum hatte der Großwesir den Gruß der Janitscharen entgegengenommen und war gemeinsam mit den Bataillonskommandeuren im Saal unter der Kuppel verschwunden, da gab Meister İsfendiyar Meister Bekir ein Zeichen: »Los!«

Meister Bekir eilte die Treppen hinunter. Kurze Zeit darauf traten die Gesellen, die Tabletts in Händen, aus den drei Türen der Palastküchen in den Hof und mischten sich unter die Janitscharen.

Der Küchenmeister beobachtete mit einem Auge, wie der Pilaw und der Safranreis verteilt wurden, und mit dem anderen Auge schaute er zum Saal unter der Kuppel. Er war angespannt. Der Tradition folgend sollte, während die Soldaten im Hof ihre Mahlzeit aßen, drinnen eine Audienz abgehalten werden, bei der der Janitscharen-Agha und die Bataillonskommandeure den Rock des Großwesirs küssten, dann sollte mit der Erlaubnis des Großwesirs damit begonnen werden, den Sold der Janitscharen aus der Schatzkammer in den Hof zu tragen, wonach der Oberadjutant die Soldaten ihr Gelöbnis sprechen ließe, bevor man endlich mit der Verteilung des Soldes anfangen konnte. Aber natürlich würde heute nichts so sein, wie es in den Statuten geschrieben stand, und der Küchenmeister fürchtete eine vorzeitige Revolte, einen Aufstand also, der sich Bahn bräche, bevor die Janitscharen die Gelegenheit hätten, ihren Safranreis zu essen.

Seine Befürchtung erwies sich jedoch als unbegründet. Die Gesellen hatten inzwischen sämtliche Teller ausgeteilt und sich in derselben Reihenfolge, in der sie gekommen waren, in die Küche zurückgezogen. Die Todesstille im Zweiten Hof hielt an. Nichts rührte sich. Nichts und niemand, die Janitscharen eingeschlossen.

In diesem Augenblick erkannte der Küchenmeister, dass er ein winziges Detail übersehen hatte. Ihm war ein fataler Fehler unterlaufen.

Meister Bekir hatte wohl die gleiche Erkenntnis gehabt, denn er stöhnte: »Sie essen nicht.« Dann fügte er hinzu: »Und sie werden auch nicht essen.«

Was der Küchenmeister nicht berücksichtigt hatte, waren die Traditionen des Janitscharenregiments. Er hatte die Loyalität der Soldaten untereinander und ihren Gehorsam gegenüber ihren Offizieren völlig unterschätzt. Wenn im Regiment die Entscheidung gefällt worden war, das Essen werde nicht angerührt, dann konnte keine Macht der Welt die Soldaten dazu bewegen, auch nur einen Löffel von dem Safranreis zu probieren. Darüber hinaus wurde er allmählich kalt, sodass auch sein Dampf niemanden mehr betören konnte.

Meister İsfendiyar packte den Küchenmeister am Ärmel und flüsterte: »Lauf davon! Lauf, so schnell du kannst. In der Hauptstadt wird einige Tage lang Chaos herrschen. Niemand wird auf deine Fährte kommen. Bring dich in Sicherheit!«

Der Küchenmeister antwortete nicht. Er hörte den Meister nicht, denn in seinem Kopf schrie eine anklagende Stimme: »Du hast Kamer getötet! Anstatt sie zu retten, hast du sie umgebracht!«

Gleich würde der Großwesir herauskommen, um die aufgebrachten Soldaten, die das Geschenk des Sultans zurückgewiesen hatten, nach ihrem Begehr zu fragen. Dann würde die Hölle losbrechen. Die Janitscharen würden nach einem Kopf verlangen. Was danach geschähe, konnte niemand wissen. Doch der Küchenmeister wusste, dass die Favoritin Wort halten würde. Sie würde Kamer das Herz herausreißen, es ihm vor die Füße werfen und ihn selbst am Leben lassen.

In diesem Moment sah er, wie sich die Tür des Saals unter der Kuppel öffnete. Jetzt kamen sie heraus. Er schloss seine Augen und ergab sich in sein Schicksal.

Da brüllte eine Stimme im Zweiten Hof: »Janitscharen! Euer Sold wird voll ausbezahlt. Guten Appetit!«

Der Küchenmeister schlug die Augen auf. Es war der Janitscharen-Agha, der da gesprochen hatte. Er musterte seine Soldaten im Hof. Ein Kommandeur trat beherzt vor. »Mein Agha!«, rief er. »Es geht nicht darum, ob der Sold vollständig ausbezahlt wird oder nicht. Es geht um den Zustand des Staates. Allzu lange schon …«

»Janitscharen!«, unterbrach der Janitscharen-Agha ungerührt die Ausführungen des Kommandeurs. »Euer Sold wird vollständig ausbezahlt. Und der Staat erlebt mal gute, mal schlechte Zeiten. Unsere Aufgabe als Soldaten ist es, auch in schlechten Zeiten zu ihm zu stehen. Das ist kein Grund zum Ungehorsam!«

Der Agha ließ den Blick über seine Soldaten wandern und brüllte noch einmal: »Guten Appetit!«

Da antwortete der Zweite Hof wie aus einem Mund: »Mit Gottes Segen!«

Die Loyalität der Soldaten zu ihrem Regiment und ihren

Offizieren hatte gesiegt. Die Janitscharen zogen ihre Löffel aus den Brusttaschen und begannen, den Safranreis und den Pilaw zu essen. Dem Küchenmeister versagten seine Beine den Dienst. Er brach zusammen, wo er gerade noch gestanden hatte. Meister İsfendiyar hielt noch immer seinen Ärmel.

Lange saß der Küchenmeister unter jenem Fenster. Er hörte die Bittgebete, die die Janitscharen, nachdem sie aufgegessen hatten, wie aus einem Munde für den Staat, dessen Würdenträger, den Sultan und die Favoritin des Sultans sprachen. Nicht einmal als die Zeremonie sich zerstreut hatte und sich die alltäglichen Geräusche des Serails wieder einstellten, stand er von seinem Platz auf. Er wusste nicht, was geschehen würde. Er vermochte nicht zu erkennen, ob er Erfolg gehabt oder alles verdorben hatte. Er konnte nicht denken. Er konnte nicht darüber nachdenken, dass womöglich etwas schiefgegangen war. Denn er hatte nicht mehr die Kraft, irgendetwas in Ordnung zu bringen.

*

Kurz nach dem Ruf zum Nachmittagsgebet öffnete sich die Tür zum Schlafsaal der Verzinner einen Spaltbreit, und ein großer Schatten wurde gegen die Wand geworfen. »Die Favoritin erwartet dich nach Sonnenuntergang an bekannter Stelle«, sagte Neyyir Agha durch den Türrahmen. Er schaute den Küchenmeister an wie einen widerlichen Käfer.

Der Küchenmeister nickte kaum merklich.

Nachdem der Ruf zum Abendgebet erschollen war, stand er schließlich auf und ging in die Halwaküche. Er wusste nicht, ob die Favoritin den Sirup noch wollte, doch er nahm ihn mit. Dann machte er sich auf den Weg zum Fayencen-Pavillon.

Die Favoritin erwartete ihn genau dort, wo sie sich vor drei Tagen voneinander getrennt hatten. Wieder stand die Tür des

Pavillons offen. Das Licht des gerade aufgegangenen Vollmonds strömte herein, brach sich auf dem Marmor der Terrasse und tauchte den gefliesten Boden in eisblaues Licht.

Die Favoritin stand nur einen oder zwei Schritte von ihm entfernt. Auf ihren Lippen lag ein spöttisches, triumphierendes Lächeln. »Du hast versagt«, sprach sie und trat nahe an den Küchenmeister heran. »Wie soll es jetzt weitergehen?«

Der Küchenmeister schwieg.

»Zugegeben«, fuhr sie fort, »du hast dem Schatzmeister wieder auf die Beine geholfen. Aber was ist mit den Janitscharen? Du hast es nicht geschafft, sie zu besänftigen. Ein Glück, dass ich ein wenig mit dem Agha befreundet bin. Wenn es mich auch teuer zu stehen kam ... Ich hätte es vorgezogen, wenn du das geregelt hättest. Aber es ist dir nicht gelungen!«

Der Küchenmeister wusste nichts zu erwidern. Das Lächeln verschwand aus dem Gesicht der Favoritin. »Ich bin in einer Kunst bewandert, die wirkungsvoller als die deine ist«, sagte sie mit harter Stimme. »Man nennt sie Politik. Ich war nicht auf deinen Safranreis angewiesen, um die Soldaten zu besänftigen. Und glaub mir, für die Macht brauche ich deinen Sirup nicht.«

Sie hielt inne, schaute ihn lange an und fragte abermals: »Sag es mir: Was soll jetzt geschehen?«

Ohne eine Antwort abzuwarten, fuhr sie fort: »Sag mir, was ich mit dir machen soll. Soll ich dich auf den Knien rutschen und betteln lassen? Soll ich dich auf ewig zu meinem Sklaven machen und dir Kamer einmal im Jahr zeigen? Nein, ich habe genügend Menschen um mich, mit denen ich das machen kann. Ich will nicht, dass du einer von ihnen wirst. Weißt du, weshalb? Nicht weil ich dich bräuchte oder weil ich Angst vor deinem Können hätte. Sondern weil ich deine Liebe, deinen Verstand und deine Bemühungen achte. Ob du ein Geschmacksbeherrscher bist, ist mir gleichgültig. Aber deine

Liebe verdient Respekt. Daher werde ich dir Gerechtigkeit widerfahren lassen.«

Sie holte einmal tief Luft und verkündete ihr Urteil: »Du hast mir drei Versprechungen gemacht und dafür drei Wünsche geäußert. Eine Versprechung hast du nicht erfüllt. Also werde ich dir für zwei deiner Dienste zwei Dinge geben. Ist das gerecht?«

Der Küchenmeister nickte.

»Du kannst gehen, wohin auch immer du willst – solange ich lebe, wird dir kein Haar gekrümmt werden. Aber sobald ich dich rufe, wirst du kommen und mir mit deinen Künsten zu Diensten sein. Hast du verstanden?«

»Ich habe verstanden«, antwortete er. Seine Stimme klang schwach.

»Doch meine übrigen zwei Zusagen haben noch immer Gültigkeit«, fuhr die Favoritin fort. »Also tu, was du zu tun hast!«

Der Küchenmeister zog das samtene Tuch weg, mit dem er den Sirup bedeckt hatte, und förderte eine silberne Karaffe zutage. »Er ist noch nicht ganz fertig«, sagte er. »Ein Name fehlt. Ich habe ihn noch nicht geflüstert. Erst werdet Ihr aus meiner Hand trinken. Jeder Eurer Schlucke wird eines Eurer Worte mit einem Schwur besiegeln.«

Die Favoritin näherte ihre Lippen der Karaffe.

Der Küchenmeister sagte ernst: »Wisst Ihr, dass dieser Sirup als ein tödliches Gift durch Eure Adern fließen wird, sobald Ihr, ob heute oder an einem anderen Tag, Euer Wort brecht und nur ein einziges Eurer Versprechen nicht einhaltet?«

»Ich weiß es«, antwortete sie, ohne zu zögern.

»Schwört Ihr«, fragte er, »dass Ihr vom heutigen Tage an alles dagegen tun werdet, dass in diesem Serail Kinder ermordet werden, und dass Ihr kein Kind zum Tode verurteilen werdet, aus welchem Grunde auch immer?«

»Ich schwöre es«, antwortete sie und nahm einen Schluck aus der Karaffe.

Der Küchenmeister ging gleich zum zweiten Schwur über. Wieder musste er gegen das Zittern seiner Stimme ankämpfen. »Schwört Ihr, dass Ihr mir Kamer bis zum Morgengrauen ...« Er stotterte. »D- dass Ihr sie mir geben werdet?«

Die Favoritin lächelte milde. »Ich schwöre es.«

Nach ihrem zweiten Schwur überließ er ihr die Karaffe. In diesem Moment fühlte er, wie sich mit ihm selbst auch die Geschichte und das Schicksal des Osmanischen Reiches sowie der ganzen Welt geändert hatten. Und er irrte sich nicht. Denn diese kluge und ehrgeizige Frau, die wahrlich nicht auf die Künste eines Geschmacksbeherrschers angewiesen war, um an die Macht zu kommen, trank den *Sirup der Macht* in gierigen Schlucken.

Als sie die leere Karaffe von ihren Lippen absetzte, hatten ihre Augen einen seltsamen Ausdruck angenommen. Sie schaute sich um, als hätte nichts auf der Welt noch Bedeutung für sie. »Warte hier ...«, sagte sie zu ihm, und nachdem sie die Karaffe abgestellt hatte, ging sie davon.

Als ihre Schritte und die ihres Gefolges verklungen waren, trat er hinaus auf die Terrasse. Der Vollmond stand schon hoch am Himmel. Der Küchenmeister ging auf dem in weißes Licht getauchten Marmor auf und ab. Es war, als träume er. »Warte hier«, hatte die Favoritin gesagt, und sie hatte einen Schwur getan.

Er spürte einen fürchterlichen Druck auf seinem Brustkorb. Nur mit Mühe bekam er Luft.

Er ging auf die linke Seite der Terrasse und schaute zum Harem hinüber. Kamer würde aus dieser Richtung kommen, aber wann, in welcher Minute, in welchem Augenblick? Das Warten schien ihm unerträglich. Sogar das von hohen Säulen getragene Terrassedach fing an, ihm Unbehagen zu bereiten. Als er es nicht länger aushielt, stieg er die Treppe hinab. Er ging ein knappes Dutzend Schritte durch den Garten in Richtung

Harem und blieb stehen. Deutlich erkannte er die Silhouetten der Gebäude. Der Küchenmeister schaute auf die düsteren Schattenrisse der Mauern, der vergitterten Fenster, der Minarette und der Kuppeln, die weiter hinten inmitten von Dunkelheit und Mondlicht lagen. Sie sahen furchterregend aus. Dabei war er im Palast geboren worden. Laufen und Sprechen hatte er hinter diesen Mauern gelernt. Dass er an diesen Ort, dem er nur mit knapper Not entronnen war, je wieder zurückkehren würde, hätte er sich niemals träumen lassen, aber das Leben war eben ein ausgebuffter Spieler. Nun hatte es ihn nach Jahren, an einem Tag, der ebenso wichtig war wie der Tag seiner Geburt, wieder hierher geführt.

Es war einmal, und es war noch immer ...

Der Küchenmeister erinnerte sich. Er erinnerte sich an den Harem, an seine Eltern, an Zärtlichkeit und Angst, an Meister İsfendiyar – und dann erinnerte er sich an den Tempel der Genüsse, an Meister Âdem, an Sirrah, an Liebe, Verrat, Hass und Treue. Er erinnerte sich an Trennung. An Sehnsucht, an Albträume, an seine Reisen, an den Arzt und den Sterndeuter, die Sterne und die Bücher ...

Weder die Herrin der Aromen würde er je vergessen noch Meister Bayram und Levon.

Auch Mahir, Neyyir Agha, den Kammerjunker, den Waffenmeister – er ruhe in Frieden – sowie Meister Bekir und seine Gesellen würde er niemals vergessen.

Der Küchenmeister war zum Meister der Erinnerung geworden. Aber das einzige Wesen, an das er sich schon immer erinnert hatte und stets erinnern würde, kam ihm nun vom Harem her wie ein Licht in der Dunkelheit entgegen.

Er erstarrte. Er konnte nur noch blinzeln. Es hatte sich nichts geändert. Sie war dort, es war Kamer, und sie kam auf ihn zu. Sie trug einen elfenbeinfarbenen Kaftan. Ihr schwarzes Haar fiel ihr unter weißem Seidenstoff auf die Schultern.

Als sie näher kam, sah er ihr Gesicht. Ihre schwarzen Augen, ihr kräftiges Kinn ... Sie war noch immer wunderschön. Vielleicht war sie ein bisschen älter geworden, vielleicht hatte das Leben ein oder zwei zarte Falten in ihr Gesicht gezeichnet, aber was machte das schon? Sie war Kamer, ohne Vergangenheit und ohne Zukunft, und selbst wenn die Zeit alles in ihrer Macht Stehende täte, würde sie doch für immer Kamer bleiben.

Er sah ihre bebenden Lippen und das Mondlicht, das in ihren feuchten Augen glänzte.

Kamer umarmte ihn. Ohne etwas gesagt, ohne innegehalten, ohne ihn angeschaut zu haben.

Selbst die klare Linie, die das Leben vom Tode trennte, war für den Küchenmeister von nun an bedeutungslos. Ihm war der Geruch von Apfel und Nelken in die Nase gestiegen. Kamers Hände hielten ihn fest, ihre Haare strichen über sein Gesicht, ihre Tränen tropften auf seine Schultern.

Er schloss sie mit letzter Kraft in die Arme und sagte: »Verzeih mir.«

»Aber es gibt doch gar nichts zu verzeihen«, erwiderte sie zwischen Lachen und Weinen. »Ich habe dich nur die ganze Zeit so sehr vermisst.«

Der Küchenmeister wollte etwas sagen. Er überlegte. Tausende von Formulierungen gingen ihm durch den Kopf, aber alle Sätze dieser Welt, ja sogar alle Wörter und mit ihnen alle Bedeutungen und Konzepte wurden verwandelt und übersetzt in den Namen jenes Mädchens, das er endlich in den Armen hielt.

Für ihn gab es nur noch ein Wort auf der ganzen Welt. Ein Wort, das alle anderen Wörter und alle Bedeutungen repräsentierte. Er flüsterte den Namen, der alles erklärte: »Kamer.«

Dann schwieg er.

Er hatte gesagt, was er wusste und was er sagen konnte. Er hatte alles getan, was er zu tun vermochte, nun war er am Ende angekommen. Er wartete.

Da hörte er ein Flüstern. Es war kein gewöhnlicher Klang, es war der, nach dem er sich seit Jahren gesehnt, den er so sehr vermisst hatte. Er erinnerte ihn an das Dasein, das Leben, das Atemholen und das Klopfen seines Herzens. Er sprach von einer Vergangenheit, er erzählte von einer Zukunft, er erinnerte an die Hoffnung, und er war pure Lust und Vergnügen. Es war ein einziger Klang. Ein Name. Sein Name.

Kamers Stimme durchdrang seine Ohren und ergänzte den fehlenden Teil seiner Seele, die seit so langer Zeit unvollständig umhergewandert war.

Und Kamer flüsterte abermals: »Cihan.«

Mond und Erde waren wieder vereint.

Nachdem die Geschichte auf diese Weise zu Ende gegangen war, zog es Cihan fort aus Istanbul. Er konnte die Hauptstadt nicht mehr ertragen. Kamer und er ließen sich, wenn auch nicht in weiter Ferne, so doch immerhin in naher Ferne oder weiter Nähe, nieder. Sie eröffneten ein kleines Lokal etwas außerhalb von Antakya. Einige Jahre später, als Meister İsfendiyar in Rente ging, folgte er ihnen. Sie kochten und aßen zusammen und sangen Lieder. Sie führten ein sehr zufriedenes Leben.

Kamer und Cihan bekamen zwei Kinder: ein Mädchen und einen Jungen. Sie hatten die Talente der Eltern nicht geerbt.

Ihr Sohn war ein ausgesprochener Büchernarr. Mit vierzehn Jahren schickte ihn Cihan ins Haus der Brüder el-Hâki. Dort entwickelte der Junge, auch wenn er den Sterndeuter über alles liebte, eine besondere Neigung für die Heilkunde und wurde Schüler des Arztes.

Ihre Tochter hingegen war von Geburt an lebhaft. Bereits im Alter von sechs Jahren konnte man ihr getrost das Lokal anvertrauen, und als sie mit acht Jahren mit den Händlern zu feilschen begann wie eine erfahrene Wirtin, nahm Cihan sie bei der Hand und eilte zum Hause der Herrin der Aromen. Diese war hocherfreut. Sie zog sie heran wie ihre eigene Tochter, lehrte sie die Geheimnisse der Gewürze und des Handels.

Cihan hielt sein Versprechen gegenüber der Favoritin ein. Wann immer sie ihn zu sich rief, griff er ihr mit seinen Speisen und seinem Flüstern ein wenig unter die Arme. Schon bald war ihr Name in allen Teilen der Welt bekannt.

Doch mit der Zeit vergaß die Favoritin den Küchenmeister. Sie war mächtig genug geworden und bedurfte seiner Hilfe nicht mehr.

Tatsächlich gebot sie über größere Macht als viele Sultane. Und als ihr Sohn noch als Kind den Thron bestieg, führte sie als seine Stellvertreterin sogar vierzehn Jahre lang die Staatsgeschäfte. Die Schwüre, die sie zum *Sirup der Macht* gesprochen hatte, waren ihr noch in Erinnerung, und sie brach sie nicht. Sie überzeugte sogar den Sultan davon, das Gesetz des Brudermordes abzuschaffen. Solange sie herrschte, wurde kein Kind getötet. Doch eines Tages, fünfunddreißig Jahre später, erlag sie ihrem Ehrgeiz und ordnete die Ermordung eines Kindes an – ihres siebenjährigen Enkels ...

Cihan hatte sie gewarnt. Die Schwüre, die man sprach, während man den *Sirup der Macht* trank, waren uralt und gnadenlos. Noch am selben Tag wurde die Favoritin des Sultans in ihren eigenen Gemächern im Harem erdrosselt.

Bei einem seiner letzten Besuche in Istanbul erreichte Cihan die Nachricht, Meister Âdem liege im Sterben und wolle ihn noch einmal sehen. Er versagte ihm diesen Wunsch nicht. Schließlich war er sein Meister gewesen und hatte trotz allem viel für ihn getan. Er fand ihn in Üsküdar in einem heruntergekommenen Gebäude. Er war schwerkrank und hatte nur noch einen Wunsch: Er wollte mit den wundervollsten Wohlgeschmäckern auf der Zunge sterben.

Cihan siedete zunächst einige Tollkirschensamen und gab ihm den Sud zu trinken. Danach, als sich Meister Âdems Geist in Visionen und Träumen verlor, flüsterte er ihm die Namen der Geschmäcke ins Ohr. So ging Meister Âdem, von tausend

Geschmäcken begleitet, die seinen Geist umschwirrten, von dieser Welt.

Doch Cihan erhielt auch noch andere Nachrichten.

Er hörte, dass Sirrahs Sklaven sich gegen sie aufgelehnt hatten. Nachdem sie ihre Herrin im Schlaf getötet und ihren Schatz geplündert hatten, brannten sie den Tempel der Genüsse bis auf die Grundmauern nieder.

Neyyir Agha wurde dank der Favoritin des Sultans ein lange gehegter Wunsch zuteil, als er während ihrer Amtszeit zum Pascha ernannt wurde und bis in den Diwan aufstieg. Seine Pensionierung erlebte er jedoch nicht mehr. Einen Tag nachdem die Favoritin im Harem erwürgt worden war, verlor er unter dem Beil des Henkers seinen Kopf.

Kammerjunker Firuz Agha verwaltete, nachdem er dem Enderun den Rücken gekehrt hatte, im Auftrag des Sultans verschiedene Provinzen Rumeliens, bis er schließlich, als Sandschakbey von Chios, um seine Pensionierung bat, sich mit Frau und Kindern dauerhaft auf der Insel niederließ und ein glückliches und zufriedenes Leben führte.

Mit Mahmud Bey Darıcızade hingegen nahm es ein rasches Ende. Nihan, die Männermörderin, in die er sich im Tempel der Genüsse verliebt und die er geheiratet hatte, machte ihrem Namen alle Ehre und zehrte noch vor Ablauf zweier Jahre das gesamte Vermögen der Darıcızades auf. Die Leute erzählten, Mahmud Bey habe sich, da er sich keinen Strick mehr leisten konnte, nicht einmal aufhängen können und sei deshalb von einer Klippe gesprungen, um seinem missratenen Leben ein Ende zu setzen.

Meister Bayram hatte Istanbul wieder verlassen. Er hatte, nachdem er mit einigen seiner Kunden aneinandergeraten war, sein Bündel geschnürt, war in sein Boot gesprungen und hatte sich aufgemacht zu neuen Ufern. Cihan hatte lange Zeit nichts von ihm gehört. Dann, eines Tages, als er in der Küche gerade Kichererbsenklößchen rollte, die partout nicht die richtige Konsistenz annehmen wollten, kam ihm plötzlich Levon in den Sinn. Er stellte Nachforschungen an, und da erfuhr er die traurige Geschichte. Meister Bayram hatte sich in Saloniki niedergelassen und dort ein Lokal eröffnet. Eines Tages hatten zwei Offiziere, die zu tief ins Glas geschaut hatten, Streit angefangen, Levon war dazwischengegangen und einem der beiden ins Messer gelaufen.

Man erzählte, Meister Bayram habe Levons Leichnam auf sein Boot geladen und sei in Richtung Horizont davongerudert.

Seit jenem Tag verloren Fisch und Meze für Cihan jeden Reiz, sie schmeckten ihm einfach nicht mehr.

Die erfreulichste Nachricht erhielt Cihan von Mahir.

Auch Mahir war dank der Favoritin aufgestiegen und als Sandschakbey in seine Heimat zurückgekehrt. Endlich hatte er es »weit gebracht« und sein altes Mütterchen konnte nunmehr einen wirklichen »Herren« ihren Sohn nennen.

Das machte Cihan glücklich. Er fühlte sich, als sei ihm eine große Last von den Schultern genommen worden.

*

Ja, so war das.

Wer gestorben war, war gestorben, wer geblieben war, war geblieben, wer gegangen war, war gegangen.

Den Rest seines Lebens verbrachte Cihan in Glück und Zufriedenheit. Er liebte Kamer wie am ersten Tag. Er stellte keine Fragen mehr und erwartete auch keine Antworten. Sein gesamtes Können stellte er in den Dienst seines Handwerks. Wenn er schon als Geschmacksbeherrscher auf die Welt gekommen war, musste er dem auch Rechnung tragen. Es kam ihm nicht darauf an, sich einen Namen zu machen und Ruhm einzuheimsen. Er strebte danach, seine eigenen Kreationen und die seiner

Kollegen zur Vollendung zu bringen. Er reiste durch die Lande und ließ jeden an seinem gottgegebenen Talent teilhaben. Er trieb den guten Geschmack auf neue Höhen, und genau wie es in den Legenden erzählt wurde, wurden zu seiner Zeit die erlesensten Speisen zubereitet und die besten Köche ausgebildet. Kenner behaupten sogar, das Licht des letzten Geschmacksbeherrschers leuchte noch immer und das Land, in dem er seinen letzten Atemzug getan und in dessen Erde er gebettet wurde, nehme mit seinen Speisen noch heute eine Sonderstellung ein ...

Wer weiß?

ENDE